A History of Food in 100 Recipes

食の歴史

100のレシピをめぐる人々の物語

ウィリアム・シットウェル［著］ 栗山節子［訳］

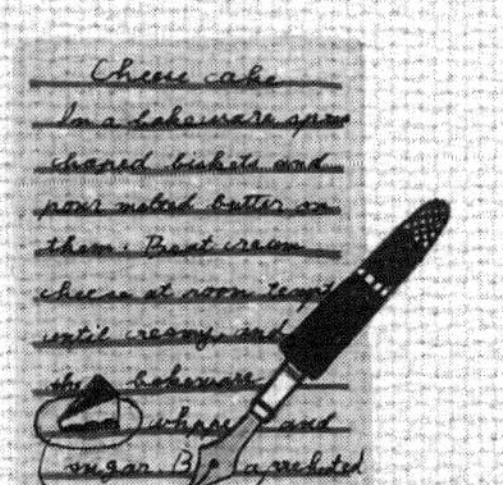

柊風舎

For Laura

Originally published in the English by HarperCollins*Publishers* Ltd under the title
A HISTORY OF FOOD IN 100 RECIPES

This edition published by arrangement with HarperCollins*Publishers* Ltd, London
through Tuttle-Mori Agency, Inc., Tokyo

序文

二〇一〇年七月、ロンドンのサザビーズのオークションに参加した後、私は抱えきれないほどの十九世紀の料理書に加えて、食物関連の絵画と漫画を少々手に入れて出てきた。それらはニューヨークの収集家スタンリー・J・スティーガー氏の料理に関する膨大なコレクションのほんの一部だったが、今ではイギリスの田舎にある我が家の、つまりウィリアム・R・S・シットウェルのささやかなコレクションの大半を占めている。

書斎には食物の大きな写真——ボウルの中の熟れたイチジク、莢入りの豆、イギリスの現代美術家ダミアン・ハーストばりの「サメのゼリー寄せ」——を所狭しと掛けてあるが、買ってきたばかりの本を書棚に収めると、そこに知的歴史的な重みが加わった。書棚には、『フード・マガジン』誌で取り上げてほしいと、出版社や広報担当者から何年にもわたって送られてきた料理書や、知り合いの有名なシェフによる自伝、そして自分で買った雑多な食物の研究書が並んでいる。

私は手に入れたばかりの古い本のページを繰りながら、いささか不安に駆られていた。書棚に趣を添えてくれはしたものの、くたびれた装丁と茶色くなったページからうかがえるように、読んでも無味乾燥ではないだろうか。しかしそれは単なる杞憂に過ぎず、多くのページに溢れている個性的な記述にたちまち惹きつけられた。料理の淡々とした指示を期待していたところに、饒舌な意見や説明がある。たとえば十九世紀の『カッセルの料理事典』は、過激な考えや論評で満ちていた。「毎年飢餓だけで多くの人間が死んでいるという事実は衝撃的だが、その数は二十分の一ですんだかもしれない」と編集者のA・G・ペインは、長い序文に記している。

その見解はむしろ身近なものだ。「あまりにしばしばむだにされている肉の切れ端、ベーコンの残り屑は、少し頭を働かせれば、おいしいリッソウル（訳注：パイ皮に肉、魚肉などを詰めて揚げたもの）になる」と続き、私が編集しているような雑誌によく見られる、残り物を使うことが「ファッショナブル」だという考えが、ばかばかしいほど色褪せてしまう。

一八一七年に出版されたウィリアム・キッチナー博士の『料理人の託宣』もあった。博士は同書で、無慈悲な料理すべてのうちでも、自分が耳にしたもっとも残酷な調理法のいくつか（どうぞご心配なく。筆者も二七〇ページで余すところなく記しています）を記述したことはさておき、自分より前に料理書を書いた人間を痛罵している。大半が、「ロビンソン・クルーソーを読んでも、船乗りがイギリスからインドへ無事に航海できるとは思えないが、それと同じであてにならない」。その一方で博士は読者に、「以前の料理書では試みられたことのない正確な記述」を約束する。同様にジュール・グッフェ――パリ競馬クラブのシェフ――は一八六八年に出版された『料理の本』で、「これまで出版された料理書はまったくの役立たずだ」と非難している。

これらの言葉はすべておなじみである。最近センセーションを起こした新しい料理書を送ってきた広報担当者はみな、「このような料理書はかつてありませんでした」、「これほど明確に書かれたことはありません」、「本書のレシピは本当に役に立ちます」、「人々の興味をかき立てること請け合いの新しい料理のスタイルです」、などと主張している。

少し深く掘り下げようとしたところ、すぐに『今日《こんにち》の料理書』と出会った。同書では不詳の著者が一五〇〇年に次のように述べている。「これは王家の祝典のための高貴なる書であり、かつまた王室あるいは諸侯のための料理書である。本書を参考にすれば、料理はもっと容易になるであろう」。この本が他の本にくらべて、平易でわかりやすく明快だと述べているのは、確かである。

内容の信頼性とすばらしさをそのように大胆に主張しているのと同様に印象的なのは、何世紀も前にこれらの主張をした人々の個性が、記されている意見と同じくらい強烈だったことである。言い換えれば、今日のシェフがいかれていたり、悪人だったり、あるいはまた熱狂的で、強迫的狂信的な食通だったりするのと何ら変わりはない。歴史を通じて厨房からは激しい怒りの声が響いてくる。最高の食材を求める情熱もあふれてくる。一九八〇年代末にマルコ・ピエール・ホワイトが、取り合わせの悪いチーズ・ボードを自分のレストランの壁に叩きつけたように、紀元前三五〇年にシチリアのアルケストラトスはキレた。よいハチミツが欲しければ、アッティカのものを手に入れるしかない。「さもなくば地の底に埋められたも同然だ」。そしてもしシンプルに料理をせず、何にでもソースをかけるなら、「おいしいサメの料理を作る」方がまし。

食物に対するシェフ、生産者、消費者の情熱のおかげで、食物というテーマには長年にわたり興味をそそられてきた。本書は何世紀にもわたって食物の物語を推し進めてきた情熱的な人々の足跡をたどり、賛辞を捧げたものである。西暦一〇年に唯一残存する古代ローマの料理書を書き、ソースを愛したアピキウス、あるいは十五世紀半ばにチーズにとりつかれてヨーロッパ中の酪農場を嗅ぎ回ったパンタレオーネ・ダ・コンフィエンツァのような少数の猛烈な美食家やマニアがいなければ、おぼろげな遠い過去は、はるかに曖昧模糊として味も素っ気もなかっただろう。

食物について書いた歴史上の人物には、過激な美食家だけでなく、独断的な者もいた。一八四〇年代ブラジルのレシフェ市のカラプセイロ神父は、ブラジルのシチュー、フェイジョアーダの人気が高まりつつあることへの怒りをぶちまけた。肉体労働者ではない人々にとって、この重くて脂っこいシチューは体に悪いからである。神父はそのような食べ物を「第二の人生を送っている」男性や、「穏やかな怠惰な暮らしをしているか弱い女性」が食べていることを嘆いた。十九世紀の神父がブラジルの中流階級にもっと洗練された料理を食べるように叱りつけていたなど、誰が想像しただろう？　むしろ現代の中流市場向けのもっともらしい雑誌ネタのようだ。というのも神父は濃厚なシチューは寿命を縮める、あるいはその言葉によれば「葬式の前触れ」であると警告しているからだ。

もし食物というこのテーマにはまらなければ、食物史上の忘れられたヒーローの何人かにも出会うことはなかっただろう。たとえばフランス人のドニ・パパン。パパンは一六八〇年代に圧力鍋の原型を発明したが、あまり関心を引くことはできず、困窮のうちに死ぬ。その死の直後、他の人々がパパンの「骨を柔らかくする機械」を発見し、その設計の特許を取り、富を手に入れた。

圧力鍋が十七世紀のパパンの身を滅ぼしたとすると、およそ三百年後の別のフランス人ベルナール・ロワゾーに悲劇をもたらしたのは、料理の圧力《プレッシャー》だった。気丈な妻は遺産を引き継ぎ、今でもブルゴーニュのレストランで最高のフランス料理を出している。

実際料理は、好もうと好むまいと、しばしば偉大なシェフによって家族に残された財産である。料理人になったポルトガルのオペラ歌手ベルタ・ロザ・リンポは子供たちに料理を残したが、今では子供たちが、一九四五年に初版が出たリンポの五千点に上るレシピの大冊『パンタグリュエルの書』の編集を続けている。

世界中の偉大な料理人の情熱は、歴史に消すことのできない痕跡を残している。美食家の幽霊が後の世代の前に思いがけなく現れて、もっとよいものを食べ、食物についてさらによく考えるようにそっと促すかのようだ。

食物史を彩るのは、その関心の対象に夢中になった人々である。一六一一年にフォークを擁護したとして揶揄され嘲笑されたイギリス人トマス・コリアット然り、あるいは一九一六年メンフィスに現代のスーパーマーケット形式の店ピグリー・ウィグリーを開店したクラレンス・ソーンダース然り。

このすばらしい歴史を語るに当たって、多くの食通の功績やレシピに助けられた。そこで本書では、最高の物語と思われるもの百点を独断と偏見で選んでみた。きわめて有名な人物、時折現れる悪人、そして歴史上もっとも美味なる料理のいくつか。レシピは臆面もなく、まったく素朴な古代エジプトのパン（一ページ）から複雑きわまりない「ミート・フルーツ」(五一三ページ)にまで及ぶ。
レシピと言えば、一四七五年にマルティーノ・デ・ロッシの著書を剽窃《ひょうせつ》したプラティナから、二〇一一年に起きたEpicurious.comのコンテンツの盗用まで、本書はレシピ盗用の物語でもある。食物およびレストランの文化の発展をたどってみたが、消費文明の繁栄を追う中で、便利なスーパーマーケットはありがたい反面、その商品がこの世界の安寧を脅かしている事実にも行き当たった。いずれにしても本書は、国王、女王、コンキスタドール(訳注:十六世紀にメキシコ、ペルーを征服したスペイン人)、料理人、レストラン店主、さらに生きて、呼吸して、食物について語り、絶えずできるだけおいしい料理を探している私のような食いしん坊が、食物にどのような影響を与えたかの報告である。

ウィリアム・シットウェル
プランプトン、ノーサンプトンシア
二〇一二年十一月

レシピについて

『食の歴史—100のレシピをめぐる人々の物語』というタイトルにもかかわらず、各章に掲げたレシピは必ずしも実際のレシピではなく、またすべてが著しく容易に、あるいは実際容易に料理できるものでもない。本書の意図は、読者を食物をめぐる旅へと誘い、その途上で特定の時代の食物をめぐる興味深い場面へと案内することである。この歴史の初めの方では、あいにく立役者がみな今日の料理人のように熱心にレシピを書いているわけではない。ご覧のとおり、たとえばヴァイキングのレシピはない。そこでアイスランドのサガに見られる証言を頼りにした。サガでは怒りっぽいグレティルと好敵手の赤毛のアトリとの略奪にまつわるさまざまなわるさが語られている。彼らは食通ではなかったが、大量の干魚を食べていたことは確かだ。またイギリスの歴史の初期にはパンのレシピはなく、十五世紀まで待たなければならない。しかしもちろん人々はそれ以前に何世紀もパンを食べていたわけで、代わりに戦《いくさ》の前の野外料理を描いた十一世紀のバイユー・タペストリーについて述べることで、お許しいただきたい。

言い換えれば私の意図は、歴史上の特定の時点で何を料理していたかを現代的に解釈するより、むしろ当時の正確な文献や参考資料を提供することにある。そして牛肉をローストしたりムール貝をゆでたりするいくつかの昔のやり方に出くわした場合、わかりにくい言葉あるいは古い綴りのいくつかを「書き替え」た他は、そのままにしてあるか、あるいは問題のレシピの現代版を掲載している。レシピは記述通りにただ読んで、楽しんでいただきたい。だからこれは、地元のスーパーにちょっと出かけて手早く作れるように、どのレシピも三回試し、食材を調整し、変更し、置き換えたような本ではない。その意味では多分ユニークな本である。率直に言って、十七世紀のドニ・パパンの蒸解装置によって調理されたサバ（一六〇ページ）を家庭で再現するのはむずかしい。ヘストン・ブルメンタールとアシュリー・パーマー＝ワッツのまさに現代の「ミート・フルーツ」（五一三ページ）も同様である。これは実用的なレシピ書ではないかもしれないが、楽しく味わっていただければ本望である。

＊　＊

計量単位換算

モディウス　modius：約九リットル相当の乾量
ブッシェル　bushel：三六・三七リットル、八ガロン
ガロン　gallon：四・四五六リットル
クォート　quart：一・一三六リットル、四分の一ガロン
パイント　pint：〇・五七 リットル
ジル　gill：四分の一パイント
ポンド　pound：四五四グラム
オンス　ounce：二八・三五グラム
ドラム　dram：十六分の一常用オンス
インチ　inch：二・五四センチメートル

〈食の歴史―100のレシピをめぐる人々の物語〉目次

1 古代エジプトのパン

出典…エジプトのルクソールにあるセネトの墓の壁
著者…不明

穀物を木の臼に入れ棒で砕く。砕いたものをふるいにかけて殻を取り除く。臼を用いてさらに細かく挽いて白い粉にする。粉にじゅうぶんな水を加え、柔らかい生地を作る。大きな壺に生地を入れて手でこねるか、静かに踏む。こねた塊をいくつかにちぎり、丸める。丸めたものを熱い灰の中にじかに入れるか、型に入れて炉の上に渡した銅の網に置く。注意深く見守り、パンの下側がキツネ色になったら、ひっくり返して、もう一方の側もキツネ色になるまで焼く。

古代都市テーベ――現在のルクソール――近くのナイル川流域を見渡すシェイク・アブデル・クルナの丘の熱く埃っぽい斜面に、セネトの墓への質素で目立たない入口がある。石灰岩の丘に穿たれた玄室は、そのあたりに何百とあるもののひとつで、それらの墓には貴族、つまり古代エジプトのファラオの下で権力を振るっていた高官が眠っている。

墓室の壁に描かれているのは日々の暮らしの様子で、それらが死後の世界でも繰り返されるようにと人々が願ったからだ。だから楽しいことすべて――幸せな思い出や経験、儀式――が詳しく記録されているので、四千年前の日常生活がよくわかる。狩りや釣り、穀物やブドウの収穫、祝祭、そして一般的な田園生活の光景を見ることができる。

墓はほとんどすべてが男性のものだが、テーベのTT六〇の墓はセネトという女性のもので、これは紀元前二〇五五年から紀元前一六五〇年にかけてのエジプト中王国時代の女性の墓として唯一知られている。また装飾された壁の保存状態がよい最古の墓でもある。狩猟、畑鋤き、種播きに加えて、パン焼きの絵もある。きわめて詳しく色彩ゆたかなので、この壁画の前に立つとその迫力に圧倒される。「われわれは中王国の実際の料理の場面という、たぐいまれな絵に向き合っているのだ」とエジプト学者のティエリー・ベンデリッターが、一九七〇年代にその絵を見て記している。

ところでセネトとは何者なのか？　ファラオと臣下の間の最高の地位にいた、つまり大臣だったアンテフォケルの妻あるいは母らしい。アンテフォケルは紀元前一九五八年から紀元前一九一三年にかけての第十二王朝初期にアメンエムハト一世および息子のセソストリス一世に仕えた。セネトが自らの地下墓室を与えられたという事実は、アンテフォケルが要職にあったことを物語っている。しかし今日の入口に威容を誇るものはない。同じ丘のほかの墓ほど大きくはないし、煉瓦造りの入口には、一九一四年にイギリスのエジプト学者ノーマン・デイヴィスが取り付けた質素な木の扉がついているだけ。

公開されているのはごく一部の墓に限られるが、この墓を訪れる者はめったにいない。入場制限がきびしく、光による壁画の損傷を防ぐために写真撮影は禁じられている。入場を許されると、実際の扉をしばしば封鎖している石の山をどかす前に、まず入口まで石ころだらけの丘を登らなければならない。石の山は粗雑に積まれてはいるが、防護措置としては役に立つ。扉を開けると、墓へと続く長くて狭く殺風景な通路が現れるが、天井が低く圧迫感がある。通路の先には埃だらけの四角い部屋があり、セネト自身の像が据えられている。彫像は完全に粉々になっていたのを復元したものである。

部屋の向こうには別の長い通路があるが、こちらには黄土色、黄色、赤、青で鮮やかな絵が描かれている。まず目を引くのは狩りをするアンテフォケルの像で、腰布をつけただけの姿ではあるが、弓を引き絞っているその様は威厳に満ちている。首には青、緑、白の精緻な首飾りを、手首にはそろいの腕輪をつけている。

明るい空色の背景には、グレーハウンド、カバ、そしてカモ、アヒル、フラミンゴなどの美しい鳥。ガゼルとウサギは犬に追われ、鳥は網で捕えられる。池から引き揚げられる魚は、種類がわかるほど詳しく描かれている。さらに二〇メートルの通路を半ばまで行くと、右手に料理の場面が現れる。

たとえば肉の用意。天幕の陰の涼しいところで男たちが牛を屠る。肉片をロープに吊るし、あるいは日向で石でたたいて柔らかくする。その右側では男が片方の手でスープの大鍋に骨を入れ、もう一方の手に棒を持って鍋をかき回している。別の男は半月形の団扇で熾《おき》を煽《あお》ぎながら、火の上に渡された焼き網の上で、串に刺した鳥肉を炙《あぶ》っている。人々が忙しく立ち働いているところだ。

本章の初めにまとめたパン焼きの方法も同様に正確に描かれている。絵はもちろん家庭料理を教えようとしたものではなく、死後に死者の霊魂がおいしい焼きたてのパンを食べられるようにするためである。しかしそれは何千年にもわたるパン焼きの始まりについて教えてくれる。

絵からわかるのは、小麦がどのように粉にされるかだけではない。人々の頭の近くに吹き出しのように記されているヒエログリフを解読すると、会話も記録されている。まず二人の男が木の臼で小麦を砕く。「搗《つ》け」と一方が命ずると、「仰せのとおりに」と他方が応える。次に女が殻を取り除くために小麦をふるいにかけ、もうひとりの女が臼を使ってさらに細かい粉にする。別の絵では少女が手で生地をこねて小さい円筒形にし、もうひとりがそれを細く伸ばしていくつかの背の高い円錐形の型に入れている。少女の後ろでは男がそのパン型をかまどに入れている。片手で熾をつつきながら、もう一方の手で顔をおおい熱をよけている。しかし薪がよくない。「この薪は生だ」とぼやいている。

ルクソールのセネトの墓の壁に描かれたパンの製法。

同時に別の女がずっと大きな生地の塊をこねている。テーブルの上にかがみこんで、生地の塊を押しつぶし、引き伸ばす。生地が完成すると、たぶん隣に描かれているパン焼き窯に運ばれるのだろう。監督がいて威嚇するように先の尖った棒を手にして立ち、職人にはっぱをかけている。監督の足元では、男が跪《ひざまず》いてパン生地をこねながら、おとなしく言う。「仰せのとおり、一生懸命やっています」。男の同僚は、赤茶色の型に入れた生地を炉に運び、炉では別の男が炎を掻き立てている。ほかの職人が手や足を使って生地をこねている間、最後のひとりは熱い灰の中でキツネ色になったパンをひっくり返している。

このようにして焼かれたパンは古代エジプトの主要な食物だった。世界最古のパンは、当時の人々の農業や製粉、発酵、パン焼きのような技術がいかに進んでいたかを物語っているが、イーストを使って生地を膨らませ、それまでより軽いパンを作ることをいつ覚えたのか定かではない。

この昔のパンは現代のピタパンに少し似ていたようだ。同じ通路に描かれている一連のビール醸造の場面を見ると、古代エジプト人は酵母をもちいていたと思われる。酵母は糖をアルコールに変えるのに必要で、空気中にあるその胞子からたとえ自然に取り込まれたにせよ、古代エジプトのある時点で使われるようになったのだ。セネトの墓の小麦をパン生地にする詳しい絵の中には、この工程は含まれていないが、ルクソール近くの墓のほかのヒエログリフには、生地を炉のそばに置いてふくらませると記されている。おそらく一日放っておかれた生地が空中の酵母によって少し膨らみ、その結果ふんわりしたパンができたので、職人は喜んだことだろう。(もっとも当時の職人は、発酵によって発生した炭酸ガスを小麦粉の中のグルテンが包み込んで生地が膨らむ、という科学的な原理を理解してはいなかっただろうが。)

パンとビールの製造はしばしば相前後して始まるので、たまたまだろうと、試してみたのだろうと、発酵したビールが生地に加えられた可能性はある。いやそれは事実だろう。そしてパン種をもちいるのがふつうになった。発酵させて膨らませたパンを作るのに、酵母がいつも使われたのは、少なくとも聖書——出エジプト記第十二章三十四節および三十九節——から明らかである。イスラエル人はエジプトから脱出するときに、「民は、まだ酵母の入っていないパンの練り粉をこね鉢ごと外套に包み、肩に担いだ」(新共同訳聖書)。出エジプト記によれば、その後で焼かれたパンは、おいしく膨らんだ田舎パンのようではなかった。「彼らはエジプトから持ち出した練り粉で、酵母を入れないパン菓子を焼いた。練り粉には酵母が入っていなかった。彼らがエジプトから追放されたとき、ぐずぐずしていることはできなかったし、道中の食糧を用意するいとまもなかったからである」(同上)。

記録によれば、古代エジプト人はパンに加えて果物、野菜、鶏肉などゆたかな食事を愉しみ、クミンからコロハまでのハーブをもちいていた。家庭料理の場面が死後にも重要と考えられていたことからわかるように、当時も今日同様日常生活には料理が必要不可欠だった。

2

カナシューのシチュー（肉と野菜のシチュー）

出典…バビロニア・コレクション　著者…不明

レシピ23、タブレットA（肉のシチュー21種と野菜のシチュー4種が記載されている）。

カナシュー（訳注：エンマー小麦）のシチュー

羊の脚をもちいる。水を用意して脂肪、サミドゥ（samidu）、コリアンダー、クミン、そしてカナシューを加える。材料をすべて鍋に入れ、ニンニクを砕いて散らす。さらにシュフティンヌー（suhutinnu）とミントを加える。（訳注：サミドゥ、シュフティンヌーが何かは判明していない）

挽き肉のクッバ（訳注：挽肉を詰めて揚げたコロッケ）をむしゃむしゃやりながら、ティグリス川の岸辺をぶらつく平均的なイラク人は、四千年前の高級料理発祥の地を踏んでいることに気づいているだろうか？

古代エジプトの中王国で料理の基本のいくつかが発展していた間（一ページ参照）、ティグリス川とユーフラテス川の間のメソポタミアでは、さらに進んだ美食文明が栄えていた。土地は肥沃、そう今日よりもっと肥沃だった。実際人々はきわめて多様な物を食べていた。リーキ、ワケギ、ニンニク、キバナスズシロ、ヒヨコマメ、レンズマメ、レタス、エンドウ、イチジク、ザクロなどなどの多種の野菜や果物に、多様なチーズ、三百種にも上るパンと、驚くほど多彩なスープである。メソポタミアのパン、スープとチーズの夕食は、今日のイギリスのものよりむしろ洗練されていたかもしれない。

これらのことはすべて詳しく記録されている。しかし今日ならレシピをノートにざっと書き付けたり、本にして出版したり、ネット上に書き込んだり、iPhone のアプリケーションに載せたりできるかもしれないが、当時それはもっと骨の折れる仕事だった。ごく一部の教養ある知的職業階級の人間が、まず粘土板を作り、おそらくまだ湿っているうちに、なまくらなアシの尖筆《せんぴつ》で時間をかけてレシピを、アルファベットの先駆けとなった古代アッカドの楔形文《くさびがた》字で刻むのだ。

粘土板に刻まれたカナシューのシチューのレシピ。

多くのそのような粘土板がほぼ無傷で残っている。ニューイングランドのイェール大学には、一九三三年に大学が入手したバビロニア・コレクションの約四千点の遺物の一部として、多くの粘土板が収蔵されている。それらをさらに長く保存しようと、学芸員は粘土板を焼いてコピーを作らせている。刻まれているのは薬剤の処方ではないかと長年にわたり考えられていたが、その後フランスのアッシリア学者ジャン・ボテロが詳しく調べてその結果を二〇〇四年に報告した。

最初に三枚の損傷した淡褐色の粘土板に焦点を当て、何とか解読していくうちに、その文字が複雑な方程式ではなく、単に料理のレシピであることに気づく。記されていたのは変化に富んだ料理で、すぐれた技術と創造性によって洗練され、材料もすばらしく多彩だった。それらの粘土板の一枚、縦一六センチ横一二センチのものに、エンマー小麦のシチューのレシピが記されていた。

エンマー小麦はデュラム小麦とは異なる古代の小麦で、とろみをつけるために羊のシチューに加えられた。精白玉麦入りの仔羊のキャセロール料理を考えればよい。レシピ自体は短い。それは粘土板に刻むのに時間がかかるためであり、またボテロによれば、料理の記録は儀式の一種だったからでもある。さらにこれは初心者のためのレシピでもない。量も時間も記されていないので、料理のノウハウをかなり知っていることが想定されていた。

羊のシチューは、二十一種の肉野菜料理のひとつにすぎないが、カブのシチューのようなほかのレシピのいくつかよりおいしそうだ。カブのレシピは次のように始まる。「肉は必要ない。湯を沸かして脂を入れよ」。とろみをつけるのにもちいられたサミドゥはセモリナ（訳注：硬質小麦の胚乳部から製する粒状澱粉）あるいは精製された白い小麦粉だろう、またシュフティンヌーはおそらくニンジンあるいはパースニップのような根菜だろう、などと材料の多くを解読しなければならないので、現代の厨房で再現するのは、むずかしいかもしれない。それらのレシピの解読に何年も費やしたボテロは、自らも料理に熟達しているが、実のところ「最悪の敵以外にはこんな料理は出したくない」とも述べている。頭にあったのは、粘土板のひとつに記されていた発酵ソースを使うバッタの料理のことかもしれない。それとは対照的に、『ニュー・ヘイヴン・レジスター』紙の社説はボテロが解読したカナシューのシチューのレシピにOKサインを出し、次のように述べている。「四千年前の匂いが立ち上る。神秘的なメソポタミアのハーブがたっぷり入ったソースの中で、羊の脚がぐつぐつ煮えるその匂いが」。

粘土板の料理はすべてが現代人の舌に合うとは言えないかもしれないが、記されている材料や料理法は驚くほど多種多様なので、多くの道具が必要だとすれば、寺院や宮殿で作られたものにちがいない。ふつうの家は泥の小屋か洞穴で、控えめに言っても設備は基本的なものしかなかっただろう。レシピには、薄切りにする、搾る、叩く、浸す、刻む、漬ける、裏ごしするなどさまざまな料理法が必要とされる。だからメソポタミア文明の時代、人々が車輪を発明し、鶏の肝臓を見て占いをし、死ねば地下の世界に行って泥を食べるのだと信じていた時代であっても、料理人の仕事は、今日のそれとあまり変わらなかったのである。

3 タイガー・ナッツ

著者…不明
出典…『旧約聖書』創世記第43章11節

するとと、父イスラエルは息子たちに言った。「どうしてもそうしなければならないのなら、こうしなさい。この土地の名産の品を袋に入れて、その人への贈り物として持って行くのだ。乳香と蜜を少し、樹脂と没薬、ピスタチオやアーモンドの実」。（新共同訳聖書）

有史前の食物——もっぱら炙った仔羊の肉、フラットブレッド（訳注：円くて薄いパン）、エンドウ——すべてが必ずしもおいしかったとは言えない。とどのつまり彼らもわれわれと同じ人間である。筆者が四時にホブノブ・ビスケットが出ることを心待ちにするように、古代人も甘いものへの渇望を満たす必要があっただろう。

ヨセフがエジプトで出世した物語を——そして正確に言えば、それに基づく映画の大作と色鮮やかなコートを——信じるならば、ヨセフは紀元前一七〇〇年頃に実在したのかもしれない。

聖書の話によれば、兄たちに妬まれたせいで、ヨセフは商人に売られ、エジプトに連れて行かれたが、夢を解き明かす才能もあって出世した。豊年の間に食物を蓄え、来るべき飢饉に備えるようにファラオに進言したのである。実際飢饉の年が来ると、隣国の人々が穀物を買いに集まってきた。その中には疎遠になっていた兄たちもいた。飢饉で

上質の羊皮紙に描かれた天地創造の物語『創世記』の挿絵。
イタリア・ルネサンス期のボルソ・デステの大型聖書第１巻より。

荒廃したカナンに持ち帰る食物を探しに来たのだ。

ヨセフは夢を解き明かしたことによって王ともまごうような地位を与えられ、今ではたいそう堂々としていたので、兄たちはとうの昔にいなくなった弟とは気づかなかった。それでもヨセフは、もし弟のベニヤミンを連れて来るならもっと食物を与えようと言って、兄たちが食物を家族の下に持ち帰ることを許す。兄たちは家に帰って、父にこのことを話した。父は最初は怪しい話だと思ったが、しばらくして折れた。それから息子たちに助言を与え、袋に少しばかりのものを持たせた。それがこうしてはからずも本書に登場することになったのである。その袋の中身、ハチミツ、香料、ピスタチオにアーモンドをよく考えてみると、タイガー・ナッツの材料すべてである。

父がベニヤミンの上着のポケットにレシピも入れたことはまちがいない。感謝あるいは愛情のしるしとして甘いものを贈る伝統の昔の例である。当時の羊皮紙の断片にそのようなレシピが書かれており、タイガー・ナッツと呼ばれている。タイガー・ナッツという塊根《かいこん》に似ているからだ。これは最古の菓子と考えられているが、ハチミツ、デーツ、ゴマやアーモンドの粘り気のある塊——それらを混ぜて丸めたもの——で、かなり栄養価も高い。ディナーの後で濃く淹れたコーヒーとお試しあれ。色彩ゆたかなガウンあるいはコートをはおれば、さらに気分が出るでしょう。

4

イチジクの葉による魚の包み焼き

著者…アルケストラトス
出典…『ヘデュパテイア』（*Hedypatheia*）

簡単至極。失敗したくたって、しようがない。マージョラム少しとともに魚をイチジクの葉で包む。チーズなんてナンセンスなものは不要！　ただイチジクの葉にそっと包んで、紐で縛り、熱い灰の下に入れればよい。

アルケストラトスの人生における使命は、旨いものを探してできるだけ多くの土地を訪ねることだった。シチリアに生まれ、ギリシア全土からイタリア南部、小アジア、黒海周辺地域に至るまで、危険を冒して歩き回った。美味なるものを味わっては天にも昇る心地。それを古代ギリシアの六歩格で記録した。今日のレシピの記録法ではないが、おそらく発見したものに詩的なニュアンスが加わり、叙事詩のおどけたパロディになると思ったのだろう。

すべてが『ヘデュパテイア』つまり『贅沢な生活』とふさわしく銘打たれた詩の形で記録されている。断片しか残されていないが、アルケストラトスが何を食べ、それをどう感じたか、そして肝心な点、どのように調理されたかを知ることはできる。材料、料理、味の組み合わせに関して書かれたものを読むと、紀元前三五〇年頃の古代ギリシアの裕福な人々の暮らしがまざまざと立ち現れる。世界各地のものを味わう人々の姿は、学校で教わったステレオタイプのイメージに合致するようだ。物憂げに寝椅子に横たわり、もたれかかった姿勢で食事をし、ブドウの房をつまんでいる。

その詩から、アルケストラトスは好き嫌いが激しかったことがわかる。たとえば肉はあまり食べなかった。宗教的な生贄《いけにえ》との関連から、ごちそうの料理としては今ひとつそそられなかったのだろう。しかし海や川で捕れるものは好んでいた。その詩の六十二の断片のうち、四十八が魚に関するものである。魚は二種類に分けられている。マリネにする手ごわい魚と、直ちに料理できる小さな魚である。そして料理指導の原則は、単純だった。素材の質がよいほど、加えるものは少なくてよい。料理は簡単であるべきで、サメの一種の次のレシピのように、わずかな調味料をもちいて油で焼くのを好んでいた。「トロネ市では、サンドシャークの腹の切り身を買わなきゃならない。クミンと塩少々を振る。緑色のオリーヴ・オイルがあれば、ほかには何もいらない」。冒頭に掲げた焼き魚のレシピも、同様にいたってシンプルである。

「ほかの方法はすべて私にとって二の次だ」とアルケストラトスは書いている。「まるでサメのごちそうを作るかのように、濃いソ

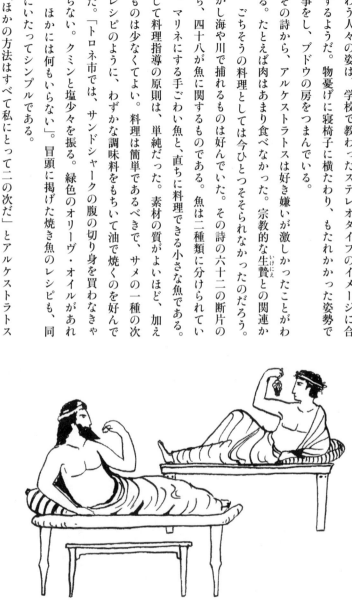

ースをかけたり、溶けたチーズを載せたり、油をかけ過ぎたりすることは」。おそらくこれは子供のときに我慢した食事に対する反動だろう。こってりして有り余るほどの料理だったのかもしれない。プラトンがけなしているように、「シチリアの人々は食べ物にとりつかれている。大食で男たちは一日に二回ごちそうを食べ、夜にひとりで寝ることは決してない」。

ソースに対する軽蔑とともに、アルケストラトスは価値ある食材と考えたものを強調している。「私が勧めるものを食べられよ。ほかの馳走はなべてみじめな貧乏のしるし。ゆでたヒヨコマメ、インゲン、ソラマメ、リンゴ、干しイチジクなんてものは」。そして食物の産地にこだわり、最良の材料が手に入る場所にこだわった。「もし極上のものが欲しければ、ビザンティウム（訳注：現在のイスタンブール）のものがよい」と書いている。生産物推薦のナレーターさながらだ。

好みのわずかな肉——ウサギ、鹿、「雌豚の子宮」、そしてガチョウからムクドリやクロウタドリにいたるあらゆる種類の鳥（つまり生贄にされないもの）——については、以下の料理法を好んだ。「肉を焼いて、ワインを飲んでいる者皆に供せよ。熱いうちにただ塩をかけて、まだ少し生のうちに焼き串から抜く。肉よりイコル［ふつうギリシア神話の神の血液という意味でもちいられる］が滲《にじ》んでも、気にするなかれ、せっせと食べよ」。肉料理の原則も魚料理と同様、簡単に調理することだった。

アルケストラトスは大変独善的だったが、またきわめて博識でもあった。実際舌が肥えていて、魚のさまざまな部分の味のちがいを認識し、ひれ、腹、頭、あるいは尾の肉質の微妙なちがいについて書いている。後の人々はその見解を頼りにした。古代エジプトのナウクラティスのアテナイオス（三二ページ参照）は、西暦二〇〇年に『食卓の賢人たち』を著し、その存在なしには古代世界の文化的研究はほとんど進まなかったと思われるが、先駆者のアルケストラトスに大いに影響を受けている。そしてアルケストラトスのことをこう書いている。「食べる喜びをじっくり味わいたいと、あらゆる土地や海を熱心に訪ね歩いた」。

アルケストラトスの食物に関する考察は生き生きとして魅力的だが、またそのレシピも自由でおいしそうで、熱い思いが込められている。たとえば極上の材料を勧めるときには、「もしそれ［砂糖］が手に入らなければ、アッティカ［ギリシア］のハチミツを使えばよい。ケーキが本当においしくなるだろう。これぞ自由人の生活だ！　さもなくば地の底に埋められたも同然だ…」。世界初の料理書『贅沢な生活』には、十中八九現代のベストセラーのエネルギーや生気がすべて備わっていたにちがいない。

5

豚の腿《もも》肉の塩漬け

著者…大カトー（マルクス・ポルキウス・カトー・ケンソリウス）
出典…『農業論』(*De agri cultura*)

プテオリ［イタリア南部の古代ローマの植民地］のやり方による豚の腿肉や小さな肉片の塩漬け。腿肉は大桶あるいは大甕で以下のように塩漬けにする。腿肉［豚の脚］を買って、ひづめを取り除く。腿1本につき半モディウス［約9リットル相当の乾量］のローマの塩を挽いて使用。桶か甕の底に塩を敷き、その上に皮を下にして腿肉を置き塩で覆う。さらに別の腿肉を皮を下にして置き、同様に塩で覆う。肉どうしが触れ合わないように気をつける。腿肉すべてをこのようにして入れたら、肉が見えなくなるまで塩で覆い、塩の上を平らに均す。5日間漬け込んだ後、肉をすべて塩がついたまま取り出し、一番上にあったものから順に底に入れて元のように塩で覆う。12日後に肉を取り出し、塩を取り除き、風の通るところに2日間吊るしておく。3日目に肉を下し、海綿できれいにし、ワイン・ヴィネガーを混ぜたオリーヴ油を塗って、肉の貯蔵所に吊るしておく。こうするとどんな虫もつかない。

ローマの政治家マルクス・ポルキウス・カトーは、同市の南東にあったトゥスクルムと呼ばれた都市近くの農場で育った。十七歳で軍隊に入り、政治家として高い地位に上る。巧みな弁舌で知られ、すぐれた演説によって、元老院の放縦にすぎると思われる貴族を弾劾した。これは後年就任した監察官としての役割にも合致している。監察官は公衆道徳を監督する公職で、カトーはその仕事に没頭した。不道徳な役人を糾弾し、贅沢に反対する法を支持し、まさに役職になりきり、後代の人々に監察官カトーとして知られた。贅沢とみなした人々にはきわめて批判的——百五十年後にアピキウスがこしらえたクリーミー・ソース（二五ページ参照）にも賛成しなかっただろう——だったが、一世紀の著述家プルタルコスは、軍事的指導者として勝利をもたらしたことではなく、「規律と節制によりローマ帝国が悪徳に沈むのを防いだ」ことを称えた。

おそらく農場で育った子供時代に、幼いカトーにスパルタ式の倹約精神が染み込んだのだろう。父はカトーがごく幼い頃に亡くなったようで、息子は相当な責任を受け継ぎ、十代の初めに農場経営を学んだ。老いてからは召使と食事をしていたが、厳格な親、過酷な夫、融通の利かない役人で、誰に聞いても、紛れもなく退屈な人間になっていた。断片しか残っていないものの、多作な著述家でもあった。ラテン語でイタリアの歴史を著し、演説集——甚しく回顧的な『執政官について』（監察官というはまり役に就く前は執政官だった）を含む——と『軍人について』という大冊を出版した。後者は断片さえ残っていないが、内容は想像に難くない。明け方に起きて、冷たいシャワーを浴び、しみ一つない制服を着て、命がけで敵に突撃せよ、だ。

しかし完全に無傷で残っているのは『農業論』である。農業の良き手引きで、たとえばオリーヴの収穫には奴隷が何人必要かとか、とりわけ名調子で、もし奴隷がふらちにも病気になったら、奴隷の分け前をどのように減らせるかなどについて助言している。また食物の保存方法についても詳しく述べていて、冒頭に載せたレシピ、つまり豚腿肉の塩漬け法の最古の記録も含まれている。さらに他の漬物や燻製のレシピも記され、カトーには相当な専門知識があり、今日でも使える方法をもちいていたことがわかる。

肉、魚、あるいはさらに果物の保存方法の知識は、スーパーマーケットや冷蔵庫（三一一ページおよび三三七ページ参照）出現以前の時代には、死活に関わるきわめて重要なものだった。実際ポーランドの教授マリア・デムビンスカは二十世紀末の著書で、それを「古代人の最大の悩みの種」と述べている。日々の糧を探すことが、命を危険にさらすとまではいかないにしても、苦難に満ちたものである時代には、食物の保存はなおさら重要だった。絶えざる飢えの恐怖に駆られて、人々は食物を保存し有効に蓄える方法を見つけようとした。

自分たちで狩りをしなければならないとしたら――動物が襲いかかってくるときにそれを槍で突かなければならないとしたら――今日でもどんなにか肉を大切にしただろう。食物の保存が必要なのは、単に週末を食いつなげればよいからではなく、消費地から遠いところで調達されたからでもあるだろう。そして人々は食物を獲れたその場に、そのまま埋めた。たとえばアイルランドやノルウェイの海岸を発掘すると、紀元前五〇〇〇年から二〇〇〇年に埋められた魚の骨が出てくる。魚の骨が出てきたことは、回収する技術ではないにせよ、魚を埋める技術があったことを示している。場所を示す地図がなかったので、おそらく意図されたよりも長い間埋められていたのだ。

一方ヘロドトスは二千四百年前に、バビロニア人やエジプト人が風や日光に当てて魚を干物にしたと書いている。そして肉はしばしば家の天井に吊るされた。おそらくそれで燻製が作られるようになったのだろう。うっかり炉の上に吊るしたら、風味がよくなっただけでなく、保存にもよいことがわかったのだ。ヴァイキングもこの方法を発展させたのかもしれないが、確認できる記録はない（三八ページ参照）。塩がすぐれた保存料であることがわかると、それもまたすぐに広まる。紀元前一八〇〇年には、あちこちに岩塩坑ができていた。しかし多くの人々は、とりわけ北方では、まだ魚を埋める方を好んでいた。

一三四八年のスウェーデンの人口調査ではオラフール・グラヴラクス（Olafuer Gravlax）という男がいたことが記

録されている。スウェーデン中部のイェムトランドに住んでいた。その姓は「埋められた魚」を意味するので、それが彼の仕事だったと考えられる。スカンディナヴィアで最初にグラヴラクス（Gravlax）——サケの保存食——を作った者は、たぶんぼんやりしていたからだろう。冬に備えて単に魚を貯蔵しようとしたのだ。冬には凍えるような気候となり、川や湖が氷で覆われてほとんど漁ができなくなる。魚を埋めることは、「二本脚や四本脚の」泥棒に盗まれるのを避けることでもあった、とノルウェイのアストリ・リッデルヴォルトは述べている。

だから魚を埋めた。それから何カ月かたって魚を掘り出すと、地中で発酵して恐ろしい悪臭を放った。しかし魚を掘り出し、臭いを無視して勇敢にも味を見ると、食べられるだけでなく、何カ月も前に埋めた生の魚とはまったく異なるにもかかわらず、驚くほど味がよい。まさに奇跡である。次の季節には、もしかすると一尾には塩を、別の一尾には砂糖を少し、そしてまた別の一尾には砂糖と塩を加えただろう。それからたぶん保存期間を数カ月、数週間、数日と短くしたらどうなるかを、試してみただろう。

魚を埋めることがどのように始まり、いつから慣わしとして行われるようになったのか、完全にはわからない。しかし人々は酸味を好んだので、商売として行われたのは言うまでもないが、伝統的な料理になった。実のところオラフール・グラヴラクスが魚を埋めていたとき、その仕事すべてをとりしきっていたわけではなかったのかもしれない。これはほかの記録から推測できる。ストックホルムの一五〇九年の年次記録には、マルティン・スルラクス（Martin

Surlax）という名前が記されているが、Surlaxは「酸っぱい魚」という意味である。だから魚を埋めた結果魚が発酵したとすれば、たぶんグラヴラクスが埋めて、スルラクスが掘り出したのだ。

グラヴラクスは一九八〇年代にも見られ、イギリスでは晩餐会にディル・ソースをかけてサケの塩漬けを出すのが大流行した。今日ではサケの塩漬けを作るためにもちろん埋める必要はない。スーパーマーケットまでひと走りすれば、サケは容易に調達できる。そして塩、砂糖、ディルやそのほかの香辛料（コショウの実、コリアンダーの実）を加え、たった二日間冷蔵庫に入れておけば、自家製の塩漬けができる。しかし十四世紀に話を戻すと、まったくそんなに簡単というわけではなかったが、当時魚を埋めていた人々は明らかにいい線を行っていた。本能的に塩や砂糖を加えたのかもしれないが、それとは知らずにきわめて複雑な化学変化を引き起こしていたのである。塩は水分を引出すが、また蛋白質を維持し、魚を保存する。

中世に仕事として魚を保存処理して埋めた人々であれ、余暇に豚を塩漬けにした古代ローマの厳格な監察官であれ、昔新しい方法を始めた人々は、飢えをしのぐために創意工夫を凝《こ》らした。他方食い意地の張った現代人は、昔実際に飢えをかろうじてくい止めた技術によって、飽きるほど腹を満たしている。これらすべてのしょっぱい、甘いごちそうがなければ、肥満したり喉が渇いたりすることもないだろうから、一体どんな塩梅《あんばい》だっただろう？

6

山羊の炙《あぶ》り焼き

著者…ウェルギリウス
出典…『農耕詩』第2歌393（*Georgics II*）

それゆえわれらはしきたりに従い、祖先より伝わる歌でしかるべく
バックスの誉を讃え、皿と菓子とを供えるだろう。
そして生け贄の雄山羊を、角《つの》で導いて祭壇のそばに立たせ、
脂ぎったその内臓を、榛《はしばみ》の串に刺して焼くだろう。（小川正廣訳）

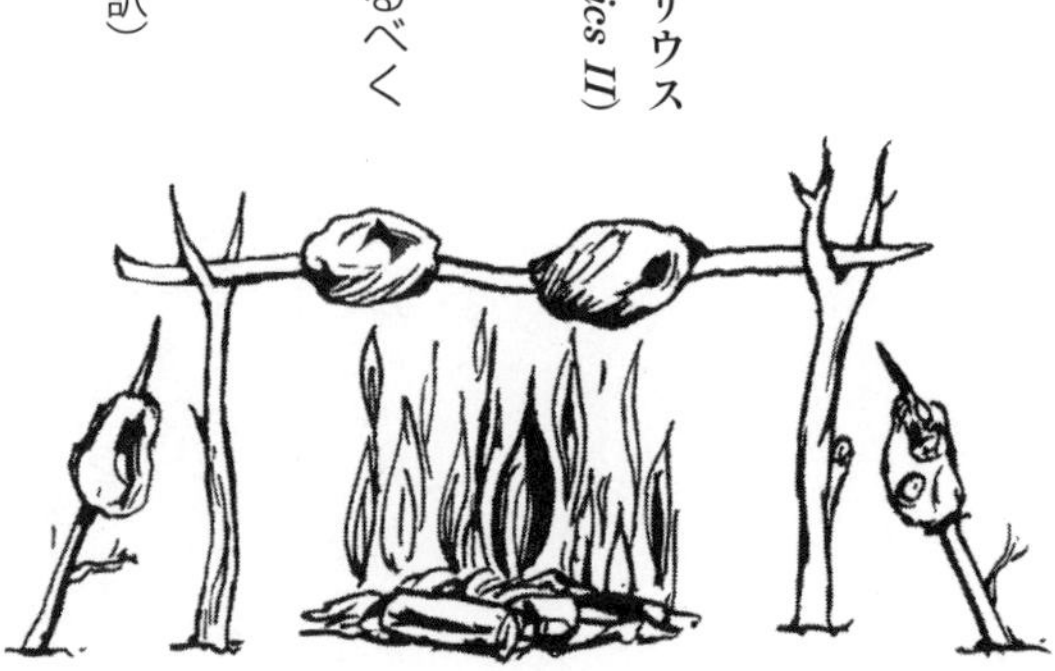

ウェルギリウスがレシピを書いたとは思われないかもしれないが、ここに山羊を串にさして炙る昔のレシピと思しきものがある。それはローストが料理法として簡単なことを説明するために、一八〇〇年代に引用されている。『アメリカの農夫』という出版物の一八二五年版の「婦人向け」と題された章で、「ローストとは、調理にもっとも簡単に直接熱をもちいることである」という解説とともに、この詩が引用されている。四年前の一八二一年にフレデリック・アークムも著書『料理の化学』の中で、ウェルギリウスに言及し、「串焼きは、熱の作用によって獣肉を食べられるようにする最古の方法のようだ」と述べている。

金串が発明される前には、肉は折り取った木の枝――ウェルギリウスの詩にあるようにしばしばハシバミの枝――

に刺した。樹液が熱せられると枝を回転させたので（たとえばヒバリなどの小鳥のようにじゅうぶん軽いものの場合で、豚を刺してもこうはならない）、それを見た人々は神わざだと思ったことだろう。ハシバミはまた占い棒としてももちいられた。

しかし串焼がどのようにして生まれたかは、推測の域を出ない。何千年もの間人類は食物を生で食べていた。それから火を起こすことを覚え、ネアンデルタール人が出現するまでの間に料理を始めた。暖を取ったり、野獣を追い払ったりするために火を使ううちに、料理することを覚えたのである。火の粉が飛び散って、イノシシのねぐらを燃やしてしまったのだろうか？　脂の焼けた匂いをかいだ人間が、カリカリに焼けたイノシシ肉を初めて試してみたのだろうか？　あるいは食べていたマンモスの肉が焚いていた火に落ちて、肉の焼けるいい匂いがそれまでになく食欲をそそったのだろうか？

どのように始まったとしても、火を使って料理するようになったことは革命的だった。単に食物に新しい味がもたらされただけでなく、それまで食べられなかったものが食べられるようになったからである。料理されて初めて食べられるもの——小麦、大麦、米、ジャガイモ——がそのときから栽培されるようになった。栄養がそれまでより多く摂れるようになったので、健康状態もよくなったにちがいない。さらに火を使う料理は、ほかの動物との決定的なちがいを生むことになった。料理をして初めて、人は全き人となったのである。動物は食物を蓄える——犬は骨を埋め、アライグマは餌を水中に突っ込む——かもしれないが、料理をするのは人間だけだ。

食物を炙ることを覚えた人間は、それからすっかり火の扱いに慣れて、煮ることも始めた。だから食べ物を炙ること——あるいは焼くこと——が人と動物を分かつことになったとすれば、煮ることは文明の証しだった。人類学者のクロード・レヴィ・ストロースがこの点について思いめぐらしている。その論文『料理の三角形』で、料理された食物についての理論を入念に練り上げ、「《焼いたもの》は《自然》に属し、《煮たもの》は《文化》の側に属しているといえる」（西江雅之訳）と書いている。これは文字通りの真実である。というのも煮るには容器、つまり文化の産物が必要だからだ。「煮るためには、焼く場合とは異なり、食物と火の間に水が介在することが必要だからである」。

こうして文化が進歩するにつれて、炙り焼きは素朴で基本的、煮込みは手が込んで高級とみなされるようになった。それはつい最近まで、つまりわれわれがさらに洗練されて、炙り焼きが実際にはもっと高級だと思い至るまで続いた。やはりあか抜けた紳士は、おいしい「日曜日の煮込み」を作れることを誇りに思ってはいないのだ。

けれどもまた山羊の炙り焼きもしないだろう。しかしながら紀元前三〇年には、プブリウス・ウェルギリウス・マロは、それをこのうえなく楽しんでいた。ハシバミの枝に刺した山羊の串焼きは、叙事詩『農耕詩』に登場する。同詩は『アエネイス』を書いたローマ詩人の後の大変有名な作品で、おもに農場経営の方法について詳しく述べている。農業を志す者への指南書だが、意気揚々たる韻文で、穀物の栽培、植樹、家畜の世話、そして養蜂について書かれている。

山羊の炙り焼きは、樹木の剪定、そしてブドウ畑の賞賛の後に登場する。ブドウ畑のブドウの木には、「熟した甘いブドウ」がたわわに実っている。バッカスについて述べていることから、山羊の炙り焼きは豊作を祝うもののようだ。続く行では鍬で耕すことについての二、三の注意とともに土壌の手入れの仕方を教えている。

ウェルギリウスは正しい農業の実践法を典雅に教えると同様に、おいしい炙り焼きへの食欲もそそる。その風味は、何世紀にもわたってその詩のこだまのように鳴り響いている。ウェルギリウスの著作は、エピクロス主義の哲学がもてはやされていた時代のもので、よきものを楽しみつつ人生を過ごすことを唱道した。食物と友情は、「汝自身を知れ」に勝る。そして彼はなんと正しかったことか。

7

家禽のための別のソース

著者…マルクス・ガウィウス・アピキウス
出典…『料理帖』(*De re coquinaria*)

コショウ、ラヴィジ(訳注:セリ科の多年草)、パセリ、ドライ・ミント、フェンネル、ワインに浸した花に、味をつけるために炒ったポントスのナッツあるいはアーモンド、ハチミツ少々、ワイン、酢、ブロス(訳注:肉、魚、野菜などを煮出しただし汁)を加える。深鍋に油を入れ、熱してソースを入れ、かき混ぜる。緑のセロリの種、キャット・ミントを加える。家禽を切り分け、ソースをかける。

先輩のアルケストラトス(一三ページ参照)は、ソースにはがっかりするような経験をしたのかもしれない。気取って凝りすぎたソースは、良質で淡泊な素材を呑み込んでしまう。しかしアピキウスはそんな経験はしなかった。古代ローマの良き時代の、まさに没落の種が蒔かれるずっと前の人だった。

もし「古代ローマはいつその頂点に達したのですか? そしてその瞬間を象徴するものは何ですか?」と尋ねられたら、答は帝国の辺境で蛮族を撃退することにも、公衆便所の建設にも関係ないことを覚えておいていただきたい。古代ローマはそのソースが最高のときに、たっぷりでもっとも旨味のあるときに、絶頂を迎えたのである。そしてこれがいつのことだったかは、正確に指摘できる。というのもマルクス・ガウィウス・アピキウスがすべてを書き残しているからだ。アピキウスは紀元前八〇年から紀元後四〇年の間に生存した。皇帝アウグストスとティベリウスの治世である。そしてその料理書は今なお出版されている。『料理帖』と呼ばれ、五百ものレシピを載せた大作である。それでソースと言えば、そう、これらのレシピのうち四百点がソースの作り方の説明なのだ。

ソースは古代ローマのシェフ、アピキウスのトレードマークで、アピキウスは最高ではないにしても、少なくとも驚異的に非の打ちどころのないシェフだった。アピキウスが数人のうちのひとりだったかもしれない、あるいは数人のレシピをアピキウスという名前の下に集めたのかもしれない、と論ずる学者もいるが、前述のマルクス・ガウィウス・アピキウスであるというのが大方の見方である。シェフで、レシピをまとめ、料理学校に基金を寄付した。もし現代に生きていたら、たぶんイタリア版バリーマルー料理学校（訳注：アイルランドのコーク近くの有名な料理学校）を経営していただろう。

アピキウスは実在して、次々に新たな技術を生み出していた。出会った者に料理の理想を吹き込み、その厳格な教授法にひとたび逆らおうものなら、誰でもえらい目にあうような師だった。強迫的なまでに、きびしく、正確で、細かく、当然、自説に固執する。また良家に生まれて裕福という幸運の持ち主でもあった。古代ローマ時代のおいしい料理について語るとき、当時の庶民は関係ない。大部分の人々は所有物さえほとんどなく、ごくごく質素な暮らしをしていた。多くの者は、退廃的な饗宴は言うまでもなく、まずまずの食事も期待することはできなかった。大半の人々にとって、食事はせいぜいつましいもので、アピキウスのレシピの豊かさは、それゆえエリートの食習慣のみを反映していたのである。本人はエリートの資格十分だった。

アピキウスは莫大な財産を持っていて、それを料理に注ぎ込んだ。厨房にはあらゆる最新の設備が備わっていたことだろう。料理器具は職人の手作りで美しかった——工芸品でさえあった——だろうから、われわれのものよりはるかに高価だった。それとは対照的に料理の装置は基本的なもの（鍋と焼き串）で、冷蔵庫がないことも逆手に取っていたように見える。少なくともそれが、「くさみのあるあらゆる種類の鳥のための」レシピを作った唯一の理由と考えられる。

しかしながら白物家電がないことは、厨房の人手で補った。よい材料を手に入れるのがむずかしい——農業が行き当たりばったりで、輸送は限られ、貯蔵が基本だった——時代に、材料が集まれば、大勢の人々が下ごしらえし調理した。おそらくこれがわれわれの時代とアピキウスの時代の大きなちがいの一つだろう。今日では材料は比較的安い。たった数分で地球上のあらゆる場所の産物を注文できる。しかし人件費が高い。アピキウスの人手は安いのではなく、ただだった。今日では想像もつかないことだが、当時大金持ちにとっては、それがふつうだったのである。

というわけでアピキウスが厨房で何十人もの下働きとともに、夜明けから夕暮れまで、切り刻んだり、下ごしらえしたり、せっせと働くさまが目に浮かぶ。運よくその厨房で働くことができた人々は、材料に圧倒されただろう。食料品室にはウサギ、豚、仔羊の、そしてツルやカモからハトやクジャク、ダチョウやフラミンゴにいたるきわめて多くの鳥の肉が吊るされていただろう。トリュフやあらゆる種類のキノコ、ウニ、ムール貝、そしてあらゆる種類の魚が調理された。使用したハーブは、ラヴィジやコリアンダーからクミンやフェンネルの種まで、驚くほど変化に富んでいる。ワインを煮詰め、豚肉の残りを塩漬けにし、すばらしいグレイビーソースを食卓に出し、これらすべてのレシピを書いた。

アピキウスの本はヨーロッパ最古の、そして古代ローマの唯一残存するレシピ書である。一九二六年に英訳したジヨセフ・ヴェーリングが書いているように、「人の心を知るにはその胃袋を知らなければならない。だからこの料理書を読めば、古代ローマ人の私生活を知るよい手がかりを見出すことができるかもしれない」。しかしレシピを書くことは決してたやすいことではなかった。そのレシピからは豪華な晩餐の、極上の味や舌ざわりが思い描けるかもしれないが、本人はお上の意向に対処しなければならず、さぞかし腹立たしかったことだろう。

今日シェフや料理店主は、おいしいものを提供する以上にしなければならないことが山ほどある。食事をするにふさわしいレストランを作ることとは別に、審議会の役人、検査官、業務監査機関を相手にしなければならない。業績報告の助言に耳を傾け、評論家の発言を大目に見ることは言わずもがなである。アピキウスもまた問題を抱えていた。歴史書には古代ローマの退廃ぶりが出てくるかもしれないが、当時多くの人々は贅沢な生活をする人々を軽蔑していた。プリニウスやプルタルコスのような著述家は、饗宴はもちろん、高級料理を楽しむような暮らしには賛成しなかった。そしてそれだけではない――特定の食物に費やすことのできる一所帯当たりの額を定めたきびしい法律が存在したのである。

政界の長老や役人は公衆道徳を守る必要を感じていた（とはいえコロッセウムでライオンの餌食になるキリスト教徒を人々が見物するのをやめさせるまでには至らなかったが）。そこで帝国の食品監督官が厨房の抜き打ち検査に派遣された。今日衛生局の役人がしていることと異なるところはない。幸い当時の社会にはもうひとつの事態も蔓延していた。買収である。だから食品監督官の一行が来ると聞くなり、到着した監督官をもてなすように、アピキウスがシェフのひとりを遣わしたことは想像に難くない。何かおいしい軽食を土産にと言われたり、厨房での食事に誘われたり、ある

マルクス・ガウィウス・アピキウス

いはたいがいの場合現ナマや金製品さえちらつかされたら、監督官がいともたやすく誘惑されたのはまちがいない。というのも監督官は高級食材の購入や正餐を、どうにもやめさせられなかったからだ。

金持ちの美食家ローマ人は、こうしてやすやすと食品監督官を一蹴し、法律を巧みにくぐり抜けたが、それは監督官の一行がアピキウスのごちそうを、もちろんそのソースを存分に楽しめたということだ。そしてウサギ、アヒルからロブスターやイワシにいたるまで、思いつく限りの肉それぞれにかけられるソースがあった。しかししばしば引き合いに出される dormouse（ヤマネ）——mouse（ネズミ）というよりは木に住む大きな齧歯《げっし》類でリスに似ていなくもない——にはない。アピキウスはヤマネに豚肉、ナッツ、ハーブを詰め、それから焼くか煮るかしたが、それに合うソースを作らなかったので、それほど夢中だったはずはない。こうした例外はさておき、きわめて多くのソースがあり、ほとんど熱狂的と言ってもよい。何と呼んでよいかわからないときには、初めに掲げたように、単に「さあ、別のソースだ」と言う。

細部についてはおしゃべりだが、細部はほとんどないことがしばしばである。口調は忙《せわ》しなく苛立った男のもの。あいまいで役に立たないこともあり、一定の知識は持っていて当然と決めつけているので、初心者は挫折するだろう。今日なら出版社が強引にゴースト・ライターをつけるところだ。しかし昔のことだったので、仕事に心血を注いだ男の本が残ったのである——結局アピキウスは料理人だった。

けれども行間を読むと、情け深いシェフでもあった。当時多くの人々は動物が苦しむほど、味がよくなると思っていた。哀れな獣を痛めつければ、肉の味が引き出されると考えていたのである。しかしアピキウスの料理書には、このような例はごくわずかしか見られない。二つの例外は食事の最初に出される料理で、関節をはずされたニワトリ（ニワトリは絞める前にこうされた）とイチジク豚が使われた。気の毒な豚は、飢えに苦しめられた後、乾燥イチジクを無理やり食べさせられ、ハチミツ酒を飲まされた。その後イチジクは簡単に膨張し、あるいは発酵し始め、肝臓が大きくなって、豚は死ぬ。（これに相当するのが現代のフォアグラである。一八二ページ参照。）

アピキウスはこの種の動物虐待にはあまり心を奪われなかったようだが、野菜料理を奨励することには熱心だった。もしキャベツのレシピに困っているなら、頼りになる。またもどき料理の達人でもあった。これは、たとえば後世のカメのスープもどきのように経済的実際的な理由からというよりも、演出だった。もっともその「アンチョビなしのアンチョビ・ペースト」が、客をからかい喜ばせるために、とびきりのぺてん料理として考案されたのか、あるいは単にアンチョビが切れていた日に作られたのかについて、結論は出ていない。並外れた金持ちだったことからして、おそらくは前者だ。

アピキウスは完璧主義のうるさ型で、読者を啓発し、その生活を向上させるようなレシピを作ろうと心に決めていた。ただしプディングはあまり好きではなかった。甘いものに目のない古代ローマ人だったにもかかわらず、この本には甘いものはない。たぶんそれだけはほかから取り寄せたのだろう。

しかし料理への愛があまりに大きかったことが、命取りになる。財産をはたいて――ウミサソリやダマスカス・プラムのたぐいを買ったり、あるいは自分の厨房を一新したりして――仕事をしたので、支出が収入を上回り始めた。こんな具合で金塊もわずかになり、とうとう数百万セステルティウムになったとき、重大な結論に達する。もうこれまでのようにできないのなら、料理の質が自分の思い通りにならず、いくらかでも落ちるならば、もはや生きるに値しないと。

そこである日もっとも舌の肥えた友人を集め、最後の完璧な饗宴を用意した。どの料理も直前の料理よりすばらしかった。しかし自分の皿のひとつにだけ仕掛けをする。それが「カボチャのフリッター」か「レンズマメとクリ」か、はたまた「二通りに詰め物をした乳飲み子の仔豚」かはわからない。しかし何であったにせよ、アピキウスは自らに毒を盛り、命を絶った。

8

ハチミツ入りチーズケーキ

著者…アテナイオス
（エピカルモス作の『ヘーベーとヘラクレスの結婚』からの引用）
出典…『食卓の賢人たち』（*Deipnosophistae*）

小麦粉を湿らせ、フライパンに入れる。それからハチミツを振りかけ、ゴマとチーズを加える。

ハチミツと、古代ギリシアの学者アテナイオスが書き残してくれたそのさまざまなレシピを味わってからでなくては、ギリシアやローマの岸辺からいっそう広い古代世界を目指して漕ぎ出すことはできない。アテナイオスはエジプトの交易都市ナウクラティスに生まれ、西暦二〇〇年頃著作活動をおこなった。その著作のいくつかは失われているが、*Deipnosophistae* と題された十五巻の書物が残っている。

『食卓の賢人たち』と訳すことのできるこの著書は、さまざまな知識人が列席しておこなわれた桁はずれの宴会での会話の記録と称されている。知識人の一部は架空の人物かもしれないし、そうでないかもしれない。十五巻にもおよぶ宴会での議論と聞けば、まさしく拷問のように感じられるだろう。それは無理もないが、議論ははなはだ詳細にわたり、きわめて多くの著作家や思索家の言葉が引用され、実に多くの習慣や考えが記録されているので、非常に重要な作品である。というのもこの作品が書かれた西暦二〇〇年頃のみならず、さらに時代を遡った古代ローマの生活に関する正確で詳細な記述が満載だからである。

会話は料理から音楽、舞踊、遊女、そしてさらに多くの事柄におよぶ。当然ながら話は途方もなく脱線する。さまざまな人々によって詩や哲学、神話、伝説が長々と引用され、チーズケーキについて史上もっとも長い議論のひとつが交わされる。同書を熟読した結果、古代ギリシア人やローマ人は、名前も製法も異なる多種のチーズケーキを食べていたことがわかったが、論じられている多くのチーズケーキのうち、紀元前五〇〇年頃の劇作家にして哲学者のエピカルモスが述べていたとされるものが、一番おいしそうだ。冒頭に記載したレシピはまったく簡単で、ハチミツを使っているが、ご覧のとおりそれがかなり大きな決め手となっている。

寝椅子にくつろぎ、ゆるやかに流れるようなトーガ（訳注：古代ローマ市民が平和時に着用した公民服）に身を包み、客は食事を楽しみながらおしゃべりをした。会話が盛り上がったり静まったりする中を、召使が料理や飲み物を持って回る。二番目の、あるいは最後のデザートとしてチーズケーキが振る舞われたときに、おそらく余談としてこの多岐にわたるチーズケーキの話が出たのだろう。「サモスのチーズケーキはとびきり旨い」とひとりが言えば、もうひとりが「卵、ハチミツ、そして極上の小麦粉を使い、型に入れて作られた」そのケーキを食べたときの話をする。

結婚式で花嫁花婿に供された甘い蜜に浸された――幸せな新婚さんのことではない――チーズケーキのことも話題になる。ほかのチーズケーキはハチミツを混ぜ、よく焼いてハチミツとともに供された。「菓子については目利きのクリュシッポスによる」別のレシピでは、まずナッツとケシの実を炒る。これを乳鉢で突き砕き、煮立てたハチミツと黒コショウを混ぜた果汁に加える。それをチーズの入った生地に加えて、その柔らかい塊を伸ばして四角にする。その上にすりつぶしたゴマと煮立てたハチミツを混ぜたものをかける。それからきっと焼いたのだろうが、あいにく目利きのクリュシッポスもそこまで書いていない。なおこれは何千とある種類のひとつだったが、実際にはあらゆるチーズケーキに、ハチミツが使われた。

古代ギリシア人とローマ人はハチミツに大いなる敬意を払っていたが、それは保存料、防腐剤になる性質を、長寿、それゆえ不死に結びつけたからである。ハチミツは神々の食物であり――アムブロシア――神々からの贈り物でもあった。アリスタイオスという神話的な人物は養蜂に熟練していた。アポロとニンフの息子で、赤ん坊のときに、飲めば不老不死になるという神々の酒ネクタルとハチミツを唇に受けて、そのとおりになる。成長すると、さまざまなニンフがブドウやオリーヴの栽培と蜂の飼い方を教えてくれた。そこでアリスタイオスは、ふつうの人々に養蜂の知識を広めることに取りかかった。

クレタ島で発掘された古代の陶器や宝飾品にはハチのモティーフが見られる。ヒポクラテスは、病気であるとないとにかかわらず誰にもハチミツを勧めた。アリストテレスはハチについて熱心に研究し、原子について長い間考え続けたデモクリトスは、健康で長生きするためのお気に入りのレシピを持っていた。「体の外側には油を、内側にはハチミツを与えなければならない」。

ハチミツはギリシアで大量に生産され、交易品としてもちいられた。紀元前一三〇〇年の資料では、一一〇壺のハチミツがロバあるいは牡牛と等価だった。何にもまして栄養価が高く、おいしく、前述のようにチーズケーキによく使われた。

アテナイオスの宴会の長談義を苦労して読めば、アテナイオスが熱弁をふるうさまがたぶん一編の劇作品のように想像できて、ほかの食通の話題についてもひとつかふたつ知ることができるだろう。宴会が終わりに近づく最後から二番目の巻でさえ、客は酔っ払いを嫌悪しているようだ（酒の少ない宴会だったにちがいない）。「われわれは過度の飲酒に耽ったり、昼間から酔っぱらうような輩ではない」とそのひとりが断言している。「生《き》の酒をあまりたくさん飲む者は乱暴狼藉を働く」ともうひとり。別の客も物知り顔でヘロドトスを引き合いに出して言う。「酒が体に染み込めば、とかくひどい言葉が口から出る」。

宴会の始まりには人々を静めるために、そして食べるのが早すぎるのを留めるときにも歌が推奨された。音楽は「かたくなな心をほぐしてくれるからだ。ふさぎこんだ不機嫌さを拭って、いかにもひとかどの市民にふさわしい、おだやかで明るい気分を与えてくれるね」（柳沼重剛訳）。度を過ごすことがなかったわけではない。二日酔いについては相当な議論が行われている。喜劇詩人のクレアルコスが次のように語ったと引用されている。「楽しみをすべて先に手に入れたので…あとに続く鋭い苦痛のうちに喜びをすべて失ってしまう」。

しかしこれらの議論の精神（spirit）の別の物差しがほしければ、アリストクセノスを引用しよう。「演劇はまったく野蛮なものになり…音楽は完全に堕落して卑俗になった」。若い人々が敬意を失ったとも感じていたことは疑いない。

それでも食物、とりわけチーズケーキについては、貴重な本である。そしてアテナイオスは、ザクロ、キジ、乳飲み子の仔豚や塩漬けのカニ——この作品に登場する食材のほんの一部を挙げれば——についてきりもなく語る一方で、「金色のハチのゆたかなハチミツが完璧に浸み込んだ小さなタルトやチーズケーキ」に関しては詩的な熱弁をふるい、絶好調である。

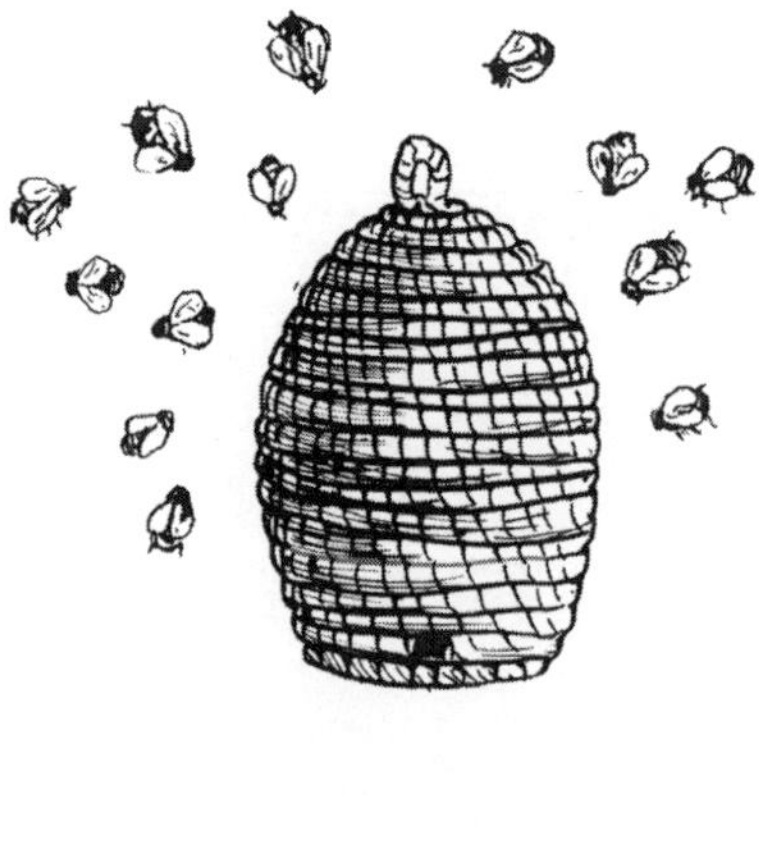

9

粥

9カ月間喪に服している間は、野菜、果物を食べ、水を飲み、粥を啜ってもよいが、粥に塩や乳脂をもちいてはならない。

著者…令狐徳棻《リンフーダーフェン》
出典…『周書』

中国統一王朝の二十四史のうち、周書——帝紀列伝合わせて五十巻の長きにわたっているが、時の経過とともに否応なく失われた部分もある——は、今日アジア全体で何百万人もの人々が日々味わっている一品について述べたものとして目を引く。粥を服喪中に食べるのにふさわしいと薦めるとともに、どのように「黄帝が雑穀を材料に初めて粥を作った」かを記録している。今日ではたいてい米で作られるが、黄帝が示したように米がとれないところでは、ほかの穀物で作られたのかもしれない。

粥は日本、フィリピン、タイ、シンガポール、韓国にも広まっている。どの文化にも独自の作り方があるが、基本的な方法はかなり似通っていて、米を大量の水で煮る。煮ると米は湯の中で崩れて、一種の濃いポリッジ（訳注：オートミールや穀類を水かミルクなどで煮詰めてどろどろにしたもの）やスープのようになる。太宗の勅命で昔の北周の正史を記録する周書が編纂された唐の時代にも、こうして作られていたのだろう。しかし粥は当時もう少し特別なものとみなされていた。皇帝から功臣に下賜されるものだった。ある程度の敬意のしるしとして与えられ、きりのないお辞儀が後に続いたことは、まちがいない。それから粥は先に金を被せた象牙の箸で、そっと口に運ばれた。

複雑な礼儀作法に取り巻かれていたもかかわらず、粥は今日と同じように簡素な一品だった——大いなる敬意を表すためのもっともつつましい贈り物だった。実際ほかの材料を加えずそれだけだと、ほとんど味もなかっただろう。前夜の料理が腹にもたれているところに、やさしい微笑とともに供されるのが粥である。しかし淡泊なのに似合わず、力も秘めている。一日の初めに体に活力を与える。消化がよく、即座にエネルギーとなり、敵が攻撃してくる寸前でも、急いで食べられる。粥の入った熱い碗を手の中で回し、縁の冷めた部分を啜れば、三分で三杯はいける、と食べ慣れた人なら教えてくれるだろう。そしてもたれることなく、すぐに消化されるので、敵に剣を振るう間も腹が痛むことはない。

粥はまた、運動後にすばやくエネルギーを高める必要のある人々、あるいは病気から回復しつつある人々にとっても、栄養を補給するのに理想的である。実際元気を与えてくれるその性質は大変尊ばれているので、葬式でしばしば供される。それだけではない。何世紀にもわたる凶作によって荒廃した国で、命を救う滋養物ともなった。紀元前一〇八年から一九一一年までの間に中国は一八二八回の飢饉に見舞われた。ほとんど毎年である。人々が生き残ることができ、何百万もの家族が飢餓から救われたのは、ひとつには粥のおかげである。暖かく、栄養を補給し、米から作られるからである。

米はもっとも重要な世界的な食物のひとつで、その種類はおよそ一万に及ぶ。そのうち八千種は食用に栽培され、小麦や大麦のような穀物を上回る多くの利点がある。収穫量は多く、水分は少ない。つまり米の方が長く貯蔵できて、飢饉の間にも使えるのである。実際に六一八年から九〇七年まで続いた唐王朝は、米の貯蔵を重視して、新たに建設した運河のそばに貯蔵所を造り、米が足りない地域に輸送できるようにした。

米の有用性がわかると、唐王朝の監督下、米の生産が農業の主要部分になる時代が到来する。特別な農具が開発され、さまざまな水田に水を引く灌漑施設も造られた。米は、中国史の中でももっとも輝かしい時代、隆盛をきわめる帝国のまさに一部だった。経済が発展し、軍隊も強大になる。すべての成人男子が同じ大きさの土地を与えられ、税を課せられたので、徴税制度もいっそう効率的になった。

支配層が粥を好み、ほかの人々もみな粥を好んだ——結局のところ貧しい家族にはほかに食べるものがほとんどなかったのかもしれない。一日のさまざまな時間にさまざまな種類の粥が作られた。寒い冬の朝には、肉を加えれば体が温まった。一日の暑さが薄れる真夏の夕暮れには、ほてりを冷まし、元気を回復させるように、ハスの実あるいはサンザシの実が入れられた。そしてセイヨウカリンを加えれば、老人や衰弱した人、虚弱な人の免疫力を高めるのだった。

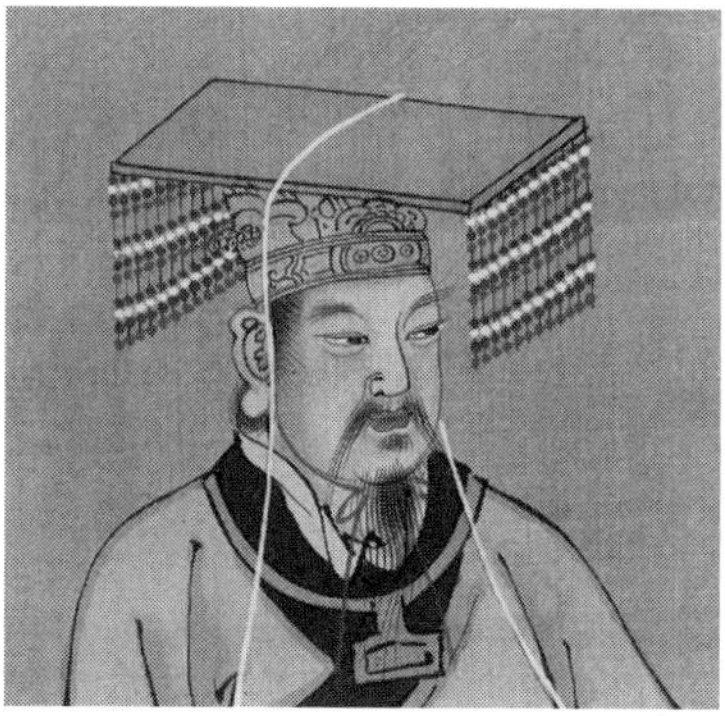

初めて雑穀で粥を作った黄帝。

粥はおぼろげなはるか昔に、漁師の妻が最初に作ったという伝説がある。この物語によれば、海の上で食べられるように、妻は船の上にぐつぐつと米が煮立っている鍋を持ち込んだ。ところが海賊に襲われたので、妻は鍋を覆いの下に隠す。それから海賊が去ってしまうと、米は冷えていたが、芳しく柔らかくなっていた。

こうして今日の粥の大部分のレシピでは、米を高温で煮てからその鍋を三十分そのままにしておくことになっている。しばしば少量のおいしい料理が添えられるが、味のない粥はそれらの料理の風味を一段と引き立てる。そしてもし粥が重要でなければ、安徽《あんき》省繁昌《はんしょう》県の粥専門の博物館はできなかっただろう。是非訪れてみたい。結局のところスコットランドにポリッジの博物館はないのだ。

10 干魚

著者…不明

出典…『グレティルのサガ』（*The Saga of Grettir the Strong*）

彼［アトリ］は干魚を仕入れにスネーフェル岬へ出かけた。多くの馬を集めて、フルータ・フィヨルドのメラルに住む舅ガムリの屋敷にもよった。そこからガムリの弟のグリームともう一人の男がアトリと同道した。彼らは岬で大量の干魚を買いこんで七頭の馬に積み、帰途についた。（松谷健二訳）

ヴァイキングは料理の本を書かなかったが、それはほぼイメージ通りだ。襲撃に出かけるのに忙しくて、知的な作業に従事することができなかったのだ。アルファベットがヨーロッパ中に広まったのに、ヴァイキングは、ルーン文字を使うかなり単純なフサルクと呼ばれる文字体系を使い続ける傾向があった。ルーン文字には、水平、垂直、斜めの線が多用されているので、刻み付けやすい。だから村を襲うと、小屋をなぎ倒して火をつけ、扉に何か勝ち誇った忌まわしい言葉を刻み付けはしたかもしれないが、立ち止まってその土地の朝食の料理を調べ、メモ帳を出して、それを注意深く書き留めることはしなかった。

七〇〇年代の末には人口が増加したため、北欧の岩だらけのいささか不毛な土地だけでは足りなくなる。そこでもっとよい土地を求めてヴァイキング船で出発し、その途上ヨーロッパ北部から、東はコンスタンティノポリス、西はアメリカの海岸までも遠く広く到達した。ブリテンでは、今日ノーサンバランドの北東海岸沖にあるリンディスファーン島の修道士を襲った。これは『アングロ・サクソン年代記』に記述があり、七八七年六月に異教徒の男たちがあさましくもリンディスファーン島にある神の教会を破壊して略奪と殺戮をおこなった様子が記されている。

ヴァイキングはついにアイルランドとブリテンのダブリンやヨークのような地域に定住した。その食物も含め、居住した証拠となるものが多く残っている。ヨークの便所を調べると——千年以上もたっているので、あまり不快ではない——さまざまなものを食べていたことがわかった。果物、ニンジン、カブ、キャベツなどの野菜、仔羊の肉、豚肉、カモメの卵、魚介類である。実際魚をたくさん食べたので、結果的に背が高くなった。そして多くの調理道具や食器も持っていた。鍋、フライパン、薬缶《やかん》、木の皿や匙《さじ》、そして金属のナイフである。

ヴァイキングは書くより語る人々だったので、口伝のサガは十二世紀の末まで記されることはなかった。『グレティルのサガ』はそのような物語のひとつである。十三世紀に書かれたが作者は不明。グレティル・アースムンダルソンと呼ばれた気難しく短気なアイスランドのヴァイキングの物語である。無法者による放火や殺人などのさまざまな行為の合間に、グレティルの兄アトリがスナイフェルス半島に行き、干魚を大量に買う。アトリは帰途に襲撃される。ヴァイキングのサガでは大半の人々がいつの時点かで襲撃されるが、それは今はどうでもよい。本章に関係があるのは、「干魚」である。このサガはそのできごとのほんの五百年後に書かれたもので、本物のヴァイキングのレシピにもっとも近いのではないかと思う。

実際魚はサガに述べられているわずかな食材のひとつだが、調理の記述はない。これについては少し後世まで待たなければならない。オラウス・マグヌスは、一五五五年の大著『北方民族文化誌』に北欧の文化と歴史について記しており、干魚がどのように作られたかにも触れているが、たぶんその方法はヴァイキングの時代から変わらずに受け継がれてきたものだろう。

海岸［ヴェステルボッテンと呼ばれる地域の北部］に来ると、四方八方で大量の魚が見られるので、その光景には唖然とするだろう。そして腹もすっかり満たされるだろう。この種の魚の一部は、海水を振りかけて、山の麓のおよそ一～一・五ヘクタールの平地に広げて風で乾燥させた。また主としてもっと大きな一部の魚は、竿に吊るすか棚に広げて太陽と外気によって乾燥させた。魚はすべて家庭で消費したり、商人が儲けたりするために保存された。

干魚は、ご想像のとおりすごい臭いがする。「その頃この雪を頂いた山の麓からは、乾燥させるために吊るされた魚の悪臭が立ち上り、海の方まで流れたので、海から近づいてきた水夫が、鼻を突くその臭いに気づかないはずがない」。マグヌスは続ける。「嵐で暗い空の下で奮闘していた水夫は、その臭いを嗅ぐや否や、迫りくる難破から自分たちと荷物を守らなければならないと悟る」。この魚のくさい臭いを灯台代わりにすることは、そう長くは続かなかったが、ルートフィスクとして知られる干魚の調理はずっと続いた。「乾燥した干魚［タラ］を二日間濃い石灰液に漬け、さらに一日真水に浸してからゆでる」と

スカンディナヴィアの海からのニシンの陸揚げ。
オラウス・マグヌスの『北方民族文化誌』に収められた木版画。

マグヌスは記録している。「塩入りのバターとともに供され、国王によってさえ賞賛されている」。

初期のサガには食物や食事はまれにしか登場しないものの、もてなしが大切なことはよく出てくる。宿屋はなかったので、『ハーヴァマール』（訳注：『古エッダ』に収録された歌謡集）によれば、ヴァイキングが戸口に現れたときには、食べ物と水を与えた。「火を焚かねばならない／来た人のために／膝が凍えている人のために／食べ物と着物を／差し出さねばならない／山を越えて来た人のために」。しかし礼儀作法も必要とされた。ほかの記述によれば、客が滞在してよいのは三日までである。『フェルスパーのサガ』には、家庭でのもてなしのきわめて洗練された光景が描かれている。「母は出す／刺繍された布を／食卓にかける／白い亜麻布を」。ヴァイキングの社会の上層部は、明らかに訪問客に最高のもてなしをした。食べたものが記されているが、食物の記述のもうひとつのまれな例である。「輝く豚肉／そして炙った鳥／水差しにはワイン／飲んで喋って／一日が終わる」。

サガは魚の燻製には触れていないが、これは当時行われていた魚のもうひとつの保存方法だった。スウェーデンの人類学者は、フォテヴィケン博物館に実際にヴァイキングの燻製小屋を再現した。木の梁からニシンが下がり、煙がゆっくりと魚の回りに漂う。しかし魚の燻製を作るのに、燻製小屋は必要なかった。ヴァイキングの住居は床の真ん中に炉床があったので、近くに吊るされた肉や魚は自然に燻製になったのである。

何世紀も経るうちに、干魚と燻製の魚は北欧の食文化に定着した。八三四年にノルウェイのオセベルクにひとりの女性が埋葬されたが、その女性とともに埋められた台所用品と、一五八五年にスウェーデンのペル・ブラーエ伯爵が妻に薦めた所帯道具を比較すると、驚いたことに七世紀の間食べ物もその調理法もほとんど変わっていない。ヴァイキングは読み書きもろくにできずにヨーロッパ北部を荒らしまわったかもしれないが、彼らがいなかったら、今日イケアのフードコートのカウンターで、ニシンの燻製をつまんで一息つくことができただろうか？

11

最上質の小麦のパン

著者…不明

出典…バイユー・タペストリー

肉が料理されている。召使が料理を給仕している。食事の様子。そして司教が食物とワインを祝福している光景。

中世のパンのレシピが書かれたものは残っていない。そこでいささか絶望的ではあるが、細く千切れかけている昔の藁にでもすがるほかない。そのような藁の一本が(かなりよく保存されている)バイユー・タペストリーで、たぶんウィリアム征服王の腹違いのきょうだいだったバイユーの司教によって制作を依頼されたものである。

ほぼ七〇メートルの長さで一〇七〇年頃に作られたこのタペストリーには、一〇六六年のヘイスティングズの戦いでクライマックスに達したノルマン人のイングランドへの侵攻の物語が描かれている。ノルマンディー公ギヨーム(訳注:イングランドを征服した後イングランド王ウィリアム一世となる)は、エドワード懺悔王の死後サクソン人の貴族ハロルドが王位に就いた後に侵攻した。ギヨームは王位は自分のものと考え、軍を集めて権利を主張するために出帆したのである。

イングランド上陸後の最初の食事は刺繍によって記録されているが、それはノルマンディーのバイユー市に今なお

《バイユー・タペストリー》の細部。ウィリアム征服王のイングランド上陸後の最初の食事。宴会のために男がかまどから焼きたてのパンを取り出している。

保管されている。刺繍の図柄に添えられたラテン語のキャプションには、肉が料理され、召使が料理とワインを持ってくると、ギヨームが神に祈りを捧げてから、重臣と勢いよく食べ始めたと記されている。食事の詳細とその準備に関する説明はないが、図柄から知ることができる。

よく見ると、給仕が間に合わせの野外の調理場で盾をテーブル代わりにもちいたのがわかる。持ち運びできるかまどがあり、その下には炎が見える。上ではステーキのようなものが焼かれている。そしてパンも何とか見てとれる。焼きたてのパンあるいはトーストで、明らかに熱くて手で持てない。かまどから取り出すのに男がトングをもちい、右手のトングでパンをはさみ、左手の盆に載せている。

かまどの左側では、ふたりの召使いが支える二本の棒の間に下げた大鍋の中でスープが煮えている。料理はそれから、食卓の中央でボウルを持っているギヨーム自身の手に渡される。ギヨームの右側にいる男が角笛のようなものを吹いている。宴会に興を添えるちょっとした曲だろう。一方何か小さな鳥、たぶんウズラが串で焼かれ、これもまた上座に運ばれていく。

ワインも注がれ、あの焼きたてのパンが供される。グリドル（訳注：円形の鉄板）で焼くパンケーキ――記録されているもっとも古いレシピは十五世紀のもので、サフランで風味をつけ、薄く伸ばして三日月形にし、熱いグリドルで焼いた――とともに、最上質の小麦のパン（石臼で挽き精製した小麦で作られた酵母入りのパン）と思われるもっと厚みのある塊状のパンもある。

食物の歴史を辿る中で、バイユー・タペストリーにどんな種類のパンが描かれているのか思いをめぐらせるもうひとつの理由は、一〇六六年はパンの発展における重要な年だったからだ。

パンのおなじみの物語は次のようなものである。遠いおぼろげな昔、小麦粉と水を混ぜるとパン生地になり、それを焼くとパンができることが知られた。いつの時代かたぶん自然に、あるいは偶然に、酵母が加えられる（一ページ参照）。またいつの時代かパンを焼くために穀物が栽培され、収穫され、臼で挽かれるようになった。穀物を挽くことは二千五百年前頃にスペインに手動のひき臼が現れて、機械化された。その後ローマ人は風車や水車による製粉所の建設を始め、一〇八六年にはブリテンにおよそ六千カ所の製粉所ができていたことが、ウィリアム一世が作らせた土地台帳の『ドゥームズデイ・ブック』に記録されている。

十七世紀にはパンの製造業が盛んになったが、ロンドンでは頓挫する。プディング・レーンのパン屋で起きた火事が燃え広がって市の多くを焼き尽くし、事実上パン製造業全体に壊滅的な打撃を与えたからである。パンにまつわる物語はそれから一九一二年までは比較的穏やかに進む。同年アメリカのアイオワ州の発明家が、パンのスライス・マシンの原型を作り上げた（三二五ページ参照）。数十年後に次の大事件が起こる。一九六一年に、チョーリーウッド製パン法として知られる製造方法が開発されたのだ。それは純正なパンの信奉者を震撼させた瞬間で、製造をスピードアップし、コストを下げることが可能になった。

しかしながら製パンの歴史のこの説明は、重要な発展を見逃している。ふるいの発展である。この器具は毛を編んだ網（ふつうは馬の毛）で、以前からあるにはあったが、イングランドで一般に使われるようになったのは一〇六六年から。それ以後しばしば言及されている。一〇六六年の前後にも小麦粉を毛織物の布あるいは亜麻布でより分けたり、「ふるい分け」たりすることはあったが、イングランドを中世という暗黒の時代から引きずり出したのは、ヘイスティングズの戦いと並んで毛のふるいだった。ノルマンディー公ギヨームによるイングランド王位の簒奪《さんだつ》が、イングランド史上の重要な転機になったとまさに同様に、毛のふるいの急増はそれなりに一時代を画した。白いふわふわのパンと呼べるものが出現したのである。そのような訳でパンの歴史は、白いふわふわのパンができる前の時代とできてからの時代に分けられる。

小麦粉をふるいにかけてふすま（小麦の皮）を取り除くと、もっと純粋で、きれいで軽い――まさに聖餐の――パンとみなされたものを作ることができた。毛のふるいは料理の上でも社会的にも飛躍的な前進をもたらした。パンがステータス・シンボルにもなりえることを意味したからである。テューダー朝の人々が食べるパンの種類は、社会的な階級を反映していた。貴族は白い最上質の小麦のパンを、商人は小麦のパンを、貧乏人はふすまのパンを食べた。だからテューダー朝の貴族は白いパンを出して客を感心させることができた。今ならさだめし iPad を見せびらかすようなもの。

修道院では宗教的エリートである司教座聖堂の司祭は白いパンを、その下の者や召使は小さな茶色のパンを食べた。というのも白いパンは、社会的地位のみならず宗教的地位をも表していたからである。聖体拝領にもちいられたパンには十字のしるしがつけられ、pandemains と呼ばれた。それは聖餐式のパンあるいは「主のパン」という意味のラテン語 panis domini に由来する。今日でも正餐のパンあるいは正餐用聖餅は白い。

貧乏人は白パンに汚い手をかけることは許されなかったが、何とかしてそれを味わってみようとしただろう。ひょっとすると食べ残しをもらえないかと、領主の館の厨房裏口のあたりをうろつく者もいたかもしれない。つつましい農夫が白パンのかけらをつかんで口に詰め込むさまが見えるようだ。どんなにおいしかったことだろう。ゆっくり発酵させて焼いた生地は舌に柔らかく、口の中でとろけそうだ。いつもの歯の折れそうな（歯が残っていればの話）茶色い代物とはわけがちがう。

しかし上流階級がやり方を見せれば、ほかの者もまねをする。白パンの製造は十一世紀には着実に増え、以後何世紀にもわたって進歩し続けた。パン屋も貧乏人用の茶色く粗悪なジャリジャリしたパンを焼く者と、軽くふんわりと口の中でとろけるような白パンを焼く者とに分かれる傾向があった。十六世紀の末には白いパンのパン屋の数が茶色のパンのパン屋のそれの二倍になる。最上質の小麦パンのレシピが初めて印刷されたのはこの時期で、一五八八年の『良妻の手料理』に掲載された。

半ブッシェルの上質の小麦粉を二回ふるい、一ガロンのきれいなぬるま湯、ほぼ手のひらいっぱいの白い塩、ほぼ一パイントの酵母と混ぜ、水分はそれ以上加えず、できるだけ強くこねる。その後三十分間寝かせてから取り上げ、形を整えて、およそ一時間オーヴンに入れておく。

この趨勢は十八世紀になっても続き、ルイス・マジェンディという人が一七九五年に次のように述べている。「小麦はふすまを取り除いて、もっともぜいたくな舌に合う状態にしなければならない。さもないと裕福な人ばかりでなく、ごく貧しい人にもそっぽを向かれる」。

白いパンの優越はゆうに二十世紀の後半まで続いた。その信望が失われたのは、おそらくさらに主流にしようとした最後の一押しのせいだろう。チョーリーウッド製パン法ではおよそ三時間でパンを焼いて袋に詰めたが、できたのは安くて旨味のないパンだった。今日では白いスライス食パンは、大量生産食品最悪の氷山の一角とみなされている。

フランス人シェフのレイモン・ブランにとっては、パンでさえないし、食通の大物は腕のいい職人が作るふすまが密に入ったパンを探している。

バイユーのタペストリーに描かれているように、ノルマンディー公ギヨームが敵の軍勢を探し出して、ハロルドの目を射る前に供されたパンは、おそらくイングランドで初めて焼かれた最上質の小麦のパンだっただろう。実際ノルマン人はイングランドの食物を自分たちのものより質素で粗末だと思ったからこそ、改良に取りかかったのである。スパイスやハーブを輸入し始め、食肉用にたとえばウサギのような動物を新たに導入した。そしてよいパンと認めたものの値段を上げた。毛のふるいはタペストリーには描かれていないが、携えられていたにちがいない。というのも一〇六六年以降二十世紀の末に至るまで、白パンはまさに貴族が熱望するものだったからだ。二十世紀の末になると上流階級は逆に茶色のパンを探すようになった。田舎風で歯を痛めそうなパンがよしとされるようになったのである。

12 パスタ

著者…ムハンマド・アル＝イドリースィー
出典…『ルッジェーロの書』（*Tabula Rogeriana*）

シチリアにはトラビアと呼ばれる町がある。一年中水に恵まれ、水車の回る魅惑的な所だ。この町では小麦粉から紐形の食べ物が作られる。イタリア南部のカラブリアの町同様に、イスラム教徒の地区でもキリスト教徒の地区でも、じゅうぶんな量が製造される。

パスタは一一五四年よりずっと前からあちこちで見られたのだろうか？　十中八九はそうだ。たとえばローマの北およそ六五キロのカエレという町にエトルリア人の浮彫がある。四世紀に作られたその浮彫には、パスタを作る道具によく似ているものが見られる。しかし一一五四年という年は、パスタが初めてきちんと記述された年としてひときわ目を引く。言葉使いは明快、率直、正直で、その正確さを疑う理由はない。

引用したのは、ムハンマド・アル＝イドリースィーによって書かれた並外れた本の一節である。ムハンマドのフルネームは、アブ・アブド・アラー・アブドゥラー、ムハンマド・イブン・ムハンマド・イブン・アシュ・シャリフ・アル＝イドリースィーである。一〇九九年モロッコに生まれ、十六歳で世界旅行を始め、小アジア、フランス南部、スペイン、そして北アフリカを訪れた。当時としてはほとんど全世界を回ったも同然だったろう。詩人で、アラビア語の散文も書いたが、その大いなる才能はシチリアのルッジェーロ王という君主の目にとまることとなった。やはりルッジェーロという名前の父——シチリアを征服したノルマン人——から王位を受け継いだルッジェーロ王は時代に先駆けたルネサンス人で、あらゆる才人の居並ぶ宮廷を作ろうとした。そこで権力と地位を利用して、自分の回りに知識人——地理学者、数学者、哲学者、医学博士など——を集めた。だからアル＝イドリースィーのことを耳にすると、早速宮廷に招いたのである。ルッジェーロの後援の下、イドリースィーは一一三八年以来見てきた世界の地図や海図の制作に取りかかり、十五年の歳月を費やした。その地図はきわめて正確だったので、以後三世紀にわたって使用された。

注釈つきの地図は『ルッジェーロの書』——あるいはもっとよく知られている『タブラ・ロゲリアナ』——というりっぱな名称で呼ばれ、『世界横断を望む者の慰みの書』というなかなかの副題がつけられている。アル＝イドリースィーは見聞きした土地に関する知識を事実に即した言葉で記録したが、一部にはややあなどりがちな傾向が見られる。たとえばブリテン島のことを「陰鬱な天候」の土地であると述べる一方、パリは、「セーヌ川の島にあるブドウ畑と森に囲まれた可もなく不可もない」町と記している。しかしまた多くの食物を考察の対象とするきっかけとなったパスタへの重要な言及は言うまでもなく、「大地は球のように丸い」というような聡明な意見も述べている。

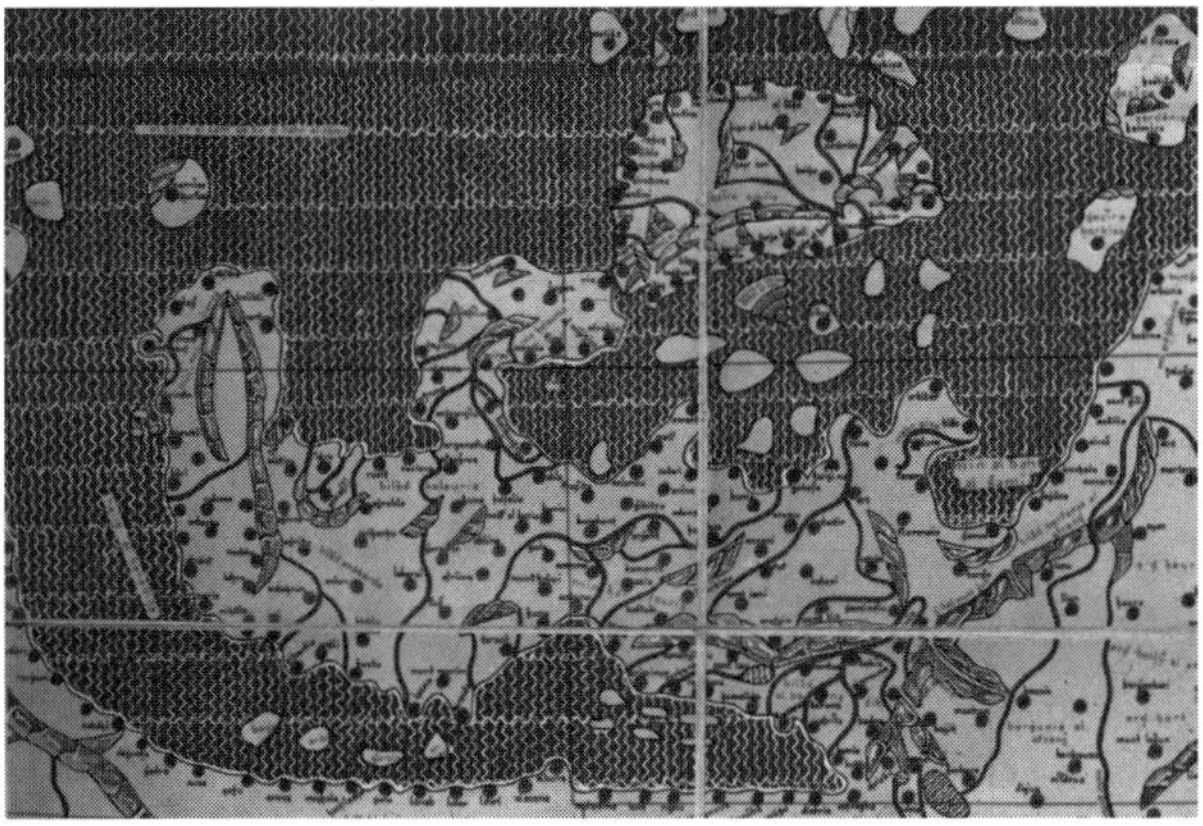

1154～57年にシチリアのルッジェーロ2世のためにアル＝イドリースィーによって描かれ、『ルッジェーロの書』におさめられたイタリア、シチリアおよび地中海の地図。

当時イドリースィーは、パスタ製造がすでに申し分なく確立していると明確に書いている。そして輸出向けにじゅうぶんな量が作られていた。それはパスタの貯蔵を示唆するが、さらに重要なのは乾燥させていたことだ。パスタ発展の重要な鍵は、七世紀の末にアラブ人がデュラム小麦をシチリアにもたらしたことでもなければ、後に紐状――蝶あるいは小さな幼虫のような形は言わずもがな――になったことでもなく、乾燥させたことである。

パスタを乾燥させて貯蔵できるようになれば、主要食材として重要な米（三五ページ参照）とまさに同等になる。古代ギリシアやアラビアに関する記述の中にはパスタのようなものが登場するが、イタリア人は自分たちのものだと主張する。それは無理もない。

その主張に反論しようと思うなら、ローマはトレヴィの泉の真向かいにある国立パスタ博物館に行ってみればよい。博物館によれば、パスタは「世界がうらやむイタリアの発明」である。さらにその「十一の展示室を回れば、最初の一品の八世紀にわたる歴史がよくわかる」と付け加えられている（知識のない外国人が主菜であると考えないように）。シチリアは国際交易に有利な位置にあったので、幸運にもパスタ発祥の地となり、そのもっとも有名な産物は文明に驚くべき影響を与えた。メアリ・スノッドグラスは著書『厨房史百科事典』の中で以下のように述べている。

パスタの出現が世界文明にとってきわめて重要だったことには、いくつか理由がある。保存がきくので飢饉に備えて食糧として貯えることができるようになった。また価格と需要の予測に基づいて平和時と戦時の金融投機を煽《あお》るようにもなった。しかし世界経済にとってさらに重要なことは、デュラム小麦から乾パンとパスタが作られるようになって、大洋を航海する長旅でもガレー船の厨房で船員の食事を用意できるようになり、ヨーロッパ人が西半球に進出したことである。

こうしてイタリア人はパスタを歓迎した。その幅広い教養を維持するために、偉大なるルッジェーロ二世もきっと食べたにちがいない。「その学識の深さはとても言い表せません」とイドリースィーはパトロンについて述べているが、他方同時代のある歴史家は、「目を開けていたほかの君主よりも多くのことを、居眠りしながらいかに成し遂げたか」について記している。『ルッジェーロの書』は一一五四年に出版されたが、ルッジェーロ二世は三週間後にこの世を去った。シチリアの地にはパスタが深く根付いている。イタリア人は以来ずっと王に感謝している。

13

ルンマーニヤ（ザクロソースかけミートボール）

著者…不明
出典…『変化に富む食卓のための貴重な役立つ助言』
（*Kanz al-fawa'id fi tanwi al-mawa'id*）

肉を刻み、鍋に入れて、肉がかぶるくらい水を入れる。煮立てて、悪臭のするあくを取り除く。次にヘーゼルナッツくらいの大きさの小さな肉団子を加える。料理が終わったときには少量の口当たりのよい汁だけが残るように、スープを煮詰める。その間に酸っぱいザクロの果汁にローズ・ウォーター（訳注：バラの花びらに水や水蒸気を加えて作る蒸留水）のシロップで甘味をつけ、ミントと、とろみをつけるために臼で挽いたピスタチオを加え、色をつけるためにサフラン少々を加え、アトラフ・ティブ［黒コショウ、クローヴ、ショウガを含むスパイスの混合物］のすべてで味付けする。ローズ・ウォーターと、水に溶かしたサフランを薄めたものを振りかけて供する。

十三世紀のエジプトで腹をすかせた若者は、ミートボールを詰め込むのにうんざりしていたにちがいない。これはまさに主食だった。だから奴隷出身のマムルーク朝の戦士がエジプトを支配していた一二五〇年に、『変化に富む食卓のための貴重な役立つ助言』と呼ばれた本が出たときには、干天の慈雨のようにも感じられたことだろう。

そのレシピは、中東のここかしこで勃発した戦争が引き起こした移住による影響を反映している。新しい食習慣や料理が、広範囲にわたる遠隔地からもたらされた。たとえばギリシアからはギリシア式のカブ料理、バグダッドからはカンバリスと呼ばれる濃縮ヨーグルト、ドイツあたりからは魚用ソースである。シリアやパレスティナへの十字軍遠征、モンゴル人のイラク侵攻、そのほかの言うまでもない戦争で、軍隊やその随員が来たり去ったりするときに、食物を持ち込んだり持ち去ったりした。ヨーロッパに戻るとき、戦いに疲れた男たちは遠く離れた土地における驚くべき冒険談だけでなく、その土地の食物も手荷物に入れて持ち帰ったのである。

兵士たちが持ち帰ったローズ・ウォーターやザクロのような異国の食材は、その後幾世代にもわたってヨーロッパの料理法に影響を与えた。実際ローズ・ウォーターはイングランドのほとんどいたるところで宴会料理に使われるようになる。甘い料理は塩味のものと取り混ぜて頻繁にもちいられていたので、甘いものがそれだけで最後の一品となるまでには何世紀もかかった。

ルンマーニヤ（「ザクロを使った料理」と訳される）はこの典型的な例で、ミートボールに風味の強いザクロソースをかけたものである。月並みな食材を新鮮なものにする異国的な風味は、この本が出た当時のイングランド中世の宴会では、客をうならせただろう。ほかの料理にはニンジンのジャム（一種のチャツネ）、マルメロのコーディアル（訳注：甘味と香味を加えた濃厚な味のアルコール飲料）、さらに塩漬けのレモン、シナモン、ショウガ、パセリ、ミント、そしてヘンルーダ――ヘンルーダは有毒と言ってもよいので、代わりにローズマリーを使う方が安全――を入れたホムス（訳注：ヒヨコマメを水煮してペースト状にしたものをゴマ油などで調味したもの）がある。

この本では、同時代あるいは以前の食物に関する記述をもとに、特定の食物の健康効果について、豊富に述べられ

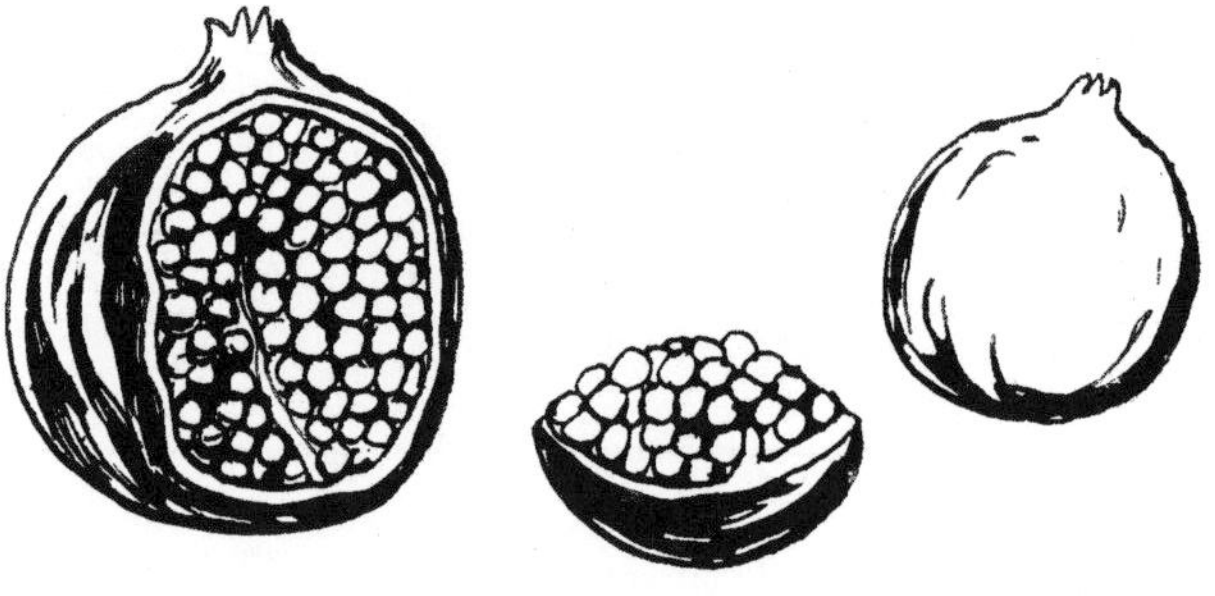

ている。ヨーロッパの料理書も次の数百年間は後に続き、おいしいというより薬効があると考えられたレシピを掲載した。それらのレシピに含まれた多くの材料は――ザクロもそのひとつだが――今日でも健康によいことが知られている。

しかしこの一品を料理するには少し注意が必要だっただろう。油も塩も使われていないからである。薬効があるからと言って、薬のように食べる必要はない。だから酸味と甘味のバランスをうまくとることが、こつだっただろう。この料理法がはやると、ヨーロッパでも真似する者がいたにちがいない。ラム・シチューの新鮮なアンズ添え、牛肉とピスタチオの煮物、鶏肉のクルミ・ソースかけ、あるいはヘーゼルナッツ入り酸味ソースをかけたソラマメという野菜料理のようなものが豪華でエキゾティックとみなされ、まもなく甘味と酸味を組み合わせてもちいることが、中世料理の特徴になった。

14

洋ナシのパイ

著者…ギヨーム・ティレル、別名タイユヴァン
出典…『ル・ヴィアンディエ（料理書）』(*Le Viandier*)

パイ生地を器にして洋ナシを立てて置き、隙間に砂糖を満たす。3つの大きな洋ナシに1／4ポンドの砂糖。つやを出すために卵とサフランをじゅうぶんにかけてから焼く。

年代が進むにつれ、料理の発展を分析するために洞窟の壁画、詩の中のとりとめのない挿話、正餐会の回想、あるいは十四世紀のスウェーデン語の姓を参考にする必要はなくなる。しかし物事を変え新しい進んだ時代へと導く重要なレシピに取りかかるとき、順風満帆とは言えない。

タイユヴァンのレシピは明断でわかりやすくはあるが、量についてはほとんど、時間については、まったく記述がないので、読者が料理についてはかなりの腕前であることを想定している。しかしこれによって人気が損なわれることはなかった。『ル・ヴィアンディエ』は、十四世紀の後半に世に出たが、ほとんど三百年間にわたって十四版を重ね、出版され続けた。その中の洋ナシのパイのレシピは、もっとも早く書かれた焼き菓子のレシピのひとつで、きわめて進んでいる。というのもパイに果物が入っているだけではなく、パイ皮も甘くて、食べられるからだ。

しかしまずタイユヴァンという名前について一言申し上げたい。それはフランス人ギヨーム・ティレルのペン・ネ

ームである。彼の物語は、一番下っ端から始めて料理という木のてっぺんにまで上り詰めた典型的な料理人の話である。今日多くの偉大なるシェフは野菜の皮むきから始め、料理の王国を経営するにいたる。一方タイユヴァンは王国こそ経営しなかったが、国王のために料理を作った。

最初の仕事は十四歳のときで、フランスの女王でシャルル五世の王妃、ジャンヌ・ド・ブルボンの厨房で大きな焼き串を回した。その仕事は、少年にとっては言うまでもなく、誰にとっても想像を超える重労働だっただろう。燃え盛る火からほんの一歩の所で、重い金属の取っ手を何時間も動かし続ける。一日の終わりには煙と肉の脂の悪臭が染みついただろうが、それでも逃げ出しはしなかった。その代わり読み書きできるようになって、出世の階段を上り、ますます巧みな技術を身に着けたので、フランス国王の目に止まり、その舌を虜にした。

シャルル五世は堅実な実際的な考え方、良い統治、学識——ひとつの重要な遺産は王が建てた広大な図書館である——により賢明王として知られているが、タイユヴァンを料理長に任命する。これは重要な役割だった。ことに王は痛風を病み、左腕には毒を盛られたのが原因とも覚しき膿瘍《のうよう》を抱えていたからである。しかしながらタイユヴァンは料理人としての腕が非常に優れていたので、王はレシピ集——たぶんタイユヴァン自身のものとほかの料理人から集めたもの——を書き留めるように促した。

フランス初の料理書と言われる本書には、スープ、ラグー（煮込み）、仔豚から鵜《う》にいたるまでのローストの夥しいレシピが記されている。鵜はサギのように料理する、サギはハクチョウあるいはクジャクのように料理する、さらにハクチョウやクジャクはコウノトリのように料理すべきであると。そう、そのような本の一冊だった。病人向きの料理、魚料理、ソース、ワインを使う調理に関する内密の情報や趣向が記載され、さらに「デザートその他」という章もあって、デザートには非常においしいミルク・タルトが、その他にはハリネズミの一品も含まれている。

しかしこれらすべての料理の中でも際立っているのは洋ナシのパイで、著しく時代に先んじていた。イングラン

タイユヴァンの『ル・ヴィアンディエ』は、ほとんど300年にわたって
出版され、1892年版には著者の墓の版画が掲載されている。

ド最古の焼き菓子のレシピの例は、一五四五年にロンドンで出版された『真《まこと》の新料理書』(*A Proper New Booke on Cokery*)に見られる。そしてこれさえも詳細が不明で、完全に本格的な料理書というよりは覚書のようなものだった。

中世の料理人はタイユヴァンがこの本を書く前に、パイを作っていたにちがいないが、タイユヴァンのパイは相当進歩していた。洋ナシのパイのパイ皮は、今日のそれである。焼きあがったものに刃を入れれば、洋ナシとその果汁が皿にあふれ出す。そこでその甘いサフラン入り果汁をパイ皮で拭う。しかしこれの一体どこが革命的なのかと思われるかもしれない。パイ皮は食べるものである――しばしばこれが一番おいしい。ところが当時はそうではなかった。パイ皮は食べるものではなく、料理するための容器だったのだ。

そしてほとんど何もかもがこうして調理された。パイの歴史の専門家ジェーン・クラークソンは熱心に説明している。「昔オーヴンで焼かれたものは、パンではなくパイだった」。パンでさえ必ずしもオーヴンでは焼かれず(一ページ参照)、炉辺や焼き網で焼かれ、肉は串に刺して焼かれた(二二ページ参照)。オーヴンあるいは窯はもともと陶器を焼くために使われていたが、誰かが料理にも使えるのではないかと思いついたのだ。アーガ(訳注:イギリス製オーヴン)がもともと衣類の乾燥にもちいられ、それから犬が隣で眠るようになり、さらに誰かが乾燥室のひとつに試しに何かを入れてみたのにちょっと似ている。

窯を肉料理にもちいる場合のロースト用平鍋や鶏のロースト用土鍋ができるまでには、まだ時間がかかった。食材を木の葉で包んだり、土鍋をもちいたりした。それから頭のいい人間が肉をパイ生地で包んでみた。すると肉汁が閉じ込められただけでなく、肉を運び、しばらく保存するための容器としても使えることがわかった。パイ皮――目につく外側――が食べられるとゆめ思われなかったのは、奇妙ではある。パイ皮を食べることは、ホテルに着いて荷物をほどき、それからスーツケースを着ようとするようなものだったのだ。まさかそんなことをする人はいまい。しかし誰かがそれをしたのだ(つまりパイ皮を食べてみた。スーツケースは着ることなかれ)。時間がたった生地は、脂が加わりおいしいパイになっていた。

　中世のレシピでは、十六世紀イタリアの次のレシピの始めの部分に見られるように、パイ皮はcoffin（訳注：現在ふつうには棺）――つまり箱――と呼ばれている。「パイ生地の大きなcoffinを作り、その底に拳大の穴をあける…」。ちなみにレシピのタイトルは、「切ると生きた鳥が飛び出すパイの作り方」という。

　実際にはタイユヴァンの洋ナシのパイには、生きた鳥は二十四羽どころか、まるで入っていなかった（訳注：マザーグースに二十四羽の黒ツグミをパイに入れて焼き、パイを開けるとツグミが歌い始めたという六ペンスの歌がある）。シャルル五世は、そんな類のお遊びをするような人物ではなかったようだ。しかし食材は高価だった。サフランは希少で砂糖も同様。だからこれはたぶん宴会用の一品である。ハリネズミの後ではすてきなデザートになっただろう。ハリネズミをどう料理したかって？　タイユヴァンは細かく刻み、干しブドウ、チーズ、ハーブと混ぜ、それから仔羊の胃袋に詰めて、木の串に刺して火にかけた。もちろんやり方は記されていないが、石炭の火にかけたのだろう。

15 ハーブ入り卵焼き

著者…リチャード二世の料理長
出典…『料理の種類』(*The Forme of Cury*)

パセリ、ミント、セイバリー、セージ、タンジー、クマツヅラ、オニサルビア、ヘンルーダ、ハナハッカ、フェンネル、ニガヨモギを用意する。細かく刻んですりつぶして、卵と混ぜる。オーヴン用の皿にバターを入れハーブ入りの卵を入れる。焼いて切り分けて供する。

タイユヴァンが後世に大きな影響を与えた大冊をフランスのシャルル五世のために著してからちょうど十一年後に、イギリスの料理人も参入した。リチャード二世の助言に励まされ、王室の料理人は自分たちの料理書を世に出した。この場合個人が栄誉を受けたのではなく、王の最高の料理人たちの合作だった。

その写本は上質皮紙の巻物の形で英国図書館に収蔵されている。一九六点のレシピは上品な散文体で、薄紅色のインクで優美に記されている。ハーブ入り卵焼きのレシピ――見慣れないものから聞き慣れないものまでのハーブと卵の組み合わせが凝っている――にはこの本の精神が要約されており、同書は宮廷の権威ある医師と哲学者の是認と奨励のもとに書かれている。13番目のレシピ(五二ページ)で見たように、当時料理と薬は分かちがたく結びついていた。このレシピのハーブは、何よりもまず薬効のためにもちいられ、同時代のボーデという医師によって表わされた信念、

「良き料理人は半ば医師である」を反映している。

これがカレー（curry）のレシピ満載の本であると早合点されては困るので、書名の curry は当時の英語では実は cookery（料理法）であったことを指摘しておきたい。そしてこの本は王室のシェフが作ったものではあるが、意図するところは国中の料理人、あるいは少なくとも字の読める料理人を助けることだった。同書は現存するヨーロッパ最古の――そして間違いなくもっとも有名な――料理教育の写本で、人々の役に立つことを目的として書かれた。それは序文の初めにも明らかである。「健康のために巧みに作られるべき所帯向けのポタージュおよび肉料理」。

ついに料理人のための料理書が出たのだが、ある種の宗教的な小冊子や正餐会のメニューを漫然と記す風を装った哲学的な論文（三一ページ参照）として出版されたのではなかった。国王は宮廷で自分が味わっている料理を、国民も味わうべきだと思っていた。しかしすべてが質素な料理とは限らない。リチャード二世は大規模なもてなしをした。一度に数千人に料理を出したが、ハーブ入りの卵焼きを大量生産しただけではない。「ふつうの」料理についての前口上の後、料理長たちは「身分の高きも低きも国中のあらゆる人々のための珍しいポタージュ、肉料理、精巧な砂糖菓子（sotiltees）」をも請け合っている。だから異常にスパイスのきいた料理が、あっと言わせるような盛りつけで並べられたことだろう。

Sotiltees という言葉は中英語（訳注：一一〇〇年～一五〇〇年頃の英語）で「精妙なもの」を意味する。しかし大宴会に供されただろう凝った立体芸術には精妙なところはほとんどない。船や城、鳥などの形を模し、大きければ大きいほどよかった。小さなウタドリではなく偉大なるオオワシがゼリーあるいは砂糖で作られて出てくると、賞賛の溜息が漏れ、拍手喝采が巻き起こったにちがいない。そのような料理はしばしば「先触れ」として食卓に運ばれ、客に正餐の開始を告げ、これから出てくる料理の洗練の度合いを知らせるものだった。今日ではシェフは食事の初めに食欲をそそるように、目を喜ばせる凝った一皿や香りのよいごく少量のスープを出す。リチャード二世が宴会を開いたときには、それとは対照的に当時の食べられるモニュメントを作らせた。国王との正餐に出席して、最初に何か繊細な一口の珍味の代わりに城の複製が出てきたら、どんなに感服したことだろう。

リチャード二世は食事が好きで、厨房にはおよそ三百人のシェフがいた。しかし多くの人々に意見を聞くその習慣からすると、同じ数の客の大部隊を必要としていた。一三八七年九月十二日に国王とランカスター公によって催された宴会の準備が記録されている。とんでもない買い物リストには、「塩漬けの牡牛一四頭、屠殺したての羊一二〇頭、豚一四〇頭、ガチョウ二一〇羽、ウサギ四〇〇羽、ツル一二羽、卵一万一〇〇〇個」(などなどが含まれている。配膳もまたどえらい作業だったにちがいない。現代のわれわれには、なぜそれほどまでに仰々しくするのかわからない。

当時の大料理長が多様な食材を自由に使えたことには驚く。厨房には、大量の塩漬けの肉や魚と並んで、雌鶏、ヨーロッパヤマウズラ、ウズラ、ヒバリ、サンカノゴイ、ヤマシギが吊るされていた。他方香辛料は鍵のかかる戸棚にしっかりしまわれていた。ショウガ、黒コショウ(消化を助けると考えられ尊重されていた)、コウリョウキョウ(高良姜)の根茎など異国のものである。これらの香辛料は、ヴェネツィア商人や度々の十字軍から戻った騎士によってもたらされた(五五ページ参照)。

厨房自体はまるで温室だった。焼き串で牡牛を一頭まるごと焼ける巨大な炉床が一方の端にあったが、部屋の中央には平炉があって、大きなグリルとしてもちいられた。香辛料を砕くことだけが仕事の下働きが大きな杵で大きな臼を搗いていただろう。長いテーブルはまな板や調理台として使われただろう。当時の道具から炉がどんなに熱かったかがわかる。道具の柄がきわめて長いのだ。揚げ物用の深鍋がある。多くの食物をエール入りの衣をつけて揚げ物にした。一方肉はまず塩――冷蔵できない時代には肉を保存するのにもちいられた――を洗い流し、柔らかくするためにゆでで、それから炙り焼きにした。

『料理の種類』の中の複雑な調理法には、薄切りにしたラードにどのように色――それぞれわずかに異なる色――

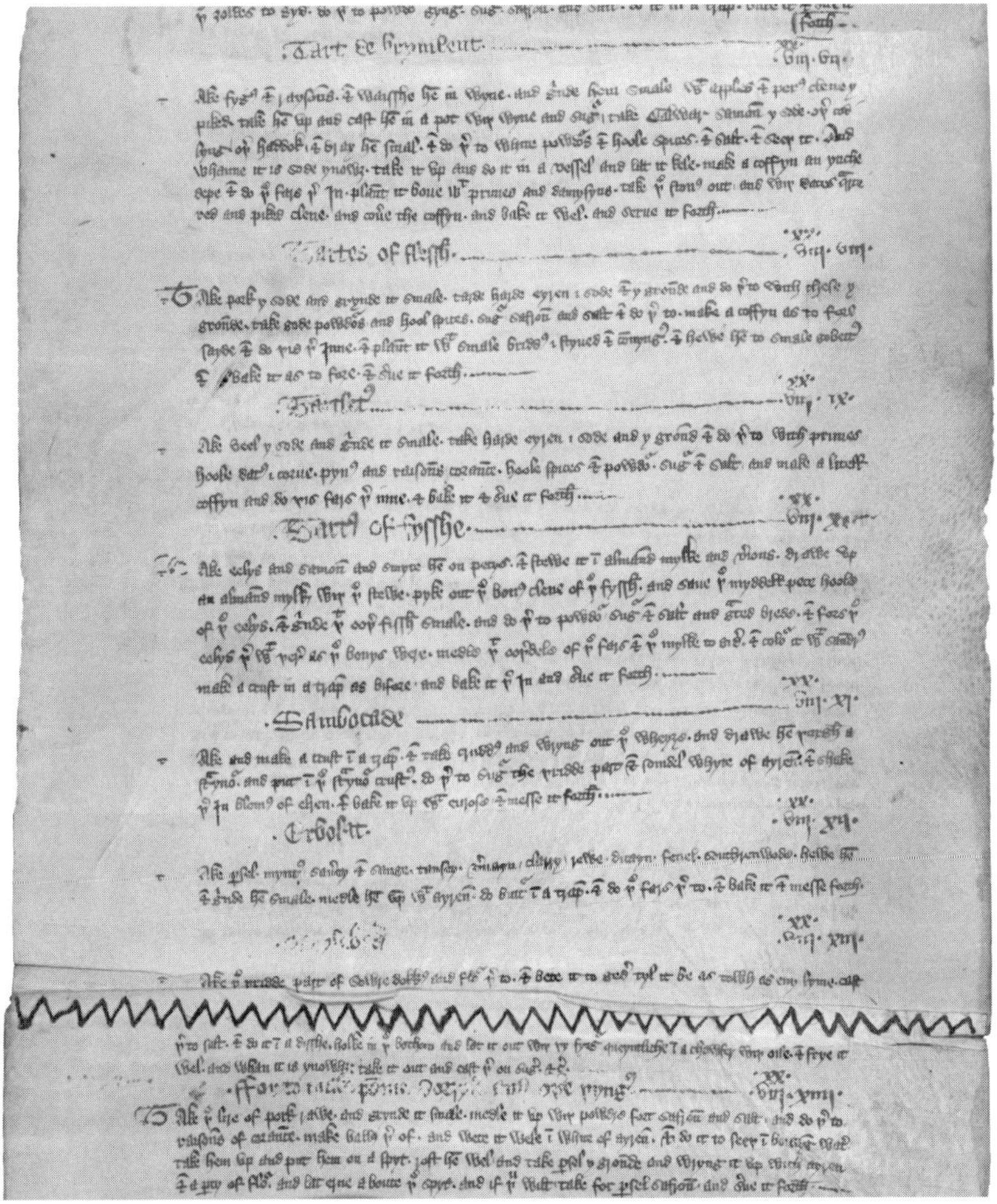

ハーブ入り卵焼きのレシピは、『料理の種類』の巻物のこの部分では
下から三つ目に記されている。

をつけるか、また料理が金色に見えるようにどのようにサフランで着色するかが出てくる。料理人は名人で、国王もしかるべき夕食を望んだ。そこで卵焼きが登場する。筆者は刻んだベーコン、塩、コショウとともにラムカン（訳注：チーズ、パン粉、卵、ミルク、バターなどを混ぜて焼いたもの）にする方が好きだが、国王はハーブ入りの卵焼きを好んだ。夜の間にハーブが魔法の薬として働くように、たぶん就寝前の軽い夜食としたのだろう。

レシピによればハーブはハーブ園から摘みたての新鮮なものと思われるので、きっとすばらしいハーブ園があったにちがいない。焼いて切り分けたと記されているので、できあがったものはスフレというよりオムレツに近い。そして国王は食べながら何を飲んだのだろう？　当時はまだガラス瓶が登場する前で、ワインはすぐに酢になってしまったので、発酵したら間を置かずに飲むものだった。代わりに飲まれたのがエールである——水はまだかなり不衛生だったので、卵焼きの軽い夜食にうってつけとは言えなかった。テレビがなかったことを考えると、おそらく国王はそのとき食事をしながら楽しめるちょっとした気晴らしを命じたに決まっている。

16

緑のポレ（キャベツのポタージュ）

出典…『パリの家長』（*Le Ménagier de Paris*）
著者…不明

魚料理の日の緑のポレ。［キャベツの］外側の葉を取り除き、刻んで水で洗う。湯がく必要はない。それから酸味果汁と水少々を加えて火にかけ、塩をいくらか入れ、濃く煮詰める。鉢の底にはポレを入れる前に塩バターあるいは好みで無塩バター、またはチーズ、あるいは古い酸味果汁を入れておく。

遅かれ早かれポタージュを取り上げなければならない。中世にはヨーロッパ中で食べられていたpottage（ポタージュ）は、昔の国々に共通の料理で、pot（深鍋）で作られたのでこう呼ばれた。だからシンプルな粥のこともあれば、濃厚で複雑なシチューのこともある。金持ちも貧乏人も等しく食べたし、種類も多く、そのひとつがポレだった。

たいていのポタージュには何かの穀物とタマネギが入っていたが、冒頭のレシピにあるようにポレは青物野菜――ふつうはキャベツ――で作られる。だからここではスープについて話しておきたい。貧しい場合には、薄くて中身はあまりなかったかもしれない。貴族の場合には肉、パン屑、卵などが入っていただろう。食べるスープの種類で社会的階層がわかる時代だった。肉を味わったのは裕福な貴族で農民はめったに食べなかったが、それには実に実際的な理由があった。動物は食べてしまうより生かしておく方が、ずっと有益だったからである。

雌の牛、羊、山羊は休みなく乳を出す。羊の場合の羊毛は言うまでもない。ニワトリ、アヒル、ガチョウは卵を産むので、食べるのは卵を産まなくなったときだけである。牡牛は鋤を引く。そしてもし料理に、あるいはブラック・ソーセージを作るために血が必要なら、家畜を殺さずに、腿に注意深く切り目を入れて、流れ出る血をもらう。

それはケニアのマサイ族が今でもおこなっていることだ。ぞっとするかもしれないが、コロンビアでイグアナの卵を調達する方法も同様に恐ろしい。動作ののろい妊娠しているイグアナを捕え、腹を切り開いて卵をそっと取り出し、傷口に木灰を擦り込んで、縫い合わせる。イグアナはよたよたと下生えの中に戻って行く。まごついて困惑しているのはまちがいないが、生きてはいる。それはポタージュ作りと同じように何世紀も昔からおこなわれてきたことである。ポタージュ作りと言えば、ほぼ一日中煮立っている大鍋を思い浮かべればよい。昔の人々は野菜を生で食べるのはきわめて危険だと考えていたので、とにかくどろどろに煮込んだ。ローマ人はその中に大麦やさまざまな豆を入れた。また葉物野菜や魚醤を加え、最後の方でキャベツの葉を入れた。

ポタージュは蒸しプディングの先祖、ポリッジのまたいとこで、スープの先駆けである。紛らわしいことにsoup（スープ）という語はsop（ソップ）に由来する。sopとはポタージュを注ぐ一切れのパンのことだった。パンは貧しい人間の皿としてももちいられたのである。労働者の食習慣は上等な食事からはまだ隔たりがあった。それから時が経つにつれ、ポタージュとソップのうち固体のパンを指すソップが、液体の部分を指すようになる。結局鉢や皿が作られるようになると、パンをスープに浸す方が、その逆よりも理にかなう。次には鉢のスープにクルトンを浮かべるようになる。おかげで友人にこの逆転の進化に関する食道楽の薀蓄《うんちく》をかたむけて、うんざりさせることもできるというわけ。

ポタージュの匂いをかぐ中世の料理人。

しかしポタージュの歴史を見ていく中で、なぜ一三九二年のところで立ち止まるのか？　それは有名な *Ménagier de Paris* と呼ばれるフランスの本にポレの昔のレシピが出ているからである。この本は同年に発表され、ぞっとするような性差別主義ではありながらも、並外れた洞察が示されており、きわめて貴重である。

著者は不明で、語り手が実在の人物か虚構かも定かではない。今日のサウジアラビア男性の考えや態度からの判断ではあるが、じゅうぶん実在したと思える。しかし語り手が何者であれ、パリ在住のかなり年配の人物だった。最近若妻——弱冠十五歳——をもらったばかりの紳士である。そして同書は妻が日々の暮らしを送るための手引きとして、その紳士によって書かれている。

『コスモポリタン』誌（もとは家庭誌で現在では露骨なセクシー路線の雑誌）の性差別主義の慎み深い先祖と思えばよい。タイトルは『パリの家長』などと訳され、生活上のさまざまな助言が記されている。内容は料理のレシピ、ファッション、家事に加えて祈りと詩など、実用的なことから精神的なものにまで及ぶ。圧巻な部分を紹介すると、

おまえの夫を天井の穴や炉の煙から守りなさい。そして夫とは争わず、やさしく、楽しく、安らかに過ごしなさい。冬には煙の出ない火を起こすこと。そして夫をまどろませ、暖かく包み、おまえの胸でくつろがせ、こうしておまえのとりこにしなさい。

夏には寝室あるいはベッドにノミが出ないように注意すること。

家に帰ったらすぐに…犬に餌をやりなさい。犬が濡れていたり、泥だらけのときは炉の前に連れて行きなさい。いつも鞭で従わせること。こうすれば、食卓や戸棚の前で人を困らせたりすることはないし、ベッドにも入らないだろう。

女性はまた決して新しい流行を取り入れてはならないし、「頭をまっすぐに、目を伏せて」通りを歩くべきである、と著者は言う。「目を見開き、ライオンのようにあきれるほど頭を反らし、髪が頭巾からだらしなくはみ出している」のは、最悪の妻だけだ。そして夫の判断に疑問を呈する妻はいない。「夫だけがすべてを知っている」のだから。

さらに料理と食事のしたくとなれば、何もかも知っていると明言する。本書には、料理の際に起こりうるできごとすべてに対する指示が、実に余すところなく記されている。三、四皿の正餐から、ふたりの水入らずの夕食まであら

ゆる種類の食事のメニュー、盛大な結婚式の手順や、種々雑多な助言が際限なく記されている。たとえば大きな宴会の警備に必要な人員の数と、いくらぐらいかかるかも。「項目：戸口を守る大柄で屈強な警備員」。あたかも妻が用心棒を雇うのを忘れるかのようだ。

食事そのものはたいそう凝っている。盛大な正餐のまず始めはブドウとモモ入りの小さなパイで、その後にスープ、それから数限りない焼き物――「五頭の豚…、二〇羽のムクドリ」――ゼリーの皿もあって、その中身は「一〇羽の若鶏、一〇羽の若ウサギ、豚、イセエビ」。リチャード二世の例（六〇ページ参照）の家庭版を試みたことはまちがいない。

それからもっと地味な折には、ポレのレシピがある。登場する酸味果汁は中世には一般的な調味料で、未熟なブドウあるいはクラブ・アップル（訳注：酸味の強い小粒のリンゴ）の酸っぱい果汁である。料理の味を引き締めるためにもちいられた。おそらく濃いポタージュは魚の付け合わせとされたのだろう。レシピの初めに書かれているように、キャベツのポタージュは魚に添えられたが、魚料理にはウナギ、ブリーム（訳注：欧州産コイ科の淡水魚）、ヒラメ、その他のレシピが山ほどある。

最後に簡単な「レシピ（秘策）」を。「炙らないと読めない手紙を書く方法」である。「信愛なるＸＸＸへ、私は頭がおかしくて食い意地の張った仕切りたがり屋の年寄りと結婚しました」と若妻は書きたかったのではないだろうか。しかしそれもほとんど慰めにはならなかっただろう。

17

宴会の企画

著者…シカール・アミクゾ
出典…『料理について』(*Du Fait de Cuisine*)

そして物事を適切に清潔に処理するため、いっそう迅速に供するためには、金や銀、錫《すず》や木の4000個以上の大量の器を用意すべきである。最初の一品を供したときには、二番目の料理を供するのにじゅうぶんな数と、なおいくらかが残っていなければならない。二番目の料理を出してから、最初の一品に使われた器を洗うことができる。

食物の歴史には宴会についての話がたくさん出てくる。何世紀も遡ると、本当にあったとは思えないような規模の壮大な宴会の、贅を尽くした正餐の食材の列挙に出くわす。膨大な数の牡牛、鶏を始めとする家禽や他の鳥のリストがあり、贅沢なものから順に並んでいる。

料理長は誰しも、もっとも贅沢な宴会の仕出しとして後世にその名が残るように、同時代あるいは歴史上のライバルから抜きん出ようと決意していたようだ。フランス人のシカール・アミクゾとて例外ではない。アミクゾもまた叩き上げの料理長だった（六〇ページ参照）。食器洗いから始め、材料をごしごし洗い、刻み、徒弟となり徐々に階段を上って美食の極みへと到達する。とうとうサヴォイア公の目に止まり、雇われた。公爵は何年もその料理に舌鼓を打った後、料理書を書くように促した。

こうしてもう一冊の偉大な本が登場し、途方もない宴会をその悪趣味な詳細のすべてを含めて列挙している。ただしこの本はそれまでのものとは異なっていた。シカールは宴会企画者で、「四〇〇頭の牡牛を調達して、パセリ・ソースをかけて供する」と述べただけではなく、どのようにするかを語る。事業の詳細にわたる計画実行にも傑出していた。実のところレシピで調理時間や調理の温度を詳しく指定する時代にはまだ入っていなかったが、シカールは実際にこのハーブを六ポンド、あれを八ポンドなどと数量を指定した。それまでのように数量がはっきりしないことを考えれば、これは革命的である。レシピの書き手として先輩よりもっと実際的で、大局に目を向けていた。

一方アメデーオ八世としても知られていた雇い主のサヴォイア公は、次から次へとしゃべり続けるおしゃべりだった。公爵は最高の社会的宗教的な仲間と交わり、ブルゴーニュ公の娘と結婚し、ヨーロッパでもっとも裕福でもっとも有力な人物となる。アメデーオの友人や知人をごちそうでもてなすのがシカールの仕事で、りっぱに役目を果たした。事実サヴォイア公はすっかり感心して、以前の世界的な料理長同様、料理の知識とその計画を後世の人々のために記録するように、シカールを説得する。

シカールは著作を口述したが、それは全体にわたって微に入り細に入り延々と説明が続き、途方もなくわかりにくかった。たとえば、パルマ・タルトのレシピ。それは有名な一品だ。レシピ自体は一四五〇語の長い一節である。シカールのことは大体想像がつく。老いて自慢気なややひとりよがりのシェフが、長椅子にもたれ、かがみこんでいるお気に入りにレシピを口述している。「もう一度パルマ・タルトだ」と平然と言う。「注文された前記のパルマ・タルトには、いいかね、大きな豚が三頭か四頭必要で、もし宴会が私が考えているものより大きければ、もう一頭必要になる」。

これは家庭では決して試みてはいけないレシピである。材料は、四頭の大きな豚に加えて、ハト三〇〇羽、雛鳥二〇〇羽、肥育鶏一〇〇羽、小鳥六〇〇羽。できるのは膨大な量の小さなタルトで、上記の動物や鳥の肉を混ぜ合わせてスパイスやハーブを効かせたものが詰めてある。この料理の紹介ははなばなしく終わる。「そしてそれを供するときは」とシカールは言い放つ。「このパルマ・タルトにはそれぞれ、供される君主各々の紋章のついた旗を差すように」。

シカールは宴会計画の助言に気合を入れてとりかかる前に、まず君主におもねることに時間を割いた。これは歴史上もっともお世辞たらたらのお追従だったにちがいない。シカールはパトロンの前にひれ伏す。「殿下、きわめて高貴にして、きわめて誉れ高く、きわめて有力な君主にして権力者であられる殿下、名誉と崇敬を得られた初代サヴォイア公、殿下の命令には迅速に従う覚悟をもって、ひたすら忠実に殿下に敬意を捧げ奉ります」と始め、自分は「殿下を敬う臣下の末席を汚す者でございます」と続ける。さらに「私は身分も卑しく知識も乏しく、ほとんど教養もありません。何となれば無知と怠慢からものへの理解を十分に深めてはこなかったからであります」。そしてこれは二三六フォリオの著作への緒言で、同書にはおよそ三万五千語にのぼるレシピも含まれていたが、そのいくつかは、パルマ・タルトのように長く威圧的で、手に負えず、散漫である。

そのようなはなばなしい結果を達成するために、シカールは主人に対してへりくだった分だけ、自分の下で働く者に対しては間違いなくきびしかった。そして謙遜を装っても、その侮りがたい企画準備の才能は隠しおおせなかった。少なくとも二日間にわたる宴会には、お膳立てに四カ月かかる、と述べている。結婚式の宴会に供される料理について長々と正確に詳細を述べてから、もしそれが宗教上のある期間に行わなければならないときには、たとえば供することのできる魚、肉、乳製品に制限がある場合どうなるかを考える。それからメニュー全体について、使用できる食材に置き換えている。大宴会に配膳するのに必要な道具の正確な数を詳しく挙げ、薪や炭がどれくらい必要か述べ、何もかも支払うためには潤沢な資金がいると念を押す。

中世の宴会は大規模で豪華な催しで、数日間続くこともあった。

だから下働きを怠けさせないために、何も足りないものがないように、塩、煮込み用の野菜、その他今は思いつかないが必要になると思われるものを買うために、料理長には惜しみなく資金を与えるべきである。

料理人にはじゅうぶん蝋燭を買うように注意し、そして自分の持ち場とは勝手のちがうよその厨房で食事をどのように用意するかについて助言する。たとえば公爵の友人の城でシカール・アミクゾが登場する晩餐会を企画できるだけではなかった。来賓が召使を連れてくることにも留意していた。召使は歓迎されただけでなく、何から何まで行き届いた心配りがなされた。「即座に、十分に、気前よく、迅速に、客の召使の頼みはすべて［聞き入れること］」。

食器やカトラリー（本章の「レシピ」を構成する指示の一部）に関して、金、銀、錫、木の四〇〇〇枚の皿は、記録破りの皿洗いについては言わずもがな、並外れた宴会が行われたことを示唆している。今日の金持ちや有名人向けの宴会企画者は、…な時代に生まれたことを知らない。

18

ムール貝の白ワインソース煮

汚れを落としたムール貝を、鍋に入れ、タマネギのみじん切り、じゅうぶんなコショウとワイン、酢少々を加えて火にかける。貝が開き始めたらすぐに火から下し、煮汁ごと温めた皿に盛って供する。

出典…『料理書』（*Boke of Kokery*）

著者…不明

一四四〇年、イタリアの建築家フィリッポ・ブルネレスキによって設計されたフィレンツェのパッツィ礼拝堂の建設が始まる。ドイツではマインツの職人ヨハン・グーテンベルクが、可動金属活字を使う印刷法を発明した。テノチティトランのアステカ人支配者イツコアトルが死に、モンテスマ一世が後継者となる。イングランドではヘンリー四世によりイートン校が設立され、カスタードのレシピが掲載された『料理書』が世に出る。

実は同書にはカスタードのレシピが二つ掲載されていた。そして誰が書いたにせよ――著者は不明――一種勝手なスペルで綴られていたようだ。結局当時は綴字法がまだ標準化されておらず、首尾一貫していれば――実際の文書に奇妙な言葉が使われていても――それで通った。本を著したことはじゅうぶん感銘を与えたので、妙な綴りなどは取るに足りないことだった。

大半の料理人はまだ記憶だけで料理を作っていて、料理書は大変希少だったので、レシピは用心深く守られる秘密だったにちがいない。この詳細な料理書には百八十二点のレシピが記載されている。もちろんすべて手書きだった――英語の本が初めて印刷されたのは、一四七三年になってからだった――ので、その手稿を読むにはかなりの慣れを要する。目にしたところ、言葉はかなりあいまいに見える。実際にはおなじみの英単語の勝手な綴り方に加え、フランス語のくだけた単語がある。たとえば乳という意味の lait の代わりに let が、冷たいという意味の froid の代わりに fryit がもちいられている。しかし音読すれば、意味がわかるようになる。発音されていたと思われる奇妙なアクセントが、ほとんど聞き取れる。緑のソース――sauce verte――のレシピの場合、こんな具合。Take some herbs and 'grinde hem smale; And take faire brede, and stepe it in vingre, and draw it thoug a stregnour'（ハーブを「細かく挽く。白パンを酢に浸して漉し器で漉す」）。これらの言葉をわざと時代遅れの調子で読んでみれば、料理長が手拭きを振り回しながら、酢に浸したパンを漉し器で漉すように言うさまが目に浮かぶ。

しかしながらこのようなことを心得ていても、著者がカスタードとみなすものの衝撃の前には何の役にも立たない。もしアップル・クランブル（訳注：煮たリンゴに小麦粉、ヘッド、砂糖の練り合わせを載せたもの）にかける、何かどろどろした暖かく黄色くて甘いものを想像するならそれこそ甘い。一四四〇年のカスタードはまったくの別物だ。ソースどころか肉や果物を刻んで詰めたオープン・パイである。しかしその上にはカスタードらしきもの――甘くてスパイスのきいた卵とミルクの混合物――がかかっていた。スープの先祖ポタージュを注ぐ一切れのパンのソップ（sop）という呼び名がスープを指すようになった（六六ページ参照）のと同様、カスタードはその上にかけられるソースの呼び名になった。

カスタードのあるレシピはこう始まる。Take Vele and smyte hit in litull peces, and was it clene.（仔牛の肉を細かく刻み、きれいに洗う。）細切れにして洗った仔牛の肉を、パセリやセージなどのハーブとともに煮て、ワインを加える。それを冷まして煮汁が濃くなるように卵白と卵黄を漉して入れ、パイ生地の容器（それがまさしくcoffinである——五九ページ参照）に入れ、上に刻んだデーツとプルーン、ショウガの粉末を散らす。

それに対して「ロンバルディ・カスタード」のレシピは、これもまた大きなパイに入れて焼く果物風味のカスタード・タルトに似ている。材料はクリーム、卵黄、ハーブとデーツ。供する前に上にアーモンド・クリームと砂糖をかける。このタイプのカスタードはcrustardeとしても知られていたが、ペストリーのことを言っているとすれば、crust（パンの皮、パイの皮）という言葉の語源になっているのかもしれない。

もしこれらのカスタードのレシピがほとんど役に立たないとしても、別のスープのレシピも同様に困惑させるもので、こう始まる。「garbage（現在の意味は残飯）を…」。しかしこれは召使にゴミ出しを指示しているのではなく、臓物やくず肉のことを言っている。garbageという言葉が、動物のこれらの部分を捨てるべきだと思っている人々に応じて意味が変わってきたのはまちがいない。

『料理書』は厨房に用意しておくべき食材や、種類別の肉の切り方を示しているので、召使の参考書として役に立つと評されている。厨房係に食物の適切な保管について助言する箇所もあるが、これは保存というよりも、盗まれないしまい方に関するものである。結局、肉、ハーブ、香辛料はまだ金持ちのものだった。

しかし大半の召使は教育の恩恵に与ってはいなかっただろうから、そのような指示が読めたとは思えない。さらに本書を持つことが贅沢だったとすれば、この本はおそらく厨房の水しぶきや汚れを避けて大切に保管されていただろう。どこにしまわれていたにせよ、私が見た写本には油の染みもなければ、小麦粉がついていることもなかったが、ムール貝のためのすばらしいレシピがあったので、ここで取り上げたのである。

混ぜ物をせず、クリームも入れず、簡単迅速にムール貝が料理されたのは喜ばしい。酢を加えることやニンニクを使わないことはさておき、まちがいようがない。著者はまたレシピの最後の行でも賛辞に足る。結局レストランで食事をして、「温めた皿」で供されずにイライラすることが何度あったことだろう。温めた皿に温かい料理は料理の肝《きも》だ。その理由だけからしても、『料理書』は歴史に名を残すに値する。

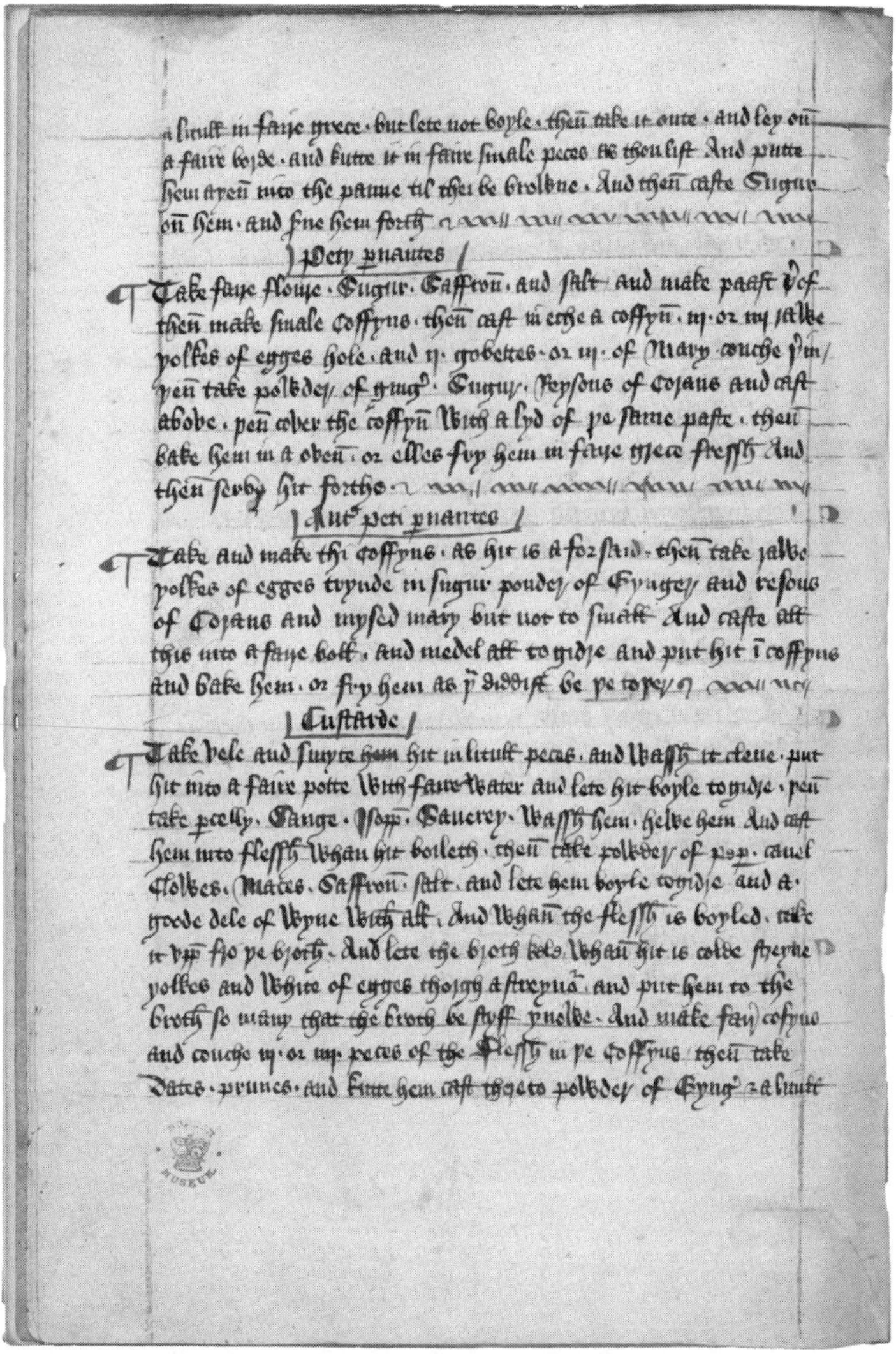

1440年にはたいていの料理人がそらで料理をしていたので、料理書はほとんどなかったが、『料理書』にはカスタードのレシピも含め182点のレシピが手書きで記されている。

19

チーズ・タルト

出典…大英博物館ハーレー・コレクションの写本４０１６
著者…不明

上質のチーズの皮を剝いてきれいにし、乳鉢ですりつぶし、卵黄と卵白を漉し器にかけて加え、それらを一緒にすりつぶす。そこへ砂糖、バター、塩を加え、きずのないパイ生地の器（coffin）に入れ、焼いて供する。

「上質の」チーズがどんなものであるかないかに、あまりこだわってはならない――みなさんの考える上質のチーズは、たぶん私の考える上質のチーズとはかなりちがう。チーズ・タルトのこのレシピの作者は、実際には「口当たりのよい」チーズを使うように指示している。だからもし今日このチーズ・タルトを作ってみようとするなら、たとえばゴーダ・チーズで試すことができる。その場合にはチーズの皮、あるいはカビの生えたところを削り取ってから、ブレンダーでかき混ぜ、パイ生地の「器」に流し込み、じゅうぶんに、あるいは摂氏二〇〇度に温めておいたオーヴンで少なくとも三十五分間焼けばよい。

簡単でおいしいこのレシピは、今日大英博物館収蔵の十五世紀の写本に記されている。それはエリザベス一世とオクスフォード伯爵がさまざまな時点で手に入れた写本に見られる多くのレシピのひとつである。それらの写本は集められて一八八八年に初めて『二冊の十五世紀の料理書』として出版された。しかしながらその本の編集者トマス・オースティンは、自分が書き写したものをまったく食べる気になれなかった。「ここにあるレシピの多くは現代の料理人の度肝を抜く」と述べている。「われわれの先祖は、戸外の生活によって鍛えられた強靭な胃袋を持っていたからだろうか、間違いなく味の濃い辛い料理を好んでいた」。

ほとんど何にでもコショウ、ショウガ、クローヴ、ニンニク、シナモンそして酢を大量に際限なく放り込むことに、オースティンは明らかにひるんでいた。ワインとエールがたっぷり使われたことは言うまでもない。「そのような材料が使われるとはとうてい思えないところに、いつも出てくる」と記している。しかしオースティンはヴィクトリア朝の人間で（二七三ページ参照）、当時は調味料の浪費には眉をしかめる時代だった。

それでもチーズ・タルトのレシピは、それほど常軌を逸しているようには見えなかっただろう。乳あるいは乳製品をもちいる多くのレシピのひとつである。（しかしながら、アーモンド・ミルク——挽いたアーモンドを熱い湯に浸して漉すもので、サケから豚肉まであらゆるものの料理にもちいられた——ほど常にもちいられたものはないという事実は、ここでは何の意味もない。）

牛乳は中世の間、たいていの料理によく見られる材料だった。平均的な農民は共有地で牛を数頭飼っていた。牛乳は健康によく、おいしく、用途が広い。前年の収穫の蓄えが減ってから新しい年の最初の収穫がようやく行われるまでのひもじい期間をしのぐのに、さぞかし役立ったことだろう。もちろんその欠点は、ことに暖かい季節には足が速いことである。だから加熱して、貧乏人の食事の主食となる固体の凝乳と、さわやかな飲み物の乳清に分離させ、肝心の日持ちをよくした。凝乳自体はそれから布でくるみ、吊るして残りの水気をきると、素朴なチーズになった。

しかし十五世紀にはチーズの製法はまさにヨーロッパ中で相当進歩していた。昔のイングランドの写本に記されていたチーズの詳しい種類は明らかではないが、多くの種類があったことはわかっている。イングランドの牧草地はすばらしく、チーズはおいしくて多種多様だった――パルメザン・チーズにちょっと似たものさえあった。

このようなことがわかるのは、パンタレオーネ・コンフィエンツァと呼ばれるイタリアのチーズ・マニアの医師のおかげである。パンタレオーネはヨーロッパを旅して回り、チーズを味見しては考え、チーズについて一冊の本を書いた。パンタレオーネが自分の使命にまじめに取り組んだことは、その本の題名を見ればわかる。書名は単なる『チーズ便覧』ではない。*Summa Lacticiniorum* は『乳製品大全』という意味で、あまり人目を引くタイトルではないが、もうひとつの大全、つまりトマス・アクイナスの大作 *Summa Theologica*（『神学大全』）を思い起させる。

多くの人々はアクイナスの『神学大全』を西洋におけるもっとも重要な著作のひとつ、哲学史における古典と考えている。パンタレオーネの時代でさえ、神学に関する重要な著作とみなされており、多くの人が単に『大全』と呼んでいた。しかしそれから二百年後に別の『大全』が現れたのである。ただしこれは神の存在あるいは人間の目的に関するものではなく、チーズに関するものだった。

さて神の掟とおいしいチェダー・チーズのある場所と、どちらが重要かという議論はさておき、『乳製品大全』はまちがいなくそれなりに画期的だった。一四七七年に同書が発表されるまでに、すでにレシピの本は出ていて、数がふえていた。見てきたとおり、いくつかはほかのものにくらべて有用である。料理法が記され、ついでに材料の記載も試みられたが、一つの食材についてすべてを一冊にまとめた本はなかった。

つまりパンタレオーネがチーズに関する真面目な使命を帯びてヨーロッパ中を旅行するまで、誰もそんなまねはしたことがなかった。食物について書いた昔の著作家すべてのように、彼にもパトロンがいた。パンタレオーネは、本業はテューリンとパドヴァの大学の医学教授だったが、高貴なるサヴォイア家で健康問題についての助言もしている。そしてその家長、当時のサヴォイア公ルドヴィーコはチーズを好むあまり、健康についての助言者に、チーズについての本、世界初のチーズに捧げられた本を書いたらどうかと持ちかけたのだ。（雇った人間に食物に関する本を書くように命ずるのはサヴォイア家の伝統で、ルドヴィーコの父アメデーオ八世は、七一ページで見たように、料理長のシカール・アミクゾにヨーロッパ初の料理書を書くように促している。）

ルドヴィーコは子供をふやす――同じ妻との間に実に十九人も子を生した――こととほとんど同様にチーズを愛し、チーズの人気が失墜していたときに、チーズについて学ぶようにパンタレオーネを派遣する。ルネサンス期には、チーズは健康に悪いという考えが広まっていた。だからおそらくこの本は、ルドヴィーコがそのチーズへの熱情を弁護するためのものだった（サヴォイア公は一四六五年に死んだので、残念ながら存命中には出版されなかった）。ルドヴィーコはパンタレオーネがその仕事をしてくれると信じて疑わず、そのおかげでパンタレオーネは健康問題にまじめに取り組むという評判を得る。医学教授だっただけでなく、一四六四年にパトロンと旅している間に、フランス国王の友人で、医者から不治の病を宣告されていたニコラ・ティグラン将軍の治療法を見つけたようだ。何の病気をどのように治療したのかは記録されていないが、名声は高まった。たぶんチーズを食べさせたのだ。

調査に当たりパンタレオーネは市場や製造者を訪れ、製造法を尋ね、風味と舌触りについて長いこと熱心に思いめぐらし、著書の中でチーズに有利な揺るぎない説を展開している。チーズは体によくないという考えが行き渡っているかもしれないが、なべて規則的にチーズを食べ、チーズを好む「国王、公爵、伯爵、侯爵夫人、男爵、兵士、貴族、そして商人」に会ったと主張した。

パンタレオーネの本は、製造に使われる動物の年齢や種類――牛、山羊、あるいは羊――によって異なる乳、および産地のさまざまな場所や気候についての記述で始まる。それから種々の形を説明する。たとえば穴のあいたチーズを買うことができるとか、堅くて厚い皮があるとか。そして発見したチーズすべての詳細にかかる。そのリストはすばらしい。フランスやスイスのチーズがあり、フランドルやブリテンのさまざまなチーズがある。ブリテン産は海峡を越えて出会ったのではなく、アントウェルペンの市場で見つけたもので、イタリア産最高級品と同じくらい良質である、と述べている。しかしドイツ産についてはあまり時間を割かず、ごくふつうと記す。母国のものでパンタレオーネが擁護しているのは、ピエモントのロビオラチーズやアオスタ渓谷のもの、そしてとくに好んでいるのがピアチェンツァ・パルマ、つまりパルメザン・スタイルのチーズである。

パンタレオーネはチーズがどんなに健康によいか、年齢に応じてどの種類がよいか、どのように食べるべきか、体質に合わせてどれを食べるべきかを説明する。チーズがよいのは単に味だけでなく、実に多くの点ですぐれているからであり、著しく実用的であると論ずる。「ランチあるいは暴飲暴食の後で食べれば、肉の脂身を噛んだ後に歯についた脂汚れを落とすことができるし、他のものを食べた後に口の中に残っている味を消すことができる」。口の中をきれいにするその特質を誇りとし、多くの人々がそれを一蹴するのを嘆く。「私のようなチーズ大好き人間が、我慢を強いられる時代に生きていると思うと、やりきれない」。

パンタレオーネがおおいに慰められたのは、チーズ製造がヨーロッパ中で盛んにおこなわれていたことがわかったからである。製造者は共同出資して、協同組合を作っていた。製品は昔最初に作られたものより、明らかにずっと向上していた。

チーズ史家のアンドリュー・ダルビーは「きっと由々しいできごとではなかっただろう」と述べているが、チーズがいつ生まれたか誰も正確には指摘できない。冷しておかなければ乳はすぐに凝乳になるので、チーズが発見されたのは、紀元前七〇〇〇年あたりの新石器時代に乳を搾るために家畜を飼い始めてから、間もない頃だろう。

その場面は容易に思い浮かべることができる。暑い晴れた日にアラブ人

の遊牧民が砂漠を歩いて行く。肩には動物の胃袋に入れた乳を担いでいる。胃袋の中のレンネットに反応して、乳はすぐに凝乳になる。それから遊牧民は一飲みしようと立ち止まり、乳の中に白い塊（凝乳）ができているのに気づく。一気に飲んでほてりを冷ますことはできなかったかもしれないが、味が気に入った。こうしてチーズが生まれたのである。

当然のことながら乳は保存がきかなかったので、チーズは乳を保存して、乳とその貴重な栄養分を消費する方法になった。歴史家はチーズの発見を「二次産物革命」であり、動物の肉、骨、皮を使うだけの時代とは異なる時代の到来を告げるものと述べている。

パンタレオーネが本を著した時代には、チーズの製法も消費も洗練されていた。アオスタ渓谷産のチーズを、料理にはことによいと支持している。「糸を引く」と述べているが、おいしいフォンデュを楽しんだにちがいない。実際同地のメーカーは、宣伝するときに今日でもなおパンタレオーネの推薦を引用している。

またピエモント産は食費を切り詰めるにはおあつらえむきであることにも、気づいていた。「ピリッとした味がするので、貧乏人向きと言われている。第一に辛いので、ごくわずかしか食べられない」。それはあまり適切な発言ではないが、その後で少しだけ名誉を回復する。「第二にこのチーズを使った料理では、その辛い味のおかげで、香辛料や塩が不要だから、貧乏人向きであると言われている」。

パンタレオーネは味のパイオニアだった。食物についていっそう見識のある見方を奨励し、一つの特別の食材について書けば、結局経済、福祉、そして文化についても述べるようになることを示した。そのチーズに対する熱狂は、いまだによいブリー・チーズを嗅ぎ分けるよう、あるいはチーズ・タルトにゴーダ・チーズをもちいるように促す。筆者に言わせれば、パンタレオーネはアクイナスにひけをとらない。

20

四旬節以外のラヴィオリ

著者…マルティーノ・デ・ロッシ
出典…『料理術の書』（*Libro de arte coquinaria*）

10皿分：熟成チーズ半ポンド、脂っこいチーズ少々。脂身のある豚の腹肉あるいは仔牛の乳首を、容易にほぐれるまで煮てからよく刻む。何かよいよく刻んだハーブ、コショウ、クローヴ、それにショウガを用意する。肥育鶏の胸肉を挽いたものを加えれば、いっそうよい。これらすべてを混ぜる。
それからパスタ生地を薄く延ばし、ほかのラヴィオリのように、混ぜたものをパスタで包む。これらのラヴィオリはクリの実の半分より大きくてはいけない。サフランで黄色く染めた肥育鶏のブロス、あるいはおいしい肉のブロスで煮る。主の祈りを二回唱える間、ラヴィオリをとろとろ煮込む。

マルティーノ・デ・ロッシは料理の歴史において何世紀もの間端役を演じていた。一四七五年に出版された重要な料理書の中で、たとえお世辞にしろ、言及されている。著者はバルトロメオ・デ・サッキ。ローマに住んでいた著作家にして人文主義者で、プラティナという名前で通っていた。その著作『高雅なる逸楽と健康について』は、料理を中世の暗黒時代から開明的なルネサンスへと引っ張りだした功績を認められている。二百五十種のレシピは材料から技法まで何もかもが革命的だった。レシピが近代イタリア料理の誕生を告げただけではない。その本は初めて印刷された料理書で、広く流通し、少なくともヨーロッパの四カ国語に翻訳されている。

プラティナは賞賛とお世辞を連ねながら、レシピを書く気にさせてくれたという人物のことを述べている。「神々は私の友人、コモのマルティーノに、何という料理の才能を授けられたのだろう」と、「私が料理のすべてを習った料理人の王」なる人物について書いている。

そしてそれだけ。マルティーノについてそれ以上の記述はない。マルティーノが誰で、どこに住んで、いつ生まれていつ死んだのか、誰に仕えたのか、自分自身で何かレシピを公表したのかについては、何もない。マルティーノは料理のレーダーから消えてしまう。篤学のドイツ系アメリカ人で、シェフ、ホテル経営者にして学者のジョセフ・ドマーズ・ヴェーリングが、イタリアの古本屋で昔の写本を見つけたのは一九二七年のこと。著者の名前に目を引かれて『料理術の書』というタイトルの手書きのこの本を買う。入手し、イタリア語の本文を訳し始めて、自分が発見したものが何であるかに気づいた。著者のコモのマルティーノ・デ・ロッシは、よく知っている本に出てくる人物だった。もちろんプラティナの本だ。

ヴェーリングは最終的に発見したことを、一九三二年十月号の *Hotel Bulletin and the Nation's Chefs* 誌の中に詳しく書き、その中でもっとも驚くべき新事実を明るみに出した。マルティーノはプラティナの本に影響を与えただけではない。プラティナの二百五十点のレシピのうち十点以外のすべては、一字一句変わることなくマルティーノのレシピで、ちなみに残りの十点はアピキウスのものだった（二五ページ参照）。一九五〇年にヴェーリングが死ぬと、写本はワシントンのアメリカ連邦議会図書館に寄贈され、今もなお同館にある。

主な仕事が教皇小書簡を書くことだった人物が、一体どうして料理についてそんなに多くを知るようになったのか、

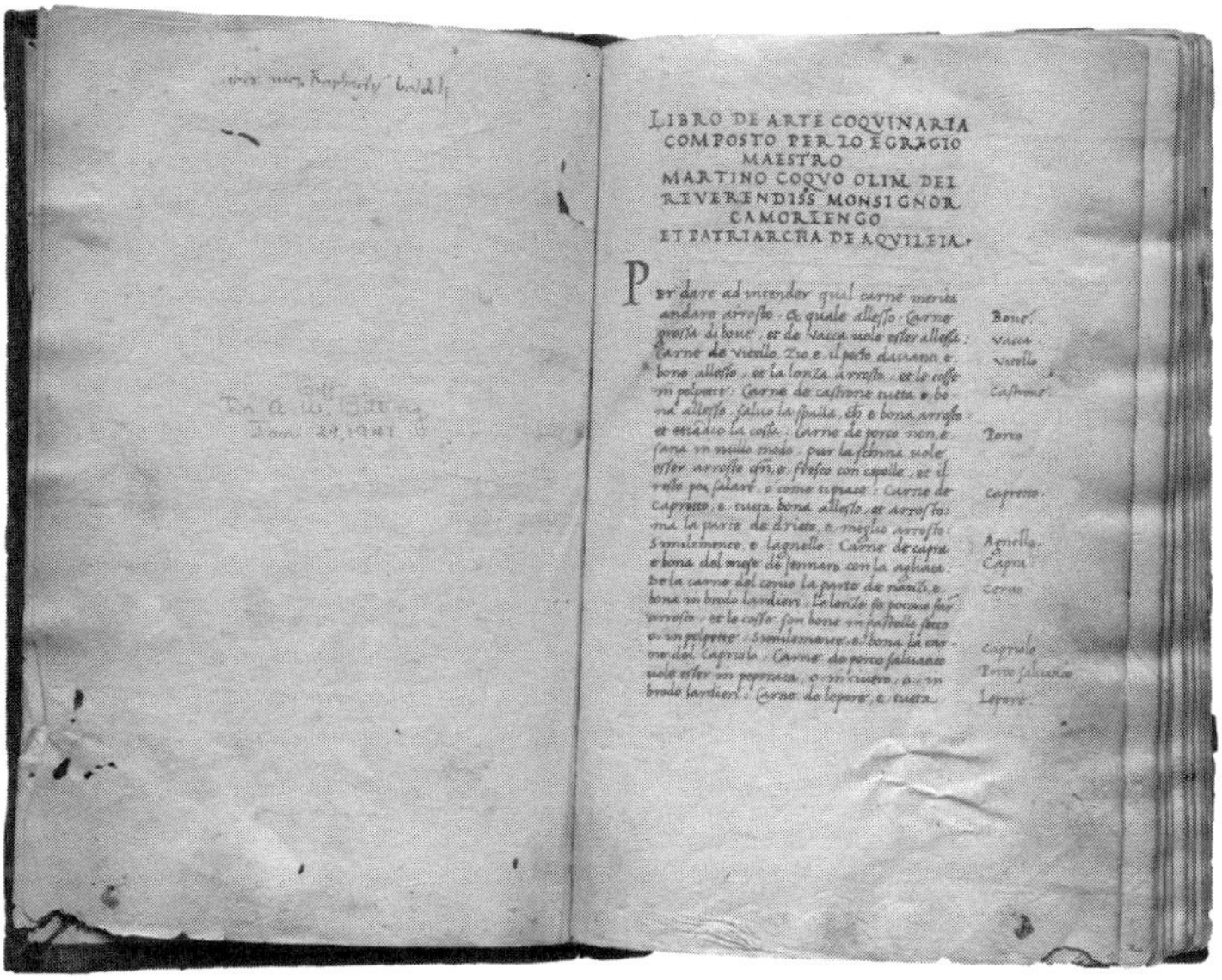

役立つ技術だけでなく実際の量や料理時間がレシピに記された最初の料理書『料理術の書』は、初めて印刷された料理書として画期的だった。

学者は不思議に思っていたが、今やその謎が解けたのだ。プラティナは単に史上最大のレシピ剽窃者に過ぎないのだろうか？

一方、マルティーノ自身の書いたものから、今ではその人となりについてもう少しわかっている。レシピにはある程度スペインの影響が見られ、しばらくはミラノの一門の料理人を務め、それからローマに移り、ルドヴィーコ・トレヴィザン枢機卿に雇われた。枢機卿はカトリックの有力な高位聖職者で、その名前が本の扉に記されている。

しかし画期的だったのは、レシピ自体である。これまで見てきたように、このときまで料理書は、どちらかと言えば経験を積んだ料理長の覚書だった。特定の料理に必要な材料を挙げ、贅沢な宴会や祝宴の料理を記録したもので、多くが非常に啓発的で文化的だったが、実際面ではあまり役に立たなかった。しかしマルティーノの本はちがう。材料の実際の分量だけでなく、料理の所要時間も記していた。

たとえば猟鳥獣のコンソメのレシピを見てみよう。

「塩漬けの肉一オンス（三〇グラム弱）、コショウの実四〇粒を砕いたもの…ニンニク三、四片、それぞれ三つに裂いたセージの葉を五、六枚…ローレルの小枝を二本…」と記されている。そして太古の昔からの料理史の中でずっと待ち望んでいたくだり、「鍋で七時間とろとろ煮込む」という記述がついに登場する。詳しい時間という点では役に立つが、現代の世界に完全になじむとも言えない。たとえば二分間の場合のお気に入りの言い回しは、「主の祈りを二回唱える間」である。けれどもそれ以前のことを考えると、たとえそのような表現であっても、かなり役に立つ。

同様にマルティーノは技法の描写にも少しばかり色づけをする。「猟鳥獣のおいしいスープ」のレシピで加えるのは、「さいころのように小さく刻んだラードをたっぷり」である。鹿あるいは牡鹿のパイを作るときには、「まず肉を拳大に切る」ように指示する。

しかしそれらのレシピは単に役に立つだけではない。新しい技術があり（たとえばゼリーの不純物を除去するために卵をどのように使うかを示している）、パイのレシピはすべて食べることができ、料理時間を短縮し、食物の自然の味わいを尊重し、料理全般を相当繊細なものにした。オリーヴ・オイル一滴なら風味が加わるが、二滴では料理がだめになることも理解している。ニンニクはよくつぶす。以前にはいつも「粗く」あるいは「みじんに」刻まれていた。細かいことにこだわるようだが、よい料理人ならわかってくれるだろう。単に甘くするだけでなく、適切な甘味をつけるように砂糖を使う。野菜もアル・デンテに火を通す。「ローマン・ブロッコリー」のレシピでは、野菜を「半煮え」で鍋から取り出す。その時点でラードの小片を少し加え、煮汁の一部を使って、またほんの「短時間」火にかける。

野菜をどろどろになるまで煮込む田舎料理の日々は過ぎ去った。それをまたすべて始めたのは、一九七〇年代の私の親の世代である。実のところマルティーノは仕えていた貴族に実際に野菜を紹介し、野菜が農民の食物ではあるが、金持ちの肉料理のきわめてりっぱな付け合わせになることを示した。

それでも、マルティーノは大宴会でのトリックや贅沢には賛同せざるをえなかった。「料理されたクジャクがあたかも生きているかのごとく嘴《くちばし》から火を吐くための羽のつけ方」というレシピがある（樟脳とアルコールに浸した綿や羊毛をもちいる）。流行の主流は人目を引く宴会だったが、マルティーノの本能は、もっと小さなもっと懇親的な正餐に向かっていた。そのレシピはずっと少人数向けである。だからマルティーノがディナー・パーティーを発明したと主張することもできる。

ソース、トルテ、フリッター、卵、その他の料理のレシピで、マルティーノは伝統的な材料をもっと新しい産物と結びつけた。その料理はふたつの時代の融合で、料理を近代の世界に近づけた。

それではプラティナは一体どうなる？ その詐欺行為のゆえに排斥されるべきだろうか？ 実は答えはノーである。というのもプラティナがいなければ、マルティーノの考えは忘れ去られたままだったかもしれない。その著作をラテン語に訳して、世界初の印刷された料理書として出版することによって、プラティナはこれらの新しい考えを幅広い読者にまちがいなく確実に届けたのである。また序文を付け、食事と健康に関する章も付け加えた。おいしい食物はおおむね放縦や暴飲暴食とは関係がない。プラティナの本は「健康的で作法にかなった食事をしたいと望む育ちのよい人間の助けになる」ことを目指して書かれている。「贅沢と奢侈を追い求める」者に向けて書かれたのではない。

プラティナ自身の人生には、不快なことがなかったわけではない。教皇の書簡を書く仕事なら苦労はないと思われるかもしれないが、持論のゆえに、一四六四年に教皇パウルス二世と口論になり、もともとハドリアヌス帝が家族の霊廟として建てた広大なサンタンジェロ城の牢獄に投げ込まれる。「おそらくそこは考えうる最悪の地下牢だったでしょう」と現在のヴァチカン美術館の学芸員は言う。十六世紀に幽閉された画家のベンヴェヌート・チェッリーニはさらに具体的に回顧する。房は「水浸しで、大きなクモや多くの有毒な虫がぞろぞろ這いまわっていた」。麻のマットレスは「水を吸って海綿のようだった」。

釈放されたプラティナは、二度とそのような不快な思いはしないように安全策をとっただろうと思われるかもしれない。ところがすぐにまた窮地に陥る。今度は教皇暗殺の陰謀容疑で告発されたのだ。証拠不十分で再び釈放されると、その後はもっとうまく立ち回り、おもねるように『教皇の生涯』を書く。これは功を奏した。面倒に巻き込まれずにすんだだけでなく、教皇シクストゥス四世によってヴァチカン図書館の長官に任命され、貴族に列せられたのである。このできごとはメロッツォ・ダ・フォルリの絵によって不滅のものとなり、その絵はヴァチカン美術館内のヴァチカン絵画館で見ることができる。

プラティナが食物について考えたのは、おそらく牢獄にいたときだろう。たぶん自由に楽しんだ料理を夢見て、マルティーノとの友情を思い出していたときに、食物への熱い思いを食物についての本を出版することに捧げようと心に決めたのである。二回目の釈放後直ちに、マルティーノの著作をイタリア語からラテン語へと翻訳し始める。レシピを斎日と祭日の料理に編成し、章を追加してアピキウスのレシピを付け加えた。

プラティナをけなす者がいないことはなかったが、この本はすぐに成功を収める。同世代の著作家ジョヴァンニ・アントニオ・カンパーノは、プラティナの「口がリーキでいっぱいで、その息がタマネギ臭い」と述べている。少なくともそれは、自分の食べるものをまじめに考えていた証しである。

プラティナは一四二一年にイタリアの多湿なパダーニャ平原の貧しい家に生まれ、努力してイタリア社会の上層へと上った。その著作がなければ、「焼きすぎてはいけない」極上の仔牛のカツレツだろうが、マカロニあるいはラヴィオリの料理だろうが、偉大なる料理長マルティーノのレシピは日の目をみなかっただろう。後者は「主の祈り」より長くパスタを調理しないように気をつけさえすれば、おいしい。プラティナは料理の師のレシピを盗んだかもしれないが、それは上手な料理人なら皆やっていることではないだろうか？

21

焼きマルメロ

出典…『今日《こんにち》の料理書』（*This Boke of Cokery*）
著者…不明

マルメロを焼くためには、3つあるいは4つのマルメロを用意し、種を取り出し、clarry あるいは wast pouders（どちらも後述）と砂糖から作ったおいしいシロップを満たし、それからパイ生地の器（coffin）に入れて焼き、取り出して供する。

さて前述の『料理書』（*Boke of Kokery*：七五ページ参照）がこの料理書（*Boke of Cokery*）によく似ているにちがいないと思われるのももっともだ。しかし根本的な違いがある。単に六十年経つうちにアルファベットのKがCに置き換えられただけではない。前者は手書きの写本だったが、『今日《こんにち》の料理書』（*This Boke of Cokery*）は印刷されていた。事実それはイギリスで知られている限り最古の印刷された料理書である。印刷された料理書は他にもあったかもしれないが、失われてしまったという事実は当時あまり重視されなかったことをうかがわせる。これらは単なる宴会や季節の食事、およびレシピの記録で、どうやら重要ではないとみなされていたようだ。印刷業者リチャード・ピンソン（テューダー朝の公式印刷師）が出版した他の本――制定法など――の方が価値があると思われたのだろう。

このような状況を意識しているかのように、この本の扉はつつましく控え目で、「これは料理書である」と述べている。次のページには長い序文が続くが、むしろこちらはじゅうぶんに過ぎる。「これは王家の祝典のための高貴なる書であり、かつまた王室あるいは諸侯のための料理書である。本書を参考にすれば、料理はもっと容易になるであろう」。

私はウィルトシアにあるロングリート・ハウス文書館の冷房のきいた地図の間《ま》で、クッションに載っているこの本の古いページを白い手袋をはめた手でめくった。この本は結婚によって一族のものとなり、この館に七つある図書室のひとつグリーン・ライブラリーに数百年間保管されていたものである。隣の棚には『ドン・キホーテ』、『イングランドの戦争』、『アラビアン・ナイト』やサー・トマス・モアの著作などが並んでいた。今日では改装された厩舎のエアコンのしっかり効いた一画に、注意深く保管されている。

これは厨房用の本ではない。かつて厨房で使われたはずがない。ページは聖書のページのようにきれいだ。記録として、また料理人の覚書として書かれたものである。従来どおり料理の時間は記されておらず、量もまれにしか記載されていない――少なくとも個数が書かれているこのマルメロのレシピを除いては。

たぶん王室の古参の料理人だった著者は、過去のすばらしい宴会――一三九九年から一四一三年まで統治したヘンリー四世のための祝宴、そして一四一三年におこなわれたヘンリー五世の戴冠式の祝宴で振る舞われた料理のリスト――を記録している。当時の様子をご想像あれ。客にはポタージュ（六五ページ参照）、ゆでたカワカマス、ホウボウ、マスなどが供された。宴会のリストの後に、ぎっしり並んださえない季節料理のリストが続く。肥育鶏のシチュー、ゆでマス、ブリームのソースがけ、などなど際限なく。「季節料理のリストは以上。次に作り方を紹介する」と著者が告げるところにくると、いささかほっとする。

そしてあの『料理書』（*Boke of Kokery*）を再読して、ちょっとした推理をしてみると、これらのレシピはオリジナルではないと思われる。盗作者の最悪のタイプのように、著者は多くのレシピを盗み、それらをわずかに書き直している。ムール貝のレシピは一四四〇年の『料理書』（七五ページ参照）とほとんど同じだが、ちがうのは、新しいレシピの方が劣っていて、温めた皿で供するという肝心の部分が抜けている点である。

しかしこのような事態は大目に見ることができる。この本は結局イギリスで初めて印刷された料理書で、マルティーノ・デ・ロッシ（八五ページ参照）の著書を自分のものとしてちょろまかし、それで通したプラティナの場合に見てきたように、おいしい料理の普及は食物と社会の発展に役立つのである。技術もまた参考になり、当時の人々の嗜好について多くを教えてくれる。今日われわれがオリーヴ・オイルを振りかけるように、食物には酢がかけられた。だから当時の人々は酸っぱい味を好んだか、酢が甘かったかだろう。利用できるものに嗜好が順応するということはあり得る。もしオリーヴとバターが不足していて酢があれば、ゆでたてのカニには誰もが酢をかける。そしてそれからは酢が使われるようになるのだ。

カニと言えば、「カニあるいはロブスターの調理」というレシピがある。著者は、「カニあるいはロブスターの小さなはさみのひとつをvent に詰めておとなしくさせ、ゆでる」と指示する。vent は中英語の料理用語で生き物の尻を意味するので、おもしろい提案だ。カニの小さなはさみを尻に詰めればしばらくおとなしくなるので、つかんで煮立っている鍋に放り込めるのだろうか？　それにしてもカニあるいはロブスターをゆでるかオーヴンで焼くかした後は、またしても「酢とともに供する」のである。

魚の場合も同様に容赦ない。「欧州産のコイ科の魚テンチを、バシャバシャするが構わず湯通ししてから、フライパンに投げ込む」。テンチは（バシャバシャするのを湯通しした後）はらわたごと生きたままを焼くということだろうか？レシピには、さらに魚には「湯がいたアーモンド」を添えるとあり、むしろ贅沢な雰囲気を加えている。

それから考えられる限りあらゆる鳥のローストの夥しいレシピがある。多くの中に、ヨーロッパヤマウズラ、ウズラ、ツル、サギ、シラサギ、カモが含まれている。ロングリート文書館員ケイト・ハリス博士が述べているように、「当

『今日の料理書』のレシピの一つに、マルメロを砂糖と甘いスパイス入りワインとともにパイ生地の器（coffin）に入れて焼くものがある。

時の人々は、不思議と野鳥を大量に料理して食べることに関心を持っていました。それでこのような料理書は、レシピの本というよりは、鳥類学の本のようになるのです」。

事実『今日の料理書』の出版後まもなく、最初の鳥類保護法が制定された。もっとも鳥を保護するのは、本当にさまざまな種の鳥を救うというよりは、食卓に供するためだった。しかし国王や貴族が堪能するために網にかけられる鳥の類はさておき、われわれ現代人の好みにもっと合う実用的なレシピもある。不快さも少ないことは言うまでもない。

砂糖を加えてマルメロを焼くレシピは、おいしくかつ気がきいて賞賛に値する。その調理ではどんな鳥も傷つけられることはなく、マルメロはすばらしい永遠の果実である。レシピによれば、マルメロの上にはclarry（甘いスパイス入りワイン）あるいは砂糖とwast poudersをかけることになっている。後者はスパイスの粉末で、焼いた甘い果物が中世風になる。

マルメロは、オーヴンに入れられる鍋がなかったので、coffin——パイ生地の器（五九ページ参照）——に入れて焼かれた。もしパイ生地が甘く食べられるものだったら、おいしいマルメロのパイができただろう。それに『今日の料理書』の指示はあまり正確ではないのだから、パイにしたって誰も文句は言うまい。

22

ヒポクラス・ゼリー

著者…不明

出典…スタフォード家、スタフォード男爵並びに伯爵、バッキンガム公爵に関する証言の記録および証拠資料

ワイン3ガロン、シナモン8オンス、ショウガ2オンス、ナツメグとクローヴ1オンス、砂糖3ポンド、グレインズ・オブ・パラダイス（訳注：西アフリカ産ショウガ科の一植物の種子）2オンス

ヒポクラス・ゼリーを作るには、これらにアイシングラス（後述）、牡鹿の角、仔牛の足、あるいは象牙を削ったものを加えればよい。

今日のゼリーに関する経験はかなり限られている。子供のパーティーにふつう大皿で出されるが、工場で製造されたフルーツ味の板状ゼラチンをほとんどただ水に溶かすだけでできてしまう。学生のパーティーになるとそれにウォッカを加える。そして大人になると、向こう見ずな若き日々を取り戻そうとして、また学生時代のゼリーを作る。しかしウォッカ・ゼリーは実は、フラットの取り散らかった部屋の酔っぱらいや安っぽい家具に囲まれたパー

ティーの思い出よりも、もっと魅惑的な時代へと歴史を遡る。

アルコール入りゼリーのもっとも古い記録は、ヘンリー八世の正餐に供されたものである。一五二〇年五月にウィンザー城で開かれたパーティーのメニューに記されているが、瞬きするうちに見逃してしまいそうだ。城で開かれた二晩続きの宴会に供された料理の長いリストに出ているが、ほんの二語である。その宴会は「五月二十八日土曜日の夕食と二十九日日曜日の正餐として、ウィンザー城でおこなわれた国王、女王、ガーター勲爵士のための聖餐式」と公告されている。

二回の食事にはそれぞれ二つのコースがあったが、それなら簡単というわけではない。どちらのコースでも十四品から十九品の料理が出された。厨房から出てきたのは、スープ、魚（サケ、カワカマス、テンチ、およびチョウザメ）、鶏、ウズラ、ウサギなどで、これは普通である。しかし二日がかりの四つのコースのうち三つの終わりにはゼリーが振る舞われるという特徴があった。昔の言葉で leche あるいは leach（浸出液）と記されているが、洗練された一品として供された。城あるいは動物の形に作られたり、色も多彩だったりした。そのようなゼリーが登場すると、「おー」とか「あー」とか感嘆の声が上がり、おそらく拍手が起きたにちがいない。

ヒポクラス・ゼリーのレシピで、冒頭に掲載したものより古い記録はない。このレシピは大英図書館収蔵の写本に記されており、ヘンリー八世のゼリーと同時代のもの。ゼリーにするには少しゼラチンが要る。ゼラチンのもとはさまざまで、チョウザメの浮き袋から抽出されることもあれば（アイシングラス）、牡の赤鹿の角を使うこともあった。仔牛の足もよい材料になった。高水準のコラーゲンが含まれ、さらに重要なことに、無味無臭である。仔牛の足を使ったキイチゴのゼリーと聞くとあまり食欲をそそらないかもしれないが、実際には現代のゼリーの素のゼラチンを使ったものよりおいしい。そのウィンザー城でのパーティーでコースの最後に供されたゼリーは、日曜日の正餐の二番目のコースの二番目の料理として――精巧な砂糖菓子の次に――供されたゼリーほど注意を引かない。それは Jely

Ypocrass、つまりヒポクラス・ゼリーだった。

ヒポクラスはワインにハチミツや砂糖、香辛料などを入れたいわゆるマルド・ワインの昔のタイプで、五世紀のギリシアの医師ヒポクラテスの名前がつけられたのは、たぶんそれが健康によいことを示している。ヒポクラスは必ずしも温められないが、確かにマルド・ワインは温かい幸せな気分をもたらす。そのゼリーは豪勢な宴会に生気を与えただろう。ヘンリー八世のガーター勲爵士は、ブーローニュ占領やカレー侵攻などの戦果の、あるいはその時々の王妃の父親だったおかげで恩恵を受けた。人生はあてにならなかったので、勲爵士は国王の宮廷で特権的な時間を思いっきり楽しもうとした。ある瞬間高笑いをしながら酒の入ったゼリーを貪ったとしても、次の瞬間には寵愛を失い、ロンドン塔送りになるか、もっと悪い最後を迎えるかもしれないのだ。それにしてもテューダー朝のワイン・ゼリーで二日酔いの身に、ロンドン塔はさぞかしこたえたことだろう。

23

七面鳥のタマーレ

（訳注：トウモロコシの粉で作った生地で具を包み、更にトウモロコシの皮で包んで蒸したメキシコ料理）

著者…ベルナルディーノ・デ・サアグン

出典…『ヌエバ・エスパーニャ総覧』（*Historia general de las cosas de la Nueva España*）

ここでは有力者が食べたものを紹介する。鍋で作られる七面鳥のペストリー、あるいはそれに種子を振りかけたもの、トウモロコシと黄色いトウガラシで作る肉のタマーレ、七面鳥の雌鳥のロースト、ウズラのロースト、小さいトウガラシ、トマト、挽いたカボチャの種のソースをかけた七面鳥、赤トウガラシ風味の七面鳥、黄トウガラシ風味の七面鳥、青トウガラシ風味の七面鳥…

七面鳥（turkey）は十六世紀中頃にイングランドの海岸に到着した。初めて見た人は驚いたにちがいない。珍しい羽毛で気取った歩き方をする醜くて奇妙な鳴き声の鳥は、当時商人が海の向こうから輸入した驚嘆すべきものをまさに体現していた。

turkeyという名前は、その鳥の原産地と推定された場所に由来する。商人は当時レヴァントと呼ばれた地中海東部沿岸諸国で交易をおこなっていたが、この大きな食べられる鳥に出会ったとき、われ先にと買い漁《あさ》った。それから七面鳥はヨーロッパ中に広まり、イギリス人はトルコの鳥と考え、他の国々——オランダ、デンマーク、フィンランド、ドイツ、フランス――の人々は、インドの鳥と考えた。だから今日でもフランス人は七面鳥を dinde――coq d' Inde(インドの雄鶏)――と呼ぶ。他方デンマーク語の kalkun は、インド南西部のマラバル海岸の港 Calicut(カリカット)に由来する。七面鳥はそこで飼育されていたが、同地の原産ではなく、ポルトガルの探検家ヴァスコ・ダ・ガマによって持ち込まれていたのである。喜望峰を回りアフリカ東海岸に沿って北上した後ガマはインドに到達し、一四九八年カリカットに上陸する。船にはメキシコから連れてきた七面鳥がいた。

したがって七面鳥はメキシコからトルコに来たので、本当は turkey ではなく mexicos と呼ぶべきなのである。ただしエルナン・コルテスに率いられたスペイン人が一五二一年以来国中で征服と殺戮を繰り返していた当時のメキシコは、ヌエバ・エスパーニャ(New Spain)と呼ばれていた。だから七面鳥は New Spains だ。アステカ人は七面鳥を飼っていて、huexolotl と呼んでいた。そして huexolotl が現在のメキシコ語 guajolote になった。しかし turkey の方が呼びやすいので、英語圏ではそのままになっているのである。

名前はどうあれ、アステカ人は七面鳥を愛していた。メキシコの高地で一千万年前の七面鳥の化石が見つかっており、十六世紀の初めには食物の重要な一部になっている。のみならず祭や祝宴には欠かせなかった。肉は貪られ、羽毛は頭飾りに使われ、宝石に彩りを添えた。

アステカ人の七面鳥料理に関しては、一五二九年に宣教師としてヌエバ・エスパーニャに派遣されたフランシスコ派の修道士、ベルナルディーノ・デ・サアグンがもっとも詳しく説明している。サアグンはサラマンカの修道会で学び、三十歳のときに先住民に伝道するにふさわしいとみなされた。その宗教的な熱意から、コルテスの虐殺を逃れた先住民のカトリックへの改宗に専念できると思われたのだ。サアグンは朝の祈祷を欠かすことは決してなく、しばしば――宗教的な――恍惚に達した、と仲間は報告している。

それはコルテスがアステカ帝国の支配者モンテスマを倒し(ただし熱いチョコレートをごちそうになってから――

一〇三ページ参照)、何千人もの人々を虐殺し、その祭壇を打ち壊してからほんの数年後のことだった。しかし生活はある程度落ち着き、ベルナルディーノには土地の人々を知るという任務が与えられた。「彼らは主だった老人のうちから十~十二人を選び、その老人たちと話をすれば、尋ねたいことを教えてくれるだろうと述べた」とベルナルディーノは記している。「これらの指名された人々と二年にわたって何日間も話をした。話題になったすべての事柄について、人々は説明してくれた」。

ベルナルディーノは自分の努力に関しては少し慎み深い。土地の言葉を学んで、流暢にしゃべれるようになったからというだけでなく、人々はそのやさしい人となりのゆえに好感を抱いたにちがいない。『ヌエバ・エスパーニャ総覧』というその著書は、人類学の偉大なる著作のひとつで、アステカ人自身による詳細な絵が二千点も掲載されている。アステカ人に関する生き生きとした叙述は全部で十二冊、二千四百ページに上り、その社会、経済、儀式、そしてもちろん食物について詳細に語られている。食物といえば、アステカ人はとりわけ人肉には目が無かった。しかし殺したての若い男を調理したものは別として、七面鳥を好んだ。ベルナルディーノも然り。メキシコに来た頃、多くの食物が「オタマジャクシ、ハアリ、蠕虫」を材料にしているように見えたとすれば、七面鳥はありがたかっただろう。それは「いつもおいしく、いい匂い」がしたと述べ、緑、黄、赤のトウガラシの色がついたさまざまなソースを添えた煮物から焼き物まで、そのさまざまな調理法も記している。『総覧』の第八巻から抜粋した冒頭のレシピは、入手できる中では現代のレシピにもっとも近い。しかしベルナルディーノはとりわけ七面鳥入りのタマーレが気に入っていた。これはトウモロコシの生地《きじ》に普通肉を詰め、トウモロコシの皮に包んで蒸したものだが、コンキスタドール(征服者たち)はその中身だけを食べた。メニューのほかの選択肢は人肉かアリだったが、彼らはそんなものは鼻であしらった。

ベルナルディーノによれば、祝宴の日が近づいたときにアステカの女性が最初にすることのひとつはトルティーヤの準備で、トルティーヤは手の込んだ形に作られた。若い娘が生地をねじって編み、貝殻で模様をつけ、蝶の形にする。その技術は、レタスと米と豆を重ねたまずいメキシコ料理というアメリカ人による評判にはそぐわない。さまざまな神をあがめるために、タマーレの具には豆、トウガラシ、エビあるいはカエルなど種々のものがもちいられた。しかしわがスペイン人修道士は、七面鳥がお気に入りだった。「とてもおいしくて、肉では最高」と書いている。「最高だ。おいしくて脂がのっていて、風味がある」。

しかしながら、ベルナルディーノの著作はすばらしかったものの、九十一歳で死ぬまでメキシコで暮らしたその生前に日の目を見ることはなかった。先住民と親密になればなるほど、彼らすべてをカトリックに改宗することが疑問になった。先住民の生活の記述がきわめて正直だったために、スペイン当局は出版が危険だと考えた。アステカ人が異教に戻ることを恐れたのである。著作の多くはまたコルテスの征服についても、読むと不快感を催させた。恐ろしい大虐殺についても、多くのじかに得た証言が含まれていたからである。

16世紀半ばにメキシコで修道士ベルナルディーノ・デ・サアグンが編纂した『ヌエバ・エスパーニャ総覧』には、七面鳥を好んで食べるアステカ人によって描かれた絵が収められている。

著作は秘匿され、何と二百五十年後まで世に出なかった。一八二九年にようやく晴れて出版されたが、そのときには七面鳥は世界中に広まっていた。いたるところで見られるモーレ・ポブラーノは、七面鳥をチリソースで煮てチョコレートで風味をつけ種子やナッツを加えたもので、今日事実上メキシコの国民料理である。

ブリテンやヨーロッパで七面鳥の肉が人気を得たのは、驚くに当たらない。スペイン王はコンキスタドールの船が帰国するときにそれぞれ十羽──雄五羽と雌五羽──を積んでくるように命じた。七面鳥はまもなく宴会の食卓で筋張ったクジャクやガチョウに置き換えられた。イングランド人は大きな鳥を扱うのにじゅうぶん慣れていたので、すぐに調理できるようになったのである。ヘンリー八世に支持され、十六世紀の末にはしばしばイングランドやヨーロッパの王室の食卓を飾った。

一六〇〇年にはシェイクスピアの目に止まり、彼は明らかにばかばかしいほど攻撃的なその様子、羽毛を膨らませ、威張って歩く様子をおもしろがって、『十二夜』に書いている。「畜生、うぬぼれやがって──」とサー・トービー・ベルチが気取ったマルヴォリオのことを言う。それに対してフェービアンは答える。「シーッ。もっともらしく考え込んで、まるで七面鳥ってとこだな、羽根をおっ立てて気どって歩いているところは」(小田島雄志訳)。

24

ホット・チョコレート

著者…ベルナール・ディアス・デル・カスティーリョ
出典…『メキシコ征服記』(*Historia verdadera de la conquista de la Nuva España*)

モンテスマの食事が終わると、すぐに続いて警護の者やその他宮中で働く大勢の使用人達の食事が始まった。先に述べたような料理を盛った皿の数は1000を超え、メキシコ風に泡立てたカカオの壺も2000個以上あったように思う。(小林一宏訳)

コンキスタドール、エルナン・コルテスとアステカ最後の王モンテスマ二世との出会いは、歴史上の大いなる遭遇のひとつである。独自の生活、宗教、価値観をもつ新旧ふたつの文化が対面したのだ。どちらも相手が思いつきもしないような哲学、夢そして財産を持っていた。コルテスは新世界を発見し、行く先々の町や村にスペインの国旗と十字架を立てて歩いた。モンテスマは、栄光に包まれたゆたかさと身も凍るような儀式の王国を支配していた。どちらも相手を魅了するものを持っていた。コルテスは馬を、モンテスマはチョコレートを。

両者が対面したのは一五一九年十一月八日。何カ月にもおよぶ交渉、膠着状態、贈り物、駆け引きの末、現在のメキシコ・シティの外で顔を合わせた。両者はたがいのことを恐れかつ敬っていた。四十歳のモンテスマは健康だったが、不安におののいていた。このよそ者は、国を救うためにやって来た神ケツァルコアトルの再来だろうか、それとも略奪しに来たいかさま師だろうか？　若者――殺して食べるので、そのためにとりわけ肥えさせた――を犠牲にする日課の儀式でも、決定的な答えは出なかった。

他方コルテスは、多数の軍隊を意のままにできる相手を恐れていた。自分の思惑を途中でやめさせることもできるが、あるいはカトリック教会を建てることを許可し、黄金や宝石から食材まで貴重なものをくれて、栄光のうちに国に帰らせてくれる可能性もある。

「それは実にすばらしかった」とコルテスの下で兵士として働いたベルナール・ディアス・デル・カスティーリョは一五六八年に、その最初の出会いについて詳細に書いている。「この時の光景は、いまでもこうしてペンを執っていると、まるでつい昨日のことのように目の前に浮かんでくるほど驚くべきものだった」（小林一宏訳）。コルテスが会った相手は、決して主人の目を見ない卑屈な召使の行列によって運ばれて来た。りっぱな衣服に身を包み、サンダルでさえ底が金で、上の部分は貴石で飾られている。行く手は掃き清められ、布が敷かれていた。

わずかのぎごちない挨拶の後、コンキスタドールはその晩の宿所に案内され、そこで夕食を振る舞われた。もっとも実際には食事を共にはしなかった。モンテスマは食事を見られるのを好まなかったが、自分の食事がすむと、廷臣とコルテス一行との壮大な宴会に加わった。

カスティーリョの記録によれば、料理人たちはモンテスマがその中から選ぶように三百皿を超える料理を用意した。王は低い椅子に腰掛け、横には白い布のかかった低いテーブルがあった。皿を保温するために皿の下には小さな炉があって、四人の美しい女性が手を洗うための鉢を持って来た後、王は勢いよく食べ始めた。白いトルティーヤ、編んだパン、薄焼きパンに続き、アヒル、ウサギ、七面鳥、キジ、などなどのローストが供された。

モンテスマが食事するところを見られずにすむように、装飾の施された衝立が立てられ、何人かの身分の高い老人がそばで相伴した。老人が王の問いに答えると、王は気が向いたものを少しずつ与えた。そして食事の間、カスティー

エルナン・コルテスとアステカ最後の王モンテスマ２世は、
1519年、現在のメキシコ・シティのすぐ外で対面した。

リョが説明するように「それから時折、カカオの実から作られた飲物が入った純金製のコップがいくつか出てくることがあった。…そしてモンテスーマは恭しく給仕する女性の手からこれを受けて飲んだ」（小林一宏訳）。

果物を一口食べてまた手を洗うと、ちょっとしたお楽しみがある。数人の醜いせむしがジグ（訳注：十六世紀イングランドの動きの速い活発なダンス）のような踊りを踊り、道化が何か冗談を言い、その後パイプで「タバコと呼ばれるあるハーブ」を吹かしてから、王は眠りについた。

それから宮中で働く大勢の者が食べる時間になる。大規模なビュッフェを想像していただきたい。ただし他の同時代人が説明しているように、猟獣やウサギのローストの鉢の間に人間の腕が突き出しているのが見えるかもしれない。コルテス一行にとっては新しい珍しい飲み物を試すチャンスでもあった。たとえ詳細なレシピを記載することはなかったにせよ、「泡立てたカカオの壺も二〇〇〇個以上」とカスティーリョが説明している（冒頭のレシピに引用）。一行は食料のすばらしい用意とその大いなる豊かさにびっくりして立ち尽くした、とカスティーリョは続ける。「妻や側妻、それに女の使用人からトルティーリャやカカオを作る女手まで入れると、その掛りは莫大なものだった」（小林一宏訳）と推測しながら、モンテスマが振る舞ってくれた料理の、腕や脚と言ってしまえば穏やかならざるもののために犠牲者が出たはずだ、と考えていたのはまちがいない。

しかしホット・チョコレート（いつも熱いとは限らなかった）は、それだけの価値があった。そしてその後数カ月コルテスはそれをたっぷりご馳走になった。スペインのカルロス五世への手紙で、「神の飲み物で、病気への抵抗力を高め、疲労と戦う」ものとして擁護している。しかしスペイン人すべてが気に入ったわけではない。ホセ・デ・アコスタと呼ばれたイエズス会の宣教師は、それがどんなに「不慣れな者には嫌悪を催させる」か述べている。「てっぺんに泡か浮かすのようなあぶくが乗っているからだ」。しかも人々は、「それに耽溺《たんでき》している」と付け加えている。「いまだかつてそんな話は聞いたこともない」。

一五二八年コルテスはカカオ豆をスペインに持ち帰ったが（何よりも、そのことは言っておかなければならない）、さらに重要なのは、ホット・チョコレートの作り方に関する詳細も伝えたことである。しかし評判は今ひとつ。宮廷で飲まれるようになったのは、カルロス五世の息子フェリペ二世の治世になってからだった。

コルテスのレシピはヨーロッパ人の舌には苦すぎたらしい。この泡立ったチョコレートは、今日《こんにち》寝る前にマグから啜る甘いホット・チョコレートとは異なる。ワイン、トウガラシ、そして香りのよい花など、あらゆる種類のものを加えて作られた可能性がある。この飲み物はカカオ豆と他の材料を混ぜてペースト状にし、お湯を加え、それから上にビールのような泡ができるまで、ジャグからジャグへと移し続けて泡立てて作る。

ヴァニラのような産物がスペインに持ち帰られると、チョコレートに加えられ、砂糖とそれからミルク——水の代わりに——も加えられ、もっと口に合うように、おいしくさえなった。事実スペイン王家は大変おいしいと思ったので、ホット・チョコレートを多年にわたり秘密にしていた。カカオ豆が不足していたので、使う前に砕いてペーストにしなければならないという情報を、王室は握りこんで明かさなかった。

次第にヨーロッパ世界はチョコレートという贅沢品を好むようになる。それは神の飲み物とみなされた。もっともアステカ文明に先立つ古代マヤ人の考えそのままではないが。古代の壺の絵には、貴人たちは永遠の眠りにつくときにホット・チョコレートのカップとともに埋葬されたことが示されている。つまり結構なココアのマグとともにといようなもの。そのような絵にはカカオ豆を挽いてペーストにする前に、どのように摘んで、発酵させ、乾燥させ、炒るかが描かれている。飲み物は儀式でもちいられたが、カカオはきわめて重んじられたので、通貨としてさえもちいられた。文字通り金《かね》のなる木が存在した時代が本当にあったのだ。一五二一年コンキスタドールは、資産として蓄えられていたカカオ豆を見つける。偽のカカオ豆さえあり、それは誰かが偽造していたということで、本物の貨幣並みに扱われるほど貴重だったのだ。当時あるスペイン人が、交易しているときに先住民が数粒落とすのを見たと報告している。「彼らはまるで目玉でも落としたみたいに、四つん這いになって拾い上げた」。

チョコレートの特性は、数えきれないと考えられていた。征服後のメキシコで人生の大半を過ごした宣教師、ベルナルディーノ・デ・サアグン（九八ページ参照）は、チョコレートで熱病や消化不良を治療できると述べている。体を冷やすためにも、温めるためにも飲むことができた。吐き気を抑え、眠りや目覚めを助けた。その作り方次第で用途は測り知れない。

しかし歴史上いつの時代にも見られることながら、これは貧しい者が作り、ゆたかな者が消費する産物だった。モンテスマが飲んでそのように気前よく振る舞ったことは、カカオが通貨と考えられていた時代における派手な消費を示していた。コルテスの配下のひとりフェルナンデス・デ・オビエド・イ・バルデスの記述によれば、ウサギはカカオ豆四粒、売春婦は十粒、奴隷は百粒で買うことができた。

一五〇三年にクリストファー・コロンブスがメキシコを発見したときに、コロンブスもカカオ豆に出会ったが、どういうものかわからず、「本物の」金を探し続けた。だからコルテスがもっとも癒やし効果のあるおいしい飲み物をヨーロッパに持ち込んでくれたのには、感謝している。

スペイン人はこうしてホット・チョコレートの隆盛に与ったことで、尊敬されて然るべきである。十九世紀の食物百科事典は、読者にこのこととスペイン人のチョコレート好きを思い出させる。「スペイン人は世界中でココアあるいはチョコレートを一番大量に消費する。健康と体格を維持するのにきわめて必要とされたので、それを与えないことは、罪人に対する実にきわめてきびしい罰であるとさえ考えられた」。なるほど。

25

ザバリョーネと呼ばれる濃厚なデザートの作り方

著者…バルトロメオ・スカッピ

出典…『バルトロメオ・スカッピ著作集：料理の達人』

(*Opera di Bartolomeo Scappi: Maestro dell'arte del cucinare*)

卵白を除いた新鮮な生《なま》の卵黄を6個、甘いマルムジー［甘い強化ワイン］6オンス、砂糖3オンス、粉にしたシナモン1／4オンス、蒸留水4オンスを混ぜ合わせ、篩《ふるい》あるいは水切りで漉す。銅の鍋に水をじゅうぶん入れて沸かし、その中に三本脚の鍋を入れ、その鍋にザバリョーネの材料を入れて、それが濃いブロスのようになるまで湯を煮立てる。新鮮なバターを少し入れてもよい。マルムジーの代わりにピストイアのトレッビアーノ・ワインか何か、ほかの甘いワインでもよい。蒸気がたくさん出るのがいやなら、ワインを減らし水を増やす。ミラノではこの料理は妊婦に与えられる。卵白と卵黄でも作れるが、卵の tread［原文のまま］のために漉さなければならない。温かいうちに供する。

十四歳のカテリーナ・デ・メディチが教皇クレメンス七世の媒酌により、同年齢のフランス人オルレアン公アンリとマルセイユで結婚したとき、フランス人はその後の成り行きを予想できただろうか？　このイタリア人とフランス人の結合によって、将来濃厚な甘さの黄色いザバリョーネのようなものに体現される美食道が伝統となり、ますます盛んになるだろうとは、たぶん思わなかっただろう。カテリーナの人生における美食の重要性とフランスの後世への影響は、当時はむしろもっと劇的なできごとの影に隠れていた。カテリーナの死後まもなく歴史家は、その人生の大騒動を丹念に調べ、ペストリーやケーキ作りのような領域にカテリーナが遺したものを評価している。

残酷でぞっとするような短いその子供時代は、今日の人々の大半から見ればふつうではない。かつての都市国家の中で財力権力をもっとも誇っていたフィレンツェの裕福なメディチ家に生まれはしたものの、生後わずか数カ月で両親を亡くし、政治的な人質となる。初めは祖母に、それから一年後に祖母が死ぬと叔母にあずけられ、当面は一門の館、フィレンツェのメディチ家の大邸宅で暮らした。そこでカテリーナはお決まりの宮廷のダンスや宴会の繰り返しの日々に投げ込まれた。ローマ略奪が起こり、暴れまわるスペイン人と彼らを鎮めようとするイタリア人により、十歳のカテリーナにも危険が迫り、居館を出ることになる。

おじの教皇がカテリーナをローマに移す決心をするまで、安全のため修道院に置かれた。そこでようやく十代に入ったカテリーナは、イタリアの貴族にいつでも結婚できる相手と目された。外国の王家もカテリーナに目をつけ、フランスの宮廷が結婚の承諾を得る。あまり美しくなりそうもなかったので、フランス王の二番目の王子と結婚させられた。その際おじは交渉をまとめ、自分がふたりの媒酌をすることによってそれを固めようとした。

アンリもほとんど慰めのない十代だった。アンリの父が床入りを見せるように強要したので、カトリーヌ（カテリーナ）はどんなにショックを受けたことか。一〇年間妊娠しなかった。いっそう悲惨なことに、若い夫は家庭教師のディアーヌ・ド・ポワティエを取り立て、ディアーヌはアンリの愛妾となる。その後アンリ(Henri)のHとディアーヌ(Diane)のDを組み合わせた飾り文字が、シュノンソーの記念建造物や建築に見られるようになった。

そして二番目の王子との結婚によって少なくとも比較的穏やかな生活が保障されるかもしれないと、カトリーヌが考えていたにせよ、夫の兄が十八歳で死んだ後は表舞台に押し出され、そのような思いは打ち砕かれてしまった。あっという間に夫は国王に、自身は女王になる。まだ世継ぎは産まれていなかったが、夫は愛人との間に数人の非嫡出子を作っていた。カトリーヌは宮廷の人々にも慰めを見出すことはできなかった。人々はむしろ彼女の前歴を嗅ぎ回っていた。裕福な銀行家の一門に生まれはしたものの、生粋の貴族ではない。イタリアの「食糧雑貨商」と呼ばれ、謗《そし》られた。

しかしカトリーヌは決して不平を言わず、いつも礼儀正しく、魅力的だった。ようやく子供——実際には十人も——が生まれたが、生き残ったのはわずか数人。そしてそのような激動の時代のことで、うち三人が王位に就いた。女性として王位を継承することはできなかったので、摂政にとどまる。夫の死後（子供たちの一人の結婚を祝う馬上槍試合で目を突かれた）、愛妾を追い出し、国王の黒幕として腕を振るい、マキャヴェリ顔負けの活躍をした。ザバリョーネに戻る前にその生涯を振り返りたい。

カトリーヌの権力が大きくなるにつれ、その影響も大きくなる。ファッションに刺激を与え——ウエストはもっと細く、ヒールはもっと高く——芸術を奨励し、書籍に金を投じ、城や宮殿を造営し、加えて新しいダンス、洋服の仕立て方、香水まで紹介した。自身は美しくなかったかもしれないが——「口が大きすぎ、目は飛び出ていた」とは同時代の評——魅惑的な取り巻きを集めていた。「カトリーヌ・ド・メディシスの宮廷は文字通り天国だった。フランス貴族の子弟子女すべての養成所だった」と十六世紀のある歴史家は述べている。「そこでは貴婦人たちは晴れた晩の星のごとく輝いていた」。

そして十代で結婚した若い時代の明らかに孤独な日々をどのようにやり過ごしたのかと不思議に思われるなら、明確な答えがある。料理だ。ひとりでパリに来たのではない。料理人を連れて来たのだ。料理人は材料と料理法をもたらした。

一五三三年十月二十八日の結婚当時、フィレンツェでは美食道が隆盛を極めていた。アピキウスが西暦一〇年にレ

カトリーヌ・ド・メディシスは
イタリアの食物をフランスに持ち込んだ。
フランスの美食道の母と広くみなされている。

シピ（二五ページ参照）を書いて以来知識が蓄積し、さらにスペインのコンキスタドール（一〇三ページ）のおかげで今や新しい食材が届いていた。当時の宮廷のメニューにはイタリアの影響も相当見られる。マカロニとともに仔牛や仔羊の胸腺、トリュフ、シャーベット、そして氷（結婚式の祝宴用に粒の粗いシャーベットのグラニータをつくるためにシチリア人をパリに連れてきたという記録がある）さえもちいられた。料理人は技術を携えてきたので、揚げ物だけでなく、ベシャメルソース、クレープ、そして二重鍋での料理がもたらされた。二重鍋はザバリョーネにとって重要で、その仕掛け――お湯を張った容器の中に、食材を入れたそれより小さい容器を入れる――のおかげで料理人は焦がすことなくゆるやかに温めながら中身を泡立てることができたのだ。

二重鍋はカトリーヌによってフランスにもたらされたとも言われている。中世のスペイン人錬金術師マリア・デ・クレオファは薬、魔術、料理について書き、二重鍋を考案したが、カトリーヌの料理人はそれをすぐに導入したのだ。もっとも二重鍋がもっと早くから作られていたという話もある。たとえば、発明したのは出エジプト記に登場するモーセの姉、錬金術師の女預言者ミリアム（ユダヤ女のマリアとしても知られていた）だろうか？　あるいはアピキウスが思いついたのだろうか？　アピキウスは皇帝に正餐を供する時間がはっきりしないときに、料理を温めておくのに使っていたようだ。

もともと誰が二重鍋を考案したにせよ、ザバリョーネのレシピから明らかなように、ルネサンスの料理長バルトロメオ・スカッピはとくに名前を挙げてはいないようだ。専属のシェフが女王の好物アーティチョークの料理に加えて厨房で作り出したのは、この種の料理である。そのレシピはカトリーヌがフランスの皇太后だったときにイタリアで出版され、その後他の言語に翻訳された。スカッピはアーティチョークをスープにし、さらにおいしいタルトを作った。カトリーヌはアーティチョークではしばしば度を過ごした。事実とくに一五七六年六月のロメニエ公爵とマドモワゼル・ド・マルティゲスの結婚式の日には。フランスの日記作家ピエール・ド・レトワールは次のように記録している。「皇太后は過食で死にそうな思いをし、ひどい下痢をした。好物のアーティチョークの根本の部分と若い雄鶏のとさかと腎臓を食べ過ぎたのだ」。

食物全般を大いに愛したカトリーヌは、魚料理からスープまで自分専用のレシピを持っていたが、彼女の料理長がフランス人に熱心に教えたのは、単に肉の風味が無くなってしまったのを隠す――中世以来普通におこなわれていた――ためだけでなく、風味を増すためにハーブやスパイスを使うことだった。ほぼ八十年後の一六五一年に刊行されたラ・ヴァレンヌの料理書の決定版『フランスの料理人』（一四〇ページ参照）にもその影響は見られる。ラ・ヴァレンヌのスパイスは引き立て役ではなく調味料であり、その手法はいっそう繊細である。たとえばソースにとろみをつけるためには、単なるパンではなくルーをもちいた。

同様にカトリーヌは塩味のあるいは辛口の料理から甘い料理を切り離し、多くの料理が並ぶ中世のやり方ではあったが、コースを用意した。とはいえテーブルにはまだ肉料理（五二ページ参照）と並んでプディング（たとえばゼリーあるいはブランマンジェ）が列をなしていた。こうしてオリーヴ・オイルや豆を山ほど持ち込み、腕のよい料理人をたくさん連れてきて食事の手配にのめり込んでいたので、夫の態度にも動じなかったのである。

カトリーヌの味覚と料理は、単にイタリアの食物をフランスに持ち込んだだけではなく、フランス料理をゆたかなものにするのに寄与した。フランス料理には実際にイタリア人の貢献が大きく、イタリアではほとんど忘れられていた技術がフランスでは新たに息を吹き返した。この点でカトリーヌ・ド・メディシスはフランス美食道の母とみなされる。二十世紀の作家ジャン・オリューは次のように述べている。「中世以来の古めかしいフランス料理を変革して、近代的なフランス料理に生まれ変わらせたのは、まさにひとりのフィレンツェ人だった」。

とかくするうちにその料理のアイデアは国中に広まる。カトリーヌの料理人は他の貴族の料理人に熟練の技を実演して見せた。しばしば開かれた「すばらしい集まり」、つまり饗宴の訪問客は、その料理を味わい、刺繍が施されたテーブルクロスや磁器の皿、ヴェネツィアン・グラスを目にする。またフォーク（一三四ページ参照）も。フォークはそれまでフランスでは知られていない道具で、フランス人がそれに慣れるのにはまだかなり時間がかかった。カトリーヌはパンやペストリー、ケーキについても新しい種類を作り出し、それらは二百年後ルイ十四世の治世にヴェルサイユ宮殿で頂点に達する。わが子の大半より長生きし、陰謀、暗殺、大量虐殺をくぐり抜けたカトリーヌには、生存本能が備わっていた。その本能によってこそ、過酷な子供時代を切り抜けることができたのだし、またイタリア料理を取り入れたフランスの美食道が生まれることになったのである。

26

大地のリンゴ（ゆでてからベーコン少々と炒め煮したジャガイモ）

著者…マルクス・ルンポルト
出典…『新料理全書』（*Ein new Kochbuch*）

ジャガイモの皮をむき、小さく切る。ゆでてからきれいな布巾で水気を拭い、小さく切って、刻んだベーコンと炒める。ミルクを入れておいしくなるまで煮る。

ジャガイモの歴史と、マインツのドイツ人大司教、ダニエル・ブレンデル・フォン・ホンブルクが演じた役割とはめったにない関係にある。十六世紀の後半にブレンデルはドイツの神聖ローマ帝国の筆頭選帝侯に選ばれた。宗教的政治的ぺてんの時代に（そうでしょう?）、ルター派（マルティン・ルターの厳格なプロテスタンティズムに従う頑固な異端者と多くの人に考えられていた）とカトリック君主との間の平和を維持するために懸命に尽力した。

大司教はどのようにそれをおこなったのだろうか? さて厨房に冗談抜きでよい料理長がいたなら、正餐でもてなした可能性は高い。そこでどんな種類の料理を出したのだろう? あらゆる種類のすばらしいごちそう——ロースト、ペストリー、パイ、スープからトルテ（ケーキ）やサラダまで——があった。とろ火で煮た洋ナシやベーコンで炒めたソラマメのおいしい一品のような簡単な料理もあれば、以前にはドイツあるいはもっと広くヨーロッパでは見られなかったような材料を使った異国料理もあった。ことに「大地のリンゴ」の料理。今日英米では potato（ジャガイモ）と呼ばれているものだが、ドイツ人はまだ「大地のリンゴ」（Erdäpfel）と呼び、もちろんフランス人も同じくpommes de terreと呼び、そして他の国々も同様である。

料理人はマルクス・ルンポルトという人物で、一五八一年に出版された『新料理全書』には、このレシピとおよそ二千の他のレシピが掲載されている。ルンポルトは政治的宗教的な仕事をしながら、主人のために祝宴や宴会の用意をした。きわめて多くの料理を作ったので、そのレシピを記し、若い料理人を助け励ますという明確な目的で出版した。

マインツの選帝侯の下で働く前に、ルンポルトはさまざまなヨーロッパの貴族に仕え、多様な地域の料理を学んだ。自らの知識に誇りを持ち、それらのレシピが自分独自のものであることを序文の中で明らかにしている。他の多くの料理人がしたか、あるいは実はしようとしたように、他人のレシピを盗んだりはしなかった。その料理書にはワイン醸造の記述と百五十枚の木版画も含まれている。

ルンポルトのレシピは、ジャガイモを使う現存のレシピのうちでもっとも古く、歴史的に重要である。さらにジャガイモをどのように料理するかについてよく理解していたことがわかる。ゆでて、水を切り、水気を拭い取り、それから小さく刻んでベーコンと炒め、少しミルクを加えて煮る。しかし運よく食べることができた君主や大司教にとってそれがいかにおいしくても、ジャガイモがヨーロッパで好まれるようになるには、その後百五十年はかかった。ジャガイモが山中で野生の多年生植物として育っていた南北アメリカでは、何世紀も前からその料理が普及していたのにもかかわらずである。

非常に多くの新世界の食材同様、ジャガイモは十六世紀にコンキスタドールにより発見されたが、ヨーロッパへの到着は歴史家などによって大いに神話化されている。一五五三年にペルーで見つけたのはペドロ・デ・レオンだっただろうか？　それともヒメネス・デ・ケサダが一五三七年にコロンビアで発見したのだろうか？　たぶんどちらもその通りだ。後者は村人が消えた村に——人々を虐殺するというスペイン人の噂を聞けば当然のことながら——行き当たったようだ。そこでトウモロコシ、豆、そして「トリュフ」のようだと記していている物を見つけた。それらは先住民にとって風味のよいおいしいごちそうだった。イタリア人がトリュフと呼ぶのは、小さくて不恰好ででこぼこしていたからで、それはピンク・ファー・アップル種に少し似ているように思える。

これらの大地のトリュフは、それからヨーロッパに持ち帰られた。イングランドには一五八〇年代に、サー・ウォルター・ローリーに随行した数学者のトマス・ハリオットが持ち込んだとも言われている。ローリー自身はアイルランドのキルラーにある地所に植えていたと考えられている。どうなったか確信が持てないまま、庭師に掘り起こさせると、大量のイモができていたという。

それでも人気が出るには時間がかかった。ジャガイモがハンセン病の原因になると思い込んで、フランス人は鼻であしらった。スコットランドのプロテスタントは聖書に登場しないからと言って、強硬に不可とした。その後ようやく栽培が広まったが、為政者が貧乏人にとって滋養のある食物になると気づくまで、それは人々のためというよりは家畜のためだったようだ。一六六三年にサマセットの王立協会会員が国中でジャガイモの栽培を奨励した。しかし『園芸の達人』（*The Complete Gardener*）の一七一九年版では、まだ完全に無視されており、姉妹書にはラディッシュに劣ると記されている。

ジャガイモは十八世紀半ばになってやっと人気が出た。ドイツのいくつかの地域では栽培が義務となり、一七五〇年代にはイングランド農業評議会が次のように宣言した。「ジャガイモと水だけ、それに食塩があれば、人間は完全に栄養が摂れる」。牧師は信徒に食事に加えるように奨励し、まもなく西洋中で食事の大黒柱となった。

もちろん今日では何百もの種類があり、酒から粉末まで使用法も数えきれない。生産量と生産規模においてイギリスでは今や小麦を凌いでいる。マルクス・ルンポルトの『新料理全書』は当時のベストセラーだったが、大地のリンゴのレシピは見過ごされていた。誰かがルンポルトのひらめきをもとに、「ジャガイモの王太子妃風」を作るまでにほとんど二百年もかかったとは、何と悲しむべきことか。

27

トライフル

（訳注：ワインに浸したスポンジケーキにジャムまたはゼリーを載せ、さらにカスタードやホイップ・クリーム等を添えて、ボウルなどで供するデザート。またつまらないものという意味もある）

著者…トマス・ドーソン

出典…『良き主婦の宝』（*The Good Huswife's Jewell*）

1パイントの濃いクリームに砂糖とショウガ、ローズ・ウォーターを加えてかき混ぜ、鉢に入れて、こんろ付き卓上鍋で温める。銀のカップかボウルに入れて供する。

本章を開いてトライフルのレシピを見ようと思った人は、ごまかされたような気がするかもしれない。というのももし前述の指示に従えば、trifle（トライフル）というより fool（フール）なものを作る羽目になるからだ。しかしT・ドーソン氏の本は実に貴重で、もしドーソン氏がそれをトライフルと呼ぶのなら、それで十分だ。実際現代のトライフルが姿を現したのは、十八世紀も半ばを過ぎてからだった。一七七五年頃にはワインで湿らせたビスケットをボウルの底に敷き、その上にカスタードを重ね、さらに泡立てたミルクにワインなどを加えたシラバブを載せたものが登場した。当時ハナ・グラスは著書『簡単でやさしい料理術』（*Art of Cookery Made Plain and Easy*）に、「国王の食卓にもふさわしい」レシピを載せている。その一品の場合には、ナポリ・ビスケット（レディ・フィンガーつまり手指ほどの大きさのスポンジケーキのようなもの）、ラタフィア（訳注：プラムなどの核とアーモンドなどで作るリキュール類）、そしてマカロンをサックという辛口白ワインに浸し、その上にカスタードを注ぎ、さらにシラバブを載せる。

それはゼリーがないだけで、現代の酒に浸したビスケットとカスタードの一皿にかなり似ているようだ。

しかし今日でさえフランス人はトライフルをクレーム・アングレーズ（イギリス風クリーム）と呼ぶ。それは夕食におばさんと食べるようなものより、トマス・ドーソン版にむしろ近いと思われる。ドーソンの一品はほんの短いレシピで、実際単なるトライフル。おそらくほとんど取るに足りない、わざわざ取り上げるほどでもない小品《ささいなもの》である。ひょっとすると濃厚な甘さに惑わされるかもしれない。実際ドーソンは、この本には「料理の着想という点でもっともすばらしくまれな一品が」含まれているという短い序文を書いたときに、まさにこの一品を思い浮かべていたのかもしれない。

ドーソン自身についてはほとんど知られていないので、どんな人物だったのかは推測しかできない。しかしエリザベス朝におけるきわめて重要な料理人だった。この著書はエリザベス一世の治世の後半に出版されたが、その頃にはおいしい料理への熱望が、貴族の家だけには収まらないところまできていたことを示している。

中産階級が成長しており、援助を必要としていた。とりわけ女性が助けを求めていた。この本が示すとおり、所帯を切り盛りするのは明らかに男性ではなかった。だから日々のレシピから飲み物、病人食、動物の飼い方まで、イングランドの淑女に助言を申し出たのである。というのも食物に関する情報とともに、「所帯をあずかる者すべてにとって是非とも知っておかなければならない、家政に関する立証済みの事項も」あるからだ。ここでは動物の管理のことを述べている。ドーソンには実地の経験があったにちがいない。明らかに熟達した料理人で、豚、雌鶏、牛のようなものも飼っていたか、あるいは飼っていた者をよく知っていた。

一方そのレシピの多くは、ハーブやスパイスによる風味ゆたかなもので、紛れもなくまだ中世風だった。アニスの果実、ナツメグ、サフラン、ショウガ、ローズ・ウォーター、ザクロ、プルーン、砂糖のような材料が挙げられている。仔牛の肉から鶏肉までの煮物、仔牛の足のシチュー、それにポタージュ（六五ページ参照）のレシピは数えきれない。

しかしもっと近代的な工夫も見られる。たとえばカスタードのレシピ。昔のパイ（七五ページ参照）でお目にかかった類《たぐい》とは異なるが、卵、クリーム、砂糖、サフラン、シナモン、ショウガ、バターを混ぜ合わせるので、甘くて陶然とする味がしただろう。オレンジ、サクランボ、スグリの砂糖煮があり、マルメロのマーマレードや赤ワイン漬のイチゴのタルトも掲載されている。今日のものと似ていなくもないブラック・プディングのレシピがあり、オートミールと羊の血、そしてタマネギの代わりにリーキを使う。

キュウリ、刻んだゆで卵、酢油のドレッシングを加えた新鮮な葉物のサラダが登場し、「最高最新の流儀で」と記されている甘くて贅沢なアーモンド・ミルクのおいしいレシピもある。まれに隣国の料理にも簡単に触れ、「フランス風肉の煮込み」の作り方を示している。

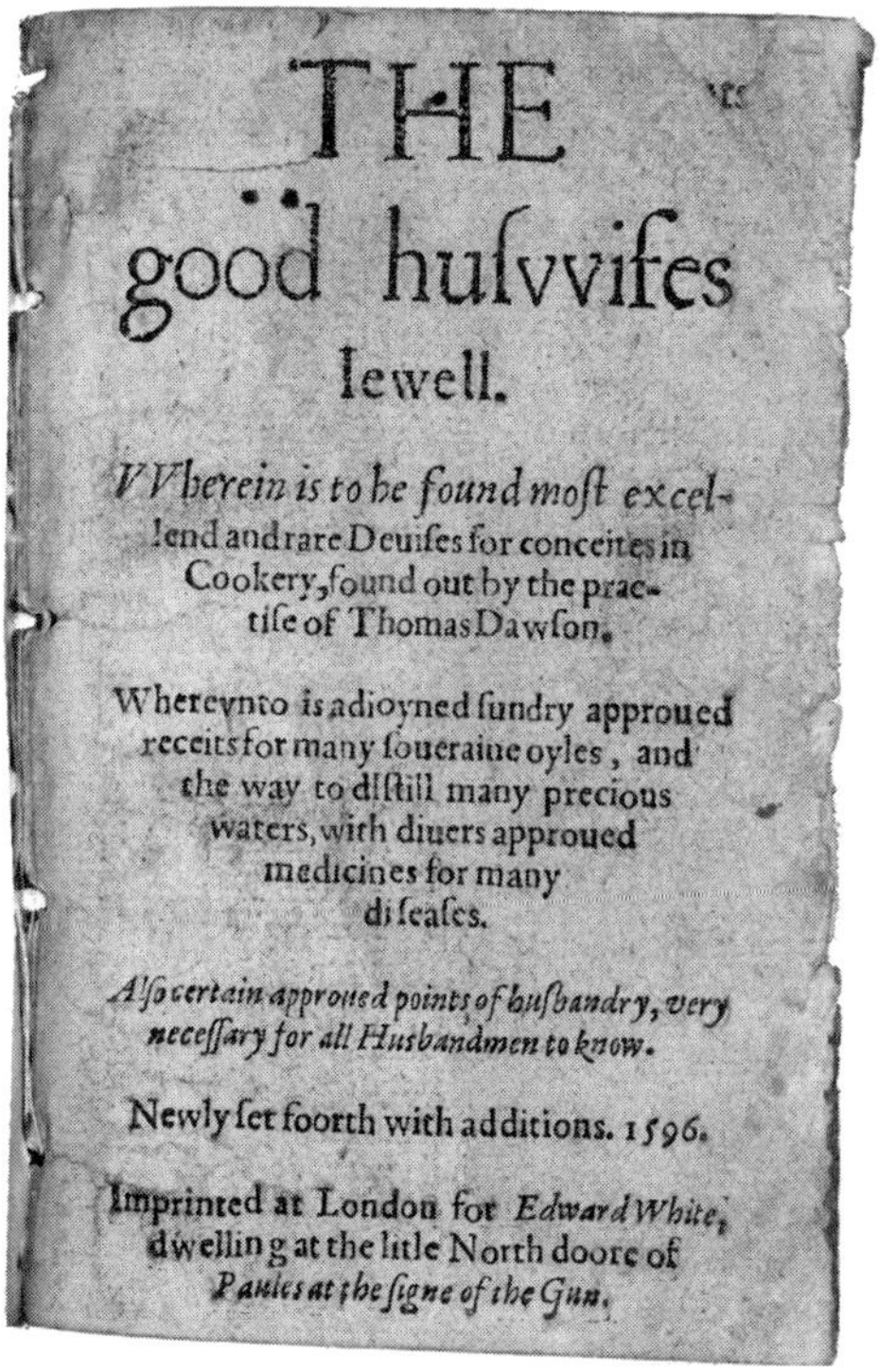
THE good husvvifes Iewell.

VVherein is to be found most excellend and rare Deuises for conceites in Cookery, found out by the practise of Thomas Dawson.

Whereunto is adioyned sundry approued receits for many soueraine oyles, and the way to distill many precious waters, with diuers approued medicines for many diseases.

Also certain approued points of husbandry, very necessary for all Husbandmen to know.

Newly set foorth with additions. 1596.

Imprinted at London for Edward White, dwelling at the litle North doore of Paules at the signe of the Gun.

トマス・ドーソンの『良き主婦の宝』の表題紙。
エリザベス朝の女性のための家事指南。

多くの昔のレシピ書に見られるように、夫を悩ますかもしれない問題に対する若干の驚くような解決法は言わずもがな、「片頭痛…や他の頭の病気」に対する薬による治療、および「あらゆる種類の傷の」手当が記されている。たとえば「突然の失語症を直すには」、患者の鼻に聞いたこともないハーブの混合物を押し込むことを提唱する。エリザベス朝の人々の中には太り過ぎを気にする人もいて、体重を減らすための助言を必要としていたこともうかがえる。ダイエットの方法は単純で、「やせるために」はフェンネル茶を飲むだけでよい。

ドーソンはまたことに動物の世話となると、明らかに思いやりを見せる。雄牛を飼っている人々——読者が土地を持っていることを前提としていた——への助言は、あまりに寒かったり暑かったりするときは働かせるべきではない…「やさしく扱って…夜には体をこするか毛を梳いてやること」。長い一日の終わりには、足にとげが刺さっていないか調べ、きれいな水でしっぽを洗うべきである。牛舎を清潔に保ち、「家禽や豚が入り込まないように。羽毛ですら雄牛は命を落とすかもしれないし、病気の豚の糞は伝染病の元になるかもしれない」。伝染病となれば、何であれ厄介だ。

しかしながらドーソンは、いくつかむしろ危険な医学的助言もする。雄牛が病気になったら、額から放血することが「最大の治療」であると述べ、その考えはフランス人から聞いたとつけ加えている。同様に「雄牛の尿に血が混じっていたら」どうすべきかについても助言し、さらにもし「有害な犬」に噛まれて具合が悪ければ、「噛まれたところにサソリの油を塗る」べきであると記している。

全体として見れば、エリザベス朝の理想的な家政書である。もっとも読み終えても、まだおいしいトライフルへの思いは満たされないかもしれない。でもそれはもう二百年お待ち下さい。

28

プリンス・ビスケット

著者…サー・ヒュー・プラット
出典…『淑女の愉しみ』（*Delightes for Ladies*）

上質の小麦粉1ポンド、上質の砂糖1ポンド、卵8個、ローズ・ウォーター小さじ2杯、キャラウェイシード1オンスのすべてを強くかき混ぜて、丸1時間たたきつける。打てば打つほどおいしくなる。それから型に少しバターを塗って種を入れ、焼く。

サー・ヒュー・プラットは博識家だった。テューダー朝イングランドのルネサンス人の典型で、アイデアにあふれていたので、とてもまともにはつきあいきれなかったにちがいない。本や書き物を出版したが、その精力と熱意たるや、考えただけでも気が遠くなる。

ハートフォードシアの裕福な家——父親はロンドン全域にわたって資産を築いた有名な醸造業者——に生まれ、ケンブリッジ大学で教育を受けた。卒業するとベスナル・グリーンに落ち着き、そこで自分の考えやアイデアを出版しようと決意する。プラットはほとんどすべてのことに関心を向けた。庭園設計、弾薬製造、そして土壌の肥沃度、穀物の収穫量、果樹の接ぎ木など農業に関することから、子供の教育、針仕事、ビールの醸造にいたるまで、あらゆることについて書いていている。

一五九四年に出版された『技術と自然に恵まれたすばらしい家』（*The Jewell House of Art and Nature*）は日常生活の手引き書である。同書の中では、くすぶる煙突の扱い方、アル中、ミツバチの窃盗やいかさまトランプを防ぐ方法、グラスの水を見て月のサイクルを調べる方法、そして「リンゴやナッツなどが大量にあるときの数の当て方」などが説明されている。

弾薬に関しては榴散弾《りゅうさいだん》を発明し、さらに無人のボートに爆弾を載せ、敵の船との衝突によって爆弾が爆発する方法を考案したと主張した。シルト質土（訳注：砂と粘土の中間の細かさを有する土）から、どのように石炭に代わるクリーンな燃料を作るかを説明するパンフレットも発行した。プラットは石炭を焚くのにうんざりして、こう述べている。「家の中のみごとな綴れ織りの壁掛けや立派な家具、そして高価で贅沢な衣服のすべてを汚してしまう」。土壌について書いただけでなく、実際にその燃料を売り出した。また疫病を阻止できるという丸薬も発売する。「それらはまるで役に立たなかった」と二十一世紀の歴史家は述べている。それでもたぶん当時の他の博士よりも劣っていたわけではない。

しかしもし他のすべてを凌ぐ関心の対象があったとすれば、それは食物だった。最初の大いなる熱情はパスタ、あるいは本人いわくマカロニに向けられ、それを発明したともっともらしく主張している。（これについてはイタリア人は一言も二言もあるだろう――四八ページ参照。）パスタの利点については相当長々と述べている。「日持ちがよく、三年経っても味のよいのは変わらず傷みもしない。すこぶる消化がよく、すばやく下ごしらえでき、油やバターのようなものを加えれば、おいしくて喜ばれる」。

無臭石炭同様、パスタを薦めるには商売上の動機があった。ロンドンでは唯一と思われるパスタ製造機を手に入れていたのだ。そしてフランシス・ドレイクが西インド諸島への航海から帰還した直後、パスタについて声高に主張するようになる。航海の間ドレイクの配下は、深刻な飢えに悩まされていたのである。

パスタこそが解決になる、とプラットはほかならぬドレイクに買ってくれるように頼み込んだ。牛肉、チーズ、塩漬けの魚のようなものに代わるよい食物で、長かろうが短かろうがどんな航海でも蓄えがきき、おまけに安い。ドレイクへの売り込みは功を奏し、航海のために少なくとも一度は探検家が大量のパスタの製造をプラットに頼んだ、という記録が残っている。

プラットはパスタについて知っていると思っていたかもしれないが、実際の調理法は知らなかったようだ。「じゅうぶんにふやけるまで」水に漬けるものと考えていた。しかしパスタの成功に気をよくして、さらに儲かりそうだと思うものに手を延ばす。淑女向けの高級な砂糖菓子である。

輸入された砂糖はまだまったくの贅沢品だったが、砂糖を使って果物の砂糖煮や砂糖漬け、そしてディナー・パーティーの凝った飴細工を作ることがはやり出していた。これはまだ砂糖が健康によいとみなされていた時代のことで、こうした考えは一九七〇年代に医師が砂糖の消費と心臓病や他の病気を関連づけるまでかなり流布していた。

気の利いたホーム・パーティーで砂糖にお目にかかれなければ、薬局や薬剤師のところにあった。砂糖のレシピは薬効があると考えられ、何百年にもわたって医師が推奨している。たとえば一七一五年医師のフレデリック・スネアは『砂糖の擁護』なる論文を書き、その中で明らかに個人的に執着している砂糖に対する別の医師の攻撃に反論した。多くの利点と思われるものを挙げるとともに、自ら説くところを実践し、ワインに砂糖を加え、嗅ぎタバコや歯磨きとしてさえもちいると述べる。ビューフォート公爵の例を引き合いに出し、公爵が十分長生きしたのは、四十年間の大半を夕食の後に毎晩甘いものを大量に食べたからだと記している。

だから砂糖は世界中で最善のもの、甘くておいしくて本当によいものだった。そして果物の砂糖漬けは、ことにオレンジが使われれば、食卓は相当華やいだ。オレンジは味わいも寓意もゆたかだったので誰もがほしがる果物となっていたのである。まもなく金持ちはオレンジの温室を作って、友人たちをうならせるようになる。もしオレンジの温室がなければ、少なくともオレンジをひとつ手に入れて、溶かした砂糖で覆うことができた。プラットは著書『淑女の愉しみ』で何百ものレシピときわめて実際的な助言を公表し、試してみることを勧めている。

まず必要な台所道具を挙げる。何はさておき深い青銅の鍋、お玉、そして真鍮の薄片（鍋の側面から砂糖をこそげ取るためのヘラのようなもの）。助言は詳しく正確できわめて実用的である。砂糖を溶かすには、「一パイントの清潔な流水」に対して砂糖三ポンドを提案している。炎を上げない熱い熾《おき》の上でゆっくり溶かさなければならない。「お玉からテレピン油のように流れ落ちるまで、静かに煮詰めること。ポタポタ落ちるところまでやってはいけない」。

サー・ヒュー・プラットは砂糖について考えることにそれは情熱を燃やしていたので、この本の始めに砂糖についての長い詩を掲載した。その詩はレシピ同様味わいゆたかで、なかなかの詩人であることをうかがわせ、書かれた言葉には優雅な魅力がある。「わが意のままのもっとも甘い砂糖菓子に／わがペンと紙は香り立つ／この世に生まれたるもっとも甘美なる淑女に」。もし淑女たちがこの言葉にくすぐられなければ、プラットは続ける。

胡桃、小さきナッツ、栗は甘し
失われるはずの喜ばしき味が
ここに非時《ときじく》ぞ保たれる
この技《わざ》により美味《うま》しき味は損なわれず

それからプラットは、砂糖はこの世の問題を実際に解決できると、戦争や暴力を終わらせる方法であると提唱するが、いくらなんでも言いすぎというもの。

串刺しの刑とはもはやさらばなり…
貫く弾丸砂糖玉に替ふれば
スペインの恐れ怒りもすべて鎮まる

他の事業活動を考えると、万能の砂糖少々で実際に敵をなだめられるとプラットは本当に信じていたのだろうか？　それでもその砂糖のウサギ、ハト、「あるいはほかの小鳥や獣」の飴細工は言うまでもなく、プラム、サクランボ、スグリの砂糖煮を誰もがほめそやした。

しかしこれらの甘いごちそうは今日ではいささか時代遅れで、マジパンのレシピは完ぺきかもしれないが現代人の好みではない。最終的に脚光を浴びるのはビスケットのレシピである。その「プリンス・ビスケット」は、アーモンド抜きのマカロンに少し似ていて、ビスケットのもっとも古いレシピのひとつであるだけでなく、おいしい。

果物の砂糖漬けのレシピに加えて、美容についての章もある。「赤ら顔あるいは吹き出物」の解決策や、衣服に散らす香水の作り方も記されている。サー・ヒュー自身、他人に教えたようにいい香りを身に着け着飾っていたことはまちがいない。たぶんしゃれた伊達男で、噂を求めてロンドンのここかしこを歩き回り、幅広い人脈をたどっては情報を手に入れていたのを想像できるだけだ。厨房の運搬人やネズミ捕りから女王のトランペット吹きや廷臣にいたるまで、あらゆる人間と知り合いだった。そして人々の肩をたたいては、アイデアやレシピを集めた。エリザベス朝の男女の嗜好や願望のユニークな記録が残されたのは、プラットのおかげである。

29

バター風味のイセエビ

著者…レディ・エリナ・フェティプレイス
出典…『レディ・エリナ・フェティプレイスのレシピ集』（*Elinor Fettiplace's Receipt Book*）

イセエビをゆで、殻から身を取り出す。さじ2～3杯の水と同量の白ワイン、メース一片あるいは小さなナツメグ、塩少々、レモンの皮をとろ火で煮て、イセエビを入れて揺すり、熱くなったら、1／8ポンドのバターを入れてバターが溶けるまでかき混ぜ、レモン果汁を少々入れる。殻も煮たければ、入れてもよい。

一六〇四年という年は疫病のせいで良い年ではなかった——事実一六〇三年よりもたいして良くなかった。夏は暑く、田舎の人々は不安を募らせつつ町や都市に忍び寄る死の知らせを待ち受け、耳をそばだてていた。前の年にはロンドンだけでおよそ三万人が死んだ。町から逃げることのできる者は逃げ出し、そうでない者は家の中に閉じこもったが、多くは恐ろしい運命に身を任せ、バラ園をさまよいながら（バラ園を持っていた者の話だが）、避けようもない痘瘡が現れるのを待っていた。

田舎の人々は、医者ではなく地元のお屋敷からの援助と助言をあてにしていた。貴族が地代を徴収して叱責や懲罰を与えるのに対して、奥方の方はもっと情け深く、病気について助言したり治療してくれたりする。犬に噛まれた場合だろうと、胃の痛みや鬱病だろうと、たぶん何らかの治療の手立てを持っていた。ふつうはハーブや草木の根から抽出した苦い混合液である。

家の中での奥方の力と影響力は大きくなっていた。洗濯から炊事まで家事を統括し、家族や使用人だけでなく村全体の世話をした。そして有能な使用人にレシピや治療法を記録させたが、専門の写字生に写させる場合さえあった。そうすればレシピや治療法は、その家の娘から嫁へと代々伝えられただろう。

二十世紀文学の編集者で作家のヒラリー・スパーリングが、夫の今は亡き大おばのロンドン郊外にある一棟二軒の家で、遺された物を調べていると、そのような写本を見つけた。歳月が経つうちに書き加えられたり、注釈がつけられたりしていたが、十七世紀初頭のイタリア風のスタイルで書かれている。最後に、「アンソニー・ブリッジズ写」とサインがあった。二二五ページで、日付は一六〇四年。レディ・エリナ・フェティプレイスが書いたものをブリッジズが写したのである。一年間を通しての料理のレシピ、家事、園芸、そして健康管理の情報が明確に正確に記されている。過去のレシピとともに、新しいエリザベス朝の家庭の洗練された料理やアイデアが見られた。

レディ・フェティプレイスはナイト爵に叙せられた人物の妻で、りっぱなテューダー様式の家はオクスフォードから数マイル離れたところにある。夫妻は比較的裕福で——地所は抵当に入っていたが——縁故にも恵まれていた。おいしい洗練された料理を食べている。実際エリナのバターで味付けしたイセエビのレシピを、ビートン夫人は三百年後にそのままもちいている。グリーン・サラダ、堅焼きパン、一杯の冷たい白ワインとともに供すれば、夏に庭で友人と楽しむおいしい夕食になるだろう。

そして一六〇四年の疫病からは話がそれるが、このレシピはまた食物がとうとうその中世の枷《かせ》を捨て去りつつあったことを示している。レディ・フェティプレイスのイセエビのレシピは、食物の歴史を中世的なものから近代的なものへと転換させる。事実バターで味付けしたホウレンソウのレシピも同様である。「できるだけ少ない水でよくゆでなければなりません。柔らかくなったホウレンソウは、水が少なければ少ないほど甘いからです」というのが、エリナの最初の明確な指示である。それから酸味果汁、バター、砂糖を加えてしばらく煮込んでから、卵黄二つとクリームを加える。仕上げにエリナはそれを強くかき混ぜて泡立て、もう少し砂糖を加えて供する。

クリーミーだがそれほど濃厚ではないので、繊細でおいしいつけ合わせ料理になる。たとえばイセエビの料理に添えるのにうってつけだ。このレシピと並んでいるのは、以前のレシピ集に見られたよりもっと質素で実際的なプディングや肉のレシピである。レディ・フェティプレイスのレシピで供されるのは六百皿ではなく六皿。大きな家の食事は大ホール――召使も含め家族すべてがそこで同時に食事をした――から小さな内々のダイニング・ルームに移りつつあった。

洗濯や疱瘡の治療に関する提案同様、そのレシピの大半は質実である。フェティプレイスは常識を備えていた。当時おこなわれた瀉血や嘔吐など胸の悪くなるようなことは勧めなかった。疱瘡に関しては、落ち着いた看護の手本である。「疱瘡とわかったら、サフラン入りのミルクを飲ませ、風邪を引かないように部屋の中で暖かくしておくこと。でも暑すぎないように。かえって具合が悪くなります…」。

同様に五十六種の傷の手当ばかりか、不眠症、熱、咳、腰痛の治療も提案しているが、それらは役に立つ。それでも昔の君主に立ち戻る治療を提唱して、時には迷信に従うこともあった。「疫病や悪疫に対するヘンリー八世の薬」は予防効果があるとされていた。「もしこの薬を徴候が現れる前に飲めば、神の恩寵によって助かります」と余白に書かれている。

しかしレシピは進歩が著しい。サフラン、アーモンド・ミルク、ポタージュの記述は減っている。カトリーヌ・ド・メディシス（一〇九ページ参照）のように、デザートと食事の前後に出す辛口の料理を分け、何もかも一度に食卓に出す中世の習慣をやめ、砂糖とスパイス、肉と果物は同時には出さなかったが、同じ鍋には入れた。人工的な着色や派手なしかけはしないし、以前の料理書ではたいそう好まれていた肉や家禽の長いリストも受け継がなかった。

ローズ・ウォーター、ドライ・フルーツ、スパイスなどまだアラビアの影響が見られるが、スープにとろみをつけるために、パンあるいは小麦粉の代わりに卵がもちいられている。メレンゲが登場し、今やフランスの影響が現れ始める。そしてローストビーフ、ヨークシャー・プディング、羊肉の赤スグリのゼリー添え、クローヴを煮出したブレッドソースがけの七面鳥など、イギリスの典型的な料理と食物の組み合わせのいくつかは、まさにこの時期に遡ることができる。

レディ・フェティプレイスの家、アップルトン・マナーは今なお存在し、十二世紀のコッツウォルズの石造りにテューダー様式が加味されている。そこにはロースト用の覆いのない炉があったが、最新の道具もあった。果汁を絞る鉢である。エリナはグレイビーソースの仕上げにクラレット（訳注：フランス産赤ワイン）を少々加えるのを好んだ。石炭を焚いて、一段目では蓋なしの鍋を、二段目では蓋をした鍋を加熱する金属製の装置も持っていた。当時木炭の加熱器のある家もあっただろう。エリナはレシピの中で、これを「こんろ付き卓上鍋」と述べている。それは厨房とは別の部屋に置かれていたのかもしれない。そこには蒸留装置や食物を乾燥保存する戸棚があっただろう。

ウィリアム・バードによるレディ・エリナ・フェティプレイスの家、アップルトン・マナーの素描。

パン焼き窯もあった。十七世紀初頭の厨房は、家内工場のように見えただろう。家庭は自給自足で、病気の治療薬だけでなく、歯磨き、石鹸、殺鼠剤、除草剤も作られた。そして家事は季節に合わせておこなわれていた。レディ・フェティプレイスはハーブや野菜の種まきの助言をし、栽培して冬のために蓄えなければならない野菜にも目配りする。

保存用の戸棚には十分な蓄えが必要だった。徒歩であるいは馬によって物が配達された時代には、配達人に食事を出さなければならなかったし、用事で来る者にも同様だった。祝宴の期間――たとえば十二月二十五日から一月六日までのクリスマスの十二日間――には、一日に二回五十人にも上る人々の食事が延々と続けられた。

農産物の乏しい冬の間、家庭の蓄えが大いに必要となる。そこでサムファイア（訳注：海岸の岩などに生えるセリ科の多肉植物）の酢漬け、キュウリやアーティチョークの酢漬けが、ドライ・フルーツ、チーズやビスケットとともに登場する。春が来て夏が近づくと、厨房にはハーブ、花、ハチミツや果物などの収穫物がもたらされる。農場で搾った牛乳の表面からはクリームが分離できる。何ひとつ無駄にはされなかった。

他方厨房の下働きは絶えず乳鉢と乳棒でハーブをすりつぶしていただろう。煮立てたシロップの泡を取り除き、ケーキに糖衣をかけるときには羽をもちいた。くり抜いて乾かしたフェンネルの茎は目薬を差すのに手頃な管となる。レディ・フェティプレイスの洗練された独創的なアイデアの中で、砂糖のシロップのレシピは卓越している。羽柄を使って粉砂糖をきれいに洗った豚の膀胱に吹き込む。それを「とろ火」の上に終日かけられている湯の入った鍋の上に吊るすのである。

これは一九五〇年代までフランスでまだもちいられた方法で、エリザベス・デイヴィッド（三七〇ページ参照）も目にしている、とスパーリングは指摘する。一九五八年ラマストゥルのオテル・ドゥ・ミディのマダム・バラテッロは「鶏肉の膀胱詰め」を作った。そんな料理はイギリスでは作れません、とデイヴィッドはマダムに言う。「どういう意味？」とホテルの女主人は答えた。「イギリスではなぜ豚の膀胱が使えないの？　豚はいるんでしょう？」

レディ・フェティプレイスの厨房は効率をきびしく追求して運営されていた。そして本の余白に手書きの覚書が加えられていたことは、本人自ら実地に料理を経験していたことを、そしてそれは厨房を運営するに当たって、数百年後のレディのように単に定期的に料理人と打ち合わせをしていただけではないことを示している。オムレツのレシピからわかるように、料理人に対しては断固とした態度をとり、指示は明確で簡潔だった。「鍋でバターを熱し、小麦粉、卵に牛乳あるいは水を加えて混ぜ合わせたものを入れ、焼け始めたら、焼きあがるまでくっつかないようにナイフでかき混ぜること」。

そのレシピは「単純ですが、繊細で、決して洗練されていないことはありません」とヒラリー・スパーリングは述べ、次のように続ける。「これらのレシピと現代の料理との関係は、シェイクスピアの言葉と今の私たちの言葉との関係とほとんど同じです。読んでおもしろいだけでなく、容易にまねできて、作るのが簡単で、私の経験ではほとんどいつもとてもおいしいわ」。実においしいイセエビの料理は、『マザーグース』にも登場するような人物とのめずらしい縁故ともあいまって、特別なもてなしになる。レディ・フェティプレイスの祖母は、幾度もロンドン市長を務めたディック（訳注：イギリスでもっとも有名でもっとも愛された人物のひとり）の子孫で、姪はサー・ジョージ・ホーナーと結婚した。ホーナーの曽祖父サー・ジョンはひどく小柄で有名で、jack（ジャック）と呼ばれていた（訳注：jack には昔小さいという意味があった。『マザーグース』に「ジャック・スプラットあぶらがきらい」という歌がある）。そしてエリナは昆虫学者トマス・マフェット博士から教えてもらったレシピを持っていたが、マフェット博士の娘ペイシェンス（Patience：忍耐）はクモがきらいだったという（訳注：マフェット博士は特にクモが好きだったと伝えられている。『マザーグース』に「マフェットのお嬢さん」という歌があるが、そのお嬢さんがペイシェンスのことではないかと言われている）。

30

イングランド人フォークを発見する

著者…トマス・コリアット

出典…『コリアットの未完の書：フランス、イタリア他を五カ月で急ぎ食べ歩きせる記』（*Coryat's Crudities: Hastily Gobled Up in Five Moneths Travells in France, Italy, etc.*）

イタリア人と、そして滞在する外国人の大半も、食事で肉を切るときには小さなフォークも使う…この食べ方はイタリアのあらゆる場所で一般に見られる。フォークは大部分が鉄あるいは鋼だが、銀製もある。しかし銀製のフォークを使うのは身分のある人間だけだ。この珍しいものが使われる理由は、イタリア人は指でじかに料理に触ることがどうしてもできないからだ。それはすべての人の指が必ずしも清潔ではないのを見ればわかる。

一六〇八年五月十四日、サマセットの教区司祭の息子トマス・コリアットは、三十代でとうとうロンドンでの生活に飽きてしまう。教育を受け、ヘンリー皇太子を取り巻く上流社会の人々とつきあっていたが、自分は知識人だと自負していたのに、単なる変人扱いされ、ロンドンの生活は軽薄だと感じていたのに、田舎者の野暮天と見なされていた。異国の話を振りまいても真面目には受け取られず、それどころか笑われた。宮廷を超えた世界があったかもしれないが、宮廷の人々は誰も関心を示さなかった。つまりトマス以外は。

そこである春の朝コリアットはフランスに向けて船出した。それはヨーロッパ中をめぐる旅になる。そしてその旅では主に徒歩で移動したようだ。イングランドに戻ると、履きつぶした靴をオドコウムの家の傍らにある教区教会に吊るす。靴は十八世紀の初頭まで長年にわたってそこに吊るされていた。しかしその靴だけが旅の証しではない。珍しい経験を詳しく綴り、一六一一年に『コリアットの未完の書』とはなばなしく銘打って出版した。その報告にはふたつの発見があり、どちらもイタリアでのことで、どちらも同国人仲間にとって相当重要なものだったことが判明した。

第一の発見はロンバルディアのクレモナの町でなされた。そこでコリアットはある物を目撃する。「それはイタリア語でふつうウンブレッラと呼ばれ、つまり、焼けつくような日光から身を守るために体の上に影をつくるものである。ウンブレッラは革製で、形は小さな天蓋とでも言おうか、中にはいくつかの木の骨が輪のように張りめぐらされ、これによってかなり大きく広げられる」（T・S・クロフォード著、別宮貞徳他訳『アンブレラ』より）と述べている。しばしば馬に乗る人によって使われたことに気づいており、「ウンブレッラは乗り手に大きな影をつくり、上半身に当たる日光をさえぎる」（同）と記している。

コリアットがイングランドの宮廷の友人にこの発見物を報告したとき、友人がただ嘲り、「ばかげている」などとつぶやいたのは、疑うべくもない。もちろん、その後イングランドに住むか訪れるかした人々は皆、コリアットがそれを見つけたことにずっと感謝して然るべきである。イングランドの焼けつくような太陽というよりは、主として絶え間なく降る雨をよけるためだとしても。

第二の大いなる発見は、トリノの出だしで躓《つまず》いた後に続く。「かくも栄えて美しい都についてほとんど語ることができないのは残念だ」と書いているが、それは「ピエモント産の甘いワインを飲んで」具合が悪くなり、「通りに出かけるのに気乗りしなくなった」せいである。それから同国人が何世紀にもわたって無視してきた忠告をする。「イタリアに旅行しようと思っているイングランド人すべてに忠告しておきたい。後が怖いので、イタリアに入り次第ワインには水を混ぜること」。

二日酔いから覚めると、発見したものについて語る。「通ってきたイタリアのあらゆる都市や町で、あるものが使われているのを見た。それまで回ったほかのどの国でも使われてはいなかったし、キリスト教世界ではどこでもそんなものは使っていないと思う。イタリアだけだ」。そして冒頭に述べたフォークとの驚くべき出会いについて語り続け、この道具の代わりに手を使う者は、「礼儀作法に反して他人の気分を害することになり、仲間は口に出してとがめはしないにしろ、少なくとも嫌な顔をする」とつけ加えている。

実際コリアットは深く感じ入り、その後の旅ではフォークを持ち歩き、ドイツを回ってからイングランドに持ち帰った。友人はその新しい突飛な習慣を笑いものにし、「ピッチフォーク」（訳注：干し草などを投げたりするのにもちいる長柄のフォーク）という意味のfurciferというあだ名を進呈した。イングランド人にとってフォークは洗練され過ぎで、イタリア人が使っていたという事実は、「やわな男色者」と別の同時代人が述べたように、まさに彼らが別人種に他ならない証しだった。

コリアットは率先してフォークを持ち込み、若干の教養あるイングランド人の注意を引いたかもしれないが、フォークについて著作で最初に言及したのは別の人物だった。初めて正式に記述されたのは、ほとんど一世紀前の一五二六年である。それはイタリアの著作家で編集者のエウスタキオ・セレブリーノが『祝宴の食卓の準備に関する新しい研究』を出版したときだった。食卓をどのようにしつらえるべきかに関する詳しい記述の中で、パンやクラッカーやケーキの皿の脇にナイフとフォークを並べると述べている。

セレブリーノはそれをpirone（ピローネ）と呼び、洗練された食卓にはあって然るべきと記した。やはり有用な人物で、日常生活の手引きを何冊か出版している。もし今日生きていれば、多方面の特集記事を書いただろう。というのも健康な生活のためのレシピから梅毒の治療まで、題材はさまざまだからである。梅毒は自身の体験に基づいているので、情報が豊富にすぎるかもしれない。また『美しくなりたいと願うレディのための秘訣』という本や、疫病の避け方についての本も出版している。

セレブリーノは当時ヨーロッパの出版の中心地だったヴェネツィアで本を出した。実業から芸術まであらゆることに手を染めようとしていたようだ。ルネサンス期のヨーロッパの宮廷ばかりか、賭博場や売春宿にも始終出入りし、法律上の問題を起こして当局の手を逃れ、ヴェネツィアに到着する前に名前を変えている。

しかしその過去がどんなに怪しくても、セレブリーノはフォークの使い方を知っていた。正式の正餐におけるフォークの使用に関して早い時期に書かれたものによれば、当時の裕福なイタリア人が、テーブルマナーを文化のしるしとみなし始めていたことがわかる。その後フォークは初めて一流の絵画――一五四二年に公開されたヤコポ・バッサーノの『最後の晩餐』――に描かれた。見る者の目はキリストの回りに座っている弟子の波打つ筋肉や生気あふれる様子に引きつけられるが、キリストの右にいる灰色の顎鬚の弟子ペテロは、片手に明らかに二叉のフォークを握っている。

それでもまだ人気を博すことはできなかった。たぶんそれは、アメリカの食物史家クリフォード・A・ライトが論じたとおりだったのだろう。「フォークには礼儀作法以外の実際的な目的はなかった。指とナイフとスプーンで十分だった。フォー

クは本来の意味のブルジョワ、つまり都市に住む人々の間で、新たに品位を意識するために発明されたのである」。

実際ヴィクトリア・アンド・アルバート博物館にある昔のカトラリー・セットを見れば自分のナイフとフォークを持つことが長年にわたり上品な作法と富裕のしるしだったことがわかるだろう。それは十六世紀のフランス製の凝ったナイフ、フォーク、串のセットで、革の携帯用ケースに収められている。友人宅を訪問して取り出せば、感心されたはずだ。この時代のフォークはまれだが、ナイフはたくさんある。実のところ残っているフォークが今なおきれいであることは、まさにめったに使われず、指を使う方が好まれていた事実を示している。

フォークに関してはもっと古い、いやずっと古い記述がある。古代エジプトの神殿では生贄を持ち上げるのに大きなフォークが使われていた。一方七世紀に中東の宮廷では小さな二叉のフォークが使われていたという証拠がある。十一世紀にヴェネツィア総督と結婚したギリシア出身のビザンツ帝国の王女が使っていたという記録もある。王女はフォークをもちいているところをヴェネツィアの聖職者に見つかり、指を使うようにという神の意志への侮辱であると、きびしく非難された。王女のフォークを使う習慣を目撃した者は、悪魔のようだと考えた。「王女の習慣はかくも贅沢で、指で食物に触れずに食事をした」と教会指導者は書いている。「宦官に小さく切るように命じ、その小片を二叉の黄金の道具で突き刺しては口に運んだ」。

フォークはそれからセレブリーノが記すまで、数百年間姿を消したように見える。再び使われ始めるまでにはしばらくかかった。一五三三年にフランスのアンリ二世と結婚したカテリーナ・デ・メディチ（一〇九ページ参照）の嫁入り道具の中には、有名なイタリアの銀細工師に作らせたフォークが数ダース入っていたが、まだ一般には広まらなかった。フランス人は危険だと思い、ドイツの司祭で神学者のマルティン・ルターは、宗教改革に立ち上がった自分をフォークが威嚇すると恐れた。「神よ、われをフォークから守り給え」。

だからコリアットの仲間のイングランド人は、肉を裂いて口に押し込むのに相変わらず指を使っていた。それどころか社会のあらゆる階層でフォークが広く使われるようになるには、もう百年かかった。そしてこれはイングランドのチャールズ一世が一六三三年に「フォークを使うことは礼儀正しい」と宣言したにもかかわらずである。

フォークに関する話は、歴史上主として変わり者の著作家の興味をそそったようだ。二十世紀初頭の変人で詩人イーディス・シットウェルの父サー・ジョージ・シットウェル（実は筆者の曽祖父）の夥しい著作──『重唱の起源』、『西洋の庭園への孔雀の導入』など──の中に、『フォークの歴史』がある。しかしながら残念なことに、サー・ジョージの肝心の作品は残されていないようだ。それどころか、息子のオズバートによってでっちあげられたのだと言う者もいる。しかもその息子ときたら、父親を風刺文で攻撃して身を立てたも同然なのだ。それはたぶん無理からぬこと。というのもサー・ジョージはフォークや何かについて書いていないときには、スズメバチを殺すための回転式連発拳銃のような発明に力を注いでいたのである。

コリアットとシットウェルはどちらもフォークに関心を持ったことをばかにされ、どちらも変人だったかもしれないが、今では欠かせないこの道具の価値と社会的な重要性を少なくとも認識してはいた。

31

アスパラガスのホワイトソースかけ

著者…フランソワ・ピエール、ラ・ヴァレンヌ氏
出典…『フランスの料理人』(*Le Cuisinier François*)

アスパラガスを菜園から採ってきてはかまをこそげ、同じ大きさに切る。水に塩を入れてゆでる。沸騰したらできるだけすぐに取り出す方がよい。そして水気を切る。それから無塩バター、卵黄1個、塩、ナツメグ、酢少々をよくかき混ぜてソースを作る。ソースができたら、アスパラガスにかけて供する。

アスパラガスのホワイトソースかけは革命的、革新的、あるいは歴史的とは思えないかもしれない。ところが実際にはまさにそのとおり。レシピをもう少しよく見れば、十七世紀中頃のフランスにはそれまでそんなものはなかったことが明らかになる。

もっと今風に言い換えれば、「アスパラガスのオランデーズソースかけ」となるだろう。このレシピを読めば、びっくりするほど現代的であることがわかる。熟達した栽培者や料理人が請け合うように、湯を沸かした鍋に畑から採りたてのアスパラガスを投ずるのが一番なのだ。「アスパラガスを菜園から採ってきて」という料理人の指示は、これを確かに裏書きしている。貴重なアスパラガスをゆですぎたくないことも同様である。つまり指示されているように、

「沸騰したらできるだけすぐに取り出す方がよい」。たとえ家庭の料理人があまりやかましい指示を好まなかったとしても、彼らはその頃ラ・ヴァレンヌの読者ではなかった。

ラ・ヴァレンヌと呼ばれたフワンソワ・ピエールは、料理人仲間のために書いたが、その本はとにかく革命的だった。フランスでは一三七九年にタイユヴァンの『ル・ヴィアンディエ』（五五ページ参照）の写本が出て、その後なお印刷され、版を重ねていたが、他には誰も料理書を出版していない。ヨーロッパでは印刷がますます普及したにもかかわらずである。印刷所はフランス中にあったが、そこで印刷されたのは、料理以外のあらゆる主題に関する論文だった。

タイユヴァンの本は聖なる書、不朽の書だった。これは料理に関するきわめて重要な著作なので、たぶん他の料理書を印刷する必要はないと、不適切であるとさえ考えられたのだろう。おそらくまた、レシピを出版することは料理の奥義を明かすことを意味する。料理の世界は閉鎖的で、王侯貴族や富裕層の厨房に限られていた。レシピは良き師から弟子へと伝授され、料理人の空きができれば内部で補充される。もしある一門の厨房の一員でなければ、世に出るチャンスはなかった。

もてなしはまた一枚上手《うわて》に出る術策、自分の富を見せびらかす機会だった。だから自分の厨房の秘伝をライバルに知られたくはなかっただろう。料理書はイングランド、ドイツ、イタリアでは出版されていたのだから、これは格別にフランス的な特徴でもあったようだ。イタリアでは食物は大真面目に議論された。建築から食事までの富裕競争で、裕福な家族はりっぱな暮らしをして上品なよい趣味を持っていることを喜んで披露し、すばらしい正餐や宴会のレシピが書きとめられるのも厭わなかった。

他方フランス人は食物が話題にふさわしいとは考えなかった。それどころか当時のフランス人は、食物について実に大真面目に語り、しかもやめようとしないあるイタリア人との議論を、ほとんど吐き気を催しながら回想する。彼の話は「帝国の政府について論ずるときに使うのとまさに同じ、豪勢で壮大な言葉で膨れ上がった」と報告している。

しかしこれはすべて変わろうとしていた。ラ・ヴァレンヌはたいそう多くの先輩後輩同様に、料理の世界で出世して行った。閉鎖的な料理人の世界にきわめてしっかり組み込まれていたのである。少年の頃からこの世界に入り、鍋を磨き、石炭を補充し、焼き串を回した。けれどもつつましい身分の者の大半よりも高い地位にまで上り、ユクセル侯爵家の厨房執事となる。主人は裕福な貴族、将軍で国王の側近だったが、当時は王室が突出した貴族の力を抑えようとしていた時代だった。

ふつうはジェントリ層の者がなる地位に就いたことは、ラ・ヴァレンヌがどれほど信頼され、優れていたかを示している。厨房執事になれば、仕入れから品質管理およびメニューの報告まで、厨房におけるあらゆることに責任を持たなければならない。所帯を切り盛りする執事長に報告し、執事やソムリエと連携しただろう。その役割はずっと後世の大きなレストランの場合と変わらない。

当時のフランス人は家屋の建築、家具からタペストリー、衣装、食事にいたるまで、あらゆる点でイタリアのゆたかさを熱心に見習おうとしていたので、料理をあずかる者は相当な影響力を持っていた。富の披露は、食卓を介すると相変わらず実に効果的だった。カトリーヌ・ド・メディシス（一〇九ページ参照）によってフランス料理に改革がもたらされ、料理は相当発展していたが、まだ誰も何も出版していなかった。

ラ・ヴァレンヌはピエール・ダヴィという出版業者を見つけたが、その業者は仕事を引き受けるのにいささか気が進まなかったのかもしれない。ほとんど弁解めいた口調で序文を書いている。しかし健康の決め手を提唱する本の代わりに役に立つと推薦した。もし人々がまずよい食事をとれば、薬や本人の言う「わずらわしい治療」は必要ないだろうと論じ、それからこの本のねらいを述べた。出版の目的は、「助けを必要とするかもしれない人の助けとなり役に立つ」ことである。助けを必要とするのにプライドが邪魔して尋ねることができない料理人がいることを、承知していたのだ。「料理人のうちのいくらかは、おそらく心得ていなければならないことで助言をもらうのは、自らを卑しめることになると考えている」。本書は「彼らを気恥ずかしさから救い出す」だろう。それから本書が「役立つだけでなく、愉しいもの」であることを望むと述べて、序文を終えている。料理は愉しむことができる、料理書を読むことがくつろいだ気晴らしになるというラ・ヴァレンヌの主張は、最近のベストセラーのように、人々が料理書をベッドに持ち込む時代に向かう第一歩だった。

しかしまだ道は遠い。『フランスの料理人』はカトリーヌ・ド・メディシス以来の進歩を記録している。オムレツや繊細なソースを記し、ソースにとろみをつけるのに単にパン屑を入れるのではなくルーを作り、カラメルを考案し、カボチャのパイを提供し、ベニェ（昔のドーナツ）を作る。またイタリアの料理術をどのように吸収したかだけでなく、それをかなり基礎としていることも示す。食物はいっそう感覚の喜びをもたらすものとなり、料理はもったいぶったものではなくなった。オンタリオ大学の教授テレンス・スカリーは同書の現代語訳を出版し、ラ・ヴァレンヌがフランスにおける料理の目覚めを、どのように引き起こしたかについて述べている。それは「それ以前に、そして以後にさえ見られないほど力強い創造力の発露」だった。

ラ・ヴァレンヌはまた従来より洗練された装置を使っていた。厨房にはポタジェがあったが、その名称ほどつつましく旧式ではない。事実上は煉瓦の棚で、腰の高さの上部には、四つの小さな開口部のうちの三つがある。下の火の熱がそこから伝わったのだろう。鍋を持ち上げて、火を強めたり弱めたりできたので、料理人はそれまでより火力を調節できるようになり、いっそう繊細で複雑な料理法が可能になったのである。

料理書の成功は著しかったので、出版業者の警戒心もすぐに消えた。やはり貴族に雇われていた料理人による他の料理書も後に続き、それぞれが先駆者にまさるりっぱな経歴を主張した。ラ・ヴァレンヌはまずタブーを破ったが、続けてフランスにおける料理書出版の堰《せき》を切って落としたのだ。タルトとペストリー、果物の砂糖煮ならびに菓子に関する本が続いた。しかしラ・ヴァレンヌをけなす者もいた。L・S・Rという頭文字の人物によって書かれ、一六七四年に出版された『巧みな料理術』（*L'Art de bien traiter*）は、王室に縁《ゆかり》はないものの「誰にとっても新しい」本だと主張した。このただひとりの反対者によれば、ラ・ヴァレンヌのレシピは「胸が悪くなる」もので、美食道から見れば認められない。けれども十七世紀の末にもっとつつましい人々のために、もっと読みやすい料理書が出版されても、このたった一つの声を支持するものはほとんどなかったようだ。

また一方でラ・ヴァレンヌは重要な趨勢を作り出した。材料を重んじ、むだに手を加える必要はないと感じていたのだ。そのオランデーズソースは、アスパラガスを圧倒するというよりアスパラガスの風味を高めるものである。ラ・ヴァレンヌの関心は大衆のための料理より高級料理に向けられていたが、一般大衆にも影響を与え、フランス料理を劇的に生まれ変わらせた。そしてフランス人は決して過去を振り返らなかった。

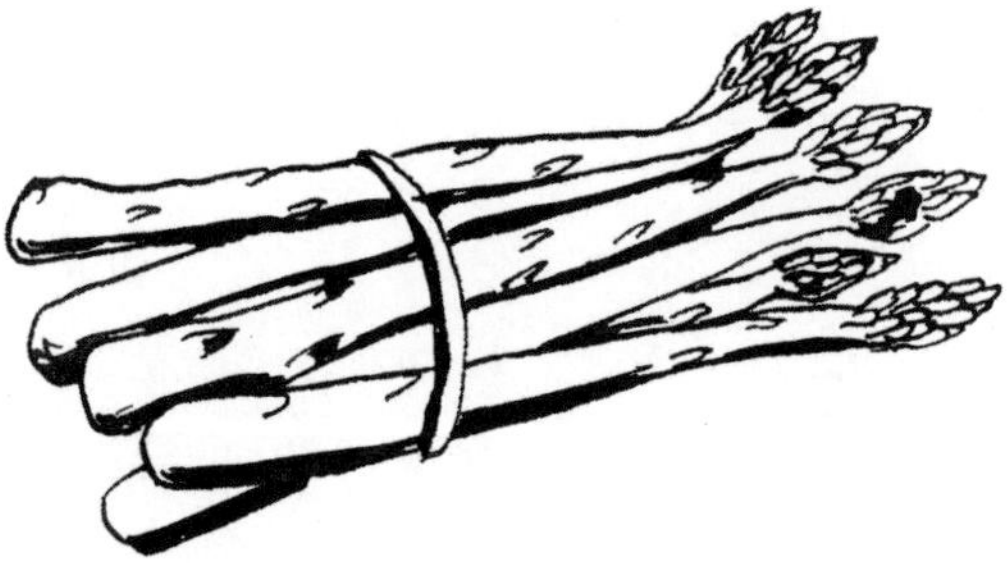

32

おいしい夕食の一品（羊肉のパン粉焼き）

出典…『料理の手引き』（*The Cook's Guide*）

著者…ハナ・ウーリー

羊の脚1本を、指3、4本の幅でできるだけ長い薄切りにする。それからパセリ、タマネギ、メグハッカ、タイムを羊の脂肪とともに細かく刻み、ワイン、コショウ、クローヴ、メース、塩で味を調え、羊肉の薄切りに載せ、それで巻いてしっかり留める。さらに卵黄とパン粉をまぶし、炙るかバターを塗った大皿に入れて焼く。仔牛の肉を使ってもよいが、そのときはスグリの実を入れる。これはパイにしても、あるいはワインとバターでシチューにしてもよい。

十七世紀半ばのイングランドでは料理書が急激に増えていた。人口が着実に増加し、富も増大し、貿易や商業が隆盛を極め、いっそう多くの食材が国民の食卓に上るようになる。肉の消費量も伸びたが、国民の底辺の二〇パーセントは未だにポタージュ（六五ページ参照）、そしてパンとチーズとタマネギの食事で済ましていた。もし肉が手に入ればポタージュに入れたが、ジャガイモ（一一五ページ参照）はまだこれからだった。

イングランドの社会では上流階級の家の「客間」にトルコ絨毯やイタリア製ヴェルヴェットのクッションがあふれていたように、厨房にはオランダのホップ、フランスのサクランボ、ギリシアのスグリのようなものが見られた。多くの家庭でエリナ・フェティプレイス（一二八ページ参照）のような女主人によってレシピが記録され、後の世代に伝えられた一方、料理書がすべて男性によって書かれ、出版され、ますます普及する。すべてとは、つまりただひとりハナ・ウーリーを除いては。一六六一年ウーリーは最初の著書『レディの指導書』（*The Ladies Directory*）を出版した。男性の著者、たとえばロバート・メイは『料理の名人』（一五五ページ参照）によって出版業者からかなりの額を前払いで受け取ったが、ハナ・ウーリーは自己資金で出版しなければならなかったので、それは向こう見ずな話だった。

大胆なおかげで、ウーリーは出版された料理書の初の女性著者となる。冒険的事業は成功し、三年後には二冊目の著書『料理の手引き』を出版する。冒頭のレシピは同書に記載されている。

一六二三年生まれのウーリーは、母や姉のかたわらで料理を覚え、十七歳のときにエセックスのレディ・メイナードと呼ばれた貴婦人のもとに仕えて働くようになる。女主人は親切で、思いやりのある雇い主だった。レシピの本を貸し、もっとおもしろい食材を市場で仕入れてくるように指示し、ハナの才能を育て、料理の腕がさらに上がるように励ました。

ハナはそれから地元の校長と結婚したが、レディ・メイナードのために働き続けたかどうかは不明である。しかしその家族の近くに住んでいた。ことにレディの娘のアン・ロス（二冊目の著書を献呈している）とその娘メアリの近くに。結婚の七年後四人の息子と二人の娘が生まれていたが、ハナの一家は小さな寄宿学校を経営するためにハックニーに移る。一六六一年夫が突然死ぬまで、ハナはこの学校に力を注いだ。貴族の家で蓄積した料理の知識は、夫や家族のためになり、そしてまちがいなく学校の食事にも一役買ったが、それをもっと広く伝えられるように、まだなすべきことがあると感じていた。

ハナのさまざまな本の題名――『レディの指導書』、『料理の手引き』、『女王様のようなクローゼット』（*The*

Queen-like Closet)——を見ると、したたかな商才が感じられる。確かに最高のレディはみな女王のクローゼットにあこがれただろうし、他方二番目の本は『手引き』としたが、それによって、お高くとまらないのは言わずもがな、競争相手の男性著者による本の題名より、むしろもっと実際的で便利な印象を与えただろう。

たとえばガーヴェイス・マーカムの『田園の安らぎ』(*Country Contentments*)は十七世紀の間版を重ねた。二部構成で、第一部の眼目は一家の男性とその余暇、あるいは著者が述べているように、男性が「…利益にはなるが不愉快な辛く骨の折れる仕事の後で」、いかに「気晴らしをするべきか」についてである。この余暇の主な過ごし方は、乗馬、狩猟、そっと獣の跡をつけて巣穴を見つけることなどで、たとえば馬に乗っていて、もし君主に出会ったらどうするかなど、時折具体的な示唆も交え、それらについて助言する。

『料理の手引き』の著者ハナ・ウーリー。

それからマーカムは主婦にとりかかる。結局男の仕事は「大半が家の外、あるいは家から離れた畑や庭でおこなわれる」。「家事全般を引き受ける、家庭の母、女主人」として、どのように振る舞い、どのような衣服を身に着け、そして考え、話をするのかさえ提案する。「反対意見は控え」、「逆上して暴力をふるうことはすべてご法度」、流行は追わず、「派手な色で飾り立てること」は避けなければならない。辛抱強く、気が利き、「辛辣だったりおしゃべりだったり」してはならない。また地元のものを買い、外国のがらくたは避け、家族の健康管理に専念すべきである。

そしてこれらの努力を助けるために、「精神錯乱」への対処も含め身体の治療が幅広く取り上げられている。「錯乱」を鎮めるためには、患者の鼻にビートの汁を注入しエールを飲ませる。すると明らかに「患者は節度ある温和な状態になる」だろう。「無気力」、「蛇に噛まれた場合」、「酩酊」（アルコールを避けよとは言っていない）、「ひどい口臭」、「吹き出物だらけの顔」の治療法もあり、「おねしょ」の直し方もある。そしてもちろん、サラダ、パンケーキからパン、肉の煮込みやローストにいたるまで、何種類ものレシピもある。

このこれ見よがしの大冊やロバート・メイの『料理の名人』のような他の本にくらべて、ハナの本は救いであり、歓迎されたにちがいない。メイやマーカムの本を読むのは、主として聖職者や有閑階級——厨房に入り、不運な料理人に新しく見つけた料理を命じたに決まっている——だったのに対して、ハナの本は実際に家事をおこない料理をする人々を対象としていた。

もちろん富裕層でもまだ文盲が広く見られたが、ハナは、十分に教育を受けて本を読める者——読み書きできる料理人、向上心に富み、家事の効率を上げたいと願う将来有望な女性——に向けて書いた。加えて書き方にも個性を出した。単に説教するのではなく、読者を惹きつけなければならないことを心得ていたのである。そのレシピの多くは、高級な料理の経費を切り詰めたものだった。若干の魅力的な食材——アンチョビ、ケイパー、ワイン——を使えば、つつましい家庭でももっと裕福な家庭で堪能されている魅惑的な味を作り出せることを示した。

ハナは読者を見くびったりはしない。「大きな家で…作った」料理を提案するときも、「工夫できる人は、何かを省いて、代わりに他のものを入れて楽しむこともできます」とつけ加える。こうして読者は、たとえば生きのよいウナギ料理、牡蠣の揚げ物、エビあるいはロブスターのバター焼きなどのメニューから選ぶことができた。もったいぶった料理の達人に指図されるだけだった読者にとって、これは革命的とは言えないまでも、目新しく快いものだったにちがいない。さらに『料理の手引き』は小さなかわいらしい本で、三×五インチの大きさだった。このエプロンのポケットに隠れてしまうような本のおかげで、字の読める召使は実際にもっとよい地位に就くことができただろう。

この本は、リネンや手袋にアイロンをかけ、香りをつけるなどの家事に重点をおいて以前に書かれた『レディの指導書』の続編だった。「私の最初の本を読まれた皆さんが、『料理の手引き』も読んで下さいますように」とハナは述べている。その本当に謙虚な口調は、過去の指導者にこびへつらい平身低頭する料理名人のものとはきわめて異なっていたので、読者の共感を呼ぶ。ハナは感想も求めた。「読者の皆様、実際に作ってみたらおいしかったと言っていただければありがたいです。注意深く試みられて、判断あるいは評価してくださいますように」と最後に記している。

ハナのレシピは評判も良かった。本章の「おいしい夕食の一品」は、羊肉の代わりに仔羊の胸肉を使うこともできるが、オーヴンで焼くとパン粉が金色に輝く。他のレシピには、順不同だがレモン・クリーム、レモン・シラバブ、パンケーキ、パイ生地の作り方などがある。

ハナの本は数版を重ねた後、深刻な盗作に見舞われる。少なくとも二冊の本——一冊は一六七三年に出版され、もう一冊は一六八五年に出版された——が許可も受けずに、破廉恥に断りもなく、その著書から剽窃《ひょうせつ》したのである。ハナは料理書出版に関して思い切った主張をおこない論争を巻き起こしたが、男性の著者はその後何年にもわたって女性のハナの栄誉を無断借用し、ハナや他の女性のレシピを自分たちのものと言いつくろった。女性の料理書作家が、やみくもに女性を差別する出版業界の枷から解き放たれ、もっと広く読まれるには、まだ時間が必要だった。

33

エンドウのスープ

著者…レディ・アン・ブレンカウ

出典…『レディ・アン・ブレンカウのレシピ集』（*The Receipt Book of Lady Anne Blencowe*）

約2クォートの豆をどろどろになるまで煮る。次にリーキを1本とベーコンの小片1枚、香草の小さな束を加え、それらが煮崩れるまで煮る。目の粗い毛のふるいにかけお玉の背で押し出す。それから約3パイントになった豆に約3クォートの非常に濃いブロスを加え、よく混ぜる。料理用ストーブにかければすぐに煮立つ。ハーブは、1ガロンのスープに対して手のひら山盛り1杯のホウレンソウ、スイバ1／3杯、キャベツ1杯、レタス1杯、チャービルとコショウソウ少々、セロリとエンダイブを1株か2株、それにチリメンキャベツ、ミント少々。ただしミントが緑色なら細かく刻むが、乾燥していれば、火に当てて乾かしてから粉にし、ふるいにかける。ハーブとリーキ1本をみじん切りにし、真鍮の浅い鍋あるいはシチュー鍋に入れ、バター半ポンドを加える。柔らかくなるまで、火にかける。それから1クォートの上質の肉汁あるいは濃いブロスを加えるが、肉汁が一番よい。よく混ぜたら、エンドウの鍋に入れ、叩いたクローヴとメースも少々加える。およそ半時間火にかけ、オーヴンで温めるか火で炙ったフレンチ・ロールパンの薄切りを添え、スープを皿に入れて供する。お好みで肉団子や口蓋、胸腺、あるいはとさかのようなほかのものを入れてもよい。

一九七〇年代にピエール・コフマンはロンドンのラ・タンテ・クレアのメニューに豚足を入れ、貧乏人の食物がいかにりっぱなごちそうになるかを示した。ミシュランの三つ星を獲得したのも、豚足が決定的な要因だった。洗練されたレストランで着飾って食事をするときに、昔貧乏人が食べていたものを食べることには、目新しさがある。もちろん成功するためには、当の料理がおいしくなるようにいささか魔法のような工夫がいる。コフマンの着想は、足に胸腺や香りのよいアミガサタケを詰める前に、骨折って（laboriously）骨を抜くことだった。

それは料理人が何年も前から習得しようとしてきた類の巧みな技である。実際料理人は何世紀も農民の料理を頼りにしてきた。これについて古くは一六六九年に言及されており、日記作家のサミュエル・ピープスによって記録されている。

王立海軍司令官で議会議員のサミュエル・ピープスは一六六〇年代の激動期——もちろん火事、疫病、王政復古の時代——に日記をつけていたが、食べることが好きだった。しばしば食べたものについて記し、その調理に関する折々のメモも含まれている。そして一六六九年四月十二日。「…ホワイトホールまで歩き、しばらくしてアンサンクの店に妻を迎えにゆく。彼女といっしょにジェインもいた。そろって「雄鶏《コック》」亭へ。彼女たちとわたしとシアズ氏とトムも交えて昼食。妻がぜひともこの店の豌豆豆のスープを食べたいといったのだ。上等の食事を十分に食べる」。（海保眞夫訳）

それではこれはその店の特製料理だったのだろうか？　妻のエリザベスが友人に薦めるのが、目に見えるようだ。「雄鶏《コック》亭にいらっしゃるべきですわ。豌豆のスープがそれはそれはおいしいのよ」。そう、エンドウのスープである。それは何世紀もの間貧しき者を養い、カナダからアメリカ、ドイツ、オランダ、イギリスと世界中の何百万人もの食

サミュエル・ピープス（1633–1703）の肖像。

物として重要な役割を果してきた。

雄鶏《コック》亭で出されたエンドウのスープは高級料理だったのがわかる。なんとなれば、ピープスは以前日記にエンドウのポタージュについて記し、それほどありがたがっている様子でもなかったからだ。一六六〇年二月一日ピープスは簡素な昼食を思い返す。「午前中は事務所へ行った。その後老人が私宛ての手紙を郵便配達人から受け取って持ってくる。正午に家に帰り妻と食事をしたが、エンドウのポタージュだけ」。この食事には何となく不満げだ。自分はそのような料理を食べる習慣のある輩より、少しばかり上等であると感じていたにちがいない。

両親は身分が低かったが――父親は仕立て屋で、母親のきょうだいはホワイトチャペルの肉屋――自分は今や職業で成功している。ピープスのような地位にある人間には、エンドウのポタージュよりもっと上等な料理がふさわしかった。このポタージュはエンドウをベースにして、季節の野菜から肉まで何でも利用できるものを加える。しかし当時肉はまだ金持ちのものだった。高価で、ピープスが記しているように「何十万もの所帯がほとんどその味を知らなかった…国民の大半はもっぱらライ麦、大麦、カラスムギだけを食べていた」。

もしエンドウのスープが、さえないぼやけた味の煮崩れたエンドウに似たようなものなら、それを避けるために筆者はずっと先へ行くだろうが、ピープスの好んだタイプはたぶん乾燥エンドウで作られたものだろう。それはさやを剥いて干したエンドウに似ている可能性があり、キマメに近く、それなら筆者も欲しい。

それでピープスの妻が好んだエンドウのスープはどんな味だったのだろう？　ノーサンプトンシアの地主の妻レディ・アン・ブレンカウの手書きのレシピ集に、当時のそのレシピが入っている。レシピ集はレディ・エリナ・フェティプレイス（一二八ページ参照）のものとよく似ていて、何世紀も筆者の実家ウェストン・ホールの図書室に他の同じような本とともに保管されていた。これらの本は繊細できれいな字で綴られていたが、他のレシピやメモの記された多くの紙片も挟まれている。

レディ・ブレンカウの手書きの本は一九二〇年代に出版され、二〇〇四年にさらにもう一冊が子孫の編集により出版された。エンドウのスープのレシピはその本の中でもっとも長く、菜園から摘んだ新鮮な材料（セロリ、エンダイブ、レタス、チャービル、ミントなど）を加えており、実に手が込んでいる。レディ・ブレンカウのレシピの大方はもてなし用だったので、これは正餐会の料理だったのだろう。夫は判事で地元選出の議会議員で、明らかにとても裕福だった。娘のスザンナの夫がまだかなり若くして病気で死ぬと、娘や孫を哀れに思い、一七一四年のヴァレンタイン・デーに家を贈った。その家がウェストン・ホールで、この物件は母から娘へと伝えられたが、後に筆者の曽祖父がおばから手に入れ、祖父のサチェヴェレル・シットウェルがカナダの美人ジョージア・ドブルと結婚したときに、その祝いとして贈ったものである。オリジナルの稿本を友人のジョージ・セインツベリーに見せたのは、ジョージアで、セインツベリーはそれをコピーして、一九二五年に出版した。

同書からは一六六〇年代の料理の世界がよくわかる。たとえばチーズを作るときには、着色するためにマリゴールドが加えられていた。実際多くのチーズは比較的最近まで着色されていた（おそらく今日ではレッド・レスター・チーズがまれな例）。レディ・ブレンカウは稿本の中のレシピをさまざまな人々に帰している。たとえば「レディ・ステープルトン流緑のオレンジの使い方」、「サー・トマス・パーキングズ流家禽のロースト」（ちなみに串でローストする前に、家禽には牡蠣やタマネギを詰めた）。また「B夫人流ビスケット」というレシピもあった。B夫人が誰であれ、そのレシピは実際には一六〇二年のサー・ヒュー・プラット（一二三ページ参照）の「プリンス・ビスケット」のレシピと同じである。

いくつかのレシピは、現代人の味覚にも合うだろう。たとえばスペイン風カスタードのおいしいレシピ。アーモンド粉、オレンジ・フラワー・ウォーター、卵、上白糖、クリーム、シェリー酒で作る。他の料理はもっとしっかり過去のものを踏襲していた。宴会の合間の呼び物だった鶏肉と詰め物をしたヒバリのパイ。さらにイセエビのための恐ろしいレシピもある。まだ生きているのにイセエビの脚を臼で「つぶす」よう指示されているのだ。

料理のレシピに加えて、お定まりの「処方箋」もあり、めまい、足のむくみ、狂気のためにさえ水薬の製法が、それに消化不良のためのいくつかの治療法が記されている。消化不良は当時一般的に見られたことがわかる。「狂犬病」の治療では、患者の血を三〇〇グラム弱抜き、聞いたこともないハーブの干したものを温めたミルクとともに飲ませた後、ぞっとするような日課が始まる。患者は一カ月間毎朝川か泉の冷たい水に漬かるのである。

また焼いたナツメヤシの種で歯を白くすること、「目を丈夫にするには」アニスの果実を噛み、誰かに目をなぐってもらうこと、「布を漂白するには」羊の糞をもちい、それからよどんだ池に布を浸すことも提案している。

その医学的な考えがどんなに奇怪なものであろうと、レディ・ブレンカウは夫に栄養のある食事をさせ、よくめんどうを見たにちがいない。夫は八十四歳まで十分に長生きした。すべてエンドウ・スープのおかげに決まってる。このスープは農民を飢餓から救い、サー・ジョンソン・ブレンカウを長生きさせ、サミュエルとエリザベスのピープス夫妻を喜ばせた。この料理は階級間の垣根をものともせず、その時代の多くの料理書の目玉となったのである。

34

牛フィレ肉のロースト

著者…ロバート・メイ

出典…『料理の名人』（*The Accomplisht Cook*）

サーロインの内側にあり、牛肉の中でももっとも柔らかいフィレ肉を、できるだけ大きく切る。あまり太くない焼き串を刺し込むが、最上質の肉を突き通さないように注意する。無塩バターを塗ってゆっくりローストし、ローストする間に肉汁を受ける皿を置く。それから十分なパセリと細かく刻んだ若干の香草、卵黄３つ４つでソースを作る。オレンジ1個の皮と小さなタマネギとともにコショウを刻んで入れることもある。これらを一緒に煮て、バター少々、酢、肉汁、さじ1杯の濃いブロスを加え、牛肉にかける。

別の方法

牛フィレ肉に、ローズ・ヴィネガー、クラレット、ニワトコ酢、細かく砕いたクローヴ、ナツメグ、コショウ、シナモン、ショウガ、コリアンダー・シード（乾燥したコリアンダーの果実）、フェンネル・シード（フェンネルの種子）、塩を振りかけ、フィレ肉に味をつけてから焼く。バターをかけ、肉汁をとっておき、脂肪をふき取る。オレンジかレモンの果汁とニワトコ酢少々とともに供する。

さらに別の方法

塩や薬味を振りかけて一晩おき、パセリ、タイム、スイート・マジョラム、ビーツ、ホウレンソウ、キダチハッカをすべて摘んで、細かく刻み、コショウを混ぜた固ゆで卵の黄身とともに牛フィレ肉に詰め、ローストする。肉汁をとっておき、ハーブ、小さいタマネギ1個、クラレット・ワイン、オレンジ1、2個の果汁とともに煮込む。牛肉が熱いうちにこのソースをかけ、オレンジかレモンのスライス、あるいはメギを載せて供する。

ハナ・ウーリー（一四五ページ参照）は謙虚な文体と安心させるようなやさしい口調で、イングランドの婦人にいっそう上手に料理を作るよう穏やかに励したが、ロバート・メイのやり方はやや異なる。ずっと貴族に仕えてきたこの料理人は、七十二歳のとき自分の知識を世間に公開しなければなるまいと考えた。人々はまさしくそれを必要としていた。それはメイの義務だった。「これらの経験をこの白くなった頭とともに墓場に葬ることは、神と私の良心が許さない」と記している。そこでメイは、思いつく限りありとあらゆるタイプのレシピをぎっしり詰め込んだ一冊を書き始めた。

オムレツのレシピなら二十一種類も出てくる。肉の切り分け方はどうかって？（訳注：ウィンキン・ド・ウォードの『切り分けの書』によれば、対象によって「切り分け用語」が決まっていた。）何の切り分け方か注意すること。メイはおもしろみのない一般論は供さない。「鹿ならbreak（解体する）、雌鶏はspoil（バラす）、サンカノゴイはunjoint（関節をはずす）、サギならdismember（脚をもぎ取る）、キジにはlay（一撃を加える）…」という具合に延々と続く。おわかりだろうか。しかしたとえば牛フィレ肉のローストのような典型的なレシピ、あからさまにイギリス的、伝統的で、王政復古にふさわしいレシピなら、信頼できる。

メイはその知識を国民に公開することを決意したとき、料理術がまだ敬われ、言わば神秘のもやに包まれていることを承知していた。ラ・ヴァレンヌが一六五一年に偉大なフランス料理の本（一四〇ページ参照）を出版したときに恐れたように、メイはその料理書が批判を招くことを恐れた。「この技術の奥義をおおやけにすれば」、彼らは「私を呪うだろう」、と序文に記している。しかしそれでもなお秘密のベールを取り払うことに熱意を見せ、「いかなる言語で出版された料理書よりもわかりやすく完璧に、料理全体が明らかにされている」と請け合う。

それは大した約束で、以後ずっとレシピ書につきものである。今日の呪文は、「わかりやすく」と「完璧」なので、まさにロバート・メイの例が示すように、それには何も新しいところはない。しかしそれどころか、ロバート・メイが本当に最初の料理の名人だったと確固として主張する声がある。せめて自称ならよかったのだが。

これ以前に出版された本あるいは稿本すべての場

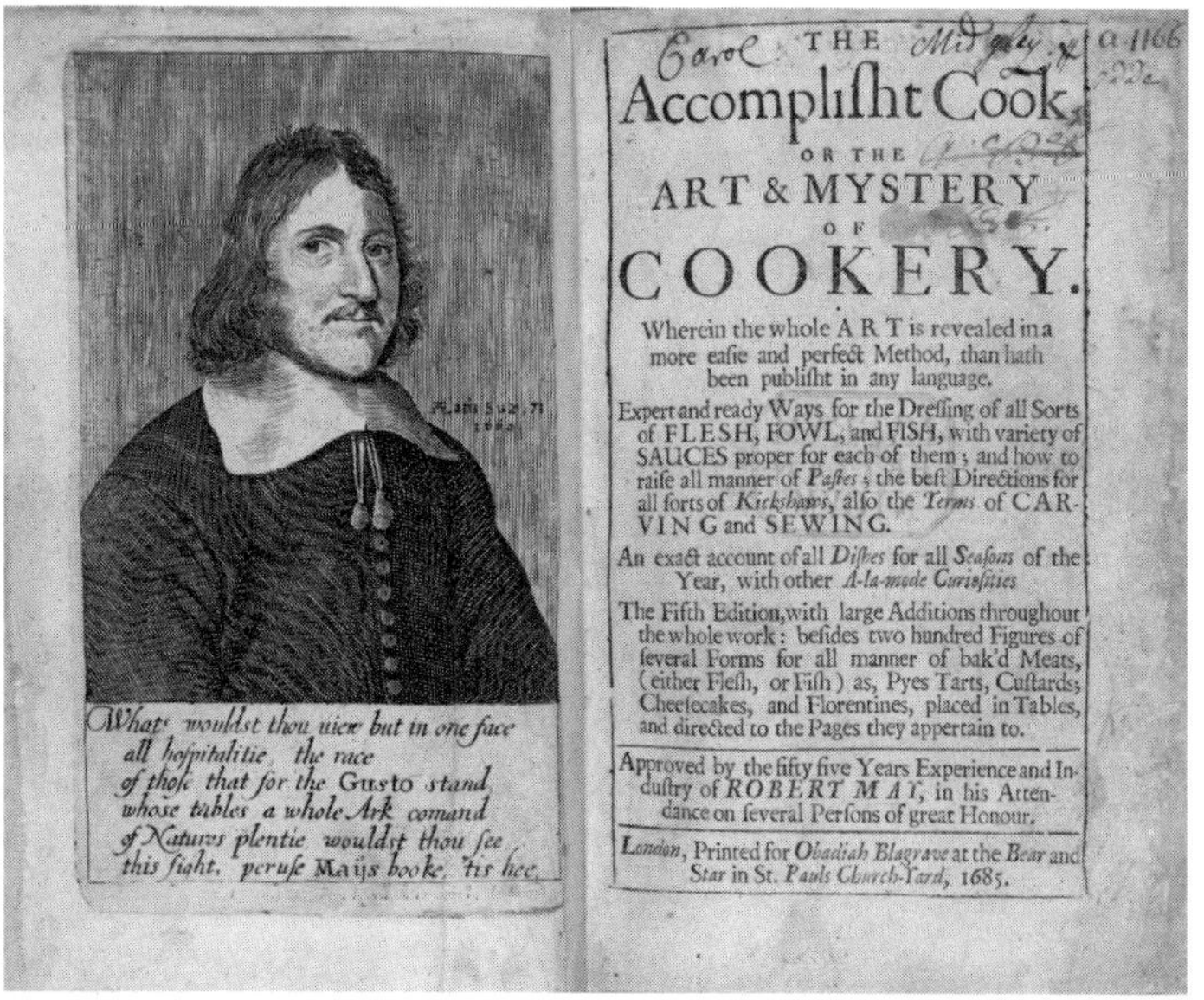

ロバート・メイの『料理の名人』には、考えられる限りのありとあらゆる料理が記されていた。同書はたちまち成功を収め、数版を重ねた。

合、それぞれの著者の考えを理解するためには、当時の記述をくまなく探し、レシピやほかの文章の行間を読まなければならない。それらの著者とは対照的にロバート・メイは自身の経歴を記している。熟練した料理長の息子で、料理について学ぶために若くしてフランスに行かされたいきさつを述べている。それからロンドンに戻り、一連の裕福で有力な縁故のある貴族のために働き始めた。若い時代の生活と着想の源について考えるとともに、説得力のある意見を持っていることも明らかにする。そのすべてによってメイは理想的な料理の名人となったのである。

そして自分の意見を示すことは、フランス人をなじることにくらべればずっとましだった。おそらくフランスで五年間過ごして自己形成したという事実に神経過敏になっていたのだ。フランスで修業しフランス語を学んだにせよ、料理人としてその料理と技術を身に着けるにあたって、代々腕の良い料理人の家の出でイングランド人だったという事実以外に、何か他のきっかけがあったとは思われたくないのである。

フランス人の手に乗るな、とメイは忠告する。フランス人は無知で、「わが国の洒落者を…お決まりの料理よりも、『ソースのためのキノコのように広がる経験』などというエピグラムのような料理で眩惑しているが、いかに当世風に呼ばれようと、たいてい注目には値しない」。

一方イタリア人とスペイン人にはもっと寛容で、その料理の熟練の技は是認している。そして自分の著書が決して最初の大きなイングランドの料理書ではないと認める一方で、大半の料理書がかなり役立たずで、その方法は「混乱して」おり、それを参照しても「実りがない」と考えている。すべてというのはつまり、一目置いているハナ・ウーリーの料理書を除いて。

メイはまた、正餐会の主催者にとって実際に役立つ手頃なレシピとアイデアを提案したいと願っていることを、強調すべく苦心している。もっともその本の最初の部分では、むしろ船の食べられる模型や、生きた小鳥や蛙を詰めたパイなど、途方もないものを作ることに焦点が当てられているが。船には最後にペストリーの小さな旗が立てられ、その旗には負傷者の傷口から流れ出た血のようにクラレットが滴っている。パイのクライマックスは「最初に蓋を開けると蛙が飛び出し、レディが飛び上がったり、悲鳴を上げたりする」瞬間である。しかしその一方ではトーストのための実際的なレシピも記している。熱いバター付きトースト、シナモン風味トースト、フレンチ・トーストで、フレンチ・トーストはワインに浸し、砂糖とオレンジ・シロップをかけて供する。

メイの料理書は即座に成功し、その後数版を重ねた。国中の料理人がその料理や食物の貯蔵、保存のためのさまざまな考えを試みた。とはいえ「ロブスターを一年間おいしく保存する」方法については、まだ結論は出ていない。それはロブスターをゆでた後、塩水に浸したぼろに包み、「浜辺の砂にかなり深く穴を掘って埋める」というもの。第五版の際にはスポンサーがついて、本を印刷するとともに広告も載せた。オバディア・ブラグレイヴは、どうやら目を癒やせるらしい水を売っていた。「博識な主教がこの水をもちいると、九十歳にして眼鏡なしで字を読むことができた」という。

外国で修業したロバート・メイは、きびしく、職業意識に徹し、頑固で、高圧的で、まさしく現代のシェフそのものだ。スピットジャックと呼ばれる複雑な肉あぶり器でローストしたフィレ肉は、滴る肉汁も紙あるいは盆で受けて無駄にせず、風味を添えるようセビリャ・オレンジの皮も加えたおいしい一品である。

35

魚の実験XIII

著者…ドニ・パパン

出典…『新蒸解装置、あるいは骨を柔らかくする機械』
(*A New Digester or Engine for Softening Bones*)

6月15日サバを緑色のスグリの実とともにガラスの容器に入れ、その容器をその機械に入れた。そして4オンス2ドラムの石炭を燃やすと10秒で水滴は乾き、内部の圧力は通常の気圧の7倍になった。火が徐々に消え、燃えがらがおよそ2ドラム残る。魚は火が通っていて身崩れはしていないが、骨が非常に柔らかく、食べてもそれとわからないくらいだった。煮る前には9オンスだったものが、煮た後では7オンスを超えることはなかった。そしてもし魚を普通の方法で煮れば無くなってしまうおいしい汁が2オンスも残った。その上味はずっと良く、炭酸アンモニウムは無くならずに水に溶けている。スグリの実は大変おいしく、何も燃えはしなかった。

ドニ・パパンはアイデアが沸き立っている、あるいはむしろ蒸気となって噴出しているような人物だった。潜水艦、空気銃から擲弾《てきだん》発射筒にいたるまで、あらゆる種類の機械について考えていた。しかしその功績はsteam digesterという蒸気圧による調理器(蒸解装置)の発明で、それは現在圧力鍋と呼ばれているものの原型である。けれども悲しむべきことに、王立協会の仲間の反応はよそよそしかった。

パパンはフランスに生まれて教育を受け、ロンドンに移ってアイルランド人の化学者で物理学者のロバート・ボイルとともに働いた。真空や蒸気に関するものも含め、たくさんの共同研究を行う。ボイル自身はその名を冠したボイルの法則を考え出し、「Occasional Reflections upon Several Subjects（いくつかの問題に関する折々の省察）」を含む重要な論文を広範囲にわたって書いた。パパンが革新的な調理装置を創り出したのは、共同研究の空き時間である。鋳鉄製の容器を作り、密閉できるように回して開閉する蓋を付けた。それから燃える石炭の上に置き、実験を始めた。隣人がどう思ったかは想像できるのみ。研究を終えてロバート・ボイルが帰宅したか、友人と外出して、蘇生や天の磁石について議論し、あるいは蛇を真空の中に入れたときに何が起こるかについて説明している間に、ボイルのお気に入りは、仕事を始める。

実験室にはいつもの水薬や粉末薬に加えて、牛の脚と腰、羊の脚、ウサギ、さらに大量の野菜が届けられた。そして夜が更けると、実験室からは料理の匂いが漂ってきたが、煮物から焼き物まですべて食欲をそそりはしない。パパンの装置の原理は単純だった。水は圧力を高めて熱すると沸点が高くなり、いっそう迅速に調理できるようになる。こうなれば料理は効率が上がり、したがってもっと安くもっとおいしくなる、とパパンは考えた。

「料理は太古の昔からある技術で、きわめて広くきわめてしばしばもちいられ、人々は熱心に改良しようとしてきたが、もし完璧なものにするために何かを加えるとすれば、これこそがその何かであります」とパパンは論じている。自分の装置によって、料理が正真正銘進歩改善すると信じていた。そして途中多くの障害に出会いながらも、最後には自分のなし得たことについて「この発見は大いなる福音…その有用性ゆえに後世にも推奨できます」と書くに至った。

苦戦していたのは、実験だけではない。試作品に改良を加え、家庭用に販売するためには資金が必要だった。「もっとも堅い乳牛の肉が、若い牛の特選肉のように柔らかく風味もよくなるでしょう」と書き、貧しい者の食事にどんなに役に立つだろうと論じている。

毎晩毎晩毎月毎月、パパンは実験室で際限なくその「装置」の実験をおこなった。石炭による加熱の温度を上げ下げし、調理時間と容器に加える水の量を調整した。たとえばもし水が少なすぎれば数秒でなくなってしまい、肉は焦げてしまう。牛肉、羊肉、それから骨とウサギを放り込んだ。老いた動物の肉、若い動物の肉、さらにハト、そしてカワカマス、サバ（本章の最初に掲げたように）、ウナギ、加えて豆、サクランボ、スグリ、プラム、マルメロ、砂糖、チョコレートさえも試した。

それからローズマリーやシナモンからアニスの実までのハーブを試し、その後食べられそうにない物質——ピューター、象牙、角、鼈甲《べっこう》、琥珀など——に何が起こるか観察したが、反応はほとんどなかった。「実験についての詳し

圧力鍋はドゥニ・パパン（1647–1712頃）によって発明されたが、1970年代になってやっと普及した。

い話はいくらでもできます。でも実用化の目処《めど》は立っていません」と述べている。しかしパパンはそれぞれの実験をノートに忠実に記録し、時折実験結果を友人に試食してもらった。もちろん自分でも食べてみた。サバとスグリの実験は大変満足できるものだったようだが、牛骨を煮てゼリーを作る試みでは、その結果を口に入れたときに、発明家は歪んだ笑いを浮かべる。「私はそれを砂糖とレモン果汁で食べました。雄鹿の角のゼリー同様おいしく胃にもよい、と言ってもいいでしょう」。

パパンは実験を終えると、その結果を本にまとめ、王立協会の尊敬している仲間に向けて出版した。『新蒸解装置、あるいは骨を柔らかくする機械』には、巧みで詳細な図が掲載されていた。同書でパパンは安全な使用法に焦点を当て、「料理、航海、菓子飲み物の製造、化学および染色」のための多くの可能性を列挙する。ゼリーの製造に使えば、航海での食糧は大いに改善でき、「壊血病を引き起こす」塩漬け肉を延々と食べる必要もなくなるだろう。

この装置の費用と運転による利益についての思案には、多くの時間が費やされた。「優良な大きな装置にかかる費用は、その収益で賄われるでしょう」と詳述している。その本は心からの熱意に満ちた資金嘆願の書だった。パパンは実験に役立つ特別製の炉を開発するための資金を必要としていた。目下その珍奇なしかけを熱するのは、部屋の隅にある大きな暖炉の石炭の上に限られていたので、効率的な機械を作ろうと苦闘していたのである。

パパンはかき集められる限りの論拠をもちいた。その中には「おならが出る欠点を取り除き…頭が痛くなることもない」醸造酒や蒸留酒製造の可能性もあった。だからこの装置は貧しい人々に食事を与え、料理の効率と費用を改善し、おならや二日酔いを止めることができるのだ。それに出資するのは、断じて愚かなことではあるまい。

しかし王立協会での催しで実演して見せてさえ——そのときジョン・イーヴリン（日記作家でサラダの専門家、一六九ページ参照）は、この装置は「羊肉を仔羊肉のような味にする」ことができると宣言した——十分な関心を引くことはできなかった。最初の宣伝の数年後、パパンは意気消沈する。「蒸解装置は正しい原理に基づく有用な発明で、それは経験によって確認されている。しかしながら数年前にこの発明を公表したが、ほとんどの人がそれを利用しようとはしなかった」とますます絶望的になりながら書いている。

そして気の毒にその実験もそこで終わりになった。ドニ・パパンは世間から忘れ去られ、金を使い果たし、晩年は困窮し、死の記録さえない。自分の設計の特許を取らなかったので、それをまねし、さらに開発して、パパンの予言通り結果として金持ちになったのは、他の人々だった。

一九七〇年代には圧力鍋の人気が高まったが、電子レンジの人気はそれを上回った。しかし今日圧力鍋は、もう一度人気を奪還しそうな勢いである。時間と金を節約できる道具としての長所が、時代のスローガンに一致しているのだ。最近出版された『圧力鍋のための八十のレシピ』の著者リチャード・エーリッヒは、圧力鍋の熱烈なファンで、これで調理されたものが同じ味ということはないし、爆発したり、火傷したりすることもないと述べている。たぶんしばしば中傷される圧力鍋を蘇らせ、食物史上の忘れられた天才を思い出すべき時が来たのだ。

36

スペイン風トマトソース

著者…アントニオ・ラティーニ
出典…『当世の執事』(*Lo scalco alla moderna*)

半ダースの熟したトマトを火にかけて炙り、注意深く皮を剥いて、みじん切りにする。風味をつけるためにタマネギのみじん切り、トウガラシのみじん切り、少量の(野生の)タイムを加える。すべてを混ぜ合わせて塩少々、油、酢を加えれば、ゆでた肉やその他のものにかける大変おいしいソースができる。

旧世界はトマトに目をつけるのがかなり遅かった。たとえばカトリーヌ・ド・メディシス(一〇九ページ参照)は一五三〇年代にイタリアの食材と技術をパリに持ち込んだが、トマトは持ってこなかった。だからフランスの美食発展の初期にはこの決定的な食材はなかったにちがいない。つまり十七世紀半ばまでプロヴァンスやイタリアの料理にはトマトがもちいられなかったのである。

他方スペイン人は南米を征服したときに(一〇三ページ参照)トマトを見つけてはいるが、ほとんど気にも留めなかった。アステカ人はトマトを栽培していた――確かに食べていた――がスペイン人はその気にならなかった。何しろアステカ人は人肉も食べていたので、彼らが口に入れる他のもののいくつかについて、スペイン人が慎重だっただろうことは、想像に難くない。

しかしながらともかくもトマトは、南米の海岸を離れ、ヨーロッパへとやってきた。略奪されたチョコレートからトウガラシまでの他の食材すべての船荷と一緒だったことはまちがいない。それとともにtomatoという言葉も入ってきたが、実のところ呼び違いに基づいていた。tomatl（トマトゥル）という言葉はアステカ語で「ふくらんだ果実」を意味し、トマトは実際にはxitomatl（シトマトゥル）と呼ばれていた。しかし何と呼ばれようと、トマトは広まらなかった。イタリアの本草家ピエトロ・アンドレア・マッティオリは、一五四四年に「金色のリンゴ」を見たと語っている。初めは緑色で熟すと「金色」になると記し、マンドレイクと同じ仲間に属すると分類している。マンドレイクの仲間にはベラドンナもあり、一部は有毒で実際に死をもたらす。だからトマトが黄色で、有毒な植物と関連性があり、上に先の尖った奇妙な葉のようなものがついていれば、人々が疑いを持ったとしてもおかしくはない。

マッティオリは黄色いトマトについて述べているようだが、十年後スイスの博物学者コンラート・ゲスナーは赤いトマトを水彩で描き、Poma amoris――「愛のリンゴ」――というラテン語の名前をつけている。ゲスナーはトマトには媚薬のような性質があると感じ、その考えは明らかにイタリア人にも気に入られた。とはいえ呼び方は、今なおそう呼んでいるように、マッティオリがつけたpomodoro（ポモドーロ）つまり「金のリンゴ」が堅持されていた。それに対してイングランド、ギリシア、デンマーク、フランス、そしてスペイン――実際ヨーロッパの大半の国――は、代わりにアステカ由来の言葉に忠実である。

一五九〇年代にトマトと出会ったイングランドの本草家ジョン・ジェラードは、トマトが「下品な悪臭を放つ」と書いている。ジェラードはトマトが有毒だと考えたが、国王ジェイムズ一世の薬剤師ジョン・パーキンソンは、トマトが物珍しいという理由だけで、ブリテンの園芸家に育てられていると述べ、さらに暑い国の人々が、「熱い胃のほてりを冷ます」ために食べているとも記している。

そして十六世紀後半のある時点で、スペインあるいはイタリアの勇気ある人が一口かじり、たぶん料理しようとしたのだ。十七世紀半ばにはトマトはイタリアの厨房に確かに入り込んでいた。というのもバルトロメ・ムリーリョが、一六四六年の作品『天使の厨房』の中にひとつ描いているからである。この絵では、フランシスコ派の托鉢修道士が恍惚として祈りをささげている一方で、天使が食事の皿を並べ、ふたりの丸々太った天使童子が床に座り込んで、果物籠の中を探している。傍らの床の上にはふたつのナス、カボチャ、大きな丸いみずみずしいトマトがある。それは最近になってアメリカで栽培されているビーフステーキ種のように見える。天使がどう思っていたかはわからないが、一六九二年に至って、ようやく初めてのトマトのレシピとして知られているものが現れた。

アントニオ・ラティーニは、給仕係から、料理人、給仕長、執事に転身した。一六九二年に最初の著書『当世の執事』を出版したときには、すっかり大物になっていた。確かにそのように見える。著書の肖像画によれば、当人は誇り高く、貴族的でさえあり、大きな巻き毛のかつらをつけていた。書名が大胆に示すように、ラティーニが「当世の執事」で相当な影響力を持っていたことは疑いない。

トマトはスペイン風ソースの素材として、また肉料理に添えられて、アントニオ・ラティーニの著書『当世の執事』に登場した。

同時代のイギリス人ガーヴェイス・マーカムやロバート・メイ（一四七ページおよび一五五ページ参照）の場合とは異なり、その本——副題は『宴会を成功させる法』――にはラティーニが請け負った宴会が記録されている。ローマの枢機卿のために働き、それからナポリのスペイン人総督の料理長を務めた。豪勢なメニューとともに、保存方法や肉の切り分け方、そして必要な調理器具についても詳しく記されている。

トマトソースのレシピはたぶんスペイン人の主人の影響を受けており、このソースは他の料理に添えることになっていたようだ。けれどもラティーニはパスタにはかけなかった。ピザのベースにも使わない――それについてはもう少し待たなければならなかった。しかしながら肉に加える。「トマト・シチューというもう一品」では、ハト、仔牛の胸肉、詰め物をした鶏肉を、ハーブとスパイスを入れたスープ・ストックで煮る。それからトマトを焼いて肉に加えるが、そのとき「トマトは煮崩れしやすいので、煮過ぎないように注意すること」という注釈を付けている。

トマトがパリの厨房で常用されるようになるにはもう百年かかる。一方一七九七年の『ブリタニカ大百科事典』には、トマトがイギリスで日常的に使われると記されているが、それは疑わしいとする向きが多い。後の一八三一年にイギリスの園芸家ヘンリー・フィリップスは、生えているトマトを「悪臭がする」として放逐した。しかしアメリカ人はケチャップを作るためにトマトを使っており、その時からトマトの荷馬車が走り始めた。今では、丸かろうと、うねがあろうと、大きかろうと、小さかろうと、赤だろうと、黄色だろうと、トマトなしの厨房は考えられない。

37

サラダ・ドレッシング

著者…ジョン・イーヴリン

出典…『サラダ談義』(*Acetaria: A Discourse of Salatts*)

材料のハーブのきれいなものをよく選んで摘み、虫に食われた葉やきたない葉、よごれのついた葉やともかく損なわれている葉を除く。泉の水で洗った後、しばらく水切りに入れて、余分な水気を切る。そして最後にすべて一緒に清潔な目の粗いナプキンに包んでやさしく振る。ハーブを切るには(念入りな御仁によれば)、鋼製ではなく銀製の上等のナイフを使うこと。

油はよく澄んだものを使い、あまりこってりしたものや、あまり黄色いものはよくない。青味がかったオリーヴ・グリーンで、なめらかで軽く舌の上でとろけるようなもの(もし可能ならルッカ産のオリーヴから作られたもの)がよい。オリーヴ・オイルがいやなら、代わりにバターでもよいが、はなはだしく胃にもたれる。酢にはノウゼンハレンのような花を浸すことが望ましい。塩は最上のものでなくてはならない。清潔で光り輝き、乾いているもの。そして砂糖を少し、あるいはハチミツをいくらか。カラシはテュークスベリー産をヨークシア産と混ぜたものがよい。コショウは粉末にしてはいけない。粗く挽く。卵は卵黄が適度に固まるまでゆでる。

卵にオリーヴ・オイル、酢、塩、コショウ、カラシを混ぜてつぶす。

サラダを磁器の器（サラダの量に応じて、深すぎず、浅すぎず）に入れ、ドレッシングが中身すべてに等しく行き渡るようにフォークとスプーンでかき混ぜる。

ジョン・イーヴリンの編集されていないサラダ・ドレッシングのレシピは千四百ワードに上る。とは言え王立協会の創立メンバーが書いたサラダについての論文なら、そのくらいのことは予想できるかもしれない。イーヴリンはそのようなものをまじめに扱った。

多くの料理人や料理長がサラダを作り、そのレシピを書いていたが、有名な日記作家にして学者だったイーヴリンは、サラダとハーブ専門の本が必要だと考えたので、改めてサラダについて検討したのである（書名のAcetariaはラテン語で「サラダ」を意味する）。サラダに入れる葉物や食用のハーブには医学的な働きがあるとして、その健康上の利益についてじっくり考察した。またサラダ用に七十三種類の異なるハーブを分類し、調理に向くものと薬味に向くものについても助言している。緑の葉物は健康によいと、イーヴリンは栄養学的に譲れない一線を引いた。もしおいしく味わいたいならそれらにかけるよいドレッシングを作ることだと。

この本はその類では最初のものだったが、イーヴリンの唯一の著作ではない。その幅広い学識に人々は感心したが、彼が二十代の初めに学者を志したとき、イングランドは暮らすには危険な場所だった。イーヴリンは王党員だったので、ピューリタン革命の成り行きを恐れた。そして家族が火薬に関心を向け、火薬を製造して一儲けしている間に、ますますレタスについて思いをめぐらすようになった。

戦時の国家にはそのような考えは通用しない。だから一六四〇年代の初めに円頭派が王党派に対立したときには憂

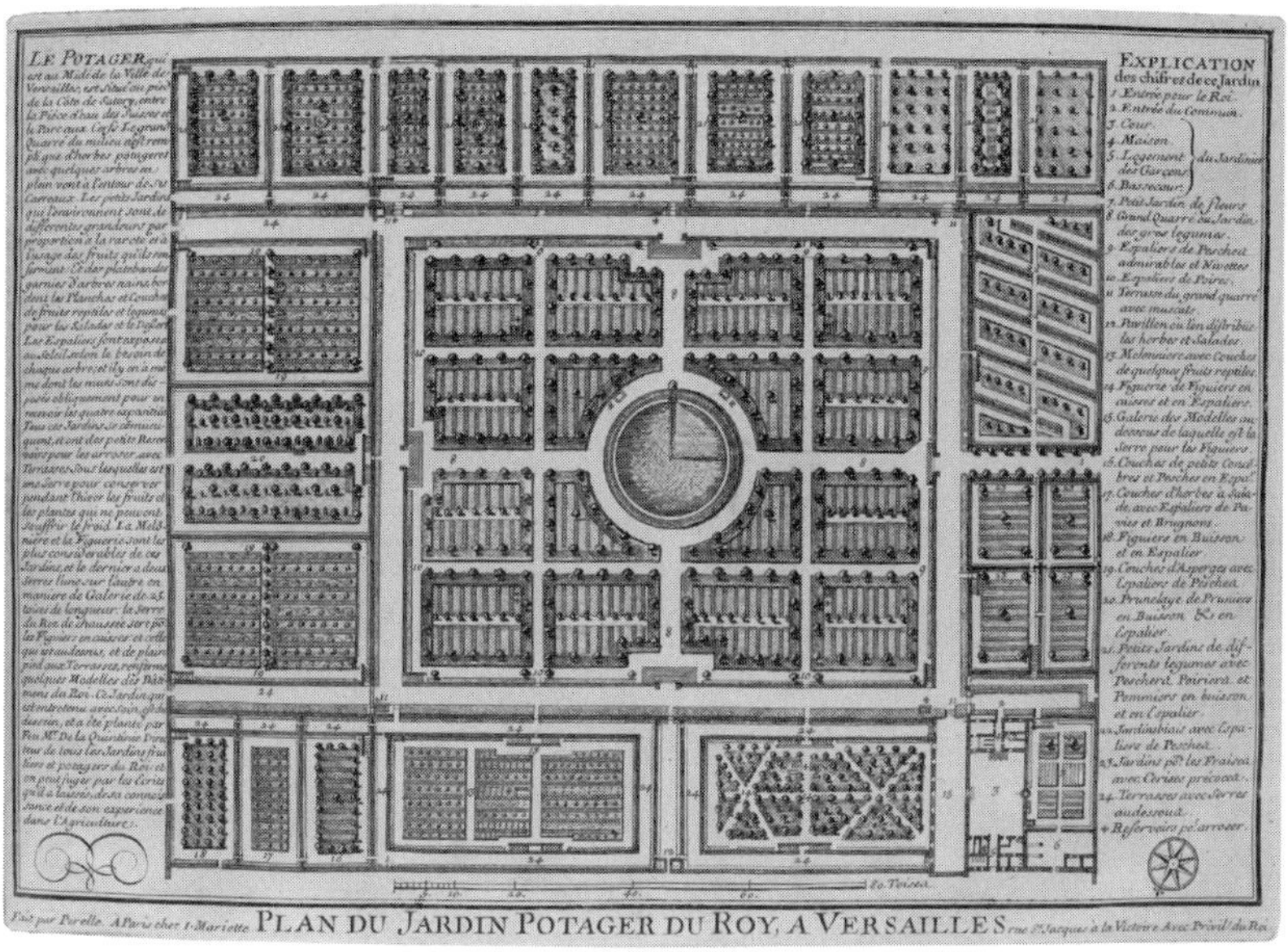

ペルレ家によって設計された 17 世紀の国王の菜園。
塀に囲まれた菜園と果樹園があり、宮廷用の果実と野菜が栽培された。

慮した。それは「イングランドの若者が出会った最大で桁外れの危機だった」と記している。それゆえに国を離れ、イタリアやフランスのもっと平和な地域を回り、パリに留まった。そこで亡命王党派の仲間に入り、イングランド大使のサー・リチャード・ブラウンの娘と結婚する。

　熱心に研究して時を過ごし、一六五二年にイングランドにもどると、生活は少し落ち着いた。その頃にはクロムウェルは護国卿となっていたので、イーヴリンは妻の家族の故郷デットフォードのセイス・コートで息をひそめていた。そこに図書館を作るとともに、自分の考えや関心をまとめて実現したような庭園を設計した。「庭の空気と特質が人間の精神を徳と高潔に導く」と書いている。現在のルイシャム・ロンドン特別区にイーヴリンが造った庭園は当時大いに評価され、大きな影響を与えた。

　チャールズ二世が王位に復すると、イーヴリンはついに思い切って己《おのれ》の考えを主張し、公務に携わるようになる。王政復古をたいそう辛抱強く待ち望んでいたのだが、その成り行きには落胆した。復古後の宮廷では、「むなしく、不道徳で空虚な会話」が交わされるばかりだった、と記している。知人でしばしば手紙のやりとりをしていた日記作家仲間のサミュエル・ピープス（一五一ページ参照）の方がうまくやっていた。

切望していたまじめな論議を宮廷が受け付けないので、イーヴリンは学究的独善的な論文を書き始めた。森を切り開いてガラス工場や溶鉱炉を建設する者を攻撃し、地主にもっと木を植えるように奨励して成果を上げる。同様にロンドンの役人が空気を汚染する煙突を許していると非難し、大気を浄化するために植樹を呼びかけた。二酸化炭素排出量という言葉が実際に作られる何世紀も前に、大気汚染について憂慮したのである。

肉抜きの食事を提唱したが、熱烈な、たぶん最初の、際立って世間の注目をあびたヴェジタリアン（二六五ページ参照）だった。サラダの葉物を賞賛することは、その緑の哲学にぴったり当てはまっていた。環境に良く、体にも良い。しかし国政について議論するのと同様にサラダの葉物について話すので、変人扱いされかねないのはわかっていた。「私が些細なことをかくも壮大に語り始め、最後に一握りの香味野菜のサラダにかけるドレッシングのレシピで締めくくるとは、一体何を考えているのかと思う人もいるだろう」と記している。

しかしそのような問題についてまじめに考えたのは、自分が初めてではないと論じた。時代によって独裁者、皇帝、そして政治家がイーヴリンのように考えた。「国民のためにもっとも高貴な偉業を成し遂げた後、彼らは笏を鋤に、ローマ皇帝の紫の衣を園芸家のエプロンに替えることがあった」と述べている。

そこでイーヴリンはサラダの材料について、世界初のA－Zを作った。キュウリは「食欲を高め、肝臓を冷やす」ことができるし、「海外からもたらされた」スイカは、同様に「並々ならぬ冷却作用がある」と述べている。「南の国の人々」に好まれ、「ほとんどあらゆるものとともによく食べられる」ニンニクは、「伝染病すべてに効く魔除け」である。リーキは「ウェールズ人がよく食べる」。他方メロンは、「完璧を求めるなら、薦めるのに砂糖が必要である」。「利尿作用が強いが、栄養もある」のがパセリ。そしてアスパラガスの料理の秘訣（一六五一年のラ・ヴァレンヌのレシピより詳しいが異なりはしない――一四〇ページ参照）を教える。「その緑色が失せたり、煮崩れたりしないように、すばやくゆでるべきである。それには沸騰した湯にアスパラガスを入れればよい」。

ジョン・イーヴリンは著作家で思想家だったが、その考えは現代の世界ならまんざらでもなかっただろう。当時きわめてまれだったジャガイモの調理にさえ、よいアイデアを思いついていた（一一五ページ参照）。「サクランボ大の小さな緑の果実」について述べているので、それは実を結び始めていたにちがいない。根を使うように提唱する。「燃えさしの下で、あるいは他の方法で焼いて、ナイフで切り開き、皮ごとじゅうぶんな中身にバターを載せ、塩コショウする…皮はパリパリしている」。これはまさにバターをたっぷり添えたベイクド・ポテトである。ジョン・イーヴリンは時代の先を行っていた。

38

アイスクリーム

著者…メアリ・イールズ
出典…『メアリ・イールズ夫人のレシピ集』(*Mrs Mary Eales's Receipts*)

錫製の容器に、クリームを満たします。混ぜ物なしでも、甘くしたのでも、果実を入れたのでも、お好みで。容器を密閉します。容器6個に18~20ポンドの氷が要ります。氷を細かく砕きますが、底と上に置くように大きなかけらも残します。桶の底に麦藁を敷き、それから氷を入れます。氷に1ポンドの天日塩を混ぜ、クリームの容器をその中に入れます。容器どうしが触れ合わないように、容器の間にはすべて氷と塩を詰めます。どの容器も氷と塩でぐるりと囲まれるようにします。その上にかなりの量の氷を載せ、桶を麦藁で覆い、日光も灯火もまったく入らない地下室に置きます。4時間で凍るでしょう。けれども長くはもたないので、使うときに取り出します。手に載せれば溶けてしまうでしょう。サクランボやラズベリー、スグリ、イチゴなどの果実を凍らせたいときは、錫の容器に果実を入れますが、できるだけ間隔を開けます。泉の水と甘味をつけたレモン果汁で作ったレモネードを加えたり、果実をたくさん入れてくっつけて塊にしたりすることもできます。アイスクリームを作るときのように、氷の桶に入れます。

率直に言って、アイスクリームの最初のレシピを明らかにするのは、容易ではなかった。幸い歴史家は、昔アイス・デザートを貪ったとおぼしき人物を列挙できるだろう。たとえば四世紀日本の仁徳天皇の時代に、額田大中彦皇子《ぬかたのおおなかつひこのみこ》は都の外に出かけたときに氷室《ひむろ》を見つけた。「ここにあるこれは何か？」と従者に尋ねる。従者が土地の者を呼び出すと、その者は跪《ひざまず》き、へりくだって申し上げた。「これはこれは高貴で尊いお方様、それは氷室でございます。藁ぶき屋根の下には干した葦の茎で作った床がありまして、その上に氷を載せるのでございます」と述べたが、皇子の知らないことを不遜にも知っていることで、命を落とすのではないかと怯えていた。「ですから」と、卑しげな氷室の持ち主は続けた。「夏にお出でなさいまし。葦の茎の床と藁ぶき屋根のおかげで、氷を蓄えておけるのです。私どもは酒を冷やしたり、氷水を作ったりするのに、それを使うのです」。皇子は土地の者と存分に鞭打ってから、その氷を御所に奉った。

そしてアレクサンドロス大王が女性を誘惑するために差し出した氷は、どのようなものだっただろう？　ハチミツや果汁で味付けされていたのだろうか？　またネロは奴隷に山の万年雪を取って来させたが、それを果物や果汁で味付けできたのだろうか？「ライオンの前に投げ出されたキリスト教徒を見るのに、スラッシュ・パピー（訳注：米英カナダのフローズン・ドリンク）があればなお結構」とかつてネロは言ったとか……

もちろん初期の氷に関するほら話の真相は怪しい（それぞれ改作されているだろう）。もっと確かなのは、カトリーヌ・ド・メディシス（一〇九ページ参照）がアイスクリームを楽しんでいたという多くの証言である。カトリーヌ専用のアイスクリーム製造人の名前さえ大げさに宣伝されている。たぶんルッジェリという名前の料理人である。

建築家で舞台設計家のベルナルド・ブオンタレンティは、十六世紀半ばの宴会や祝宴の名高い演出家だった。宴会の企画に卓越していたので、奇抜な花火や氷の彫刻を出しものにしたがる派手好きな大金持ちにひいきにされていた。またザバリョーネと果物をもちいておいしい氷菓を作ることもあったかもしれない。当時盛夏に、凍ったプディングを供すれば、口の中がすっきりしてさぞかし喜ばれただろう。

氷室を建てたのは、確かに建築家の帽子をかぶったブオンタレンティだったようだ。もっとも氷室が氷の保存以外にも使われたかどうかは、わからないが。実際氷室ははるか昔にさかのぼる。アテナイオスは、そのはなはだしく長くてチーズケーキにこだわる『食卓の賢人たち』（三一ページ参照）で「夏にキモラス島の地下には氷室が作られ、ぬるい水の入った壺を入れておいて取り出すと、水は雪のように冷たくなっている」と回想している。

しかしイタリアの化学者が、雪の入ったバケツに硝石を加えれば、その中に沈めた容器の水が凍ることに気づいたのは、十六世紀になってからだった。そのような実験の結果は、一五五八年に出版されたジャンバッティスタ・デッラ・ポルタの『自然の魔術』（*Natural Magick*）に記載されている。この錬金術のりっぱな本には、鉛を錫《すず》に変える、雌鶏がいなくても卵を孵す、庭のエンドウを保存する、イチジクの木からよいイチジクを収穫する（代赭石《たいしゃせき》、油、人糞を混ぜて、それで根を包む）などの方法とともに、ワイン入りの元祖スラッシュ・パピーのレシピも記されている。

ポルタは「ワインがグラスの中でどのように凍るか」について述べている。ワインは宴会では重要な決め手だったので、「とりわけ夏に、氷のように冷たいワインを飲める」ほど嬉しいことはなかっただろう。ワインと水少々をグラスに入れ、そのグラスを硝石を混ぜた大量の雪の中に差し込む。するとグラスの中の液体が凍る。ポルタは凍った飲み物に不慣れな者に助言する。「飲むことはできないが、すすったり、香りを楽しんだりすることはできる」。それはまったく目新しいものだったので、人気を博したにちがいない。というのもアントニオ・ラティーニ（一六五ページ参照）が、一六九二年に「ゴブレット二十杯分のレモン・ソルベ」のレシピを考えているからだ。

しかしこれらはすべて少々お門違いである。おいしく供された凍らせたワインと凍らせたプディングであって、正確にはアイスクリームではない。むろんアイスクリームの歴史は、まともなレシピができて、卵入りカスタードを撹拌することで氷の結晶もなく舌の上ですぐにやさしく溶けるものにした瞬間から、始めなければならない。

そのようなアイスクリームができるのは、一七一八年のイールズ夫人のレシピである。もっとも夫人は料理人についてある程度の想定をしていた。「錫製の容器に、混ぜ物なしでも、甘くしたのでも、好みでクリームを満たす」という指示は、人々がアイスクリームのベースの作り方をすでに知っていることを前提としている。

しかしイールズ夫人自身は、自分の仕事についてはよくわかっており、その過程で塩をどのように使うかももちろん知っていたと推測できる。メアリ・イールズは専門の職人だった。アン女王の菓子職人で、その小さなレシピ集には「チョコレート・アイスクリーム」も含め、たくさんの甘い楽しみが詰まっている。チョコレート・アイスクリームを作るには、四分の一ポンドのチョコレートを四分の一パイントの水に溶かし、一パイントのクリームと卵二個をよく泡立てて加える。よく混ぜ合わせてから冷やすが、供する直前に「もう一度かき混ぜる」こと。

先行するアイスクリームのレシピは一六六〇年代のレディ・アン・ファンショウの手書きの家政書に見られるが、塩については触れていないので、初のアイスクリーム・レシピに捧げられるトロフィーを手にするのはメアリ・イールズである。そしてイールズはチョコレート・ムースのおいしいレシピも作っているので、食物史には確かな位置を占めている。

39

ペストリーの生地

出典…『ペストリーと料理のレシピ集』(*The Receipts of Pastry and Cookery*)

著者…エドワード・キダー

1ポンドの小麦粉を用意し、2オンスのバターと卵2個を入れて、冷たい水で練る。そしてバターをもう2オンス入れて、生地の固さにし、四角く伸ばしてその上一面にバターを少しずつ置き、小麦粉を振りかける。両端が真ん中で接するように折りたたみ、また前述のように伸ばす。1ポンドのバターがなくなるまで、繰り返す。

十八世紀の初頭、ハノーヴァー家がイギリスの王位を継ぐ。印刷術が進歩して、日刊新聞やあらゆる種類の本が刊行され、ロンドン中にコーヒー・ハウスが広まる。金持ちは住まいを贅沢に飾り立て、ランスロット・ケイパビリティ・ブラウンに、庭の設計を頼んだが、他方貧乏人は相変わらずみすぼらしい家に住んでいた(訳注:ケイパビリティというあだ名の由来は、どんな庭でも「さらにすばらしい庭にできる capability(ケイパビリティ:可能性)があります」という口癖から)。そしてエドワード・キダーと呼ばれるペストリー職人がロンドンのチープサイドのクイーン・ストリートに店を開く。

新しいスタイルに倣い、店の窓を工夫して焼きたてのペストリーやパイを並べたが、これらのペストリーやパイには、仔羊の肉、鹿肉、鶏肉などが入っていた。飾り立てたパスティ（訳注：肉、ジャガイモ、タマネギなどを包み、型に入れずに焼いたパイ）や甘いタルトレットから、厚い皮が黄金色に輝くたっぷり具の詰まったパイまで、考えられる限りありとあらゆる種類のパイがあった。

家庭の召使や料理人は、キダー氏からパイを買う。独身男性は、誰かがひょっこり現れても食事に困らないように、戸棚にしまっておけた。そしてそれはすでに長年の習慣になっていた。他の人々はもてなしに使えたし、長旅で宿から宿へと馬車を走らせる間に食べるように持っていくこともできた。

キダー氏のパイはすばらしくおいしい。そしてペストリーも。それで幾たびもパイ作りの技術の説明を、さらに実演さえ頼まれたので、定期的に教えることにした。生徒は裕福なレディで、一週間を通して毎日パイの作り方を教えた。ウサギ、鶏肉、山羊、ハト、白鳥、七面鳥、アーティチョーク、などなどのパイを作る方法である。魚のパイに挽肉のパイ、そしてたくさんの甘いパイもあった。それから簡単なローストやスープからフリカッセ（訳注：ニワトリ、仔牛、ウサギなどの肉を刻んでホワイトソース［その肉汁］で煮込んだ料理）やおいしいプディングまで、レシピがもっと広範囲にわたるようになるとともに、野菜や肉の保存法やゼリーの作り方も教えた。

商売は人気沸騰。キダーはホルボーンに二号店を出し、二つの店を掛け持ちした。助手がいたかどうかは不明だが、エドワード・キダーは「月曜、火曜、水曜の午後はセント・マーティンズ・ル・グラン・アンドにある自分の料理学校で、木曜、金曜、土曜の午後はホルボーンのファーニヴァルズ・インの隣にある自分の料理学校で教えた」。しかしそれがすべてではない。誰もが来店したがったわけではなかった。気の利いたレディは、家での個人教授を好んだので、キダー氏は「レディのお宅で教えます」と宣伝した。

イギリスの料理学校のそれより古い記録はない。だからその学校はたぶん最初のものだろう。料理のノウハウはふつう料理人の師から愛弟子へと、主婦から厨房女中へと、母から娘へと伝えられていた。料理を教えた者はおそらくキダー氏のように、自分のレシピを後世のために記録しただろう。十七世紀末にもひとりのレディがレシピを記録している。『メアリ・ティリンゴースト夫人が作り上げ教えた珍しくすばらしいレシピ集』と呼ばれた一六七八年の本が現存しているが、同書には、「メアリ・ティリンゴースト夫人の弟子のためだけの限定版」という言葉が添えられている。しかし夫人がどこでどのように教えていたかは不明である。それとは対照的にエドワード・キダーが教えた場所はわかっている。一七三九年に出版した本の扉にはっきり記されている。

キダー氏は晩年になるまで本を書こうとはしなかった。取りかかったとき、まだ教えてはいたがすでに七十三歳になっていた。一見すると同書の本文は、流麗で当世風の洗練された筆跡の写本のように見えるが、よく調べると銅板に彫って印刷されたものだとわかる。

たぶんその本は指導書として、またレッスンの記念として作成されたものである。そして本の扉にはレッスンについて記されているので、同書を借りた者を誘う経営戦略として位置づけていたのかもしれない。これらのレッスンは一回につき二ギニア（二・一ポンド）で安くはなかったが、きっと評判がよかったのだろう。ずっと後の一八五一年の記事にもかかわらず、『レディ』紙によれば、「キダー氏はペストリーの作り方を六千人近いレディに教えたと言われている」。

キダーは自分を「ペストリーの達人」と呼んだ。そして当時明らかにペストリーの作り方を習うことが流行していた。それでここにそのペストリーの生地のレシピを含めたのである。実際キダーがよい先生だったことは明らかだが、そのレシピは当時として特に目新しいものではない。伝統主義者だったのは確かだ。「生徒が使うために」書いたとされるその本には、百五十年前からふつうのおなじみのもの――煮たりローストしたりした肉、ケーキ、スープ――がすべて含まれている。しかしもっと前衛的な食材――トマトやジャガイモはまだ人気を博してはいなかった（一一五、一六五ページ参照）――が使われていないにもかかわらず、キダー氏の人気は高まった。

その遺言から判断すると、キダー氏はきわめて裕福だった。金時計、ダイヤの指輪、豪華な寝室の調度、さらに妻とふたりの娘への装身具など他のこまごましたものを残している。そして本の初めに印刷されているその肖像は、十七世紀半ば風のかつらと衣装をそっくり身に着けている。きびしい表情でこちらを見つめ、右手の人差し指は、卵のパイを作るときに、あたかも誰かに「二十個の固ゆで卵の黄身と同じ重さの骨髄と牛脂を刻み、香料、シトロン・ピール、レモン・ピールで味を調え、パイに詰めて、蓋をしなさい」と指示しているかのようだ。

悲しいことに本の出版をもって、その生涯は幕切れとなった。出版されたとたん、ほぼ七十種のレシピの栄光のうちに、キダー氏は息を引き取った。同書には後世のためにその先駆的料理学校の記録が残されている。

40 トリュフ入りの小さなフォアグラ・パイ

著者…ドンブ公ルイ・オーギュスト・ド・ブルボン
出典…『ガスコーニュの料理人』(*Le Cuisinier Gascon*)

フォアグラとトリュフを用意する。特別にフォアグラのフォースミート（訳注：詰め物用の味つけ挽肉）を作る。作っておいた小さなパイの底にフォースミートを敷き詰め、その上にフォアグラ一切れとその両側にトリュフを置き、フォースミートで覆う。仕上げをして上部に焼き色をつけ、オーヴンに入れる。全体が焼きあがったら、切り開き、芳香のある精油を少し注いで供する。

食物を取引に使えるのはまれである。たとえばサボテンやフットボールのステッカーとチューインガムの交換など、学校の運動場ならあるかもしれないが、子供でなければ成立しない。試みても、取引が完全に満足なものになるとは決して思えない。エサウは赤いレンズ豆の煮物（おいしかったにちがいない）と引き換えに長子の権利を双子の弟ヤコブに譲った後、その取引をひどく後悔するようになる。

筆者の曽祖父サー・ジョージ・シットウェルは、イートン校の息子の授業料を一列車分のジャガイモで払いたいと申し出たが、拒否された。しかしながら一七八八年には双方ともに満足な取引が成立している。アルザス総督マレシャル・ド・コンターデと当時のフランス王ルイ十六世が、フォアグラのパイとフランス北部のピカルディの土地を交換したときである。

むろん国王には土地は十分にあったが、おいしいパイは十分にはなかった。この取引では双方大喜びで、その取引の話が広まる。確かにその土地はよい土地だった。広さは記録されていないが、たとえなぜコンターデが自分の州ではない土地を欲しがったのかはわからないにしても、その多くが肥沃で、麦畑やブドウ園があった。しかしパイはセンセーションを巻き起こした。

パイを作ったのは、コンターデのパイ職人ジャン＝ジョゼフ・クローズである。コンターデは地元アルザスの料理には飽き飽きしていたようだ。だんごばかりがやたらあって、ウサギのヌードル添えも毎日ともなればうんざりだ。そこでクローズに何かおいしいもの、もっと肝心なことには独創的なフランス料理を作るように要求した。

悶々として眠れぬ夜を過ごすうちに、シェフは仔牛の肉とラードのフォースミートを詰めたパイにフォアグラを丸ごと入れて焼くというアイデアを思いつく。コンターデはそれが気に入り、国王も然り。味見をするや、黄金の味だと宣言した。事実国王は大変気に入ったので、土地との取引はさておき、クローズに金貨二十枚（黄金の味ならぬ貨幣）を褒美として与えた。クローズはそれからその金《かね》で旅行鞄を買い、荷物をまとめてストラスブールに移り、店を開きその後四十年間フォアグラのパイを売って幸せに過ごした。

店ができて営業が始まったときには、クローズのパイにはトリュフが加えられていた。そもそも国王が気に入った理由が、すでにトリュフが入っていたからだと示唆する記録もある。しかしこれについてはあやふやな証拠しかない。

クローズはこの料理を「ストラスブールのフォアグラ・パイ」と呼んだ。そして食物史におけるフォアグラの時代が来たと断言する。というのもフォアグラ・パイを包装して大々的に売り出し、評判になったからである。しかしたとえクローズがそのレシピを書いたとしても、レシピの記録はない。したがって最初に出版されたフォアグラ・パイ――トリュフ入り――のレシピに対する栄冠は、およそ四十年前にレシピ集を出した別の料理人に与えられる。『ガスコーニュの料理人』は一七四〇年に世に出た。著者はわからないが、同書が捧げられた人物――ドンブ公――が実際の著者だと推定されている。おそらく貴族がシェフになることは普通ではなかったので――それどころかいまだにそう思う人もいるかもしれない――無名の仮面をかぶったのである。

フルネームはドンブ公ルイ・オーギュスト・ド・ブルボンで、メーヌ公爵の第二子。明らかに風流人で、この本の一九七〇年版――二百十七点のレシピが掲載されたきれいなポケット版――の出版者は、同書について「十八世紀フランスの洗練された生活の重要な証拠」であると述べている。本章のフォアグラ・パイと並んで、「オレンジ・ブロッサム・ウォーター（訳注：オレンジの花を入れた水を蒸留して作る）で料理した卵」、「カラカタカ風鶏肉」、「緑の牡蠣の小さなパイ」などがある。

そしてトリュフ入りフォアグラ・パイのレシピを最初に出版したのはドンブ公だが、ラ・ヴァレンヌ（一四〇ページ参照）はフォアグラ料理のレシピを半ダース残している。その中にはフォアグラに小麦粉と塩をまぶして網で焼き、レモン果汁を絞って供するものや、トリュフを加えるものもあるが、パイは作っていない。さらに古いレシピはマルクス・ルンポルトの大冊『新料理全書』（一一五ページ参照）に記載されており、それによればフォアグラを仔牛のコール（胎児の頭と顔を覆っている薄い膜でおいしい）で包んでローストし、ブラウン・ソースで供する。

けれどもフォアグラはもちろん物議をかもす食材である。実際それには現代の動物保護運動家はひどく腹を立て、一部のレストラン、すべてのスーパーマーケット、そしていくつかの市全体でさえ、禁止に成功している。しかし製造の過程に残酷なことが含まれるのは、近現代の現象ではない。アヒルあるいはガチョウの喉に管を通して穀物を押し込むのは強制給餌だが、それを考えついたお利口さんに抗議したいと思う者は、古代エジプト人にも抗議しなければならない。古代エジプトでもすでに紀元前三世紀にはおこなわれていて、その証拠は今日パリのルーブル美術館で目にすることができる。

カイロ付近の墓から取り出された飾り石の一連の絵には、飼っているアヒルやガチョウに強制給餌をしている男がはっきり描かれている。明らかにその目的で管を持っている男の姿さえ見ることができる。墓はティという男のもので、男は名声を得ていた。何となれば、マグロンヌ・トゥーサン＝サマの『食物の歴史』（邦訳書は『世界食物百科』）に記録されているように、肩書はかなり長く「ファラオの――無二の――友人で――王の――すべての――邸において――主人の――秘密の――頭――王家の――職務の――頭で――ネフェリカレー（訳注：古代エジプト第五王朝のファラオ）と――ネオンセレー（同）――との――ピラミッドの――管理人」（玉村豊男監訳）だからである。ティは長い肩書とほとんど同じくらいアヒルやガチョウの肝臓を愛したので、来世でもおこないたい「胃管栄養法」、つまり強制給餌を描かせたのである。

しかしエジプト人に鳥への強制給餌を教えた者はいない。移動の時期が来ると、自分たちでおこなうのだ。異なる気候の地域へと飛び立つ前に、アヒルやガチョウは後に続く餌なしの長い期間に備えて、がつがつ食べ、肝臓に余分な脂肪を蓄えてエネルギーを保存するのである。おそらくかつて誰かが移動前の渡りに備えてよく肥えた鳥を殺し、肝臓にこってり脂がのって金色に輝いているのに気づいたのだ。あとは季節に関わらず強制給餌をすれば、一年中フォアグラが手に入ると思いつくだけ。

エジプト人はフォアグラを愛し、ローマ人もギリシア人も愛した。アルケストラトス（一三ページ参照）はガチョウの肝臓が「すばらしい」と述べている。放縦な皇帝ヘリオガバルス――紀元前二一八年からの統治期間は短く、母親ともども斬首された――はフォアグラを自分の犬に与えた。召使はその後犬に長い散歩をさせたことだろう。

シェフや食通はフォアグラには抗えない。そして食べれば、残酷なことをしているという事実は忘れてしまう。アメリカ人シェフのダン・バーバーが述べたように、「今日これ以上非難されている食物はない…もしあなたがシェフで、これをメニューに載せるなら、攻撃される恐れがある。われわれシェフにとって問題なのは、これがべらぼうにうまいことだ」。そのこくがあって脂ののった味は、料理する側にも食べる側にもこたえられない。ベン・スコットが著書『食物と飲料雑録』(*Food and Drink Miscellany*)の中で述べているように、フォアグラは「伝染病よりも、多くの食通を殺した」のである。

ガチョウあるいはアヒルの肝臓を平常の八倍にも肥大させる強制給餌に多くの者は恐れを抱くが、それをおこなう当事者は平気である。フォアグラのために伝統的にアヒルやガチョウを飼養しているフランス人は、少しも残酷ではないと言う。リチャード・オルニーの『シンプルなフランスの食物』(*Simple French Food*)(一九七四年)によれば、著者はペリゴール(訳注:フランス南西部の歴史的地方で、ほぼ今日のドルドーニュ県に当たる)でひとりのフランス人女性と出会う。女性は自分の仕事について、情のこもったほとんど神秘的な言葉で語る(したがって読者の中にはすぐにそっぽを向く者もいるかもしれない)。彼女は語る。

やさしくそっと鳥が扱われるさまを。そして次第に夢中になり、うっとりと審美的な言葉で、腹を巧みに切り開き、最後に大きな輝かしい柔らかな薄いとび色の宝物、何カ月も熱心に世話し憧れた壊れやすいものがあらわになる瞬間の不安と恍惚を。

女性の言葉を思い起こして、オルニーは続ける。「彼女が人生を賭けてきた最高の瞬間の恍惚とさせる美しさに、ガチョウが絶対に欠くべからざるものとして関わっていることが、ありありと感じられた」。

クローズがフォアグラのパイにトリュフを入れると——贅沢に贅沢を重ねれば、いっそうすばらしいものができる——フォアグラの人気は急増した。家禽の肝臓を肥大させることは、とりわけフランスの南西部で重要な家内工業になる。クローズのフォアグラ・パイは、十八世紀の末に向かって食事文化がどのように変化したかを表わしていた。これは一国の代表的な料理であるとともに、強烈な地方色を帯びた料理でもある。歳月を経るに従い、フォアグラの生産者は戦って生産の保護を勝ち取ったものの、その消費は政治的な問題になった。

今日ではその名称とパイにおけるフォアグラ（foie gras）の最小の割合が法律によって定められ、フォアグラ・パイはフランスのみならずほかの国の料理でも最高の美食と同義語になっている。そして現在生産者は移動に備えるつもりで太った鳥の「不自然な（faux）」脂肪（gras）を提供しているので、抗議されるおそれなしに、太ったガチョウやアヒルの肝臓の含まれるレシピを作れたらと願うシェフもいる。しかしもし私が抗議に参加していたとすれば、肝臓に十分脂肪を蓄え準備万端整えて、生産者のまな板への一方通行ではなく、楽しい移動の休暇旅行に胸はずませるガチョウの側で、まだ戦っているだろう。

アヒルとガチョウを太らせる強制給餌を最初におこなったのは、古代エジプト人である。

41

漁師の鶏肉

著者…フアン・デ・ラ・マタ
出典…『ペストリーの作り方』(*Arte de reposteria*)

もっとも一般的なガスパチョは「漁師の鶏肉」と呼ばれている。作り方は次の通り。皮を除いたパンを薄切りにし、こんがり焼いてから水にくぐらせる。アンチョビ、ニンニク2、3片を一緒によく砕いて、酢、砂糖、塩、オリーヴ・オイルを加え、すべてよく混ぜたソースにパンを入れる。パンは柔らかくなるままにしておく。皿に入れ、ロイヤル・サラダの材料のすべてあるいは一部を加える。ガーリック・ソースの簡単な作り方は刻んだレモンの小片と皮少々と砂糖を入れることで、前述のようにガスパチョを供する。

何世紀もの間世界の人口の大半は、多様なスープで養われていた。オートミールの粥だったり、シチューだったり、ポタージュ、あるいはポレ(六五ページ参照)でさえあった。誰であれ、どんな身分であれ、歯なしの農奴から着飾った貴婦人まで、スープを食べた。スープは人々の食欲を満たす。パンと食べれば、それで食事をしたと思える。しかし濃厚で肉の入ったものだろうと、一日中煮立っている大鍋の残りだろうと、温かかった。濃かろうが、薄かろうが、胃にもたれようが、とろとろだろうが、体も心も養うこの温かい料理は愛すべきものだった。

それから人はさらに先へ進み、奇妙な理屈に合わないことをする。このスープという料理、この体を温め、命を支えるものを食べてから、今度は冷たくしたら、また少しおいしくなるのではないかと考えたのだ。それからさらに一歩踏み出して、焼きたてではなく、古い——たぶん一週間くらいたって固くなって乾いた——パンを加えた。料理の歴史におけるそのような一歩は、表面的に見れば正道を踏み外しているように見えるかもしれないが、実際にそのようなスープが生まれ、栄養があるだけでなく、おいしくて飲みたいと思われるようになったのだ。

今日のガスパチョは、滋養のある軽食というイメージである。世界中の多くの洗練されたレストランは、さっぱりした突出しとしてその一種を供している。そしてスペインで食べると、何とおいしいことだろう。ことにガスパチョが発する善意に満ちた陰《いん》の気と、フィノ・シェリー酒のきれいな冷たいグラスの陽《よう》の気が調和するとき（訳注・体を冷やす食物は陰、温める食物は陽とされる）。

「ガスパチョ」という言葉は、おそらくラテン語で「残余」あるいは「断片」を意味するcaspa（カスパ）に由来している。それはまさに古代のスープの材料だった。ただし冷たいまま供されはしなかったが。あるいは「バラバラにちぎる」という意味のヘブライ語gazaz（ガザズ）に由来しているのかもしれない。それは古いパンをちぎるという手順に一致する。

地中海地方の住人なら、もっとも基本的なガスパチョには、ただパン、水、オリーヴ・オイル、それに手に入れやすい食材を簡単にきれいに洗ってもちいるだろう。だから中世にスペインがイスラム教世界の一部だったときに、ムーア人がこの料理をスペインに持ち込んだのかもしれない。あるいはそのもっと古い形が古代ローマ人とともに到来していたのかもしれない。酢は普通重要な要素なので、痕跡をたどると実際古代ローマに行き着く可能性がある。結局アピキウス（二五ページ参照）は、酢をしばしばスープに注ぎ、その『料理帖』には、酢をたくさん入れた大麦のスープが記載されている。

しかし冷たいスープがどのようにスペインに到来したにせよ、スペイン人はそれを支持した。そしてたとえ当のスープを発明したのではないにせよ、ジャン＝ジョゼフ・クローズが後にフォアグラを包装して売り出した（一八三ページ参照）ように、ジェイムズ・キーラーがマーマレードの壜詰めを作った（一九九ページ参照）ように、この料理を喜んで受け入れ、磨き上げ、我が物としたのだから、ガスパチョ選手権の栄冠はスペイン人のものである。

トマトのような食材がいっそう広く利用できるようになると（一六五ページ参照）、コショウや他の野菜、ニンニク（少量で伝統的なスープの熱の代わりとなる）、タマネギなどのもっと基本的な材料とともに加えられた。それからガスパチョはスペインを出て外国に、十九世紀にはさらに遠くまで広まったようだ。フランス皇帝ナポレオン三世のスペイン人の妻ウジェニー・ド・モンティジョ（エウヘニア・デ・モンティホ）のおかげである。もっともそれで小惑星がその名に因んでウジェニアと名付けられたわけではないが。

しかし最初に出版されたガスパチョのレシピとなると、実りのない推量は終わりになる。というのも一七四七年にファン・デ・ラ・マタというマドリードの料理長が、『ペストリーの作り方』という本の中に、ガスパチョの一種を「漁師の鶏肉」と呼んで載せているからだ。しかしながら鶏肉は含まれないのだから、一体全体なぜ「鶏肉」と呼ばれるのかはわからない。たぶんアンチョビが答えを解く鍵になるだろう。この塩漬けの小さな魚は、漁師にとって鶏肉に代わるものと考えられたのではないだろうか？　おそらく十八世紀半ばには「農夫のアンチョビ」と呼ばれた別の料理があったのではないか？　その料理では魚の代わりに鶏肉がもちいられたにちがいない。

ファン・デ・ラ・マタはこの料理を「もっとも一般的なガスパチョ」と述べている。あいにく一般的でないガスパチョは記載されていないが、その場合にはたぶんパンはトーストされず、アンチョビ・ソースは抜きで、明記されていない果物や野菜の「ロイヤル・サラダ」の代わりにトマトが使われた可能性がある。現代のスペイン人はこの特殊なレシピに身震いするかもしれないが、いや実際身震いするが、たいていの国がその料理の歴史のいくつかの面を恥じているものだ。

『ペストリーの作り方』の著者は実際その序文で自分のレシピについて詫びている。同書は「原案」として意図されたもので、「…誤りをお許し願いたい」と述べている。結局マタの主な料理術はペストリーのそれで、同書はプディング、カスタード、ケーキ、それに冷たい飲み物に重点を置いていた。その決まり文句は「むずかしいことをやさしく」で、驚くほど二十一世紀的に見える。

菓子、甘い物、ソースのレシピに関して、ファン・デ・ラ・マタは、スペインの料理書のすでに豊かな伝統に従っていた。アラビア人支配下の時代――ことに十三世紀および十四世紀――からの多くの文書が残っていて、一五九九年には料理の歴史における画期的事件とも言うべき本『料理術の書』が出版された。著者はディエゴ・グラナド・マルドナドで、その名声はずっと損なわれることはなかったが、一九八〇年代に至り仔細に検分した学者が、マルドナドのレシピの大半が実はバルトロメオ・デ・サッキの本の引き写しであることに気づいた。バルトロメオの筆名はプラティナ（八五ページ参照）で、その著書『高雅なる逸楽と健康について』は、一四七五年にイタリアで出版されている。しかしすでに前述のとおり、プラティナは実は同書のレシピの大半を、数十年も前にすべて記していたマルティーノ・デ・ロッシから盗んでいたのである。

したがってマルドナドは、本当は盗作の盗作という罪を犯したのである。もっとも実際には、レシピの故買屋と呼ばれる可能性は認識していなかったのかもしれない。

十七世紀に入る頃スペインのフェリペ三世の料理長だったフランシスコ・マルティネス・モンティーニョによれば、マルドナドの最悪の罪は剽窃（当時は気づかれなかった）ではなく、スペイン料理術の典型を示すと宣言されている本に記載されているのが、実際には大部分がイタリア料理だったことである。それはまさに国家に対する背信行為ではないか。

モンティーニョは一六一一年に『料理法』を世に出し、スペインのパイ、ペストリー、詰め物をした野菜、およびミートボールで不足を取り戻そうとしている。そしてその後に続いたのが普通の食物に挑戦するフランシスコ派の修道士で、その著書『新しい料理法』はファン・アルタミラの筆名で一七四五年に出版されたが、同書には栄養豊富なシチューや豆の料理が満載である。

さてファン・デ・ラ・マタは、ガスパチョだけでなく、飲み物のチョコレートのおいしいレシピも記している。同量の砂糖とココア・パウダーにシナモン、オレンジ・ウォーター、ヴァニラを加えるというもの。これがスペイン王家がかくも長い間秘密にしようとしたチョコレートのレシピだろうか？（一〇三ページ参照）ファンはうっかり秘密をもらしたのだろうか？　こんなに平凡なガスパチョを記した男が、よもやそのような信頼を裏切るほど卑怯だとは思えないのだが…

結局ファン・デ・ラ・マタは実のところそれほど正直者ではなかったようだ。

「漁師の鶏肉」のすぐ次のレシピはSalsa de tomates a la españolaである。聞き覚えがないだろうか？　それは一六九二年のアントニオ・ラティーニの「スペイン風トマトソース」（一六五ページ参照）の逐語訳である。ガスパチョを啜って気分を一新すれば、このような話を聞いたショックから回復できるかもしれませんね…

ガスパチョの隣にデザート、ペストリーの盛り合わせがある。

42 ドルマ（ブドウの葉あるいはキャベツの肉包み）

著者…カイサ・ヴァリ
出典…『若い女性のための家事参考書』（*Hjelpreda i hushållningen för unga fruentimber*）

太った仔牛の四半分を選び、肉だけを小さなさいころ状に刻み、腱はすべて取り除く。それからさらに小さく刻む。肝臓の脂肪はすべて非常に細かく賽《さい》の目に刻み、これにていねいに洗った米一握り弱、コショウ、ナツメグの花、クローヴ少し、塩とタマネギを加える。これらをすべてよく混ぜる。それからブドウの葉を少しゆで、葉の元の厚い部分を取り除く。それぞれの葉の上に肉を少しずつ置いて、丸めて包む。仔牛の骨をたたき切って、肉からそぎ落としたものと一緒に鍋に入れる。この上にブドウの葉で包んだものを載せ、ひたひたに水を注ぐが、包みが水に隠れてはいけない。煮汁がほどよい塩加減になるように塩を加える。鍋の中の包みの上に木の皿を置きその上に重石《おもし》を載せる。それからとろ火で1時間半煮込む。供するときには、煮汁をかけるが、皿を覆い尽くしてはいけない。卓上ではこの皿の上にレモンを絞る。冬にこの料理をするためには、ブドウの葉に酢を少々振ってキャラコで包む。使うときには、数回水を替えてよく洗い、それからゆでる。ゆでた後で酸味が足りないときには、酢を少々加えれば、満足できるほどに自然の酸味が蘇る。

ブドウの葉が手に入らないときは、代わりにキャベツの葉を使えばよい。ゆでて厚い部分を取り除くが、キャベツの場合にはレモンを絞ってかけたり、何か酸っぱいものを加えたりする必要はない。

キャベツの葉を使うときには上質の鉄の鍋を使うが、ブドウの葉の場合には使い古した銅の鍋でなければならない。一番よいのは上部がすぼんでいる鍋で、可能な限り多くの汁気を残せるからである。

十八世紀の中頃、イングランドの召使はハナ・ウーリーのせいで辛い時代を過ごしていたかもしれない（一四五ページ参照）。召使は一般的にいたって役立たずだとウーリーは述べていたが、辛い目に遭っていたのはイングランドの召使だけではなかった。スウェーデンの仲間も、とりわけカイサ・ヴァリと呼ばれる女家長から虐待を受けていた。

一七五五年ヴァリはわかりやすく『若い女性のための家事参考書』と題された本を書き、スウェーデン女性が家事を自分の手でおこなうことを奨励した。「家庭内のことは、私たちの責任です」と述べる。だから早速その仕事に取りかかり、上手にこなす方がよいし、上手にこなすためには、自分の手でするべきだと。

家庭の経営を召使に押しつけるのは誤りだ、とヴァリは言い放つ。実際ヴァリは「若い経験のない者が分別のない召使を信用して」、いつも泣きを見るのをしばしば目にしてきた。そこでここに、スウェーデンの若いレディのための本を刊行したのである。同書は、彼女たちが家庭を経営し、きちんと料理をし、お話にならない召使にめちゃくちゃにされないようにすることを目指していた。

さらに一度習得すれば、家庭経営をいやな仕事と思わなくなるのは言うまでもない。「家政学にはそれ自体に大きな愉しみがあります」とヴァリは言葉巧みに言う。若い花嫁の悪夢に出てきそうな、偉そうに構えた最悪の姑のように。しかしながらひとりの女性が厄介な召使をいかに見下していたかを公表するために、一七五〇年代のスウェーデンに立ち寄ったのではない。ヴァリ夫人はそんなことで歴史に名を残しているのではない。本書に登場するのは、いくらかでも慰めになればよいが、キャベツ・ロールに関係するからである。

十八世紀中頃は、多くのスウェーデン人にとって困難な時代だった。前世紀に大帝国として、ヨーロッパの大国として浮上したものの、百年経つうちに影響力はずっと低下してしまう。領土はもぎ取られ――スウェーデンの失地は通常ロシアのものとなった――かつての領土拡張主義は衰退し始めていた。実際一八一四年のノルウェイに対する軍事行動はさておき、その後ずっと分別をもって平和維持の使命に忠実だった。

だから面目を失ったことに、ヴァリ夫人はいらだっていたのかもしれない。たぶんそれで召使に対してかくも薄情だったのである。理由はともあれその本の出版によって、スウェーデン料理が初めて記録された。

今日コール・ドルマ（キャベツ・ロール）は、スモーガスボードあるいはニシンの甘酢漬けのようにスウェーデン料理の決定的な一部になっている。実のところコール・ドルマとニシンの甘酢漬けは、スモーガスボードには欠かせないことも、付け加えておくべきだろう。

コール・ドルマは、十八世紀に遡るスウェーデン人のいくつかの重要な特質が料理に表れたものである。費用がかからず簡単にできるつつましさの神髄とも言うべきもので、二つの重要な食材、キャベツと肉、つまり牛肉か豚肉あるいはその両方がもちいられる。キャベツの葉で肉を包むので、持ち運びやすくもあり、温めなくても食べられる。

ヴァリがドルマのレシピを取り上げたのは、それが経済的な問題に熱心だったヴァリの心をとらえたからだろう。「私は最大限の倹約を心がけました」と序文で強調している。

しかしそのレシピは、今日作られるものとまったく同じではない。というのもキャベツを使うのはブドウの葉がないときだけで、ブドウの葉が好ましいと明記されているからである。

このレシピはスウェーデンのカール十二世の宮廷に初めてお目見えしたと言われている。カール十二世は一七〇〇年代初頭の悲惨な軍事行動の後でこの料理に出会った。戦後モルダヴィアに逃れ、当時オスマントルコ帝国領だった同地にしばらく亡命していた。そこで時々ブドウの葉かキャベツの葉に包んだ肉を食べ、元気を回復したのである。トルコ人の子孫が今日なおドルマと呼び、ギリシア人がドルマデスと呼ぶものを、オスマントルコ人がたくさん食べていたことは疑いない。キャベツを使うロシアのガルブツィーやカナダのシガール・オ・シュのように、もちろん世界中の多くの国々にもそれぞれのレシピがある。

一七五五年にヴァリはまだ仔牛の肉をブドウの葉で包んでいたが、いつの時点からかキャベツの葉に替えられた。その方が手に入れやすかったことは確かだ。ドルマのレシピと並んでいるのは他の肉料理——仔牛の肉、仔羊の肉、豚肉、七面鳥を始めあらゆる家禽の肉——である。豊富なソース、野菜の塩漬けおよび保存のアイデア、際限のないプディング、ケーキ、ミルク・デザートは言うまでもない。

この本は人気が出て、一七五五年から一八二二年の間に十四回も版を重ねるに至った。スウェーデンの人々はたぶん、やはり売り出されていた他のもっと気の利かない書名よりもヴァリのスタイルを好んだのである。ウィリアム・キッチナーであれ、ジュール・グッフェであれ（ⅱページ参照）非常に多くの偉大な料理書の著者がしてきたように、ヴァリも他の著者を酷評することを忘れなかった。他のレシピ作家は「不快な不必要なフリル」で飾り立てていると述べ、「美文調の文章が濫用されている」と断言する。そしてまた自分は「それぞれの調理に必要な重量、容量、時間」を明記しようとしたと主張する。しかしながら本章のドルマのためのレシピをざっと見ても、自ら宣伝するところを実行しているようには思えない。

ストックホルムの中心にある王立公園に毎年人々が集まってキャベツ・ロールを食べる日に、料理の歴史へのカール十二世の貢献は回顧されても、カイサ・ヴァリを思い出す人はほとんどいない。それは、ヴァリの食物と食事への実際的な取り組みを考えれば、たぶん驚くほかない。

「健やかに暮らしなさい」とヴァリは熱意をこめた序文の最後に簡潔に述べているが、今日の健康食品のスローガンのようだ。そしてその指導原則のおかげで、多くの人々が健康的な生活を送った。もっともヴァリのみじめな召使はおそらくさにあらず。

43

刻みマーマレードの作り方

著者…スザンナ・マクルヴァー
出典…『料理とペストリー』(*Cookery and Pastry*)

オレンジの重さを量り、同じ重さの砂糖を用意する。オレンジをよく洗い、半分に切ってふるいにかけて搾る。皮をピンの頭が通るくらいに柔らかく煮る。火から下したら、水気を搾り、すじを取り除き、薄く刻み、透き通るまで煮る。すりつぶしてから、熱湯を少し注いで、蓋をしておく。皮が完全に透き通ったら、果汁と混ぜて漉し、ゼリー状になるまですべてを一緒に煮る。ゼリー状になったかどうか知るには、少し皿にとって冷ませばよい。

ジェイムズ・キーラー・アンド・ソン・ダンディー・マーマレード社の白い磁器の広口瓶は全世界に行き渡っている。カナダのノヴァスコシアの裏庭でその破片が発見され、ハワイの廃坑でも一瓶見つかった。ニューヨーク州北部のプラシド湖の湖底でもシュノーケリングする人々が見つけたが、アメリカ最大のオークション・サイトeBayでは何百個も見つかる。

十九世紀半ばには商売は繁盛し、ダンディーにあった従業員三百人の工場では、マーマレードの瓶詰を年間に約二百万個も大量生産していた。これらの瓶の実に多くが鉛筆から木の匙まで何でも入れるのに使われたので、いまだに奇妙な場所から現れるのも不思議ではない。マーマレードは人気を博し、おかげでダンディー社は有名になった。しかしながら、マーマレードを発明したのは同社ではない。一七九〇年代にジャン＝ジョゼフ・クローズがフォアグラをおいしいパイにして包装して売り出したように（一八三ページ参照）、ほぼ同時期にジャネット・キーラーがマーマレードを売り出したのだ。

それは偶然のできごとだったようだ。スコットランドの東海岸に嵐が起こり始め、ヨーロッパからの船がダンディー港に避難せざるをえなくなった。悪天候は数日間続いたので、人々は上陸する。そして船には果物や野菜が積まれているという噂が広まった。食料雑貨商のジョン・キーラーはこれを聞きつけ、自分の店のために何か仕入れてくるように妻のジャネットを港にやる。ジャネットは大量のセビリャ・オレンジを手に入れて戻った。

ジョンは買ってきた大量のオレンジを見て、「苦すぎて売れやしない」と不機嫌に言ったかもしれない。「あら、でもスザンナ・マクルヴァーの『料理とペストリー』にマーマレードのレシピがあるわ。誰に聞いても、とてもおいしいんだって」と妻は答えたかもしれない。

その時点でこの想像上のシナリオは現実に数歩近づく。何となればジャネット・キーラーはマーマレードをそれは大量に作ったが、ホット・ケーキのように売れたのである。あるいは（こんなことになった天候ではないが）まさに購買の嵐を巻き起こした。（あるもっともらしいほら話によれば、ジャネットは少年に船に戻ってもっとオレンジを買ってくるように言う。〝Mair, ma lad（メア、いい子ね）〟と叫んで…。キャッスル・ストリートの店で大量に作るにつれて、やがて定期的にオレンジを売ってくれる先を見つけた。

まもなく厨房の限られたスペースでは手に負えなくなり、息子のジェイムズは一七九七年に、新規事業ジェイムズ・キーラー社を立ち上げる。一八〇四年には冒険的事業は再登記された。今回はジェイムズ・キーラー・アンド・ソン社である。それはマーマレードの製造も、ジェイムズのために働いた、あるいは働くことになっていた家族もともに発展したことを示している。もともとは家内で、ほかの多数の保存食品や砂糖漬けとともに作られていた製品だったが、幸運と商才に恵まれたキーラー家は何とかもっと大規模に製造できるようになった。それはブランドの、食品工業におけるブランドの早期の例で、当時はまれだった。

しかし歴史家のC・アン・ウィルソンが『マーマレードの本』できっぱり述べているように、「ジャネット・キーラーがマーマレードを発明したのではなかった」。のみならず最初に売ったのでもないが、「刻んだ皮」を使った点がそれまでとは異なっていた。乳棒と乳鉢を使って皮をむらなくつぶすのではなく、刻んだのである。骨が折れず、しかも同じようにおいしい。そのマーマレードは厚切りで色が濃く、ふつうの皮を細かくすりつぶしたものとは対照的だった。

当時の家庭の料理書にはマーマレードについてたくさんの選択肢があったので、レシピを作る必要はなかった。そのような本の一冊は、エディンバラを本拠地とする料理学校教師スザンナ・マクルヴァーが書いたもので、同書にはつぶすものと刻むものと二種類のレシピが載っていた。著者が記したように、「作り方は多くはありません。いろいろ試した結果、これら二つのレシピが最高です」。

ジャネット・キーラーは自分の作ったものをダンディー・マーマレードと呼んだが、非常によく売れたので、スコットランドの代名詞になり、スコットランドの朝食には欠かせないもの、すばらしさのシンボル、スコットランドの威信に関わるものとなった。事実それは当時の話に登場する。一八三二年に死んだスコットランド人の戯曲家で詩人のウォルター・スコットは、クライド川の畔に住んでいた友人とともにした朝食を回顧している。「キルマディニーでよくとった朝食は、新鮮なマス、猟鳥や猟獣のパイ、猟獣の肉の冷製、牛の腰肉、自家製スコーン、ジャガイモのスコーン、ホワイト・プディング（訳注：豚の血を加えずに作る薄い色のソーセージ）、柔らかい丸パンのスコッチ・バップ、そして言うまでもなくダンディー・マーマレードとスコッチ・バノック（訳注：パン種を入れないでオート麦で作る円盤状のパン)」。

その後百年以上にわたって事業が成長するにつれ、キーラー家の人々はマーマレードの瓶それぞれとともに、スコットランドの味を少しずつ輸出した。そしてそのマーマレードが世界中に広まると、オーストラリアや南アフリカへの、インドや中国への移住者などが、朝食のトーストでスコットランドの味をちょっぴり楽しむことができるようになった。

ただしもちろんマーマレードが格別にスコットランドのものというわけではない。その言葉自体はポルトガル語のmarmelo から来ている。それはマルメロのことで、最初の頃のマーマレードと言えばマルメロの砂糖煮だった。今日英語のマーマレードは、オレンジの砂糖煮のことだが、ギリシア語のmarmelada もイタリア語のmarmellata も、単に「ジャム」のことである。この甘くて固形のマルメロの砂糖煮は十五世紀に贈り物とされ、食事の最後の珍しいごちそうで、健康にもよいと考えられた。ヘンリー八世が贈り物としてもらった記録がある。「エクセター家のハル」が一五二四年国王に「一箱」献呈したのだ。

マルメロのレシピは十六世紀のさまざまな料理書に登場し、その後そのレシピはほかの果物にも応用されるようになる。ジョン・パートリッジは、一五八四年に出版された『便利な思いつきと秘密の宝物』の中で、たとえばドメスチカスモモとプルーンのマーマレードの作り方を述べている。それからオレンジやレモン——もともとはアラビア人によってヨーロッパ南部にもたらされたもの——がイギリスに届き始めると、これらも使われるようになった。一六〇二年にサー・ヒュー・プラットは、『淑女の愉しみ』(一二三ページ参照)の中で、「ポルトガル風オレンジの砂糖煮」の作り方について説明している。それを工業製品として製造販売することを誰かが考えつくには、もう二百年ほどかかったのだ。

ジェイムズ・キーラーは大量のオレンジの皮を効率よく刻める機械を発明した。一八六〇年代にはその装置はキーラーの子孫によって改良され、回転軸に取り付けられた刃が回転して皮を薄切りにした。工場ではその頃主として若い女性が働いていた。女性たちは皮を機械にかけ、何列にもなって煮えたぎっている銅の鍋をかき回す。その作業にデイヴィッド・ブレムナーは感心し、一九六九年の著書『スコットランドの工業』に、訪問したキーラーの工場について熱心に書いている。「工場全体に清潔で秩序ある雰囲気が漂っており、それを見れば感心せずにはいられない。働いている人々の様子は、その仕事が決して不健康なものではないことを十分証明している」。

今日温和なジェイムズ・キーラーの肖像は、ダンディーのマクマヌス美術館に展示されている。キーラーは一八三九年に最初に工場で作られたマーマレードが世界中の朝食を向上させたことを知って、安らかに息を引き取った。すべてはジャネット・キーラーの工夫のおかげである。出発点となったキャッスル・ストリートの建物の壁には、今日ジャネットのための記念銘板がかけられている。

44

サンドイッチ

著者…シャーロット・メイソン
出典…『食事を整えて供するレディへの助言』
(*The Ladies, Assistant for Regulaing and Supplying the Table*)

薄切りのバター付きパンにごく薄切りの牛肉をはさむ。パンの耳をきちんと切り落とし、皿に載せる。仔牛の肉やハムの薄切りも同様に使える。

シャーロット・メイソンのサンドイッチの作り方についてのメモは、ほとんど無頓着無造作なひとくだりで、著書『食事を整えて供するレディへの助言』の種々雑多なレシピの最後に加えられたものである。この短いレシピを広めたことが、今日日常的に何十億人もの口に入る画期的料理法の起源に重要な役割を果すとは、シャーロットはほとんど予想だにしなかった。

この料理が、第四代サンドイッチ伯爵ジョン・モンタギューに因んで名づけられていることは疑いない。伯爵が上流社会に一体どのようにサンドイッチを導入したのかは、語り種《ぐさ》になっている。十八世紀最良の伝統に則《のっと》り、伯爵は放蕩者で賭博好きだった。一七六二年のあるとき賭け事がほぼ一昼夜続いた。だから小用に立つ、あるいは恰好よく引き締まった臀部とストッキングに包まれた脚を伸ばす以外には、伯爵は卓を離れたがらなかった。

しかしある時点で小腹が空く。食堂に行かずに食べられるものが必要だった。カードを手にゲームを続けられて、しかも野暮には見えないもの。そこで召使を呼ぶと、二枚のパンにバターを塗って間に肉の薄切りを挟むように頼んだ。料理が運ばれてくると、賭け事の仲間もこれに賛同し、同じものを頼む。そこで「サンドイッチ伯爵と同じもの」を食べることがはやり出したのだ。

この革新的な食べ物が生まれたのがいつであれ（賭け事の最中に、あるいは単に机に向かって仕事をしているときに、この「サンドイッチ」を実際に注文したのかどうかはわからないが）、その年の十一月よりかなり前のことだった。十一月にはこのアイデアは広まっていたのである。歴史家で議員のエドワード・ギボンの日記の一七六二年十一月二十四日に、次のような件《くだり》が見られる。「ココア・トゥリーで食事をした…あの尊敬すべき人々の集まり…夜ごとまことにイギリス的な光景が見られる。グレート・ブリテン王国の一流の人々…二十人あるいは三十人…小さなテーブルで飲み物を啜り…肉の冷製を少し、あるいはサンドイッチをつまむ」。

しかし第四代サンドイッチ伯爵は、この独創的な口に運びやすい軽食に名を残したかもしれないが、実際に発明したわけではない。おそらく地中海東部に旅行した時に目にしたのだろう。同地ではメゼ（訳注：ギリシア・近東料理の前菜）やカナッペと並んで、おいしいもの少々を挟んだパンがあった。いつもながら、まずそこに行きついたのはギリシア人で、おそらくずいぶん前からサンドイッチを作っていた。しかしよく旅行した——何よりも政治家で海軍卿だった——一人のイギリス人がそれを食べ、名前を貸し、りっぱな一品としたのである。

サンドイッチ自体の評判はよかったかもしれないが、最初の頃に作られたのはそれほど評判のよくない催しの場でのこと。上流階級の人々が参加した深夜の宴会で、これをつまめばゴシップに興じたり、賭け事をしたりしながら空腹を満たすことができるので、人気料理になった。舞踏会や大宴会にも広まったが、十九世紀の間に昼の正餐の時間が遅くなり夕方になるつれていっそう幅を利かせるようになった。前の晩のローストが翌日のサンドイッチに挟める

肉の冷製となったのである。

人々の職住が離れるに従って、サンドイッチの手軽さは人気を得る。肉入りパイ——滋養となる食べ物がパイに入っていて、必要なら温めることができる——は地下で働く坑夫を支えたが、馬車や列車で通う男女は軽い昼食としてもっとこぎれいなサンドイッチを好んだ。

実のところサンドイッチが根を下ろすのに、十八世紀半ばまでかかったのは、驚くべきことである。もちろんパンはかなり前からあり、長いこと食物を入れるのにもちいられてきた。皿の代わりにパンの大きな一片にスープやポタージュが注がれた（六六ページ参照）。他の肉類が上に載せられたのもまちがいない。急いで食卓を離れなければならないが、まだ空腹で、別のパンを一切れ上に載せてまとめ、持ち運びできるようにする者がいさえすればよかったのである。

一切れのパンの上に料理が載っている方が魅力的——二枚のパンの間に何が入っているかわからないということはない——かもしれないが、サンドイッチは持ち運んで食べることができる。一九四四年の大冊『食習慣の起源』におけるH・D・レンナーの考察は説得力がある。「このような強みの前に、上に料理を載せたパン一枚では、いくらおいしそうでも物足りないし、勝てなかった」。

時とともに、サンドイッチはピクニック、夕食、お茶の時間に食べられるようになり、居酒屋や宿屋で出されるようになる。十九世紀にイギリスで禁酒運動――エールやジンの飲みすぎに対する、理解できないこともないが極端な反応――が起き、盛り上がりを見せたとき、居酒屋の店主は酒飲みを呼び戻すためにただでサンドイッチを提供した。

ジョージ三世の治世（王はアメリカの植民地を失い、気がふれた）の初めの頃に、シャーロット・メイソンは著書でサンドイッチを紹介したが、同書の何百もの料理のひとつに過ぎない。そしてそれはシャーロット自身が先導した多くの重要な進歩のひとつだった。同書にはたとえば、「チャウダーと呼ばれる魚介料理」のレシピ、卵に関する大きな創意に富んだ一節を始め、他にビーフ・オリーヴズから、「チーズ・トースト」および「フローティング・チョコレート・アイランド（訳注：チョコレート飲料にメレンゲを浮かべたもの）」など珠玉のレシピが含まれている。

シャーロット・メイソンの人物像ははっきりしない。わかっているのは、三十年の経験を持つ家政婦で、昔の「献立表」の季節のメニューを提唱するのにとりつかれていたことくらいである。彼女はそれを「食事を整える」と呼ぶ。どのページも、他の料理につりあう料理の提案に費やされている。もちろん今日見られるような、それだけで食事にもなるサンドイッチはない。シャーロットは自分の助言が、「女主人の好みと家庭経営の評価を高める」ことを願っていた。レディがサンドイッチのおかげで夫も幸せにできるとシャーロットが示唆してさえいれば、革命的なサンドイッチはさらに速く広まっていたかもしれない。

45

バター入りアップルパイ

著者…アメリア・シモンズ
出典…『アメリカの料理』(*American Cookery*)

酸っぱいリンゴの皮を剥き、4等分にして芯をくり抜く。パイ生地の器に入れ、パイ生地で蓋をして、30分焼く。オーヴンから取り出して、そっと蓋を取りはずし、砂糖、バター、シナモン、メース、ワインあるいはローズ・ウォーターを加える。

バター入りアップルパイはアメリカ文化の象徴となっている。第二次世界大戦時のアメリカ兵は、母親とこのパイのために戦ったという。アップルパイの焼きたての匂いと翻る星条旗があれば、多くのアメリカ人の目には涙が浮かぶ。誰あろうと彼らの生き方の邪魔立てを目論む者には、喜んで対決するようにはっぱをかけ、奮起させるに十分なのだ。アメリカ人はこのパイを発明したとまでは言わないが、完成したと考えている。だからアメリカのまさに最初の料理書に最初にアップルパイが登場したのは、ちょっぴりいまいましいが重要なことだった。

アメリア・シモンズのアップルパイのレシピはひとつだけではないが、その「バター入り」のレシピではリンゴは生のまま入れる。別のレシピではパイに入れる前にリンゴを煮て裏漉しする。シナモンとメース——ナツメグの繊細な風味の仮種皮——を加えて焼いたものは、ことにローズ・ウォーターあるいはワインは抜きで、パイ皮がおいしく甘くパリパリにできれば、今日のまさにアメリカ的なアップルパイ（もちろん数種類ある）と異なるところはない。

アメリカ人はアメリカで最初にレシピを書いた者を誇りに思うと同様に、アップルパイを誇りに思うことができる。入植者が至る所にリンゴの木を植え、リンゴの実は貯蔵できたので、パイは一日のうちいつでも食べられることが多く、国中のあらゆる所で見られた。本を書くに当たって、アメリア・シモンズは長い間国中に波紋を起こしていた独立の精神を表明する。イギリスの降伏は遠い記憶となり、独立宣言からすでに二十年が経過していた。

この本が出版された年には最初の大統領選挙がおこなわれ、ヨーロッパからの移民が到着して、アメリカ合衆国は西部へと拡大し、人口が急速に増加し始めていた。テネシーが十六番目の州となったのは、同書が出版された直後である。すべての州を一体とするように、アメリアは誇りをもってその書名を『アメリカの料理』とした。

そのときまでアメリカに出回っていた本はガーヴェイス・マーカム（一四七ページ参照）やハナ・グラスのようなイギリス人の著書だった。一七四二年にアメリカで出版されたイライザ・スミスによる『完璧な主婦』もあったが、それは過去百五十年間にイギリスでさんざん見られた他の主婦向けの本からかなり剽窃している。この新しく独立した合衆国の精神を反映したものとしての、この国固有の産物の活用に独自に取り組んだものとしてのレシピ集はなかった。

アメリア・シモンズは、それをすべて変える——そう少なくともその一部を。挽き割りトウモロコシで料理し、七面鳥のためにクランベリー・ソースを作った（九八ページ参照）。そのソースは猟鳥にかけて食べるテューダー朝の料理人が作った赤いメギのソースの末裔かもしれないが、クランベリーはアメリカ固有の産物なので、アメリカ人がそのソースを自分たちのものと主張することにはかなり分《ぶ》がある。数年前のあるフランスの料理書には挽き割りトウモロコシのレシピがひとつ出ていたが、アメリアのレシピはいくつもあり、あまりフランス風ではない。

またパンなどの生地をふくらませるために真珠灰——昔のベーキング・パウダー——を使うことについて初めて述

べており、ベーコンをトウモロコシの穂軸の煙でいぶす。そしてアメリカの市場向けに料理の名前を呼びかえる。たとえばオートミールのビスケットをIndian（インディアン）と呼び、今ではアメリカ人すべてにすっかりおなじみのcookie（クッキー）という言葉を導入する。

アメリアの最大の勝利は、アメリカ先住民の産物をイギリス料理の伝統と合体させ、それこそこの新しく成長する国のためのレシピだと思わせたことである。そしてこの本を「この国ならびにあらゆる階層の生活にふさわしい」と宣言して売り出した。本の価格も二シリング二ペンス――今日の価格でおよそ一ポンド――と安くしたので、よく読まれ、年内に第二版が出た。「需要はきわめて大きく、どんどん売れました」と述べている。

というとでアメリア・シモンズとはどんな人物だったのだろう？　アメリアについてはほとんど知られておらず、そのレシピと序文に見られるわずかな手がかりから推理するほかない。わかっているのは孤児だったことで、本の扉にそう書かれている。そして単に年のいった孤児ではなく、「アメリカの孤児」だった。実のところアメリアはまさにこのことについては少しばかり腹を立てており、いささか不機嫌そうに感じられる。普通の家族のいる人々を、「両親あるいは兄弟、あるいは資産のある女性」をうらやんでいるような口ぶりである。とはいえ、その気持ちはわからなくもない。

「両親を失ったか、あるいは他の不幸な事情により困窮して、家事を仕事としてよその家庭に入らなければならないこの国の女性」のために、この本を書いたとアメリアは記している。独立戦争ならびに独立宣言によって、国家の威信はおおいに高められたかもしれないが、多くの人々が明らかに悲惨な目にあっていた。生き延びるために、孤児は「自分自身の意見と決断」を持たなければならない、と述べている。そして自分が学ぶのに苦労したので、導き手のいない人々の助けになりたいと。

同書はまた若い女性をターゲットにしていた。若者は感化されうるのに対して、「老人は日々起こるさまざまな変化や流行に適応できない」と記しているが、それは経験に基づいているにちがいない——アメリアはある種の使用人、おそらく料理人として働いていたようだ。若者は「その時代の好み、その時々の思いつきに従い、順応する」。

1781年10月ヴァージニアのヨークタウンで敗北後、ワシントン将軍に降伏したイギリス軍。

アメリアには知恵があったが、文盲だったようだ。第二版で、初版は必ずしも思い通りではなかったことに気づいたと、ぶちまけている。「筆記者の無知、あるいは悪意によって起こった…はなはだしい愚かな間違いや誤りが」ある、と述べている。

だからおそらくあふれんばかりに知識を蓄え、それを本にして伝えたくてたまらず、誰かを説得して、レシピをすべて口述筆記してもらったのだ。それ自体はかなり見事な離れ業である。それから、手稿は読めなかったので出版された本を読んでもらって、それが頭にくる代物であることに気づいたのである。

実のところ、われわれから見れば特に害はないように思える。アメリアの怒りを主として引き起こしたのは、市場で品物を選ぶときの助言で、本の初めの数ページに付け加えられたものだった。それには、たとえば古くなった魚の見分け方など役立つ情報が含まれている。「鰓《えら》が新鮮で、目がきれいに澄んでいるもの」を探すべきである。怪しい売り手は、魚を並べるときに、尾を濡らし、動物の血をはねかけ、鰓に色をつけさえするかもしれない。

しかしこれはまさにイギリスの料理書のきわめて多くが提供している情報で、アメリアはそれらの本とはちがうものを望んでいた。だからこのような記述が十七ページもあることを知って、激怒したのである。自分の読者は良い品と悪い品のちがいくらいは知っているので、そのような手引きを載せることは、読者を見下すようだと思ったのだ。

アメリアが正しかったか否か、あるいはまちがっていたか否かは、重要ではない。この本は植民地アメリカの独立の一部だった。そしてイギリスの本は市場での買い物に役立つ助言をしていたが、アメリアはそれを望まなかった。のみならず、おそらく長たらしくて飽き飽きする「食事のメニュー」——どうやら何世紀もの間掲載されていた季節のメニュー——も載せたくなかった。筆記者は少なくともそれは加えていない。

アメリアは結婚はしなかったようだ。そしてこの本は大成功を収めたが、それで大金を得たかどうかはわからない。同書のさまざまな版が出版された場所から推測すると、おそらくニューイングランドのハドソン川渓谷に沿ったどこかの家で雇われていたようだが、その仕事を辞めることはできただろう。たぶんこの気の毒な孤児は、ある日、明らかに渇望していた独立をついに獲得したのである。

言うまでもないが、この本は剽窃された。もっとも腹立たしいのは、一八〇五年に出版された「アメリカのレディ」による『新しいアメリカの料理書』と一八一九年に出版されたハリエット・ワイティグによる『家庭料理』である。前者は一語一語引き写しており、後者はボストンで刊行されたが、第二版の改訂さえ含まれていない。本人が承認もしていない手稿を盗作し、ちがう名前で再版したのでは、故人が浮かばれない。しかしアメリア・シモンズはその怒りや盗作されたことよりも、新しいアメリカの精神を体現したその方法、そしてさらに重要なことには、アップルパイのレシピで、人々の記憶に残っているのである。

46

レバー・スープ

仔牛のレバーをワインで煮て［そしてつぶし］、そのワインを漉して鍋に入れ、細かく刻んだレモンの皮、シナモン、干しブドウ、そして好みで砂糖少々を加える。量が減ったら卵黄を2、3個あるいはそれ以上を混ぜ入れる。

著者…アールチェ
出典…『アールチェ、完璧で節約家のキッチンメイド』
(*Aaltje, die volmaakte en zuinige keukenmeid*)

一八〇〇年代初頭のオランダ人は、十七世紀の黄金時代を、涙目で振り返ることができるだけだった。それははるかなる思い出以外の何物でもなかった。ビールを痛飲し踊ることが普通だった時代を思い出させるものと言えば絵画だけ。昔の船の残骸は商人がアジア、アフリカそしてアメリカに出かけては帰ってきた時代の名残で、乾燥スパイスも、当時巨万の富を手に入れた商人によって建てられた建築物も同様だった。

往時の繁栄は中流階級の食卓にはっきり現れていた。一六六七年に出版された『賢い料理人』によれば、耕作地で豊富に穫れた国内産の収穫物が市場の屋台に並んでいたことがわかる。食用獣肉、家禽、魚の燻製および干魚、焼き菓子、パイ、そしてありがたくも獲れすぎたものを利用した豊富な砂糖煮のレシピと並んで、野菜とあらゆる種類のサラダのレシピが記されている。

オランダはヨーロッパでは園芸で名高い。それは修道院や城の庭で始まったものである。そして住民が魚の保存を創意工夫した結果、ニシンの燻製のようなものが、無駄を出さないためだけでなく、料理としても定着した。

オランダ東インド会社のアジアへの進出により、食卓にはスパイスが持ち込まれた。十七世紀半ばに茶とコーヒーが到来すると、当時の食文化と社会的な儀礼にはまったく新しい様相が加わる。喫茶が大流行すると、それに添えられるビスケットもはやり、ビスケットには外国産の材料と国産の材料が合わせてもちいられた。たとえばティー・ビスケットはスパイスを効かせたジンジャーブレッドとフィンガー・ビスケットで、お茶にちょっと浸すにはうってつけかもしれない。

しかしオランダ東インド会社は一八〇〇年に解散する。その頃までにオランダの植民地の多くは、イギリス領になっていた。そしてイギリスとの戦争も悲惨な結果に終わり、経済に打撃を与えていた。

懐が苦しくなったので、オランダの食卓に上る外国産のものがいささか減る。何世紀もさまざまな食事を楽しんだので（一五〇〇年代の料理書には、たとえばサフランとショウガを使うムール貝のレシピが載っている）、オランダ人は水準を少々下げなければならず、今日まで残るあだ名をつけられた。ジャガイモ食いでエンドウ・スープ飲みになったのである。

この見たところわびしい状況に、経験ゆたかな家庭料理の料理人が現れて国を落ち着かせ元気づけた。その名はアールチェ（他の名前は記録されていない――ナイジェラ（四七二ページ参照）やデリア（四二五ページ参照）の仲間だろう）。そして一八〇三年に『アールチェ、完璧で節約家のキッチンメイド』を出版する。

「私は四十年以上厨房の監督をしてきました」と序文で言い放ってから、食物には金をかけなければならないという考えを酷評しにかかる。アールチェの見るところ、問題はほとんどの料理書が、もっぱらもっとも高価な食材を求める裕福な上流階級のために書かれていたことだった。アールチェはそれとは対照的に、「ともすれば金持ちで高慢な人々のためになりがちな」それまでに出版されている役立たずの本の大半とは異なる、「経済的な」レシピを約束する。書名に見られる「キッチンメイド」という言葉は、「ハウスキーパー（家政婦）」と解釈するべきである。これらのレシピは床を磨き、流しで食器を洗って日々を過ごした地位の低いメイドが作ったものではない。

そしてこの本には類書がある。四十年前の一七六一年に、『オランダの完璧なキッチンメイド』と題された本が刊行されて、人気を博していた。アールチェの本は同書と一八三八年に出版された『ベルギーの完璧なキッチンメイド』とにちょうど挟まれている。

アールチェの本はベルギー的でもとりわけオランダ的でさえもなく、まさに完璧で節約を心がけていた。同書には、スライス・オレンジに砂糖とシナモンを混ぜて、上にピスタチオナッツを載せた極上のパイは登場しない。それは『オランダの完璧なキッチンメイド』に掲載されたものである。

アールチェのレシピは地に足がついていた。たとえばサケをゆでるシンプルなレシピがある――もちろん料理時間や温度がどうでもよいということではない。

「このおいしい魚をゆでるためには、薄く切って、塩少々を加えた水に入れ火にかける」と始まり、そして「パセリ・ソースと若くて柔らかいニンジンを添えてもよいし、新鮮な刻みパセリ、オリーヴ・オイルとワインとともに食べても、あるいはただ酢とコショウで食べてもよい」と続く。

他方冒頭に引用したレバー・スープのレシピは、腹を満たす暖かく経済的な料理の典型だが、シナモンをわずかに加えるところが、羽振りの良かったオランダの歴史をしのばせる。

アールチェの本はオランダの人々の共感を呼び、十九世紀中多くの版を重ね、最終版は一八九三年に刊行された。新しい版ごとに新たな序文がつけられたが、初めの頃のひとつは、ワインを何本も開けながらアールチェと料理仲間が食物について討論するという体裁をとっている。後の版には、ソーセージとザウアークラウト入りのケール・シチュー、あるいはエンドウ・スープのような暖かい料理、一つ鍋のレシピに代表される新しいオランダ料理や、ミルクで作られるたくさんのデザートが掲載されている。

アールチェの成功につけこもうとする詐欺的な版も現れた。一八二八年に出版された『これぞアールチェ（*Het echte Aaltje : The Real Aaltje*)』は、アールチェとはまったく関係がなく、明らかにunrealだった。

しかしながら本物のアールチェは、これについて決して文句を言わなかったが、それにはもっともな理由があった。料理書の著者は何世紀にもわたって、厨房における倹約を自分が初めて擁護した、あるいは、たとえ高価ではないものを使ってもなおおいしく食べることができる、と主張してきたが、初版の本文を詳細に吟味すると、アールチェがそれらの著者に単に仲間入りをしただけではないことが明らかになった。そのレシピのおよそ半分は、一三七九年に執筆されたタイユヴァンの古典『ル・ヴィアンディエ』（五五ページ参照）から採られている。完璧で節約家のレシピ泥棒である。二十一世紀の料理作家の原型のようだ。

47

スフレ

著者…アントワーヌ・ボーヴィリエ
出典…『料理人の技法』(*L'Art du Cuisinier*)

卵大の良質なバター、ナツメグ少々、新鮮な卵4個を用意する。卵は卵黄と卵白に分け、卵白はビスケットを作るときのように泡立てる。ピューレが熱くてもその中にそれらを少しずつ混ぜ入れ、すべてをよくかき混ぜ、丸くても四角くてもよいが銀の皿か紙製型枠に注ぎ入れる。オーヴンで加熱する。スフレが盛り上がったら、軽く触れてみる。もし少し抵抗があればもうじゅうぶん。しぼみやすいので、すぐに供すること。

ボーヴィリエはスフレに夢中で、家禽あるいは獲物の肉で風味を添えることを好んだが、スフレはそのレストラン、ラ・グラン・タヴェルヌ・ド・ロンドルで供される料理に軽い感じをもたらした。同レストランはリシュリュー通りにあり、世界中でではないにしてもパリで最初の大規模レストランである。ボーヴィリエはそれより前に同じ通りにずっと小さいレストランを開き、自分の名前を冠したが、客はすべて貴族だったので、フランス革命によって貴族階級が打倒されると、自身も同様の憂き目を見た。しかし最悪の運命は免れ、すぐに自由の身となる。当局は四人にするよりも料理人にしておく方が役に立つと考えたのである。

そこで釈放されると、勝利の凱旋のための計画を立てた。数年前にロンドンを訪ねたとき、ロンドン・タヴァーンで食事をし、有名なシェフ、ジョン・ファーレイ——シェフにしてレシピ泥棒——に会っていた。ビショップスゲイトにあったファーレイのレストランは二千五百人まで収容できる宴会用ホールを備え、料理は豪華で結構なごちそうだったが、選ぶことはできなかった。これは多かれ少なかれ何百年も前からのしきたりである。外食には何ら新鮮味はなく、自分の家で食べるのとさして変わらなかった。居酒屋、宿屋、そして他の食堂は客に料理人の作るものを出し、エールを堪能するように給仕した。

これにボーヴィリエは苛立った。一七五四年に生まれ、プロヴァンスの宮廷で修業した料理人である。食物の調理に関する幅広く詳細な知識を備え、パリの人々に何かこれまで以上のものを提供したくてうずうずしていた。いつもぜいたくな選りすぐりの料理が並べられる貴族の家で、その気まぐれに応じて料理をしてきたので、もっと多くの人々が料理を選べたらと考える。それで客に料理を選んでもらうという新しい考えに立ってレストランを開いた。

実際にはボーヴィリエが最初にレストランを開いたのではなく、ブーランジェという人物が一七六五年に自分の名前のレストランを開いていた、と言う歴史家もいる。得意分野は温かいスープとブイヨンだったので、自分の店をrestorative（元気を回復させる）という意味で、restaurant（レストラン）と呼んだ。扉にはどうやら、「ブーランジェはすばらしい食べ物を提供いたします」と書かれており、同じ調子で「腹ペコの方々、いらっしゃませ。滋養あるものを召し上がれ」とも記されていた。

ブーランジェは外で風変りな衣装を着て剣を振りかざし、客を勧誘したという。しかし当今のアメリカの学者レベッカ・スパングは、このようなことについて実際の証拠は何もないと論じている。この種のきわめて多くの逸話のように、それは「ただ噂によって伝えられ、その後手に負えなくなった」単なる伝説に過ぎないと。

しかしながらボーヴィリエは伝説ではない。そのレストランは優に二十年間パリに冠たる存在で、真似する店が後を絶たなかった。そしてもし他の者がなおその先駆者の冠を剥ぎ取ろうとするなら、誤解を正すために、ボーヴィリエの同時代人、法律家、政治家にして食通のジャン・アンテルム・ブリア゠サヴァラン（二一八ページ参照）――柔らかい白いチーズはその名に因んだもの――を証人とすることができる。その言葉によれば、ラ・グラン・タヴェルヌ・ド・ロンドルは、「しょうしゃなサロン、身なりのきちんとしたボーイ、選ばれた酒、上等な料理をそろえた」（関根秀雄、戸部松実訳）レストランだった。

ボーヴィリエは古典的な経営者だった。料理をし、客も迎えた。客の名前と好みを覚え、好みにあうものを示しながらメニューを見せる。そして一番重要なのはポケットの中の大きな鍵。ワイン・セラーの扉を開ける鍵で、選ばれた料理に添えるすばらしいワインを提案した後で、それを得意げに見せるのだった。

レストラン店主として大変巧みだったので、客は金を払っているにもかかわらず、実際には寛大な主人の好意でもてなしを受けているように感じた。その典型がスフレである。食前あるいは食後の辛口の料理だったが、人気があった。そのレシピは、一八一四年に出版された『料理人の技法』に記載されており、しぼむ前に急いで供するように記されている。スフレは明らかに昔からしぼむものだった。というのもボーヴィリエの有名な後継者マリー゠アントワーヌ・カレーム（二三九ページ参照）は、『フランス料理術』という著書で何ページも割いてスフレ（文字通り膨らんだものと訳すことができる）を取り上げ、しぼまない作り方を記しているからである。

カレームがバトンを引き継ぎ、次のセンセーショナルな出版をするまで、ボーヴィリエが死のわずか三年前に書いた『料理人の技法』が以後フランス料理書の定番となった。「料理は最初は単純だったが、何世紀も経るうちに洗練され、むずかしく複雑な技術になった」とボーヴィリエは著書に記している。四十年以上も商売を続ける中で、実験し、革新し、今や自分の仕事が「最高」だと自信を持って言えると感じていた。「食卓の愉しみをよくわかっている人々は、私の店に来るのを決してやめない」。

ボーヴィリエは信念の人だった。使用人が悪いのは、主人が悪いからだと述べている。最高の主人は、「ホールからはやりの不道徳なカード・ゲームを、使用人から酔っぱらいを締め出す」。また浪費はしない。客が金持ちだろうと貧しかろうと、厨房での節約は重要だった。「鶏の蹴爪も魚の骨も捨てることは許されない」と断言する。よい材料というものは贅沢品であって、料理人はそれを忘れてはいけない。「よいものが気前よく与えられても、濫用してはならない」というのが、日頃の口癖だった。時間も無駄にするべきではない。よい料理人はレシピをそらんじることができるまで、よく見て学び研究する必要がある。「料理人がレシピ集を一々めくっていたら、その労力たるや測り知れない」。

ボーヴィリエは、食事に変化をもたらすようしきりに勧める。それまでの料理名人の大半同様、詳しいメニューを記しているが、それらは単に着想の源として使われるべきだった。そして食事は量や速さも変えなければならない。「味のわかるシェフは、いつでも見境なく亀や鹿の肉を出したりはしない」と説明する。客は「みごとなマンゴーの風味…おいしいサラダ…そして気の利いた会話の魅力」によっても同じように満足するだろう。

さらに読者が客のために「すばらしい食事」という経験を再現できるように、幅広いレシピを載せている。カレー、ベシャメルソース、ブルーテ（訳注：鶏肉または仔牛肉の煮出し汁で作ったなめらかなホワイトソース）、ブラック・プディング、そして手の込んだ豚足のトリュフ添えがあり、アイスクリーム、飲み物、果物の砂糖煮があった。供し方も重要である。たとえばアスパラガスは、「調理が済んだら、船型の器に入れたバターソースを添えて供する」と述べている。キジの料理については、「もし客がイギリス人なら、ブレッドソース（訳注：主材料のミルクにパン粉などを入れた濃厚な猟鳥肉のロースト用ソース）を添える」と。

また相当なワイン・マニアでもあった。「新しいワインには胃が刺激され、頭をやられる。そして古すぎると神経をやられる」と述べて付け加える。「シャブリのワインはいい。ムルソーはもっといいが、シュヴァリエ・モンラッシェは全般にその上をいく」。シャンパンについては、「その主たる特質は精神の高揚をもたらすことにある」と述べ、他方レディのためには、「ラングドックのワインはみな実においしく、女性のお気に入りである」と明かしている。

ボーヴィリエはレストランの主人として細部まで実によく行き届いていたので、その店で長い午後を過ごせれば、ほとんど誰しもこの上なく満足したことだろう。

48

春の果物のプディング

著者…ウィリアム・キッチナー博士
出典…『料理人の託宣』(*The Cook's Oracle*)

ルバーブの茎9本をきれいに洗ってシチュー鍋に入れ、レモン1個の皮とシナモン少々、クローヴ2個、甘味がつくだけの湿糖を加えて火にかけ、煮詰めてジャムにする。毛の裏漉しで漉して、レモン1個の皮と、ナツメグ半分の擦り下し、上等のバター1／4ポンド、卵4個分の卵黄、1個分の卵白を加え、すべてをよく混ぜ合わせる。パイ皿(単にそれを入れる)の内側によくできたパイ生地を敷き詰め、混ぜ合わせたものを入れて、30分焼く。

アクロポリスさながらの女人像柱の立ち並ぶ聖パンクラス教会は、ロンドンのユーストン・ロードにあるが、その堂々たる内部に入ると、外の電車や自動車の音は低いつぶやきのように遠のく。右側にある暗い信徒席を通り過ぎると、すぐにウィリアム・キッチナー博士に捧げられた記念銘板が目に入る。銘によれば、博士は「医学に精通し…音楽理論と作曲に秀で、望遠鏡を改良した」。すべてまことにすばらしいが、伝説の食通を記念するものを探してもほとんど見当たらない。

ウォレン・ストリートの近くに住んでいたキッチナーは、望遠鏡はさておき、医学や音楽に造詣が深かっただけでなく、実のところ食物というテーマに心血を注いでいた。医学的知識を十分に備え、食物に関するあらん限りの本を読み、その上で注意深くしっかりと料理に足跡を残した。

そして料理の発展への貢献は測り知れない。料理の計量を標準化しようとしたが、その過程は多年にわたって続くことになる。食物の調理および消費の際にふさわしいと思う態度および作法を詳しく述べた。また体内には機知に富んだ風変りな血が流れているような人物でもあった。多くの考えやレシピを記した独創的な著書『料理人の託宣』は、それまでに出版されたもっともおもしろい料理書であるばかりか、正真正銘寝転んで楽しめる初めての料理書だった。

一七七七年にやり手の石炭商の一人息子として生まれ、イートン校で教育を受け、グラスゴー大学で医学を学ぶ。イングランドで医師になる資格は与えられなかったので、スコットランドに住んで働くしかないと思っていたが、ありがたいことに七万ポンドに上る父の遺産を相続した。ロンドンに戻ると、今や独立した資産家として情熱のおもむくままに料理し、食物について語り、考え、書いた。

ウォレン・ストリートに地所を買い、妻子にも恵まれると、ふたつの懸案に取りかかる。本の収集と著名人の常連を食事会に招くことである。集めた料理書を細部まで辛抱強く苦労して読んだ後、料理を作って仲間に試食させ始めた。それから自分の料理書を出版することができたが、もっとも至極である。

しかし食物だけが関心事ではなかった。美食道におけるカタルシス効果のある息抜きとして、歌から馬まで一連の対象に取り組んだ。夥しい著書のうちいくつかの書名を挙げると、『目の効率的な使用と眼鏡、オペラ・グラス、望遠鏡を選んで使うための基準』、『遺書作成の愉しみ』、『チャールズ・ディブディンの海の歌』などである。友人や知り合いが、その並外れて広い知識、あるいは同時代人のひとりが述べたように、「光学、音楽、医学、美食学に表れた有り余るほど豊かな才能」に気づいたのは、キッチナーが開いた多くの晩餐会の席上だった。

大規模な料理書研究期間を終えて、キッチナーは落胆を口にする。「単調で退屈な過程」で、「ヘラクレスのよう

医師で科学者で発明家のウィリアム・キッチナー博士は、『料理人の託宣』の著者でもある。

な苦行」だった上に、その頃までに刊行された数えきれないレシピ集の多くの欠点に気づいたからである。主役となるレディの振る舞いのような事柄に関するもったいぶった助言には冷静だったが、前世紀にレシピの盗作が桁外れに多かったことには愕然とした。「切り貼りすること」は、「ペンとインク」を使うよりずっと一般的に見られた、と『料理人の託宣』の序文に記している。実に多くの著者が「怠惰で、誤り、偏見、先達の剽窃を不朽のものとして」いる。

さらに「これを少し、あれを手のひら一杯、それをひとつまみ」のようなあてにならない指示にも苛立った。そのような指示は、料理人、とりわけ厨房での経験のない料理人には、ほとんど役に立たない。『ロビンソン・クルーソー』を読んでも、水夫はイングランドからインドへと安全に舵を取ることができない」のと同様に、そのようなレシピは用をなさないと述べている。

キッチナーには最近のレシピ作成者の多くがその料理を試しているとは思えず、それを根本から変えようと誓う。新しい基準を設けるつもりだった。「このような正確さが以前に料理書で試みられたことはなかった」と強調する。料理人はすべて「重量計と液量計」を必要とすると述べ、標準化された計量の自分の指針を著書の中で発表した。言うまでもないが、その助言はきわめて煩雑だったので、かなりの改良が必要だった。

貧しい人々がいまだにほとんどパン、バター、ジャガイモ、ベーコンだけの食事に頼っていた一方で、中上流階級の人々の場合には召使ともども、食べられる食材が絶えず増え続け、プディングが好まれていた。キッチナーの春の果物のプディングは、とりわけ異国風というわけではなかったが、その甘さが受けただろう。人口は急速に増え、ジョージ三世――それまでで最長の六十年間王位に就いていた――の治世の終わりには、イギリスはヨーロッパの強国になっていて、社会の習慣やしきたりがますますものものしくなりつつあった。

キッチナーの本の出版は、大いなる形式化へのこの動きと一致していた。舞台となったのは厨房とダイニング・ルームである。そしてキッチナーは自ら説くところを実践した。自分のレシピの価値を判断するために、その料理を評価し、その食事作法のきびしい原則を学ぶことのできる人々を集めて、定期的に食事同好会を開いた。

同好会は「美食倶楽部」と名づけられ、その客は「第一級の大いなる食通のサラブレッド」だったと著書に書かれているが、実のところはそれ以上。客は「この豪奢な首都のもっともはなばなしい美食愛好家」で、その中には父のジョージ三世が精神に異常をきたした間摂政王太子を務めたジョージ四世も含まれていた。

食事に品位と礼儀と敬意を持ち込もうとするキッチナーのねらいによって、煩わしい決まりが作られた。食事への招待状は、「十日前に書き送り、少なくとも二十四時間以内に返事をいただかなければなりません」と述べている。断る場合には、しかるべき理由が必要である。「確固とした避けられない理由がないのに断るのは、この上なく無礼です」。そして招待を受けてぬらりくらりすり抜けようとする者を神は許さない。十分な理由とは「死亡とは言わないまでも、緊急の仕事や病気」だった。

キッチナーは時間にうるさかった。常客のウィリアム・ブロッケンドンへの招待状には、次の晩餐会では「五時半ちょうどにテーブルに料理が並べられ、ただちにその日の活動が始まります」と書かれていた。またマントルピースの上にも来場時刻と退場時刻を示す掲示が置かれていた。

迅速を望むことは、時間に支配される料理人に力を貸すことにほかならない。「五時に供されれば胃に違和感がなく、健康の回復に役立つものも、十五分過ぎれば食べられたものではなく、消化にも悪いだろう」と記している。遅刻する者はごちそうをむだにする。そのような客は「へまで育ちの悪い愚か者」だった。

三十分遅れるよりは十五分早い方がよい。そして指定された時刻に到着しない者は、テーブルに着くことを絶対に許されない。「誰あろうと、待ちはしません。時計が鳴るや否や、祈りを捧げ、食事会を始めます」と宣言した。しかしキッチナーは当時の時間の考え方にはてこずっていたようだ。「五時に来てくださいというのは、一般には六時にということらしい」と不満を言う。五時というのは、「きっかり五時…正確に五時のことです」と主張した。

食事前の顔合わせや挨拶に関しては、招待主に対していっそうきっぱり助言する。人々をはっきりと紹介すること。「それぞれの名前をよく聞こえる声で呼び、客同士にあるかもしれない面識やつきあいなどのつながりを機敏につかむこと」。これは重要で、「オペラにとっての前奏曲のように欠くべからざるもの」と信じていた。

そして着席に関しては、座席札を推奨した。当時フランスには賛成できない習慣があった。晩餐会ではレディがまず着席し、それから隣に座ってほしい男性の名前を呼ぶというもので、即席サッカー試合の選手を選ぶのにいささか似ている。これは理想的ではないとキッチナーは感じていた。なぜなら「内気なレディはひそかに思いを寄せる人の名前をあえて口にはしないかもしれない」からである。また大きな宴会では招待主は、テーブルの端ではなく中央に座るべきである。そうすれば、どの客の接待にも等しく時間を振り分けることができるからだ。

それから食事を始める前には、祈りを捧げなければならない。唱えても歌ってもよい。『料理人の託宣』に是とする楽譜を掲載し、祈りを唱えようが、歌おうが、英語でなくてはならない、と注意している。「外国語で歌うほど無礼なことがありましょうか?」

誰もが着席すると、客にレシピを発表する。これらの料理すべてを食べることは、大変な仕事だった。キッチナーは「美食倶楽部」を十九世紀初頭の探検家になぞらえる。「最近極地の探検に出かけた人々は、断固たる精神で鯨や熊、氷山や飢えをものともせず、また極端な天候にも怯みません」。

そしてそのモットーは「胃を痛めてはならない」ではあったが、客に食べさせて試すことを好んだ。しばしば参加したウィリアム・ジャーデンによれば、ある料理が気に入らなければ、「即座に薬瓶の薬を熱心に勧められました……もし三滴で治らなければ、遺言書の作成を考えるべきです」。他の参加者は、キッチナーの料理の解説にうんざりしたようで、その中のひとりが報告している。「スープのキャセロールは、中身が説明されたからといって、さらにおいしくなるわけでもありません」。

それでも客の多くは料理と会話を楽しんだ。ジャーデンはキッチナーが温厚な招待主で、会話も機知にあふれていたと回顧する。ある晩当時利用できたさまざまな移動方法が話題になっていたが、キッチナーは人々が馬でなく牛に乗って旅行すればいいと提案する。「旅行者はその背に乗って旅をし、牛乳で命をつなぐことができるからです」。

料理を食べ、おいしいワインを飲むと、もし宴会が十一時に終わることになっていれば、客はみな速やかに帰って行った。それはキッチナー自身が断固としておこなっていた習慣だった。つまり一八二七年の晩餐会まで。ベイカー・ストリートのブラーム氏のところでの晩餐会で、キッチナーは意気揚々として、「大得意だった」と友人は回想する。とりわけブラーム氏のペットのコンゴウインコに心を奪われていた。インコは一晩中氏の肩に止まって時折ギャーギャー鳴いていた。キッチナーは時間を忘れ、暇乞いをしようと立ち上がったときには、仲間の参加者によれば、「魔の十一時よりも二時間あるいはそれ以上も過ぎていた」。翌日の午前九時にキッチナーはこの世を去る。まだ五十二歳だった。

葬式で友人は偉大なる美食家のために乾杯し、「良き晩餐は人間の生活の中でもっとも大きな楽しみのひとつである」というその信念に思いを馳せた。

49

キジのブリア＝サヴァラン風

著者…ジャン・アンテルム・ブリア＝サヴァラン

出典…『美味礼讃（味覚の生理学、或いは、超絶的美味学の瞑想）』（関根秀雄、戸部松実訳）
(*Physiologie du Goût, ou Méditations de Gastronomie Transcendante*)

羽をむしり取り、はらわたを抜いてから

さてそれからいよいよ雉に詰め物をする段となる。それは次のように行われる。

山しぎ2羽の骨をとり臓物を抜き二組に分ける。すなわち肉の部と臓物の部とにわける。

まず肉の部を、蒸気でむした牛の骨髄といっしょに刻んで、少量のベーコン、こしょう、塩、香味野菜、それから雉の内部をいっぱいにするにたるだけの上等のトリュッフとともに、詰め物を作る。

…

雉を横たえて両端が2インチ（5㎝）ばかりあまるほどのパンを別に一片用意する。それから先ほどの山しぎの臓物を大きなトリュッフ2個、アンチョビ1匹、少量のきざんだベーコンおよび適当なバターのかたまりとともにすりつぶす。

それからさきほどのパンを焼いたものの上にそれを一様にならし、その上にしたくしてある雉を置き、焼ける間に全体がまんべんなく流れ出る肉汁にうるおうようにする。

雉が焼けたらその焼きパンの上に寝かせたままで供する。回りに苦いオレンジを置くとよい。

この風味高い御馳走《ごちそう》は何よりも上部ブルゴーニュの地酒をのみながら食べるにかぎる。これは私が長年の研究のすえ発見した真理である。（関根、戸部訳）

フランスが美食学《ガストロノミー》の分野で――あるいは単に食物の分野で――その優越を主張できる瞬間があったとすれば、これこそがその瞬間である。「どんなものを食べているか言ってみたまえ。君がどんな人かを言いあててみせよう」（同訳）とジャン・アンテルム・ブリア＝サヴァランは宣言した。

その瞬間とは著書『美味礼讃』が出版された一八二五年十二月八日である。海の向こうのイングランドではウィリアム・キッチナー博士（二二二ページ参照）が『料理人の託宣』を一万五千部売り、読者に料理や礼儀作法について、たとえば丈の高い枝付き燭台が新たに流行していることへの反感（りっぱな代物だが、皿を見なければならないのに天井を照らしてどうする？）なども含め、機知に富み簡にして要を得た意見を浴びせかけていたが、ブリア＝サヴァランは美食学にまったく新たな重要性をもたらした。

食物を単に哲学の重要な一部にしたのみならず、食物――そしておいしい食物、偉大でさえある食物――は、人間がこの世に存在し生存するために欠かせない、と簡潔に論じているのだから、賞賛せずにはいられない。もし二百年くらい前にイギリス人がブリア＝サヴァランのようにこの問題をまじめに取り上げていれば、今日のイギリスには食文化がもっとしっかり根づいていたかもしれない。

しかし話を十九世紀の初頭に戻すと、フランスはこの点については先を行っていた。キッチナーでさえそれに触れている。フランス人は食物についていっそうよく理解しているが、その理由は「もっともおいしいワインが豊富にある」からというだけではない。「われらが隣人の厨房の技術は名高いが、当然至極である」と書き、「フランスにはフランス人の数だけ料理人がいる」ということわざに同意している。「彼らはおいしい料理によって命を十分に回復させ続けるこつを、いともたやすく習得しているので、液体の刺激によってねじを巻く必要がほとんど、あるいはまったくない」と続ける。

ブリア＝サヴァランはこのような事態を要約する。そのアフォリズムは今日でもなお非常に有名で、多くが決まり文句になっているが、食物についての明らかな真実を述べている。以下にそのいくつかを挙げたい。

生命がなければ宇宙もない。そして生きとし生けるものはみな養いをとる。

禽獣《きんじゅう》はくらい、人間は食べる。教養ある人にして初めて食べ方を知る。

新しい御馳走《ごちそう》の発見は人類の幸福にとって天体の発見以上のものである。（関根、戸部訳）

ブリア＝サヴァランが世界における美食学の地位のために論じて成功したのは、とりわけこれらの考えによるものだった。食物は政治や歴史同様に重要で、経済のように決定的で、人間に必要な楽しみを味わうのには日常生活に欠かせない。これは、法律家の鋭い知性で医学や化学を学んだ後に行き着いた考えだった。後半生は裁判官を務め、独身を通したが、単に研究とおいしい食事の人生ではなかった。

ブリア＝サヴァランは一七五五年ブレス州ベレーの法律家の家に生まれる。母は料理に熟練していた。おばが亡くなり、名前を変えることを条件に財産を残してくれたので、おばの名前もつけ加え、ディジョンに行って、法律、化学、医学を学ぶ。ベレーの弁護士事務所に呼び戻されて、政治にも手を出し、国民議会の代議士となる。一七九〇年代にフランスの大審院判事に任命されたが、フランス革命が進行していたので、極刑を擁護したにもかかわらず中道派と目されて任を解かれ、連邦主義で告訴されて革命裁判所に召喚された。

誹謗《ひぼう》者たちがギロチンの刃を研ぎあげている間に、パスポートをつかむとスイスに亡命する。それからオランダに行き、アメリカに渡って、その後数年間ニューヨークでフランス語を教え、小さな劇場オーケストラでバイオリンを弾いて細々と生計を立てた。そしてフランスの騒動が収まり、気を使って述べているように「時代が良くなった」とき、一七九七年に帰国して裁判官の地位を取り戻し、再び大審院の判事となる。

当時四十代初めのブリア＝サヴァランは、余暇にパリの自宅で友人をもてなし、論文を書いて過ごした。名を残すことに主として貢献したこの本は死のわずか二カ月前に出版されたが、それはその極度の慎み深さを反映して匿名だった。しかし著者の噂はすぐに広まり、二十一世紀の伝記作家ジャイルズ・マクドノーが述べているように「パリジャンはこの並外れた研究と、それをまとめた背の高い恰幅のいい裁判官のいたずらっぽい機知によって煙に巻かれた」。成功の一因は、きわめておもしろく読めたからである。『ワシントン・ポスト』紙の記者が最近書いたように「おいしい食事とワイン、そしてよき仲間に目が無いまっとうな人間なら、誰しも一冊は持つべきである」。そして実のところは、本章のキジ料理のようなそのレシピに特別なワインを推薦するという、当時としては目新しい事実のためだけとしても。

ブリア＝サヴァランはまさにフランス革命進行中の1790年代に、大審院判事に任命された。

「美味学は人間の一生を支配する」(関根・戸部訳、以下同訳)とブリア＝サヴァランは後世にきわめて大きな影響を与えた著書の中で述べる。そしてそれを無視したり、避けたりはできない。なぜなら「われわれをゆりかごから墓場にいたるまで養ってくれる…まったく、人は生れ落ちるや呱呱《ここ》の声をあげて母の乳を求めるし、死に瀕してもなお若干の喜びをもって、かわいそうにもう消化する力もないのに！最後の一さじを吸うのである」。良い食事は、いかなる階層のいかなる人にも影響を与える、と論ずる。国家の運命はしばしば大晩餐会で決まるが、権力者の決定は、満腹しているか否かによって左右されうる。同様に、「栄養のよくない人は長時間の労働に耐えられない」。

人間には単に趣味に耽るために味覚があるのではない。「それはわれわれの快感に訴えて、われわれが生の活動のために絶えずこうむる損失を補償させる」。味わうという能力によって栄養になるものを選ぶことができる。そしてわれわれ人間にはみなこの能力が備わっている。「人間がこの地球上に生存する感覚ある存在の中で、もっとも多く苦痛を感じるものであることは争われぬ事実である」。結局人間は髪が抜け、戦争に行き、始終病気になる。多くの器官が、味覚の喜びよりは苦しい試練を与える。従っておいしいものを食べることは贅沢ではなく、必要なことなのだ。

この主張は、ますます繁栄し十分な教育を受けたパリの市民階級の心に深く刻まれた。おいしい食事をしたいと当然ながら願う読者のために、お気に入りの食品雑貨、パンやペストリーが買える場所の長いリストも付されている。イギリス、ドイツ、ロシア、アフリカそしてアメリカ産の食材が市場では手に入った。ブリア＝サヴァランによれば、「…御馳走《ごちそう》はさながら世界の縮図のごとく、そこには世界の各部がその代表によって姿を現しているのである」。そして健康という側面で、すこぶる今日的な思慮深い助言をする。肥満は過度の飲食、運動不足、そして過眠の結果だと信じていた。「肥満症というのは、その人が病気ではないのにただ四肢がだんだんと容積を増加していき、その天性の形とつりあいとを失うような、そういう脂肪過多の状態をさすのである」。とはいえ少々の砂糖はよいこともある。「ミルク入りコーヒーに混ぜれば、軽くておいしい食事になる。…これは簡単に得られるし、朝食後すぐに書斎の仕事を始めるような人々には格好のものである」。

今日フランス人のみならず世界中の多くの人々が、おいしい食物が大方の文化には欠かせないと論じており、ブリア・サヴァランは絶えず引き合いに出される。そして一八二五年に刊行されたこの本は、驚くべきことに以来ずっと出版され続けているのだ。史上もっとも引用されるフード・ライターのひとりなので、最後の数行は彼の言葉に捧げたい。「食卓の快楽はどんな年齢、身分生国の者にも毎日ある。他のいろいろな快楽に伴うこともできるし、それらすべてがなくなっても最後まで残ってわれわれを慰めてくれる」。そしてこの一文、「チーズのないデザートは片目の美女である」。並外れた考えを記しても、なおエネルギーがあふれるのを感じて最後にこう書いている。「以上でわたしの仕事はおわった。だが、わたしはまだまだ息が切れてはいない」。

50

カップケーキ

著者…イライザ・レスリー
出典…『ペストリー、ケーキ、砂糖菓子のための75のレシピ』(*Seventy-five Receipts for Pastry, Cakes and Sweetmeats*)

卵5個、糖蜜2カップ、細かくつぶしたブラウン・シュガー同量、無塩バター同量、濃いミルク1カップ、ふるいにかけた小麦粉5カップ、オールスパイスとクローヴの粉末半カップ、ショウガ半カップ。(カップは大きなティーカップ)

ミルクの中でバターを細かく刻み、少し温める。糖蜜も温めてミルクとバターに加える。それから砂糖を徐々にかき混ぜながら入れて、冷ます。

卵を軽く泡立て、小麦粉と交互に先ほど混ぜたものに入れる。ショウガと他のスパイスも加え、全体をよくかき混ぜる。

小さなブリキの型にバターを塗り、混ぜた材料をほぼ満たし、中火のオーヴンで焼く。

一八五〇年代のフィラデルフィアで注目を浴びたとき、イライザ・レスリーは六十代。近づきがたく独善的で傲慢、厳格、礼儀にもきわめてうるさかった。目の前に連れてこられた少女が、完璧に礼儀正しく身だしなみも行儀もともによくなければ、即座に叱りつけた。未婚のレスリーは振る舞いに関して非常にしっかりした考えを持っていて、それを自分の胸にだけしまっておこうとはしなかった。実際イライザの礼儀作法に関する知識や見解は、非常に広範囲におよび詳細にわたっていたので、一八三四年にその問題について余すところなく長々と記した本を出版する。

『ミス・レスリーのマナー・ブック――レディのための入門書』には、装い方、話し方、食事の仕方、旅行の仕方などあらゆることが網羅されていた。同書はそれによって歴史に名を留めることを願う一冊だった。イライザは子供向けの物語に手を染めて大変な成功を収めていたが、言動は国民を作るので、マナーの本は確かに永遠の記念碑になると思ったのだ。

しかしイライザはまちがっていた。有名になったのは実際には料理書のおかげで、一八三七年に出版された味気ない題名の『部門別料理の心得』が勝利を収めた。十九世紀アメリカでもっとも人気のあった料理書で、十五万部以上も売れた。

ところがイライザが実際に料理の歴史を作ったのは、同書によってではない。数年前の一八二八年にボストンの出版社によって『ペストリー、ケーキ、砂糖菓子のための75のレシピ』が出版されており、その本にカップケーキのレシピが初めて活字になって掲載されていたのである。

この菓子は最近になってアメリカでもイギリスでも人気が復活している。アメリカの都市にはカップケーキだけを焼く店があり、世界中でブログをにぎわしている。友人が集まり好みの種類を焼いて分かち合うクラブができ、『マーサ・スチュアートのカップケーキ』という本は、十一週にわたって『ニューヨーク・タイムズ』紙のベストセラー第一位を占めた。しばらくの間はグーグルで検索すると最速で出てくるレシピだった。

イギリスでは熱狂的な愛好者は、特別講座に入会し、できた作品にふさわしい装いをする。カップケーキは大人気で、その理由はよくわかる。それぞれが自分だけのもので、他の人のものではない。ケーキまるごとひとつが、自分のものなのだ。きれいに飾られ、贅沢な感じがする。ずらりと並んだ盆を差し出せば、ひとつだけを供するより気前よく見えるし、さらにすべて風味やトッピングを少しずつ変えることができる。カップケーキは作り手の誇りなのだ。しかしまたフェアリーケーキ(訳注：小さなスポンジケーキ)より大きいという利点がある。フェアリー(妖精)よりやんちゃなのだ。

たとえば、クイーンケーキ——伝統的に干しブドウのカランツ・レーズン、レモンの皮やアーモンドが入っている——も含め、小さなケーキには十八世紀に遡る記録がある。しかしカップケーキは、パウンドケーキの親類だったようだ。ちなみにパウンドケーキ(pound cake)は材料を一ポンド(pound)ずつ使うのでこう呼ばれた。「カップケーキ」という言葉は、材料を測るのに「カップ」をもちいたからだけでなく、またもともとカップ形の型、あるいはイライザ・レスリーがそのレシピで述べているように「小さなブリキの型」で焼かれたからでもある。

イライザはそのレシピを料理学校で学んだようだ。十代の後半に、賄い付きの下宿を営んでいた母を助けるために、フィラデルフィアのグッドフェロー夫人の料理学校に通う。家族は辛い目にあっていた。時計製造業の父が家族を連れてイギリスに渡って六年、輸出入の事業を始めた矢先に早世する。後にはごくわずかな財産しか残されなかったので、母は幼い娘と息子二人を養育するために下宿を始めていた。

その後料理に関して多くを学んだので、本としての出版に漕ぎ着ける前に、そのレシピを友人に伝えようと書くことを決意した。そしてその中でイライザは単にカップケーキのレシピの歴史を作っただけではない。四十歳のときに出版された『ペストリー、ケーキ、砂糖菓子のための75のレシピ』は、料理のただ一つの部門、ベーキングを専門にしたまれな本だった。（もっとも正直に言えば、巻末の種々雑多な料理の章で、とりわけ「牛肉の当世風」、「チキン・サラダ」、および牡蠣のためのいくつかのレシピなど、お気に入りのレシピをいくらか加えずにはおれなかった。）

レシピは、「きわめて平易に詳しく記しましたので、ごくふつうに読み書きできれば、使用人でも誰でも完全に理解できます」と請け合っている。イギリスで数年を過ごし、輸入された多くのヨーロッパのレシピ書を読んだが、イライザは感心しなかった。「ヨーロッパのレシピは非常に複雑で理解するのに骨が折れるので、わが国の女性料理人は、それに従って何かを作るという困難な仕事に取りかかるのを恐れています」と冷笑している。

自分のレシピは、「あらゆる意味で」アメリカのものだと述べる。自国を誇りに思い、たとえばイギリス人がまだアメリカ人を見下していることに苛立っていた。これに関しては礼儀作法の本で短く非難している。イギリス人について「ついに彼らはみな我が国の言葉が彼らの言葉であることを知り、もはや新来のアメリカ人が英語を『まったく上手に』話せるとは褒めなくなりました」と述べている。よくもそんなことが言える、とイライザは考える。なぜなら結局「イギリスよりもアメリカで多くの人々がいっそうよい英語を話しているのは、疑いないのですから」。だから自分のケーキもまたイギリスのケーキよりよく焼けているのである。

フィラデルフィアのロウアー・チェストナット・ストリートの昔の税関。

読者に自分のレシピを使うように勧めたのは、また節約にもなるからで、事実「同じものを菓子屋で買う場合の費用の半分しかかかりません」。とはいえ当時ケーキを焼くことはまだかなり骨が折れた。たとえばバターを洗うべきだと述べているが、それはなお大部分が家庭で作られていたことをしのばせる。（洗うのは、ミルクから分離した自然の酸味のあるクリームを撹乳してバターを作った後に、まだ残るバターミルクとなにがしかの固形分を取り除くためである。）

他方砂糖は円錐形の塊で売られていたので、「砕かなければ」ならなかった。そしてイライザの計量は正確だったが、料理時間についてはそうでもない。単純に時間を示すことはできず――結局標準的な温度のオーヴンのようなものはなかったので――こう主張する。だから「ベーキングの技術は、実践、注意、経験の結果得られるのです」。

もちろんイライザにとっても、今日のカップケーキにとりつかれた人々同様、単にどのように作るかだけでなく、どのように供して食べ、そのときどのように装うかが重要だった。そしてそのために十九世紀半ばのアメリカの若い女性には、レスリーの礼儀作法の入門書が必要だったのだろう。その本は、とりわけ次のようなことを教えてくれた。「田舎の友人のところには進んで行くものではありません」という助言にもかかわらず、もし田舎の友人に来てほしいと頼まれたら、いかに振る舞うべきか。もしメイドがベッド・メーキングできない場合どのようにするか、そしてもし使用人が「万一あなたのものをくすねる」ようなことがあればどうすべきか。（答えは、大して値打ちのあるものでなければ、主人の側が困惑するので黙っていること。）

それからイギリスの貴族に人々を紹介する際の微妙なやり方。「アメリカ人はこういうことで大失態を演じがちです」と述べる。そして朝食のときの装いでは、「花やリボンを髪につけてはいけません」。また若い女性には、「頼まれもしないのに、人前でピアノを弾かない」よう、正餐ではフランス語で喋らないよう助言する。歯でオレンジの皮をむいたり、ナッツを割ったりしてはいけないし、「シャンパンを二杯飲んではなりません。アメリカ女性の神経には耐えられないからです」。

これらの助言すべてを、そして疑いなくそれ以上を、カップケーキを振る舞いながら、多くの訪問客に与えたにちがいない。年老いて有名になると、たいていは人々を家で迎えた。というのもかなり太って、最後には肥満しすぎて、歩くのが大変になったからである。すべてはこのカップケーキのせいにちがいない。

51

バラのプチ・スフレ

著者…マリー＝アントワーヌ・カレーム
出典…『フランス料理術』(*L'Art de la Cuisine Française*)

小さなボウルによくふるった砂糖8オンスを入れ、卵1個分の卵白とともによく練る。10分間続け、バラの精油を数滴加え、鮮やかなバラ色にするために食紅を加える。精糖を振りかけた調理台の上で伸ばし、指くらいの太さの棒状にしたら、賽の目に切り、少し湿らせて手の平で転がし、直径3／4インチ高さ1／3インチの小さな丸い紙の型に入れる。指を湿らせてそれぞれの表面を軽く押す。こうすると焼いたときによい艶が出る。弱火のオーヴンに入れる。紙型から半インチ盛り上がり、オーヴンに入れてから15分たって表面が完全に乾いたら取り出す。乾いてなければ、さらに数分だけ入れておく。さもないとすぐに色が失せてしまう。

カレームはシェフの典型にぴたりとはまったが、その型を壊し、一新し、再構築した。料理界の花形として、その名をヨーロッパ中に轟かせる。名声を求めたのは、むろんカレームが初めてではなかったが、もっとも有名な料理人になった。最初の一流有名シェフと見る者もいる。

もしブリア＝サヴァラン（二二八ページ参照）が日々の文化的生活における美食学の適切な位置を論じ、近代美食学の土台を築いたとすれば、カレームはレシピを考案し、料理を作ることによって家を建てた。料理を見直し、新たな技術、新たな道具、新たな供し方を創り出そうとした。贅沢で派手なこれ見よがしの祝宴――それが何世紀も続いたのをこれまで見てきた――を好みはしたが、食文化における多くの面を変えた立役者である。たとえば冒頭の繊細な「バラのプチ・スフレ」のような高級料理を、私邸からレストランに持ち込む。そして大量のスパイスの代わりに香草を煮だしたほのかな香りを導入して、多くの料理を軽くした。大量のスパイスは、十六世紀初頭にカテリーナ・デ・メディチ（一〇九ページ参照）とともにフランスにやって来たイタリア・ルネサンスのシェフの影響のなごりである。

カレームは厨房のための新しい道具――溶かした砂糖を注ぐことのできるソースパンや新しいタイプの流し型――を発明し、シェフの帽子の形を変えた（革新的ではなかったが、ともかく変えた）。また下水設備を導入して厨房をもっと清潔な場所にした。パリが他の都市のように何とも臭い場所だったことを考えれば、それは革命的である。正餐の料理の品数を減らし、肉と魚の料理を分け、以前にはぎゅう詰めの一団になっていた客の間隔をあけるように促した。

カレームは何よりもフランス革命後の申し子だった。そのタイミングは幸運で非の打ちどころがなく、ある歴史家が「名人芸の旋風」と呼んだものの一部である。当時は音楽家や舞踊家が輩出し、シェフも同様だった。そしてカレーム自身の物語――貪欲に自分を売り込もうとして少し神秘化したことは間違いない――は、完全にその時代に合っていた。

フランス革命後、自力で出世した人々はそのしるしを欲しがる。今や機能停止に陥った愚かな貴族階級からは食事に招待されたこともなかったので、それまでに味わったことのないそのご馳走を食べたがった。新たに金持ちになった主流派は、贅沢と贅沢を手に入れる手段とを飽くことなく求めたのである。自己を意識した人々は食べることを、野望を満たすことを必要とした。これらの人々は高級な身なり、洗練された建物、そしてもちろんおいしい食事に飢えていたのである。

一七八四年に生まれたカレームは十代の終わりに、新興市民階級を引き立てる料理人としての実績を手に頭角を現した。自ら語る若い頃の話は、厨房での存在感を高め、目の前のソースがいっそうおいしくなることに、もっぱら役立った。

偉大なシェフのきわめて多くが初めは卑しい身分から身を起こしたが、カレームもその例に洩れない。パリに生まれた二十五人きょうだいのひとりだった。父親は技術を持たない労働者で、母親はたぶん絶えず疲れ切っていただろう。父親はしばしば働かずに飲んだくれていたので、暮らしは苦しかった。しかし父親には、後から思えば、ひとつだけ手柄がある。息子を路上に放り出したのだ。まさに残酷さが情けとなった刹那、大きな意味を持った節目の瞬間だった。

それはある晩のことで、カレームはよく覚えている。父親は子供たちを連れて街を歩き回り、それから夕食をとるために安い居酒屋に入った。家に戻ると、たぶん酔っぱらっていて、息子を脇へ呼んで言った。「おまえは出てけ、さあ出てくんだ」。（カレームはこの話を秘書のフレデリック・ファヨに聞かせた――おそらく一度ならず。そしてそれを聞かされたのは、確かに秘書が最初でも最後でもなかった。）「世間にはいい商売があるぞ。うちから出ろ。貧乏なのはうちの巡り合わせだ。おまえはたくさんの幸運に恵まれる年頃だ。一人前になるのに必要なのは、頭だ。おまえは頭がいい。神さまがくれたその頭で生きて行くんだ」。

カレームは抗った。「はい、父ちゃん。でももう夜の九時だし、父ちゃんは酔っぱらってるし、ぼくはたった十歳だ」。最終的には実際父の言うことを聞いて、家を出た。両親や兄弟姉妹に二度と会うことはなかったが、子だくさんだったことを考えると、はなはだ不思議に思える。

どこへ行くべきか、何をするべきかもわからなかったが、カレームは知恵を絞って、さっき家族で食事をしたメーヌ門のそばの居酒屋で運を試すことにした。働く代わりに何とかそこで寝泊りし、食べさせてもらえることになった。

基本的な料理術を学ぶのに十分なくらい長くそこで働いた。その後どこか他で働いたかどうかはわからないが、十六歳のとき大きなチャンスをつかむ。パリでもっとも有名なペストリーのシェフのひとり、シルヴァン・バイイが、パレ・ロワイヤルの近くに店を構えていたが、そこに働き口を見つけたのだ。

バイイは少年のエネルギーと生まれつきの創造的な才能に驚き、パリの国立図書館で学んでその技術を伸ばすように励ました。カレームはどうにかして字が読めるようになり、図書館では他にも好きだった建築とデザインの勉強をする。一週間に二回、午後に昔の料理書と建築画を研究し、それから二つの情熱をひとつにして、豪勢な菓子のスケッチを始めた。

「私の計画は成功した」と後に回顧している。「しかしそのためには幾晩遅くまで働いたことだろう」。自ら「ピエスモンテ」（訳注：砂糖、マジパン、焼き菓子などを建築物のように積み上げた精巧かつ装飾的な菓子）と呼んだ菓子を二百個完成した。「ペストリーで作るのはやさしかったが、どれもその前のものより独創的に仕上げ

1854年に出版されたマリー＝アントワーヌ・カレーム著『パリの宮廷菓子職人』より、ペストリーの装飾菓子のためのデザイン。

た」と述べている。これらの精巧な菓子は、時に高さがおよそ一メートルにも達し、滝や断崖などの自然だけでなくピラミッド、寺院、古代遺跡をモデルとした。

後に出版されたレシピには「小さな中国船」、「ヴェニスのゴンドラ」、「ゴシックの塔」、「インドのパビリオン」、「愛のエンブレムで飾られた竪琴」と並んで、さまざまな種類の鉄兜が含まれていた。ギリシア風であれ、トルコ風であれ、泉には銀色のスパン・シュガーでできた水が広がる。古代遺跡を取り巻くのはアーモンド・ペースト、小麦粉、卵、砂糖、塩で作り天然色素で染めた苔である。

カレームは自分を見習うシェフのために図を描き、次のような言葉を添えた。「何とすばらしいできばえだろう！これらのピエスモンテの細部は簡単でわかりやすく、たいてい楽に作れるのだが」。

カレームはすでに、権謀術数で有名なシャルル・モーリス・ド・タレーラン＝ペリゴールを含む指折りのパリジャン数人の注目を集めるようになっていたので、バイイの所で働くのをやめ、自分の店を構えた。タレーランは重要な宴会にはカレームの才能を起用した。それからパリのジャメ・ド・ロチルドからイギリスの摂政皇太子にいたるまで、ヨーロッパ中の名士や貴顕のために働いて、独立した職人としての地位を築く。

その仕事には単にペストリーだけでなく、大宴会の複雑な詳細の計画実行も含まれていた。すべてが完全に成功したわけではない。たとえばブライトンのロイヤル・パビリオンでの正餐のためのはなばなしい料理は長いテーブルの上に並べられ、客は気に入った料理を自分で自由に取って食べることになっていた。「誰かがいつもさえぎるので、会話を続けるのは無理だった」とある客が後に述べている。たぶん「肥育鶏のペリゴール風を取っていただけませんか？　おや、あのナポリ風マカロニのタンバル（訳注：半球形の型を使った料理）はおいしそうだ」というような類のことを指しているのだろう。「使用人は絶えず動き回っていた」とその客は言う。

しかし多額の報酬の申し出を受け、カレームの才能はヨーロッパ中で花開くことができた。独立した——金持ちあるいは貴族の家にしばられない——経歴を持つ最初のシェフのひとりで、独立することによってシェフの地位を相当に引き揚げた。「芸術は五つある。絵画、彫刻、詩、音楽、建築で、建築の主な一部門がペストリーである」と記している。

数冊のレシピ書を出版して、いっそう多くのペストリー・シェフが独立するよう励ました。『フランス料理術』はとりわけ影響が大きく、フランス料理を分類し、以来フランス美食学の中心的な基準となった。ペストリーの塔を建てられるなら、街全体を設計できると信じて、建築に関する本も数冊執筆している。おそらく厨房で苦労する生活によって体が弱ったのだろう。カレームは老年を迎えることなく、いまだ四十九歳にしてこの世を去る。「料理術の進歩のためには、料理人はそれだけ多くの金銭的犠牲を払っている」のではないかと書いたことがある。

その名高い巨大な創作菓子はまさにとっぴで材料を浪費するように見え、今日の食事の精神には合致しないが、なお大半の偉大なシェフが、多くの点で高級料理の最初の天才だったこの人物に敬意を払っている。そしてカレームは、貧しい生まれからの偉業達成を夢見る人々に今日なお勇気を与えている。

52

芽キャベツ

変色した葉をすべて取り除き、軸を平らに切り取り、よく洗う。鍋に水と塩少々を入れた中に芽キャベツを加え、8分から10分くらいゆでる。よく水気を切り、厚切りトーストの両面にバターを塗り、その上に載せる。良質の溶かしバターを添えて食卓に出す。これはこのすばらしい野菜のベルギー流の料理法である。フランスではソースをかけるか、バター少々と塩コショウを入れたソースパンに入れて、これらが完全に混ざったら、さじ1、2杯の仔牛肉のグレイビーソース（そして時にはレモン果汁少々）を加える。所要時間は9分から10分。

出典…『家族のための現代料理』（*Modern Cookery for Private Families*）

著者…イライザ・アクトン

もしキャベツが悪魔の野菜なら、芽キャベツは魔王のまたいとこである。何と多くの人々の子供時代に、キャベツとその小型の親戚が暗い影を落としたことだろう。私が子供のときとてもちろん例外ではない。もっとも今では、年にたった一回クリスマスのランチに七面鳥の間に挟まってグレイビーソースとブレッドソースをたっぷりかけられて出てくるので、我慢しやすくなってはいる。

これらの小型のキャベツはヨーロッパ北部に普及する数千年前から、地中海地方に存在した。そして地中海地方に直接行ってみれば、その地域が芽キャベツにとって――決定的ではないにせよ――実にめぐりあわせがよかったことがわかる。たとえばギリシア、フランス南部あるいはサルデーニャの料理に芽キャベツが使われたという証拠はほとんどないが、その地を完全に引き払ったのではないにしろ、さらに北方に広がることができたのだから。

ベルギー人は芽キャベツを明らかに喜んで受け入れた。自分たち自身の土地の野菜のように抱きとめ、自分たちの首都にちなんでBrussels sprout（ブリュッセルの芽）と名付けた。とはいえこう呼ばれるようになったのが正確にいつか明らかではない。十七世紀、十八世紀には時折言及され、十八世紀末にはグレート・ブリテンの地に上陸している。一七九六年に出版されたチャールズ・マーシャルの『ガーデニングの知識と実践への平易な入門書』に登場し、同書の中では「ケール（訳注：キャベツの原種とされる地中海原産の野菜）とよく似ていて、冬に青々と育つ」と記されている。

おそらく十九世紀半ばまで芽キャベツのレシピが現れなかったのは、キャベツに対する一般的な反感のせいだろう。結局のところ約四百種ものキャベツがあり、確かにもうたくさんだ。それでも厨房のヒロイン、イライザ・アクトンによって書かれた――イライザはさもなければ非難されることもなかっただろうに――芽キャベツのレシピが、初めて活字になる。それが、本書でイライザだけが二章も占めている理由である。実のところイライザはそのいやな臭いを承知していたのかもしれない。だからそのレシピでは、おいしい仔牛のグレイビーソースをたっぷり加えたことは言うまでもなく、バターやコショウをふんだんに使ったのである。

このレシピなら芽キャベツは子供の味覚でもほとんど我慢できるが、悲しいかな、料理人は代々その助言を無視し、煮過ぎてくたくたになった、まったくひどい代物を供していたようだ。誰もが野菜料理全般に関するイライザの助言に従っていればよかったのに。イライザは厳しい警告を発している。どんなにやさしく世話をしても、どんなに気をつけて収穫しても「料理の仕方が悪ければ、すばらしい野菜が台無しになります」。

野菜が畑から収穫されて口に入るまでの時間については、まさに現代的なモットーを固く信じていた。「切り取って集められてから数時間たてば、味は落ちます」と述べている。そして調理するときは、乾燥したエンドウや、インゲン、ソラ豆、キクイモやジャガイモのようなもの以外の場合には、水を「すばやく沸かし」、塩を入れ、あくをすくわなければならない。

それから、「栄養分も風味も無くなる」ので、煮過ぎたり、湯の中に残しておいたりしないように、注意しなければならない。また不十分な調理あるいは野菜料理の最近の風潮のようなアル・デンテという過ちを犯すことにも、反対の助言をしている。「パリパリしているのを供するという伝統は、実際には生煮えを意味するので、まったくお話になりません」と退ける。そのような料理がはやっているようだが、どんな流行よりも健康の方が重要だと論ずる。

重曹を鍋に入れれば、くたびれた様子の野菜の色を蘇らせ、新鮮に見せることができるというイライザの助言は、今日の料理人ならきっと避けるだろう。重曹を茶さじ半分でさえ加えれば、野菜の栄養分はすべて破壊される――あるいは少なくともビタミンCは無くなる――ことを、おそらくイライザは知らなかったのだ。

しかしこの小さな誤りはイライザの偉大さを損ないはしない。恐ろしい芽キャベツのレシピ――何と言ってもほとんど食べられるものにしたのだから――にしても同様である。同時代の批評家が宣言したように、イライザは「これまでに出現した料理というすばらしい営みの、もっとも偉大でもっとも賢明な収集家」である。

53

インドの朝食ケジャリー

（訳注：ケジャリーは米、割豆、タマネギ、卵、香辛料入りのインド料理）

著者…イライザ・アクトン
出典…『家族のための現代料理』
(*Modern Cookery for Private Families*)

カレーのとき同様に、米を4オンス炊く。冷ましてからソースパンに入れる。魚を加熱後冷まし、皮や骨を取り除き、ごく細かくしたものを、米とほとんど同量加える。無塩バターを1、2オンス刻んで、十分なトウガラシと必要な塩とともに加える。このケジャリーを煙の出ない火にかけて、非常に熱くなるまでかき混ぜ続ける。それから卵2個をわずかに泡立ててさっと混ぜる。卵を入れたら沸騰させてはいけない。そこで供する。食卓にはモーリシャスのチャツネ（訳注：果物、酢、砂糖、香辛料で作るジャム状の甘酸っぱいインドの調味料）を添えてもよい。

バターは省いてもよい。代わりに卵を1個あるいはそれ以上加える。

ヒラメ、サケ、シタビラメ、マトウダイ、エビもみなこのように料理して供することができる。

デリア・スミス（四二五ページ参照）によれば、イライザ・アクトンは、「英語のレシピの最高の書き手」である。スミスが好ましく思ったのは、指示がわかりやすく、助言が的確だからだ。『家族のための現代料理』出版の百五十年後に現れたこの褒め言葉は、イライザ・アクトンを限りなく喜ばせたことだろう。

結局のところ、イライザは自分のレシピが「完全に信頼してもらえる」ものと宣言し、物事を簡単にするために、レシピ作成者がこの時以来従ってきた新しい概念を導入した。多くのレシピの最後に、その料理に必要な材料とその量を記載したのである。ビートン夫人（二七二ページ参照）はこの考えを発展させ、そのリストをレシピの最初に持ってきたが、嚆矢《こうし》となったのはミズ・アクトンだった。

それは今日では自明のことのようだが、歴史上のその時点まで、料理人が必要なものを知るためには、レシピを一通り最後まで目を通して調べなければならなかった。そしてそのときでさえ、これまで見てきたように、実際にどんな材料が必要なのか必ずしも本当にはわからなかった。

ミズ・アクトンがこのようにした理由は、レシピを読むことがいっそう簡単になるだけでなく、料理のむだが省けるからである。イライザは「まったくもって油断のならない悪事」とみなしたものに腹を立てていた――強迫的になってさえいた。それは、金《かね》の値打ちを知らない主婦の監督不行き届きのせいで、主として無責任な使用人によってしでかされる不始末である。（それで哀れな使用人はいつも首を切られることになる。）「すばらしい食料が日々無駄になっている事実は想像を超えています」と嘆き悲しむ。だからレシピを明確にして、それだけ料理の効率を上げ、食物の浪費を減らしたのである。

それにこれらの気の毒な使用人は、ありとあらゆる助けを必要としていた。たいていの使用人がその場その場で料理を習っていた。だからイライザは、貧しい人々に料理以外のことならすべて教える慈善学校を厳しく非難した。「どちらかと言えば役にも立たない生半可な知識」を教えるだけだと述べている。

十九世紀半ばの家庭では良い料理人は少なく、したがって高くついた。良い料理人を「イギリスの生活ではまれな宝」とイライザは呼び、そのような状況にひどく苛立っていた。社会は進歩したにもかかわらず――当時は産業革命で大変動が起きていた――イギリス人はなお料理について真剣に考えられないように思われた。さまざまな豊かな産物があるにもかかわらず、イギリスの「料理は、わが国よりずっと遅れている国々の料理よりもはるかに劣ったままです」と述べている。そして裕福な貴族が雇う料理人は、ふつう外国人だった。

しかしかすかな光が見え始めたと、イライザは感じていた。料理は「もはや、教養ある洗練された人々の注目には値しないと、鼻であしらわれることはありません」。けれども必要とされたのは、料理書の出版を増やすだけでなく、良い教育だった。「私たちが必要なのは料理書ではなくて、料理書の数の半分でも実際に訓練された料理人です」と断言している。その推論は、ブリア＝サヴァラン（二二八ページ参照）がおよそ二十年前にフランスで、もっと知的な読者に向けて論じていたことと同じである。

イライザは「食事の健康への影響は…通常考えられているよりもずっと深く重要な問題です」と書いて、付け加えている。「『生きるために――食べる』をモットーとすべきです」。そして食事によって健康を保つことへの情熱は、家族を健康に幸せにするためだけに向けられたのではなかった。イライザは急速な社会的産業的変化の時代に生きており、その革命は自分の読者に想定した中産階級によって進められていることを自覚していた。科学、芸術、文学そして「文明全般」を前進させるべく、「飽くことのない勤勉さ、高い知性、そして実行の才を持った人々がおもに出現するのは、この階級からです」と序文に書いている。だからよく養育し、よい食事を与えなければならない。カレーム（二三九ページ参照）がフランス革命後の波に乗り、市民階級に洗練された美食をもたらしたように、イライザ・アクトンは、意欲的な成長しつつある中産階級に、よい食事を通して日々の生活を改善する手段を提供した。

イライザは一七九九年サセックス州に醸造業者の娘として生まれ、ジェーン・オースティンによって描かれた時代

インド人の行列に同行するイギリス東インド会社のイギリス人経営幹部。
イギリス人は馬に乗っている。

に生きて、ヴィクトリア時代へと向かう国内の変化を目撃した。たとえば店で買える商品が増えていた。一八二六年に最初の著書である詩集が出版されたときには、バーズ・カスタード・パウダーが発明されており、イギリスの厨房では閉鎖型レンジが歓迎されていた。これは石炭を燃やす火室を金属の天板で覆い、その上に鍋ややかんを掛けるための加熱部をつけたものである。火室の片側がオーヴンになっている型もあったが、温度調節はなお限られていた。一八五〇年代から、もっと清潔で、熱を調節できるガス調理器が試験的に現れ始める。

厨房の技術革新によって料理がいっそう自在にできるようになったと同様、鉄道の出現によって、食料の流通が改善され、食材の種類も豊富になり、料理はさらに洗練された。食材がかなり遠くから運ばれるようになり、イギリスには植民地からの新しい味がもたらされた。イライザ・アクトンのケジャリー(kedgeree あるいは kidgeree)のレシピは「インドの朝食」と謳われ、インド料理がイギリスでますます評判になったことを反映している。

イングランドに最初にインド料理がもたらされたのは一六〇〇年代の初頭に遡るが、それは東インド会社が設立され、インドとの交易が始まったときだった。数世紀を経て、イギリスの交易は戦争に転じ、それから支配へと変わる。そして一八五八年にインド統治が始まると、本国イギリスではインド料理の人気が高まった。

ハナ・グラスが一七四七年に書いたカレーとピラフのためのいくつかのレシピが、マリア・ランデルの『家庭料理の新体系』の最新版に掲載される。同書はもともと一八〇六年に出版されたものだが、さらに一八四〇年にエマ・ロバートにより編集され、増補された。マリアは「東洋料理」という新しい章を設けたが、そこにはアジア、ペルシア、トルコ、ヒンドゥスタンの食物が掲載された。マドラスのテナガエビのカレーやマレー半島の鶏肉のカレーから、「ロード・クライヴ」（訳注：英領インドの基礎を築いたイギリスの軍人）、「カーリ・カーン」、「アワドの王」を称えるようなその他のカレーまで、夥しいカレーのレシピがある。すべてさまざまなカレー粉をもちいるが、カレー粉については別に章を設けて作り方が説明されている。

そしてそれらは、想像以上においしい。あるレシピではコリアンダー・シード、カイエンヌ・ペッパー（トウガラシ）、ウコンをすりつぶしてもちい、別のレシピではクミンとレモン・ピクルスがもちいられる。レシピのいずれも、最初に生のニンニクとトウガラシをすりつぶすことはないが、ベンガル・カレー・パウダーの場合は、少なくとも新鮮なライム果汁を加えて風味をつけることを推奨している。

エマ・ロバーツには khicheree のためのレシピがあるが、われわれが知っているようなものではない——卵もほぐした魚も加えられない。加えたのは、イライザ・アクトンである。朝食自体がルネサンスを迎えていた時代に、イライザが朝食用の料理として提案したのだ。朝食は何世紀もの間ポリッジと冷肉だったが、アクトンのケジャリーはこのような慣行にとって異国風のカンフル剤となった。世界の他の国の多くが米で一日を始めていたが（たとえば中国人はいまだに粥をかき込んでいる——三五ページ参照)、イギリス版では卵と魚が加えられもっとおいしくなった。シリアルはまだ食卓に登場しない。アメリカのセブンスデイ・アドヴェンティスト(安息日再臨派)がそのヴェジタリアンの食事の一部として、穀類の生地を焼いて砕いたものを試し始めるまでもう数年かかった。そしてジョン・ハーヴェイ・ケロッグおよびウィル・キース・ケロッグの兄弟が、入院患者の食事を改善するためにコーンフレークを創り出した(三六〇ページ参照)のは、一八九四年である。

ビートン夫人がイライザにならって余人を凌ぎ(その間イライザ・アクトンのレシピをごっそり盗用し)、舞台に完全に姿を現したときには(一八六一年——二七二ページ参照)、イギリスの朝食は今日なお知られている二つの定番を獲得していた。「…イギリス料理の頼みの綱、ベーコンと卵があまりにも頻繁に現れる単調な朝食に変化を与える」ように、ビートン夫人は急き立てた。おまけに骨付き炙《あぶ》り肉、ステーキ、カツ、それにフライドポテトと心臓発作を引き起こすようなたぐいの料理を提唱している。

筆者はポーチトエッグをちょっと加えて、イライザ・アクトンのケジャリーを守りたいと思う。残ればマヨネーズをたっぷりかけて夕食になる。

54

フェイジョアーダ（黒インゲン豆のシチュー）

著者…カラプセイロ神父
出典…『ペルナンブーコ日刊新聞』(*Diario de Pernambuco*)

七面鳥、仔豚のロースト、豚肉やベーコンの細片、ハムなどの残り物を、ブラジル北東部セアラの切り干し肉たっぷりとともに大きな鍋に入れる。黒インゲン豆が欠かせず、材料すべてと混ぜ合わせる。ぎとぎとになるまで煮詰める！

一八四〇年三月三日ブラジル北東部のレシフェ市の地元紙『ペルナンブーコ日刊新聞』には、オテル・テアトルの広告が掲載された。「次の木曜日から毎週、ブラジル風フェイジョアーダをお召し上がりいただけます」。将来ブラジルの国民料理となる肉と黒インゲン豆のシチューは、しゃれたレストランで食事をしたい人々に供せるまでに洗練されていた。オテル・テアトルは、これはよいニュースになると確信していた。しかしながらそううまくはいかない。というのも同じ日の同じ新聞には広告のほんの数ページ後に毎週掲載されるコラムがあり、地元のカラプセイロ神父が当の料理を舌鋒鋭く非難していたのである。

カラプセイロ神父——俗名はミゲル・ド・サクラメント・ロペス・ガマ——は名望が高く、日頃の説教にも説得力があり人々の心をしっかりつかんでいたので、同市の新聞のコラムを執筆していた。

神父の考えは軽く受け取ってはならないものだった。司祭になった初めの頃は、レシフェの北にあるオリンダの修道院で過ごしたが、そこから出て、修辞法を教え、新聞を編集するようになる。細部までよく目が届いたので、活版印刷国家監督官に任命されていた。

したがってオテル・テアトルの新メニューによってシチュー好きの人々の間に引き起こされた興奮は、カラプセイロ神父に雷を落とされてしぼんでしまうこととなった。

私はそれを暗殺者のフェイジョアーダと呼ぶ。なぜなら冷酷な死神がそれには大いに世話になっているからだ。真の美食になじみのない家庭——そこでは宴会が開かれる——では、昨日の夕飯の残り物でフェイジョアーダを作ることはふつうである。人々はそれを骨の葬式と呼ぶが、それにはもっともな理由がある。なぜならフェイジョアー

ダはしばしば葬式の前触れとなるからだ。

神父はそれから、食べたら死ぬかもしれないような不潔な料理と思われるものの材料を列挙する。本章の最初に掲げたこの「レシピ」には、本書の中では唯一の特徴がある。著者が読者、ことに中流階級の読者には食べないように願っていることだ。

鉈を振り回す労働者、船乗り、あるいはヘラクレスのような頑丈な人間がこの種の食べ物を食べているのを見ても、おかしいとも非難されるべきとも思わないだろう。しかしそのような粗野な食べ物を町に住む人々、座っている贅沢な人々、穏やかに怠惰に暮らしているか弱い女性がふつうに食べている。このような人々の健康にとって、この食べ物はそもそも害にならないのだろうか？　体に気をつけるように言うとよい。あるいはもっとよいのは、ただ良識に従うように言うことだ。

このやかましい司祭は過去に多くの他の話題についても論じており、なるほどと思わせるが、今回手ひどく痛罵《つうば》しているのは、自分の宗教的信念を相当超えていると考えたからだろう。実のところフェイジョアーダに対する攻撃は、実際には負けたのかもしれないまれな戦いだったのだろうか？

神父が考えに入れそこねたのは、この料理がブラジルの基本的な要素と結びついていることだった。経済的で、残り物で簡単に作れて、腹を満たし、黒インゲン豆を使う。そして黒インゲン豆はこの国の代名詞なっていた。

一五〇〇年に初めてブラジルの地を踏んだポルトガル人は、まもなく他の食材とともに黒インゲン豆を見つけ、大変風味が良いと思った。それはその頃キャッサバに次いで重要な食材だった。キャッサバは焼いてケーキやパンを作り、発酵させて酒にし、壁や家を建てるのにも使われたことはまちがいない。何世紀にもわたってラテン・アメリカの料理では抜群の食材だった。

しかし一八〇〇年代初頭には黒インゲン豆がキャッサバを追い抜いたようだ。フランスの博物学者エティエンヌ・ジョフロワ・サン゠イレールは、たとえば、「黒インゲン豆が食卓には欠かせず、そしてこのマメ科の植物が貧しい人々のほとんど唯一の食事である」と述べている。けれどもすべての訪問者に受けがよかったわけではない。ドイツ人旅行者カール・ザイトラーは、同じ時期に不平を述べている。「豆しか食べるものがない。豆だけが飢えを満たす…味は粗野でまずい」。フェイジョアーダの起源は、黒人奴隷の食事だと考えられている。奴隷は、十六世紀に砂糖のプランテーションで働かせるために、ポルトガルの植民が連れて来た。農作業の合間に、奴隷は唯一の食糧である豆を、そして後には主人の家あるいはどこかから漁ってきたどんな残飯でも加えて、火にかけたのだろう。肉が加えられて一種のシチューができたのだ。

しかし洗練されるにはしばらくかかった。フランス人画家ジャン゠バティスト・ドゥブレが一八二〇年代にブラジルの家庭や路上の光景を詳しく写生したとき、どの町でもどの市でも決まってある料理が見られたのだが、気にも留めなかったのは不思議である。

リオデジャネイロの商店を訪れた後で、フェイジョアーダのことをこう書いている。「約八～一〇センチ四方、厚さ一センチ強のみじめな干し肉一切れだけを、大量の水とひとつかみの黒い豆とで煮てある」。それから小麦粉を加え、「煮崩れた豆と混ぜたものがいつもの食事で、幅の広い円みを帯びたナイフの先で食べた［フォークの存在は明らかにまだ感じられない］。この単純な食事が変わることなく日々繰り返される。…食事が用意されるのは、店の裏の部屋で、そこは寝室にもなった」。

しかしフェイジョアーダはまもなく改良され、十九世紀半ばには、活字好きの神父がわめき立てても耳を貸すことなく、ますます多くのレストランがメニューに加えていた。一八四九年一月五日リオデジャネイロの新聞『ジョルナル・ド・コメルシオ』紙はブラジル風フェイジョアーダの広告を掲載している。「ファーマ・ド・カフェ・コメ・レイテというバーに隣接のレストランでは、多くのお客様のご要望に応じて、毎週火曜日と木曜日にすばらしいフェイジョアーダを召し上がっていただけることになりました」。

このときのこの料理はもはや単に残り物の寄せ集めではない。タマネギ、ニンニク、ベーコン、ベイリーフが加えられていた。一八九三年には違いのわかるイギリス人訪問者の食欲をそそりさえした。冒険家にして外交官のリチャード・バートンの妻レディ・イザベルは、一八六五年から一八六九年にかけて三年間ブラジルに滞在したが、ほとんどひっきりなしにフェイジョアーダを食べていた。

「それはおいしいので、いつも満足していました。ほとんどいつも夕食に食べていました」と回顧録に記している。しかし多分もし朝食やランチやお茶の時間に出されれば、レディ・イザベルでさえ、カラプセイロ神父が以前に述べたことにある程度共感したのではなかろうか？

55

ウェルシュ・レアビット（チーズ・トースト）

著者…チャールズ・エルミー・フランカテリ
出典…『労働者階級のための気取らない料理の本』（*A Plain Cookery Book for the Working Classes*）

パンを輪切りにし、焙ってバターを塗り、チーズの薄切りを載せる。火の前に置いてチーズを溶かし、カラシ、コショウ、塩で味をつけ、熱いうちに食べる。

食物の歴史は裕福な人々の食卓に行き当たることが多い。よい食材を買い、訓練を積んだシェフを雇い、最新の創作料理（ゼリーから途方もないペストリーの構築物まで）、異国の食材、そして食事に関する新しい考え方で友人を感服させることができるのは、結局富裕層である。だから貧しい人々はあまり登場しない。何と言っても、キャベツ、タマネギ、ジャガイモとパンでできる料理には、限りがある。

しかしヴィクトリア時代には文明が進み、織物工場や鉱山で子供（たとえ九歳未満の場合だけにしても）が働くことを政治家が禁止し、教育がますます必修になると同時に、貧困層の食事に注意を向ける人々も現れた。そのような人物のひとりがイタリア系イギリス人チャールズ・エルミー・フランカテリで、パリのマリー＝アントワーヌ・カレームの下で料理の修業をしている（二三九ページ参照）。それからイギリスの多くの金持ちや貴族の家で働き、ヴィクトリア女王の料理長兼給仕長という役職に就いた。したがって女王のために料理を作るだけでなく、王家の実質的な経営の責任も負った。

その料理はフランス料理の影響が強く、ヴィクトリア女王の治世に入って九年後の一八四六年に出版された最初の著書『現代の料理人』には、多くのフランス語名の料理、洗練された装飾的なプディングやスフレとともに濃厚なソースが網羅されていた。一八六二年の菓子を扱った本ではデザートの知識を披露し、その一年前には——所帯を経営する人々にそのレシピを分かちたくて——大冊『料理人の手引きと家政婦・執事の補佐』を出版している。

しかしフランカテリは市場には食い込む余地があると感じていた。誰も労働者階級に料理を教えていなかった。そこで二冊の上流向けの本に先立って、彼らに料理をきちんと教える本を編集し始めた。明快な料理の助言、限られた予算でできるレシピ、労働者とその子供たちの家族を養い、その食欲を満足させることのできる料理を盛り込んで。

ねらいと中身が明らかなその本は、『労働者階級のための気取らない料理の本』である。看板に偽りはなく、大志は必要ない。あるいは必要だっただろうか？　はたしてこの本は、共感を呼んで労働者の家庭で大切にされたのだろうか？　フランカテリはどのようにして新しい読者の必要、欲望、そして調理能力に合わせたのだろう？

都市化が進むにつれ、貧困層が実際に利用できる食物の範囲は狭まった。田舎では何世紀にもわたって、パンと安い野菜——キャベツとタマネギ——を食べていたが、小さな畑も奪われて今や都市に住む人々は、代わりに安い肉を食べ始めた。

一八四〇年代の貧しい都市の生活をくっきりと見事に描き出したのはジャーナリストのヘンリー・メイヒューで、わずかな仲間とともに何百人もの労働者階級の男女や子供を観察し、じかに会って話を聞き、『ロンドンの労働とロンドンの貧民』（訳注：抄訳は植松靖夫訳『ヴィクトリア時代ロンドン路地裏の生活誌』、同訳『ロンドン貧乏物語』）を出版した。それは「人々自身の口で語られた歴史である」と述べている。

メイヒューは市場、通り、家や会った人々を鮮やかに叙述し、対話の長い一節を書き起こし、習慣や言葉のアクセント、俗語を記録した。市場の商人や労働者——呼び売り商人から道路掃除人まで——に取材し、彼らの世界に熱中した。この恰幅も身なりも良い温和なジャーナリストが、ノートを抱えた助手を連れて、市場の人混みの中で身をかわし、路地を見つめ、もっとも貧しげな家に思い切って入って行くのは、まったくの見ものだったにちがいない。

ある土曜日の宵、メイヒューはほとんど通れないほど混雑しているニューカット——ランベスの市場通り——を歩いて行く。「小さな少年たちが、タマネギを三つ四つ抱えて、人々の間をよろよろ歩き回り、隙間があれば身をよじらせて通り抜け、あたかもお情け頂戴のような哀れっぽい声で買い手を探している」。騒音はすさまじい。「夥しい数の商人が、一斉にさまざまな声をあらん限りに張り上げている喧騒には、唖然とする」。

新しい錫《すず》のソースパンを売る露店があり、舗道沿いに古靴が並び、物乞いの家族がいる。「父親は恥じ入るかのように頭を下げ、黄燐《おうりん》マッチの箱を差し出している」。肉屋の前を通ると窓の中に「赤身と白い脂肪が入り混じった肉の山が見え…店主は青い上着を着て、腰に吊るした鋼砥《はがねと》で包丁を研ぎながら、行ったり来たりしている」。

それから緑の葉をつけた白いカブ、黄色いタマネギ、紫のキャベツを売る露店がある。商人の言葉には、控えめに言っても当惑する。彼らの会話は「俗語でおこなわれるので、ある程度教えてもらってさえ、わかりにくい」。しかしメイヒューは、たとえば、呼び売り商人にかなり長い時間をかける。趣味は賭け事、ネズミ殺し、闘犬で、喧嘩を囃し立て、「警官に仕返しする」ような人間を尊敬している。

呼び売り商人は学校に通ったことがなく、唯一習ったのは一番安く買って、一番高く売る方法だった。賭け事をしている連中を見ていると、ある若者が、スープとマッシュポテトの夕食について、「裏打ちしてくる」（植松訳）と言うのが聞こえた。メイヒューが出会った他の者は、夕食にバターつきパンと、場合によっては焼いた肉をいくらか食べていた。たいていが「外食」だと述べている。多くの食事が家の外でおこなわれた。「肉切り台のお飾り」として知られた肉は一番安い切り身で、肉屋のカウンターに置かれている小さな黒ずんだ切れ端である。地元の酒場に持って行けば、料理してもらえた。

メイヒューは、「無知に甘んじて頑固な様子の」道路掃除人と出会う。「自分が何歳かなんて知らねえよ。でもすてきなざらざらのパンを食べるには十分な年さね」と男は言って、自分の食習慣について語り始めた。「調理済みの肉を買うのさ。よく買うのは、コールド・ボイルド・ビーフで、酒場で食う。肉は毎日だ。野菜はどうでもいい。タマネギとキャベツだけだ。ほかほかと湯気の立つようなやつに、コショウをたんとかければね」。この男は、メイヒュー

ジャーナリストのヘンリー・メイヒューは、ロンドンの貧民に関する画期的な調査をまとめた著書『ロンドンの労働とロンドンの貧民』でよく知られている。それは大きな影響を与えた。

が会った大半の男同様文盲で、友人に新聞を読んでもらうのだが、それもまったくすらすらというわけではなかった。友達のビルは「むずかしい言葉は綴りを読み上げるしかないんで、何が何だかさっぱりわからんよ」と男は言う。

メイヒューが出会った他の者は、果物あるいは肉の熱いパイを食べると言い、そして多くが安い魚で食いつないでいた。「魚」はロンドンの貧困層の間では、アイルランドの農民のジャガイモとほとんど同じようによく食べられているようだ、と述べている。呼び売り商人は安いスプラット（訳注：ニシン属の小魚）とタラを売る。何軒かの貧しい家の戸口のあたりに首を突っ込んでメイヒューは報告する。「首都でも生活が苦しい人々の部屋は、いつも魚の臭いがする。たいていニシンだ」。そしてそれは快いにおいではなかった。清潔な台所で魚のにおいをかいだことはあっても、「この悪臭はとうてい想像できない」だろう。

それから日曜日には、もしうまく行けば、羊の骨付き肉にありつける。つまりメイヒューが会ったある男に言わせれば、もし「すってんてんじゃなきゃ」ということだ。「彼らの多くは暇な時間には飲むか賭けるかしかないので、大酒飲みになっている」。実際多くの臨時雇いの労働者が、定収もなく生きていた。その暮らしぶりは「どっちにしても、極端だ…仕事があれば大酒を飲み、あぶれればすっからかんで食べるものもない。いわば暴飲と飢餓の間を行ったり来たりしている」。

それでイタリア風のりゅうとした身なりでりっぱなもみあげのフランカテリは、そのような人々に何を教えることができただろう？

まず必要な調理器具のリスト——銅の鍋、フライパン、ジャガイモの蒸し器に加えてオーヴン——を示す。そのリストは食物史家のコリン・スペンサーの調査によれば、少なくとも最高の賃金をもらっていた職人の六週間分の賃金に相当した。フランカテリにもそれはわかっていたのだろうが、「これらの品を買うために一週間の収入を少しずつ貯めるよう努力する」ことを提唱する。それから女王のシェフとして、後にはリフォームクラブ（訳注：ロンドンの紳士専用クラブ）のシェフとして、生まれたての子豚やガチョウと同じく手の届かない鶏肉のためのレシピ（リーキ入り鶏肉スープ）も提案せずにはいられなかった。

十九世紀に出版され大きな影響を与えた『カッセルの料理事典』の序文を書いたA・G・ペインは、フランカテリの仕事の多くを軽蔑し、「結局フランカテリは、大いに気取った生活をする少人数のために書いている」と述べている。しかしこの本のレシピの大半は現実的である。問題はそれらの大部分がパッとせず、しかも食べられたものではなく、その上野菜やサラダを薦める言葉もほとんど見当たらないことである。

ウナギのシチュー、酵母入りダンプリング（訳注：小麦粉のだんご）、ジャガイモ・プディングのレシピがある。豚足のレシピでは三日間塩漬けにした後三時間煮込むように指示している。

衣をつけて焼いた肉料理のレシピでは一番安い肉を買うことを薦めるが、腐った臭いがしたり、店でハエがたかっていた部分を切り落とすよう指示している。「いやな味がすることが多く、料理を台無しにするかもしれません」と助言する。

ジャガイモ・パイは、単にタマネギとジャガイモを煮て、皿に入れ、マッシュポテトで覆い、焼くというもの。魚のスープの場合にはタマネギを十分間煮てから、どんな魚でも市場で安いものを入れ、タイム・コショウ・塩少々を加えてもう十五分煮込む。「ときにはこの種のごちそうを堪能したくなることもあるでしょう」と言って、フランカテリはトライプ（訳注：反芻《はんすう》動物の第一胃、第二胃の組織）の煮物のレシピを提案する。それから「トースト・ウォーターの作り方」がある。パンを一切れこんがり焼いて水差しに入れ、熱湯を注ぎ、「冷めるまで待って、飲むとよいでしょう」。

これらのレシピの大半がどんなにまずくても――しかしウェルシュ・レアビットは珍しくおいしい――フランカテリが想定した読者はこの本を買うことができず、もし買えたとしても、とにかく読めなかったのは、たぶん幸いだった。

56

カリフラワーのチーズがけ

著者…ジョン・スミス
出典…『ヴェジタリアン料理の原則と実践』(*The Principles and Practice of Vegetarian Cookery*)

カリフラワーを柔らかくなるまでゆで、水をよく切り、切り分ける。皿に並べ上質のホワイトソース1／4パイントをその上に注ぐ。それからおろしチーズか薄切りチーズを載せる。火の前に置くか、サラマンダー［熱して、料理に焦げ目をつける鉄板］をもちいて焦げ目をつける。チーズの代わりに、小さなキノコを少し、あるいは非常に小さなタマネギを前もってゆでておき、カリフラワーとホワイトソースとともにソースパンに入れてもよい。トーストしたパンと供する。

一団の人々がヴェジタリアン協会を設立するために、イングランドの海辺の町ラムズゲイトの病院に集まったのは、一八四七年九月のある晩のことだった。このヴェジタリアン(vegetarian)という言葉は新しく、ウィリアム・ホーセル——水治療法専門病院の経営者——や議員のジョセフ・ブラザートンを含む人々は、自分たちの根本方針をよく表していると思っていた。百五十人の会員がすぐに登録し、翌年マンチェスターで開催された最初の年次総会では、会員総数は二百六十五人に達した。年齢層は四十歳から七十六歳までである。その後会合はイギリス全域の市でおこなわれた。『ヴェジタリアン・メッセンジャー』という雑誌が創刊され、一八六〇年にはヨークシア出身のジョン・スミスが『ヴェジタリアン料理の原則と実践』を出版した。同書は理論重視でレシピは少なかったが、カリフラワーのチーズがけはまさしく本の最後に登場し、ただ野菜をゆでるだけでなく、少し手を加えているところが珍しい。またカリッとした「パン」——小さなトースト——を添えているのも嬉しい。

他方スミスは単に肉を避けただけではなく、嫌いな熱い料理についても断固たる考えを持っていた。「熱い食物はすべて、固体だろうが液体だろうが、注意深く避けなければならない。歯が損なわれ、胃が弱り、それによってあらゆる器官や肉体組織も弱る」と書いている。だからビートン夫人（二七二ページ参照）は野菜をくたくたになるまでゆでていたが、ジョン・スミスは冷たいものを盛り付けた。けれどもそれはイギリスの食文化に対するもう一つの粗野で野蛮な攻撃の始まりだった。

しかし熱い料理であれ、冷たいあるいはなまぬるい料理であれ、ヴェジタリアンの進軍は続く。ヴェジタリアン・レストランがロンドンにぱらぱらと出現し、一八九七年には七店になった。この運動は次の世紀を通して成長するにちがいないと思われたが、第一次世界大戦が始まり、生き延びることがいっそう差し迫った関心事になると（塹壕《ざんごう》の中の男たちには、蛋白質を補給するものを選ぶなどという贅沢はかなわなかった）、その歩みは滞る。

肉なしの食事運動が一般的な風潮に対して戦わなければならなかったのは、これが初めてではない。しかし彼らはまもなく立ち直り、運動を進展させた。第二次世界大戦下の配給制度では、富める者も貧しきも、国民がみな同じものを食べなければならなかったが、それはひょっとしたら歴史上初めてのことである。実際その状況によってこのメッセージを広める新たな機会がをもたらされた。

人々に肉絶ちを納得させる戦いは以前から手強く困難なものだったが、この運動に取り組む人々は、歴史上の傑出したヴェジタリアンの亡霊が傍らで望んでいると確信して、行動するのである。ヴェジタリアンの料理書『クランクス・バイブル』(*The Cranks Bible*)の著者ナディーヌ・アベンサーによれば、「いつの世にも先駆者、変人、空想家がおり、昨日の愚行が今日の規範になることを、私たちはみな知っている」。

われわれはいまだナディーヌのヴェジタリアンの楽園に達してはいないが、それらの「空想家」らしき人々には、何人かのかなり高名な人物(並びにヒットラー)が含まれる。たとえばレオナルド・ダ・ヴィンチ。ダ・ヴィンチは、戦車やヘリコプターの設計を考えていなかったときには、肉を食べていない。そして紀元前五七〇年頃に生まれ紀元前四九五年頃に死んだピタゴラス。実際ピタゴラスほど輝かしい者はいただろうか? われわれの大半は優れた数学者としてのピタゴラスを思い出すが、竪琴の名手、歌手で、作曲家でもあった。網に捕えられた魚の数を正確にいい当てることができ、笑ったり泣いたりするところを見られたことはないが、水の上を歩けたのみならず、同時に二つの場所に現れることができたと記録されている。

さらに動物に対する思いやりがあった。男が犬を打つのをやめさせたことがあるが、それは犬の鳴き声に旧友の声を聞き取ったからだと述べている。そして当時は神に生贄《いけにえ》の動物を捧げる傾向が多少見られたが、ピタゴラスは肉を捧げずに、ケーキを捧げた。ケーキを犠牲にすることは、きわめて強い道徳的性格を示している。とりわけチョコレート・ケーキの場合には。

そしてもちろん仏陀(紀元前五六三頃~紀元前四八三年頃)。仏陀も動物を犠牲にすることに強く反対し、戦争や侵略を非難すると同時に、肉食をも咎《とが》めた。実のところヴェジタリアニズムは、その提案者に言わせれば、この世の始まりに遡る。食物史家のコリン・スペンサーは次のように述べている。「そもそもエデンの園はヴェジタリアンの世界だった」。アダムが禁じられていたにもかかわらずあの果実を食べたとき、皮肉にも堕落が始まり、人間の肉食と野蛮な振る舞いに業を煮やした神は、世界を一新すべく破壊するためについに洪水を引き起こしたのである。

マハトマ・ガンディはさらに教育を受けるために1881年にイギリスに行った後、ロンドン・ヴェジタリアン協会の会員になり、そこで志を同じくする人々と出会った。

とはいえ神自身がヴェジタリアンであると主張する人は、ノアがついに箱舟から降りたときのことを説明できるのだろうか？　ノアの最初の行動は一対の動物を犠牲にすることで、聖書には「主は宥《なだ》めの香りをかいで」（創世記第八章第二十節）と書かれている。もし神が動物を殺して料理することを承認しないのなら、「ああ、いい匂いだ」などと言って愉しむことはまずなかっただろう。しかしながら神はまた旧約聖書のいくつかの箇所で、動物の肉は食べてもよいが、動物の血を飲んではならないと主張している。だから洪水後の新しい世界でノアが肉食したことが明らかになって以来、ヴェジタリアンは何とか一矢報いようと躍起になってきた。

犠牲の動物を殺すことは、歴史的に見て人間の神へのホットラインだったし、他方肉を料理することは、友人や家族を結びつける儀式であると同時に、富と権力のしるしでもあった。歴史を通じて見られるように、多くの生き物、獣や鳥を殺すことは、大宴会の証拠だった。金持ちの貴族は、友人を感心させたり、敵に神を畏れさせたりするために、ナスを焼いたり、ナッツのリッソウルを作ったりはしない。

人間は肉食をしてきた。コリン・スペンサーが書いているように、ルネサンスになると、「肉食はいっそう多くの人々に定着した」。しかし皮肉なことに、前にも触れたように（六五ページ参照）肉食は富裕層の特徴で、貧乏人は肉を食べることはできなかった。牛には鋤を引かせる方が有益で、鶏は卵を産む。動物を肉屋に売れば、売り手はもっと多くの小麦粉、塩、野菜を買うことができた。したがって歴史を通じて貧困層はいやおうなしにヴェジタリアンだった。だから貧困から抜け出ると、社会的地位の向上を示すために晴れて肉食をしようとした。

ヴェジタリアニズムにはもちろん二本の堅固な支柱がある。動物を残酷に扱うことに対する抗議と健康についての議論である。そして多くの昔のヴェジタリアン運動家を駆り立てたのは前者だった。非情な屠殺業者の行為は残忍で、娯楽のために狩りをする者の冷酷さは明らかである。

十五〜十六世紀のオランダの学者でヴェジタリアニズムに共鳴していたエラスムスは、狩猟家を茶化している。「狩猟家は獲物を追い詰めると、それを切り刻むが、なんと奇妙な楽しみにふけるのだろう」と書いている。それは仲間の共感者、政治家でヘンリー八世の顧問サー・トマス・モアが「恥ずべき…もっとも卑しくもっとも下劣なもっとも見下げ果てた虐殺で…肉屋は必要に迫られて犠牲になる動物を殺すが、狩猟家は罪のない動物の痛ましい殺戮殺害を楽しんでいるだけだ」と非難した行為だった。

夥しい量の肉の消費が重きをなしていたテューダー朝の宴会に、モアがかなりの時間列席していたとすれば、しばしば唇を噛みしめていたにちがいない。たぶんヘンリー八世はモアのヴェジタリアニズムと狩猟に反対の考えをかぎつけたのである。モアを死刑に追いやったのは、王位継承法に対する反対というよりも、ヴェジタリアニズムと狩猟反対の考え方だったのだ。

トマス・モアのユートピアはヴェジタリアニズムの世界である。モアは先見の明があり、家畜が草を食むのに必要な土地の囲い込みを攻撃した。しかしそれは、その一般的ではない政治的な見解同様時代にそぐわなかった。それでもその考えはモアだけのものではない。同時代のフランスの人文主義者ミッシェル・ド・モンテーニュは、同じく狩猟に嫌悪感を抱き、次のように書いている。「罪もなく被害を与えることもない無邪気で無防備な動物が、追いかけられて虐殺されるのには、不快の念を禁じ得ない」。

そのうえ動物愛護という言葉は、それこそ動物を飼って屠殺する人々の頭にはなかった。一八一七年に出版された『料理人の託宣』の中でウィリアム・キッチナー博士（二二二ページ参照）は、過去の嘆かわしい料理法について述べている。生きている豚に酢、ローズマリー、タイム、スイートバジル、ベイリーフとセージを飲ませて生きながらマリネにし、それから「即座に打ち殺し、ただちにローストする」。別の例では、料理人が「それほど老いてはいない赤茶色の雄鶏を打ち殺す」。

キッチナー博士は一六六〇年に出版された本で見つけたミザルド氏のさらに恐ろしくショッキングなレシピを引用している。「ガチョウを生きたままローストして食べる方法」は、生きているまま料理する。羽をむしり、溶かしたラードやバターに浸し、地面にハチミツ入りの水や薄切りのリンゴ入りの水のカップを並べ、そのそばにガチョウを置く。ガチョウの回りにぐるりと火をつけると、生きながらローストされて飛び回り、死にもの狂いで水を飲む。「ガチョウは暴れて目がくらみ、よろめき始め…十分にローストされている。ガチョウを客の前に置く。どこを切り取っても鳴き声を上げ、死んだときにはほとんど食べ尽くされている。大変おもしろい見物だ」。

このとても実行できないようなレシピは、万一試みられたとしても、まれだったと考えて差し支えない。しかしまさにこのアイデアこそが、見世物のような肉食にますます熱狂する最悪の残虐行為を象徴する。

十九世紀の初めにヴェジタリアンの食事に対する関心が大きくなったのは、こういったことへの反動である。前世紀の多くの金持ちは肥満し痛風に悩まされていた。ある一流の医師は三一ストーン（二〇〇キログラム強）もあったと言われている。もう少し野菜を食べる方がよいという考えは、野菜の流通がよくなり、市場で買える種類が以前より豊富になったと同時に生まれた。

ヴェジタリアニズムの最初の段階は禁酒運動によっても促進された。絶対禁酒のウィリアム・カワード師は一八〇〇年代初頭に、自分の会衆に肉食を控えるよう促した。その考えによれば、「神がもし私たちに肉を食べさせようとしたのなら、熟れた果物のような食べやすい形をしていただろう」。これではもちろん、タルタルステーキの説明がつかない。多くの野菜や果物も食べる前には調理が必要なことも然り。しかし師は人気があり、信奉者のひとりはジョセフ・ブラザートンで、ヴェジタリアニズム協会創設に加わった。妻のマーサは、『レディによるヴェジタリアン料理』を匿名で著した。

ヴェジタリアン協会の初代会長ジェイムズ・シンプソンは、長たらしくて退屈な序文（一八一二年に初版が刊行された本の一八六六年版の）で、肉無しの食事という原則を奉ずるように読者をしきりに促す。「人間は中間的な動物である」と、ある耐え難い一節は始まり、次のように続く。「咀嚼《そしゃく》と吸収には比較の基準と考えられてきたものがあるが、その咀嚼および吸収をおこなうさまざまな器官にまさしくふさわしい、中間的な性格の食物がある…」。ページを繰るたびにそのような内容が延々と続くので、たいていの人はステーキが食べたくなる。

しかしこのメッセージはヴィクトリア時代の改革精神に合致していた。酒やたばこを禁じた人々は、肉も喜んでそのリストに加えた。科学的知識は幾分疑わしいものだったかもしれない。シンプソンが論ずるには、肉の栄養は動物が食べた野菜に由来するので、仲介を省く方が理にかなっているのである（シンプソンがまったくその通り述べたわけではない）。モラリスト並びに新しい考え方や空想家が支持された時代には、多くの人々がそれらの肉無しの議論を嬉しそうにかじった。

57

ローリーポーリー・ジャム・プディング

（訳注：延ばした生地でジャム・果物などを巻いて蒸すか天火で焼くかしたプディング）

著者…イザベラ・ビートン

出典…『ビートン夫人の家政読本』（*Beeton's Book of Household Management*）

調理時間…2時間、平均的な費用…9ペンス、材料…5、6人分

季節…新鮮な果物が入手できない冬

スエット（訳注：牛や羊の腎臓や腰部の固い脂肪）入りの生地3／4ポンド、ジャム3／4ポンド

スエット入りの軽い生地を上手に作り、厚さ約1／2インチに延ばす。その上にジャムを均等に広げるが、重ね合わせて閉じるために端は少しあけておく。巻いて端をしっかり閉じ、小麦粉を振った布で包んで固く縛る。沸騰した湯に入れ、2時間ゆでる。ジャムの代わりにミンスミートあるいはマーマレードでもよい。すばらしいプディングができる。

ヴィクトリア時代は道徳、秩序、規律の時代と見られている。もっとも現代の評論家、「The Age of Uncertainty（不確実性の時代）」のブロガーは、それはまた「骨相学に一時的な興味を持つ者やりっぱなあごひげを生やした人物が、好き勝手なことについて見境なく発言できた、正真正銘食わせものの時代だった」とつけ加えているが。

　しかし直立したような――確固として垂直ではないにしても――時代精神を信奉したいと切望する人々は、助言を必要としていた。そして一八六一年に「りっぱな高潔なヴィクトリア時代人になる方法」とでも題すべきような本が出版される。実際にはそれは『ビートンの家政読本』と呼ばれた（出版者のサミュエル・ビートンに因み、最初は単に「ビートンの」と呼ばれ、後の版で「夫人」が加えられた）。出版当初はセンセーションを巻き起こし、以後人気は廃れず、驚いたことに今日でもなお版を重ねている。

　それは英語で書かれたもっとも有名な料理書だが、持ちこたえているのは単にレシピのためではない。死については言うまでもなく（死についての章がある）、生きることについての手引きだからである。したがってこれはただのレシピ集ではない。そのような広範囲の知識が、千ページにわたり二千点のレシピとともに配されている。同書は、イギリス伝来のジャムのローリーポーリーの作り方は言うに及ばず、悪夢への対処、所得税の計算、下宿人の置き方、包帯の仕方やベッド・メーキング、油絵の汚れの取り方、下男への適切な仕事の与え方などを教えてくれる。

　この本の出版が継続しているのには、主な理由が二つある。第一におよそ百年にわたって絶えず改訂されているので、今なお役に立つこと。第二に一八六一年の初版が、十九世紀後半の中上流階級の暮らしを明確に描き出していることである。だからこれはヴィクトリア時代の手引きとも鏡とも言える。

　このような本は、家庭の中で働いてきた者の人生の到達点を示すものと思われるかもしれない。著者は家庭で料理をし、あらゆる家事をこなし、最終的に家庭内のことすべてについて決定し、敬われるようになった者、つまりアメリカのイライザ・レスリー（二三四ページ参照）――年老いてからカップケーキや礼儀作法に関する助言を熱心に求

め た訪問者を受け入れた——のヴィクトリア版であると。

しかし今日広く知られているように、ビートン夫人は年老いてぽっちゃりした体をコルセットに詰め込んだヴィクトリア時代のレディではない。単にきれいでほっそりしていたのみならず、本が出版されたときは若干二十五歳だった。この本はきわめて集中的な四年間の仕事だった。モーツァルトが三十五歳で死ぬまでに六百曲も作曲したことが音楽界に衝撃を与えたとすれば、イザベラ・ビートンがわずか二十八歳で死ぬ前におよそ千点ものレシピを作成したことにも、誰もが驚く。

ビートン夫人の早すぎる死は、悲劇という氷山のまさに頂点だった。夫人はたぶんハネムーンの間に夫から梅毒をうつされ（夫は若くて女を買うのが好きだった）、たびたび流産をした。最初の子供はたった三歳で亡くなり、自身の死は二番目の息子を出産したときにかかった熱病によってもたらされた。その息子は生き延びる。

夫人の悲劇的な最後は夫の死をも早めた。妻の死によって打ちのめされたサミュエルは重い病《やまい》にかかり、きびしい経済的な重荷を背負う羽目になり、結核に倒れて四十代半ばで死んだ。しかし少なくとも景気のいい時代をイザベラと分かち合いはした。イザベラは、出版者として急成長しているサミュエルに出会う。サミュエルが出版した『イギリス女性の家庭』誌は、一八五〇年代を通して人気が高まっていた。ふたりは結婚してピンナーの新築一棟二戸建ての家に落ち着いた。夫がフリート街で事業を経営している間、イザベラはその家でレシピを考えていた。

イザベラの家事経営に関する知識と理解は、ある程度はその家族的な背景に由来する。彼女は二人の父親（最初の父は四人の子を残して死んだ）から生まれた二十一人きょうだいの第一子だったので、きちんとした家と、実際的な料理が必要なことを理解していた。

伝説的な一冊となるモンスターは、夫の雑誌の料理欄から生まれた。読者にレシピを送ってくれるように頼むと、イザベラの下にはレシピが殺到した。郵便の量は増え続け、明けても暮れてもイザベラはそれらのレシピを試作した。

レシピの最後に食材のリストを記した先輩のイライザ・アクトンにならい、レシピを整えたが、リストは先頭に持ってきた（以来レシピはそのように書かれている）。イザベラはまたイライザのレシピの多くや他の多くを盗用した。もっとも自己弁護する中で、自分の本がアイデアの寄せ集めであることを認めてはいるが。

サミュエルはそれから、レシピや他の知識や情報を分冊形式で配本し始めた。マーケティング戦略も広告の手段もなかったが、口から口へと噂が広まった結果、すぐに国中の女性が発行されるたびに買い求め、次の配本を熱心に待ち望むようになる。最初の事業の成功を見て、サミュエルはその後全体を大きな一冊にまとめ、一八六一年に出版した。そのような本はかつて存在しなかった。実際家事の苦痛を和らげ、助けてくれることを求めている若い女性なら、そのような一冊を切に必要としていただろう。その重さと、大いなる情報量を別にすれば、この本はそんな切羽詰まった若い女性に確かに多くの情報を与えてくれた。

もちろん以前にも薬から礼儀作法、食物にいたるまで、考えられる問題すべてに助言をする本はたくさんあった。しかしビートン夫人の本は異なる。ヴィクトリア時代の女性がどのような料理を作りたいかについて、夫人は何も考える必要はなかった。何しろ大量のレシピがまさに読者自身によって送られてきたのだから。この本はまた重大な時期に出版された。一八五〇年代および一八六〇年代の女性は、過渡期に生きていた。工業化がすべてを変え、料理は新しい時代を迎えていた。「世界は急速に変わりつつある」とA・G・ペインは、ヴィクトリア時代の『カッセルの料理事典』に書いている。「そしておそらく一国がこの数年ほど急速で完全な変化を経験したことは、これまでの歴史にはなかっただろう」。

昔の料理書は料理人に、ただ豚か何かを料理するだけではなく、殺した豚を切り分ける前にどのように毛焼きをするかを教えた。砂糖煮のレシピは、庭でたくさんとれた果物を加工し、来るべき長い冬に備えるのを助けた。ハナ・グラスは一七四七年に新しいもの、「まだ誰も書き留めるに値すると思わなかった料理の一部門」を提案し、漬物、砂糖煮、パイ、ビーフ・ロール（牛肉巻）を作った。しかしこれはみなもう多くの人々には関係がない。一八五一年から一八七一年にかけて三倍に増えた都市の中流階級の生活では、豚のための土地も無く、台所は小さくなり、食料貯蔵室は戸棚になった。プラムの砂糖煮の瓶を何百本もしまう空間がないだけではなく、今では冬に買うことができたので、その必要もなくなったのだ。

食物を入れる金属容器の加工が進歩し、店にはあらゆる種類の缶詰が売られていた。アメリカからは牛肉の缶詰が、アラスカからはサケの缶詰が輸入された。フライの、ラウントリーの、キャドバリーの菓子があるのに、なぜ自分で作る必要があろうか。その上家が小さければ、使用人も少なくなり、これらすべてのあまり重要でない調理には人手がかけられなくなる。

都市に住んでいない男たちが通勤し始め、生活はいっそう厳しく管理されるようになった。専門家が、パン焼きや砂糖煮作りのようなことを初めて積極的にやめさせようとした。十九世紀の末に影響力のあった『カッセルの家事入門』の編集者が述べたように、「もしパンやケーキを家庭で作るように主張すれば、ジャムやピクルスを作るために果物や野菜を買うように主張しなければならない。これらの仕事が家庭の中で暇な人間によって行われるのでない限り、節約どころか損失が生ずる」。

「時は金《かね》なり」と同書は言う。そしてそれが社会の新しいモットーになったが、その背後で食品製造業者が急成長した。実際歴史の中でイギリスがその食文化を失った時点を探すと、ビートン夫人の本が出版されたまさにその瞬間に行き着く。便利な製品――乾燥スープの素、マーガリン、果物の缶詰、粉末カスタード、コンデンス・ミルクなど――が市場に出回り、食品工場が安いポーク・パイやビーフ・ロールを粗製濫造したので、誰も自分で作る必要がなくなったのだ。

ビートン夫人自身、即席レモネードを作るためのレモネード・パウダー（レモンは入っていない）の使い方を説明

『ビートン夫人の家政読本』より、冷製の軽食（左）とイザベラ・ビートンの肖像（右）。

している。実際夫人の本は台所に節約と簡素化をもたらすことを意図していたが、それはまた洗練された料理の死をもたらした。たとえばそのレシピにワイン、ハーブ、スパイスを使ったものはない。健康と安心という新たな強迫観念によって、十分によく火を通されていないものは疑いの目で見られた。「生のまま調理された野菜は胃を刺激しがちです」と夫人は警告している。かくして風味がなくなるまで野菜をゆでるイギリスの伝統が始まり、一九八〇年代に至るまで続いたのである。

またその時代には傲慢な権威主義が幅をきかせ、ビートン夫人もそれをまぬがれなかった。自ら述べているように、「家庭管理の誤りによってもたらされた」不快なことや苦労を目にしたことが動機になっていたのかもしれないが、「冷たい、あるいはなまぬるい風呂に毎朝入るべきです」とまで言わなければならなかったのだろうか？

夫人の同時代人のひとりがぞっとするような医師パイ・ヘンリー・チャヴァッセで、楽しみという考えを忌み嫌うヴィクトリア時代人の典型的なステレオタイプのように、プディングを攻撃した。「プディングは遅効性の毒だと思われる」と子育ての本に書いている。「もし子供がケーキや甘いものを食べることを許されなければ、一片の干からびたパンでもおいしいと思うだろう」。

今になってわれわれはやっと再び果物の砂糖煮や野菜のピクルスを切望するようになった。今日多くの人々は豚を飼うことさえ夢見るが、かつては必要に迫られて行われたことが、今では風味や楽しみのために行われ、ヴィクトリア時代とはまるで対照的である。当時は体裁がすべてで、どんなにおいしくても派手なトライフルはただ低俗なものとされた。

イザベラの本の大きさに一部の読者は後ずさりしたかもしれないが、それでも多くの人々が影響を受けた。それは単に助言よるものではない。この本は色つきの挿絵を初めて使い、以前のどの料理書よりも気分を高揚させてくれた。それはまたイザベラの編集者としての粘り強さの証《あか》しでもあった。「もしこの本にこれほど手がかかると事前にわかっていれば、とりかかる勇気はなかったでしょう」と述べている。夫と、夫が不幸にも版権を売り渡した出版者たちは、イザベラの死を隠していた。伝説的で厳格なヴィクトリア時代人のイメージのビートン夫人というブランドは売上げを伸ばし続け、イザベラの死の三年後、一八六八年にはすでに二百万部に達していた。

この重たい本は確かにもう百年持ちこたえるだろう。たとえ単に、一番上の棚にある、あの生意気な明らかにヴィクトリア時代的ではないチョコレート・プディングのレシピ本を取るときに、踏み台になるという理由であっても。

58

エッグ・ベネディクト（エッグ・ア・ラ・ベネディック）

著者…シャルル・ラノフェール
出典…『エピキュリアン』（*The Epicurean*）

マフィンを横半分に切り、焦げ目がつかないようにトーストし、厚さ1／8インチで直径がマフィンと同じ加熱加工されたハムを、マフィンそれぞれの上に載せる。中火のオーヴンで温め、ポーチトエッグをさらにその上に載せる。オランデーズソースを全体にかける。

楽しげに気取った組み合わせ、ハム、マフィン、卵とオランデーズソース（二八四ページ参照）の塩味のきいたクリーミーなエッグ・ベネディクトの起源については論争がある。

これを考え出したと言われているひとりは、ニューヨーク社交界の裕福な名士レミュエル・ベネディクト（Lemuel Benedict）である。子孫によれば、一八九四年のある朝ベネディクトはひどい二日酔いで、朝食サービスが終わる頃にマンハッタンの高級ホテル、ウォルドルフ・アストリアに入って行った。ウェイターは献立表を差し出したが、却下される。ベネディクトには自分が食べたいものがわかっていた。ベーコン・トーストにポーチトエッグを載せたものと、小さなピッチャーに入れたオランデーズソースを注文した。とくに早い時間ではなかった――実際朝食より昼食の時間に近かった――ので、ベネディクトはこのすばらしい料理を思いついただけでなく、たとえ無意識にせよ、

エッグ・ベネディクトを思いついたとされるひとりはレミュエル・ベネディクトで、二日酔いのときにニューヨークのウォルドルフ・アストリア・ホテルでそれを注文した。

ブランチ・メニューを作ったのである。

しかしこれはすべて神話かもしれない。というのも別の話もあるからだ。こちらは同じ年に当時有名なレストラン、デルモニコスの常連ルグラン・ベネディクト夫人（Mrs LeGrand Benedict）が、ある日ひどくいらいらした気分で到着した。メニューをざっと見ても、気に入ったものがない。メニューは実に長く――たとえば仔牛肉の料理だけで四十七種もあった――十一ページにおよんだので、これはまったくの早わざというほかない。しかし夫人は満足せず、シェフを呼ぶように頼む。シェフの名前はシャルル・ラノフェール、ニューヨーク市のもっとも有名な――そして同市随一と多くの人に言われた――シェフだった。

朝食の時間で、夫人が確かなのは卵が食べたいということだけ。そこでシェフは長く豊かな口ひげをなでると、ルグラン・ベネディクト夫人にちょうどいいものがありますと請け合った。数分後に料理が運ばれ、夫人はそれがたいそうお気に召した。ラノフェールはフランス料理を細部まで理解しており、それをまとめたのである。ソースはクリーム状だが、レディ向けに軽く、卵も同様にただ割ってゆでてある（温めたバターは使わない）。大陸風にきつね色に焼いたハムを加え、アメリカ風のマフィンのトーストに載せて供した。

それはまた見た目もかわいらしく、ラノフェールは自分の思いつきが気に入り、客も満足したので、メニューに加え、そのレシピを滑稽なほど大きな本『エピキュリアン』で公開した。実際にレシピを活字にしているので、トロフィーはラノフェールのものだが、この料理をBenedickと綴っているので、うっすらと疑問が残る。それにしてもラノフェールはフランス人だったが、著書から判断すると、厳格なことはさておき、またきわめて教養があり、料理はたぶんシェイクスピアの『から騒ぎ』（訳注：Benedickという人物が登場する）に因んでいる。

ラノフェールはデルモニコスの料理長だった。デルモニコスは一九二〇年代に禁酒法によってそのワイン・リスト、そしてワインを使う料理やソースが駄目になるまで続いた（しかし現在同じ場所に同じ名前のレストランがある）。同レストランがニューヨークで営業していたのは、大きな社会的苦難の時代だった。貧困層はきわめて貧しかった。たいていが安アパートに住み、貧民街が取り壊され始めていた。一八九二年に出版された『キングのニューヨーク市案内』には、貧しい人々が外食するときに入るのは安いレストランで、それは「もっとも不潔なたぐいの食堂」だったと記されている。主なメニューはこま切れ肉料理あるいは豆料理にバター付きパン、それに紅茶かコーヒーがついて十セントだった。「[ニューヨークを]回ってみれば、多くの非道な料理がわかるだろう」と編集発行人は書いている。

それに対してアメリカ社会の上流階級は、プディングを避けてビートン夫人の料理（二七二ページ参照）を奉ずるヴィクトリア時代のイギリス人上流階級の罪悪感とは無縁だった。一八九一年には、人口の一パーセントが他の九九パーセントより多くを持っていると報告されている。そして派手な金持ちは、市のトップ・レベルのレストランでゆたかさをみせびらかすのを好んだが、中でも最高のレストランがデルモニコスだった。

デルモニコスは一八二七年に二人の兄弟によって設立され、その甥のロレンツォが、一八六二年にシャルル・ラノフェールを雇った。レストラン経営者の息子で名高いシェフの孫ラノフェールは、十二歳のときからパリのレストランで修業し、フランスの美食道が骨の髄まで浸み込んでいたが、成功を夢見てニューヨークへと旅立つ。ロレンツォはラノフェールを競争相手のメゾン・ドレから引き抜いたが、後にこの侮りがたい人物との最初の出会いを回顧している。「服装もマナーも完璧で、その態度から、私の店に来てくれれば大いに役立つにちがいないと思った」。「あなたは経営者です」とラノフェールは新しい雇い主に言った。「店と食材を用意して客の数と注文を教えて下されば、あとはお任せください」。

その料理には、フランスでナポレオン三世のために大宴会で供したごちそうも含まれていた。ラノフェールのメニューは見栄えのする贅沢なもので、由来を冠した多くの料理が並んだ。たとえば「シャトリエ風牛ランプ肉」、「ブリニョーリ風マカロニ」、「レイナル風オヒョウのフィーヌゼルブ（訳注：フランス料理の香辛料で、特にパセリ、チャイブ、タラゴン、タイムをみじん切りにしたもの）添え」に加えて、「肥育肝のハト」、「絶品のシャンパン・シャーベット」、「コーヒー・アイスクリームのパルフェ（訳注：果物・シロップ・クリームなどを混ぜて凍らせたデザート）」、「チョコレート・スフレ」があった。これらの料理とほかの何千もの料理を供し、その後『エピキュリアン』にきびしい助言とともに記録した。

同時代人によれば、「彼は口出しさせなかった…自分の領分でこれほど断固とした独裁者はかつていなかった」。厨房のスタッフは四十五人の大編成だったが、ラノフェールの一言たりとも、その手のわずかな動きたりとも無視してはならない、と訓告された。「私は責任者だ。私の指示通りにしてもらわなくては困る」と言ったことがある。

ニューヨークの食事の場面に、ラノフェールは白いテーブルクロス、印刷されたメニューとともに、近年アメリカがロシアからアラスカを購入したことを祝った「ベイクト・アラスカ」のような創作料理を導入した。特定の料理には特定のワインを供するように主張したが、ワインの大半はフランス産で巨大な貯蔵室に蓄えられていた。ボルドー・ワインは「産地醸造年によりおよそ摂氏一一度から一六度で」、同様にブルゴーニュ・ワインはおよそ摂氏六度から七度で供さなければならない。デザート・ワインは冷やしておかなければならず、魚料理にはラインかモーゼルのワインがよいと主張している。

一定の料理を供する時期についても気難しかった。「Rという文字の入っていない月には牡蠣料理はやめるべきだ」。

そしてあらゆるタイプの客にどのように料理を出すかについて助言した。「客にレディがいる場合には、メニューは軽く、意匠を凝らした料理ときれいなデザートにするべきである」。客が男性の場合には「紳士のためには、品数は減らして、もっと実質的なものにしなければならない」。非公式の晩餐の場合、ウェイターは紳士のコートを受け取ったら、「ダイニング・ルームにエスコートすべきレディの名前が記されたカード入りの客宛て封筒を」手渡すこと。

ラノフェールは一八九九年に腎臓病で死ぬまで、厨房を支配した。王室が開いた宴会のための贅沢な料理ではなく、カフェのブランチ・メニューの一品によって記憶されていると聞いたら、たぶん草場の陰で嘆くだろう。

59

オランデーズソース

著者…マルト・ディステル

出典…『ラ・キュイジニエール・コルドン・ブルー』(*La Cuisinière Cordon Bleu*)

もっともシンプルなソース。ごく弱火でバターを溶かす。二重鍋があれば、その方がよい。少し休ませてから、レモン果汁に塩ひとつまみを加えて泡立てた中に入れ、目の細かい漉《こ》し器で漉し、強くかき混ぜ泡立てる。塩を加え舟形のソース入れで供する。

一八六一年ロンドン郊外のピンナーでイザベラ・ビートン(二七三ページ参照)は、こう宣言した。「男性は今や家の外——クラブ、こぎれいな居酒屋、レストラン——で実によいもてなしを受けているので、こういう場所の魅力と競うためには、女性は料理の理論と実践を完全にものにしなければなりません」。ビートン夫人は、これらの哀れな女性に重たい本の提供を続けた。その本には、男性が帰る家を確実に心地よく整えられたものにするために、おいしく栄養十分な料理をどのように作るかが示されていた。

しかし一八九五年にパリでフランス人女性マルト・ディステルが、さらにきわめて大きな一歩を踏み出す。よき家庭料理では十分ではなかったのだ。フランスの女性はそれらの厄介なレストランに正面から立ち向かわなければならなかった。そのためにマルトは、『ラ・キュイジニエール・コルドン・ブルー』という料理雑誌の出版を開始する。

同誌では有名なシェフや料理の専門家がレシピや料理情報、助言などを楽しく読めるように提供したので、読者のための一種の通信講座になった。

女性料理人はキュイジニエール（cuisinière）で、マルトは自分のことをシェフとは呼べなかった。それは男性にのみ許される肩書だったのである。しかしマルトはコルドン・ブルーの料理人になることはできた。それは女性料理人のための敬称である。だから逆に男性の料理人は自分をシェフと呼ぶことはできたが、コルドン・ブルーと呼ぶことはできなかった。

とはいえ皮肉にもこの言葉は伝統的に男性に関わりが深い。一五七八年にフランス王アンリ三世は、精霊騎士団として知られる精鋭集団を創設した。騎士たちは銃士さながら馬を乗り回し、ブルボン朝の王のご機嫌を取って腰を屈め、美しい乙女の手に優雅に接吻したが、従者や農民の尻を鞭打っていたに決まっている。

騎士たちははるばる馳せ参じて集まり、食事をするときには、それぞれメダルを飾った青い飾り帯をつけた。これらのコルドン・ブルー（青綬《せいじゅ》）は、高い地位、ゆるぎなき名声、そして手腕を表わすものだった。時代の流れとともに「コルドン・ブルー」という言葉は、ただ特定の分野で優れている人々に結び付けられるようになり、徐々に料理の領域で使われるようになる。

しかしなぜとりわけ女性に対して、使われるようになったのだろうか。ある伝説によれば、十八世紀に長きにわたり王位にあったルイ十五世の愛人デュ・バリー夫人が、王の言葉に腹を立てたことがあった。男だけがすぐれたシェフになれる、と王は言ったのである。夫人は何も言わなかったが、機会をうかがい、数日後に自分だけの女料理人に、王のための正餐を用意させた。王は料理が大変気に入り、こう言った。「おまえの新しい料理人はどんな男かね」。

「男ではありませんわ。女です」とデュ・バリー夫人は答えた。「コルドン・ブルーに劣らぬ名誉を授けるべきですわ」。もしこの話が本当なら、なぜこの言葉が女性の料理人に固く結びつけられているのかがわかる。

そこで十九世紀の末にマルト・ディステルは、フランスの上流階級の女性が、夫をとりこにするシェフとどう競えばよいかを学ぶように、新しい雑誌にこのようなタイトルをつけたのである。『ラ・キュイジニエール・コルドン・ブルー』の予約申し込みは着実に増え、一年後の一八九六年には、雑誌の購読者にただで料理の実演を見せるという革新的な販売戦略をディステルは思いついた。

最初の講習は一月十四日にパレ・ロワイヤルの厨房でおこなわれた。洗練された食事がどういうものか学ぶのにふさわしい場所である。パリの一流シェフ――もちろん男性――がいくつかの料理とすばらしい妙技を披露するのを、出席者は見守った。厨房には電気が引かれていた。講座は気運に乗り、人気が出て――講師にはパリの最高のシェフが招かれた――まもなく雑誌を販売するためというより、むしろ雑誌が講座の宣伝にもちいられるようになる。

あかぬけたドレスと帽子を身に着けて、中産階級の娘がパレ・ロワイヤルに集まった。料理学校の影響は広くにお

マルト・ディステルによる『ラ・キュイジニエール・コルドン・ブルー』は、料理教育誌だった。

よび、やがて世界中から生徒が集まるようになり、一九〇五年には日本から来たという記録もある。そして習いに来るのは中産階級の娘に限らず、レストランで働きたいという男女が徐々に増えた。

コルドン・ブルー料理学校は、フランス料理を美食道の土台として確立し、高級料理をフランス芸術のひとつとして体系化したので、パリはその象徴的な都となった。だから映画『麗しのサブリナ』で、オードリー・ヘップバーン演ずる女性が一九五〇年代のパリに来て、この有名な料理学校に入りオムレツの作り方を習うときには、世界一の料理学校として登場した。

今やコルドン・ブルーはレオン・ドゥロム通り八番地に確固たる地歩を占めており、その分校は世界中に広まっている。一年間学んでグラン・ディプロム（卒業証書）を取得した人は、ロブスター、トリュフ、フォアグラのすばらしいディナーを容易に作り出すことができるはずである。このディナーにならば、青綬をつけて空威張りする騎士も、脱帽しただろう。

60

イチゴのショートケーキ

著者…ファニー・ファーマー

出典…『ボストン料理学校料理教本』（*The Boston Cooking-School Cook Book*）

小麦粉2カップ、ベーキング・パウダー小さじ4杯、塩小さじ1／2、砂糖小さじ2杯、ミルク3／4カップ、バター1／4カップ

乾いた材料を混ぜ合わせて2回ふるい、指先でバターと混ぜ合わせ、ミルクを徐々に加える。小麦粉をまぶした台に投げつけ、ふたつに分ける。叩いて伸ばしたものを、円いスポンジケーキのブリキの型にバターを塗ってから入れ、熱したオーヴンで20分間焼く。水平に切ってバターを塗る。イチゴに砂糖を加え、レンジの後方に載せて温め、少しつぶして、ショートケーキの間と上に載せる。上をクリームソース[原書のどこかに掲載されている]で覆う。ショートケーキ1個につき1箱から1箱半のイチゴを使う。

一八九〇年代初頭にファニー・ファーマーと呼ばれる女性がアメリカに登場する。もしその女性がビートン夫人だと名乗ったら、人々は信じたかもしれない。ふっくらした、看護婦のように親切だがどこか厳しい女性で、もっとも有名なレシピ書のひとつ『ボストン料理学校料理教本』を出版した。

ファニーが編集した版——数年前ごく狭い範囲で出回った版の増補版——はきわめて慎重にリトル・ブラウン・アンド・カンパニーにより出版された。実のところ出版社が二の足を踏んだので、自費出版となった。出版社は後で臍《ほぞ》を噛むことになる。一九一五年にファニーが死ぬまでに、実に三十六万部が出版されたからである。一九三六年には発行部数は百七十三万六千部に、十年後には二百五十三万一千部になった。この本は今日なお出版されている。初版の方が役に立つと判断されるまで、最新版の印刷が続けられた。それは、ビートン夫人の本の場合と似ていなくもない。

ファニーはまた『ファニー・ファーマーの料理書』のような他の本も出版した。それは、「ファニー・ファーマーのファッジ（訳注：砂糖、バター、ミルク、チョコレートまたは他の香料で作った柔らかいキャンデー）」の頭韻を楽しむためにだけでも、探し出す価値がある。出版者が最初にファニーを信用しなかったのは、今日では不思議に思える。どのみちイチゴのショートケーキのレシピを一読すれば、結局この本が先駆的だったことがわかるだろう。

イライザ・アクトン（二四五ページ参照）のレシピを発展させたビートン夫人のレシピをもとに、ファニー・ファーマーはなおいっそう明確に料理を指示した。材料を列挙しただけでなく、方法もわかりやすく明快だったが、計量はそれまでに出版されたどの本よりも正確だった。「結果が変わってもよい」という考えは、ファニーの頭にはない。「カップが計量の基準です」と宣言する。実際料理人としてきわめて正確で精密さを要求したので、「計量の母」として知られるようになった。他の料理のヒーローは、後世の人々がもっと面白みのある言葉で記録してくれることを望んだかもしれないが、ファニー・ファーマーならこれで完全に満足しただろう。

要するにファニー・ファーマーは魅力のないスターだった。十代で病気になり、部分的に麻痺が残る。つまりその

ボストン料理学校のファニー・ファーマーと生徒のひとりマーサ・ヘイス・ラデン。
同校でファーマーのレシピが試作された。

後終生足を引きずるようになった。結婚はしなかったが、母を助け、母が経営する寄宿学校を手伝うことによって立ち直り、家事に光明を見出す。ボストン料理学校の課程を修了したのち、校長のメアリ・リンカーンの助手としてとどまり、一八九四年にリンカーンが引退すると校長を引き継いだ。

二年後本を出版し、そのレシピによって有名になる。それは単に、イチゴのショートケーキがまったく問題なくおいしかったので受けたからではない。ショートケーキのように、後世のアメリカの家庭に欠かせないものとなった多くのレシピが他にもあったからだ。ブラウニー（訳注：当時は糖蜜のケーキ）、チョコレート・ケーキ、黒パン入りアイスクリーム、ポーク・チョップ（厚切り肉）の揚げリンゴ添え、コーンビーフ・ハッシュ（訳注：ほぐしたコーンビーフとゆでて細かく賽の目に切ったジャガイモを混ぜ合わせ、炒めたもの）、ロブスター・ビスク（訳注：

クリームベースの濃厚なスープ)、ヴァージニア・ワッフルなど多くのレシピを提案した。

ファニーが料理学校の実際的で現実的な授業で教えた料理は、時代の発展に一致していた。イギリス同様ますます多くの女性が都市に移動していた。母親は、かたわらに、近くにはおらず、まだ電話もない。だからファニーの本はまさに彼女らが必要とする支えだった。同様に助けを必要としていたのは、ドイツやアイルランド、そしてヨーロッパ東南部からの多数の移民である。彼らもまた家族から料理のやり方を教えてはもらえず、新たな生活に援助を必要としていた。同時に台所の設備に革命が起きる。初めてガス・コンロが現れ、以前には手で熱さを判断するしかなかった温度が、今や調節できるようになった。時計やタイマーが台所に進出し、標準的な計量カップや計量スプーンが売り出された。読者がそのような道具を手に入れれば、自分のレシピで失敗はしないことが、ファニーにはわかっていた。

ファニーはビートン夫人より正確で、料理法はフランス人のまやかしとはまったく別ものだった。フランスの料理人はまだ自由奔放にやっていたが、アメリカの料理人は正確さと注意深い計量にとらわれるようになり、これは今日なお大体において当てはまる。

しかし調理用レンジ――ファニーが「脚のついた大きな鉄の箱」と呼ぶもの――はまだ決して一般的ではなかったが、それはファニーのローストの定義に反映されている。「熱を高めるための反射板があり煙を出さず赤々と燃える火の前の料理」。他の同時代のレシピ書のように、ファニーの本はそれでも読者に、料理のためにどのように火を焚く準備をし、火をつけるかについて教えている。Refrigeration(冷却)も同様に「氷による冷却」と定義された。もっとも地平線上にはかすかな光が射し始めており、「ガスを圧縮してから冷やし、それから膨張させることにより冷却する機械」についても述べられている。

ファニーはときに抒情的になり、たとえば自分の本の書き出しをこう始める。「命がなければ、宇宙に意味はありません。命あるものはすべて、滋養を求めます」。しかし彼女を駆り立てていたのは、役立つことだった。ファニーにとって、食物は芸術ではなく、実際に必要なものだった。

ファニーが育った世紀には科学が大きく進歩し、食物の栄養価が理解されるようになったので、それを自分の著書で伝えようと、肉体を構成する要素とそれらが必要とする栄養素を記述した。また自分でいくつかの結論にも達した。「女性は、たとえ男性と同じ量の仕事をしても、概して食べる量は少なくてすみます」。とりわけ茶に関しては、確固たる考えを持っていた。「食物の代わりにはなりませんが、お茶をたくさん飲めば食物が少なくてすむのは確かです。というのもお茶を飲めば、組織の消耗が少ないからです」。しかし神はこの人気のある飲み物をあまりたくさん消費することを禁じた。「あまりにたくさん飲むと、神経が興奮して、眠れなくなり、不眠症になり、最後にはその犠牲者を完全に衰弱させてしまいます」。

ファニー・ファーマーは自分の教育が、健康なライフスタイルの重要な柱になると信じていた。「遠からず食物の本質に関する知識が私たちの教育に欠かせないものになると、確信しています」と述べている。不幸なことにそれは、ファニーが望んだであろうよりもっと遠かったし、今なお遠い。大半の人々のレシピのレパートリーには、少なくともイチゴのショートケーキの「カップ二杯」が見当たらないのである。

61

ピーチ・メルバ

著者…ジョルジュ・オーギュスト・エスコフィエ
出典…『エスコフィエ フランス料理』(井上幸作監訳、角田明翻訳)(*Le Guide Culinaire*)

モモの皮をむいて、ヴァニラ・シロップで煮る。冷たくなったらヴァニラ・アイスクリームの上に載せ、ラズベリーのピューレをかける。

十九世紀の末にはフランス料理の素晴らしさは確立していた。イギリス料理では話にならない。イギリスのお偉方はみなフランス人シェフを置いた。イギリス人シェフでは、自慢できなかった。実際裕福な中流階級は、自国の料理を明らかに見下していた。だからもしフィッシュ・アンド・チップスや、食事を楽しむことへのヴィクトリア時代の憎悪、そしてビートン夫人のせいで(二七二ページ参照)野菜を煮すぎることが、イギリス文化を破壊していなければ、イギリス人はフランス料理がますます優位になるのをきっと黙認しただろう。食物史家のコリン・スペンサーは次のように記している。「歴史的にもっとも熾烈に戦ってきた敵国の料理を国を挙げて受け入れるとは、驚くべきことと思われるかもしれない」。

そしてフランスは単にダイニング・ルームでイギリス人をせっせと征服しただけではない。フランスの美食道の伝道者がどこにもいた。たとえばシャルル・ラノフェール(二七九ページ参照)がアメリカに旗を掲げた。ロシアにはイポリット・グッフェのようなフランス人シェフがいたが、そのきょうだいのアルフォンス・グッフェはヴィクトリア女王のペストリーのシェフだった。もうひとりのきょうだいジュール・グッフェは、パリ競馬クラブのシェフを務めていたときに、『料理書』を著す。それは『王家の料理書』として英訳され評判になる。ジュールのスローガンは「清潔」で、あらゆる厨房の扉に刻まれるべきだと考えていた。「厨房は小さくても、配置や照明が悪くてもよいが、いかなる事情があろうとも、決して不潔であってはならない」。

これらのシェフすべてと多くのほかの人々が、確固とした信念を持ち、たいてい大きな口髭をたくわえて、フランス料理の闘士として働いた。彼らは、新しく延びて行く鉄道のおかげでヨーロッパ中に急増したホテルやレストランに雇われた。旅行して回る裕福なヨーロッパ人は、自分の家で供されるようなおいしい食事を求め、フランス人シェフが喜んでその願いに応じた。とかくするうちに彼らの魂の故郷、フランスの首都は、食通のメッカになる。料理への重要な案内書『ラルース料理百科事典』には、こう記されている。「パリは美食の聖地となった」。

ジョルジュ・オーギュスト・エスコフィエが現れて、上り詰め、君臨するようになったのは、このような世界だった。実際今日でもなおその著書、とりわけ五千ものレシピが網羅された『エスコフィエ フランス料理』は、シェフに影響を与えている。だからエスコフィエの著作はいまだにフランスの美食の評判を広めているが、一方生前の影響力は測り知れないものだった。多くの者がその下で訓練を受けたので、エスコフィエはかつて誇らしげにこう述べたことがある。「私は生涯にわたり、世界中に約二千人の料理人を、種をまくように送り出した」。

ディナーの準備を依頼されると、フランスの料理法の成果を供するために、フランスの食材を持ち込んでフランス人スタッフをそろえるのを常とした。フランスのシェフがすぐれているのは、ひたすら最上の材料を使うからだと論じている。同国には最上の野菜、果物、家禽、肉、猟鳥獣、そしてもちろんワインの産地があった。「したがって、フランス人が食通になり、偉大なる料理人になるのは至極当然である」と高らかに述べている。フランスは選ばれた土地だった。ジャーナリストのマイケル・スタインバーガーが述べているように、「神の食料庫」だった。

しかしエスコフィエが生涯の大半を送ったのは、神の食料庫ではなかった。このフランス料理の使節は、その技術をロンドンに持ち込んだ。十三歳の少年のときから、ニースにあったおじのレストランで働き始め、国内を渡り歩いたのち、その後の人生でビジネス・パートナーとなる人物、セザール・リッツに出会ったのである。

リッツは企業家で、口達者なホテル経営者でもあり、ロンドンに新しくできたサヴォイ・ホテルにエスコフィエとともに職を得る。一八九〇年のことで、すでにひよっこではない四十四歳のエスコフィエは、大成功した。単にフランスの料理法をロンドンに持ち込んだだけではなく、組織的な技術をも持ち込む。プロの厨房の機能を見直し、流れ作業という手法を取り入れ、それを構成するチームを作った。

従来大邸宅、ホテル、あるいはレストランの厨房の各部門は独立して働き、特定の料理を作っていた。エスコフィエは各チームが共同で同じ料理を作るようにした。だからたとえばひとつのチームが肉を焼く間に、もう一つのチームがソースを作る。各部門を「部門料理長」が率い、作業全体を料理長が統率した。

それは今日なおたいていの厨房でおこなわれているやり方で、たいていの人が望む食事にふさわしく、料理は贅沢ではあったが、時間は短縮された。そして人々が自分で取り分けるように大きな皿をテーブルに置く代わりに、献立表による注文に応じて一品ずつ盛り付けて供した。

エスコフィエの厨房は注文に応じる、そしてどうやら人間味あふれる場所だったようだ。そのスローガンは「単純に」だった。さらにシェフたちが単純化を信奉するだけでなく、たがいに敬意をもって接することを望んだ。しかしカレームの記念碑的なペストリーの塔（二三九ページ参照）を敬遠はしても、その単純化は、控えめに言っても技術的にはきわめて高度だった。そしてその性格ゆえに、サヴォイ・ホテルにいたときには帳簿をごまかすのをやめられなかった。

『エスコフィエ フランス料理』の著者
ジョルジュ・オーギュスト・エスコフィエ。

エスコフィエは同ホテルを地図に載るほど有名にし、ロンドン上流社会の食通の行きつけにしたという事実にもかかわらず、一八九七年にはリッツともどもお払い箱になる。今日でさえ料理の世界は実際に起きたことと向き合うのを回避する。このシェフの伝説の神聖化された地位もそのようにしてできたものだった。ラルースにはいまなおエスコフィエが「個人的な理由」でサヴォイ・ホテルを去ったと記されている。実のところリッツとともに厨房の経費の五パーセントを定期的に着服していたのである。だから経営陣はそれに気づくと、精力的なふたりを追い出した。

そんなことは取るに足りないとばかり歯牙にもかけず、機略縦横のリッツは、自分たちの技術の新たな地盤をすぐさま見つける。カールトン・ホテルはふたりを二つ返事で雇い、まもなくリッツ＝カールトン・ホテルと改名した。そして新しい根城になじみの客をすべて呼び込み、エスコフィエはその後の生涯をそこで働いた。

実際彼が最良の年月をすごしたのはこのホテルである。リッツ＝カールトンにはスターが訪れ、エスコフィエはお礼に嬉々としておもねった。オーストラリアの女優ネリー・メルバのために数年前にある料理——桃を入れたアイスクリームを氷で作った白鳥に載せたもの（それを彼は「桃の白鳥」と呼んだ）——を作っていたが、白鳥をやめラズベリーを裏漉ししたソースをかけて、「ピーチ・メルバ」と呼ぶ。

これほどのお追従があろうか？　新式の挨拶として、女優に因む名前を料理につけたとき、女優がのぼせ上ったかどうかはわからない。たとえば「ウズラのレイチェル・ミニョネット」のように、他の女優も同様のみやげを受け取った。セザール・リッツに唆され、エスコフィエは金持ちの権力者に熱心におべっかを使い、それは功を奏した。ある日皇帝ヴィルヘルム二世が厨房に入って来て、「私はドイツ皇帝だが、あんたはシェフの皇帝だ」と宣言し、背中をポンと叩いて高笑いしたなんてこともあったかもしれない。

シェフの偶像化が新たな段階に高まるにつれ、エスコフィエは当然母国フランスでも、レジオン・ドヌール勲章のシュヴァリエおよびオフィシエ受賞という栄誉を与えられた。名声に乗じて、シェフとして初めて瓶に自分の名前を記したピクルスやソースを製造したが、そのすべてが鍛冶屋の息子にとっては、すばらしいことだった。エスコフィエは背が低すぎて鍛冶屋にはなれなかったのである。料理は「自分で選んだ職業ではない」とかつて回顧している。まだ子供の時分におじのところに働きに行かされ、あれこれ選ぶなどという贅沢は許されなかったのである。

ロンドンにおけるフランス料理の闘士として働き、イギリス料理を葬る一助となることに成功して、エスコフィエは将来の世代が自分の例に従ってくれることを確かに望んでいた。後の世代は多くの点で従っている。イギリスのシェフは、エスコフィエのフランス的な気質を万遍なく受け入れたわけではないにしても、やがて多くの点でフランス的な手法を採り入れた。

62

スコットランドの大麦スープ

著者…マリアン・カフ

出典…『貧困家庭の子供への給食料理』(*A Course of Meals Given to Necessitous Children*)

牛肉(骨なし)1と1/4ポンド、ニンジン1/2ポンド、カブ1/2ポンド、タマネギ3/4ポンド、大麦5オンス、セロリあるいはセロリ・ソルト(訳注:すりつぶしたセロリの種子と塩を混ぜて作った調味料)、パセリ、コショウ、塩、水(あるいは骨の煮出し汁)4パイント

肉を刻み、大麦と水とともに鍋に入れ、煮立てる。野菜の皮をむき、細かく刻んで鍋に加える。すべてが柔らかくなるまで弱火で煮る。パセリをみじん切りにして、セロリ・ソルトと調味料とともに加える。パンを添えて供する。

注意1:もしセロリが旬なら洗って刻み、他の野菜とともに加える。

注意2:牛肉の代わりに羊肉でもよいが、骨と脂の部分が多いので、高くつく。

フィッシュ・アンド・チップスは栄養不良の人々が切望する蛋白質を供給したかもしれないが、一九〇〇年代初頭のイギリスで深刻な社会問題になりつつあった状況を解決しようとしていたのは、先手を打った商売人だけではなかった。

きわめて多くの男性がボーア戦争の陸軍新兵として不採用になったことを、国は問題視した。青年たちは子供時代に栄養不良だったせいで、体格が悪かったのである。もしこれで軍隊が招集できないようなら、何とかしなければならない。こうして一九〇六年の学校給食法をもたらしたのは、気の滅入るような名称だとしても、意味のよくわかる「体格劣化に関する王室委員会」だった。干渉主義のイギリス福祉国家が行動に踏み切った早期の例である。

この法律制定によって政府は地方教育委員会に、本当に困窮している子供にはただで、それよりましな子供には安く給食を開始する認可を与えた。学校給食は多くの子供にとって一日の主要な食事になったが、そのマイナス面としては子供のための料理の責任を両親が逃れるようになったことで、それはブラッドフォードの学校で明らかになり、衝撃を与える。

この北方の市は長い間子供の飢餓の問題を抱えていた。冬に両親は寒さから守るために文字通りフランネルを縫い合わせて子供を包み込んでいることで知られ、子供たちが朝の集会でめまいを起こす姿も見られていた。裕福な地元民は寄付をして、子供たちの食物を買うための援助資金を用意した。というのも一九〇六年の立法まで、生徒の食事に公的資金を使うことは違法だったからである。

そのとき手元に資金のあった地元の医師ラルフ・クローリーは、無償のあるいは安価な給食という新しい制度に組み込まれた栄養不良の子供たちの身体的成長を観察することを思いつく。およそ百人の子供を選んで食事を与え、一九〇七年の四月から七月にかけて定期的に体重を測定した。そして家庭問題監督官の肩書を持つブラッドフォード教育委員会のレディと手を結ぶ。マリアン・カフというこのレディは、『貧困家庭の子供への給食料理』というレシ

救世軍の「ファージング（1/4 ペニー）朝食」に行列する子供たち。1900 年頃。

ピ提案のパンフレットを作る。これらのメニューは、その後この地域の学校給食の中心となった。

マリアンは火曜日と木曜日には肉、金曜日には魚を使う十七通りの食事のリストを提案した。朝食はミルクと糖蜜入りのポリッジ、あるいはマーガリンか肉汁を塗ったパンと温かいか冷たいミルク。昼食にはグリーンピースと野菜のスープ、あるいはエンドウと肉汁入りのコテージ・パイ（訳注：挽肉とタマネギをマッシュポテトで覆って焼いたもの）。副菜としてプディングが挙げられている。マリアンのパンフレットには、ジャムのローリーポーリー（二七二ページ参照）、とろ火で煮込んだ果物、砂糖入りのバターライスが記載されている。スコットランドの大麦スープもあり、ルバーブ・タルトのプディングを添えるよう提案している。しかし料理のリストには、サラダは見当たらない。パイだろうがスープだろうが、キャベツ、ニンジン、ジャガイモ、エンドウなどの野菜や米は、すべて主菜に入っていた。

マリアン・カフのレシピに加えて、クローリー医師は食事をどのように供するかに関して指示している。テーブルはそれぞれに五十人の生徒が座れるように配置し、年長の少女は料理を給仕するクラス委員として働かせる。「食堂自体は徹底的に清潔にすべきで、新たに水性塗料を塗る」と助言した。「テーブルにはテーブルクロスをかけ、植物や花を飾るべきである。…子供たちは顔と手をきれいにして来なければならない」。

子供の多くがきたないことは明らかだった。クローリー医師はこう記している。「一週間の終わりにテーブルクロスがひどく汚れてしまうのは、おもに子供たちのきたない服のせいである」。しかし学校には子供たちが顔や手を洗う場所はなかった。別の大きな問題は、たとえ子供たちが空腹でも、食事に慣れるのにしばらくかかったことである。「最初にほんの少ししか食べない子供たちには、ミルクを与えることが必要かもしれない」とクローリーは勧め、次のようにつけ加えた。「提案された食事の多くは、ふつうの貧しい家庭で食べ慣れたものとはちがう。まずいのは、レシピではなく子供の育ち方だ」。

そこで貧しい生徒たちはミス・カフのメニューを食べ、クローリー医師は毎週生徒の体重を量った。五月半ばに精霊降臨節の祝日があり、子供たちは家で過ごす。それから十二日経って、生徒は学校に戻り、医師はまた体重を量った。驚いたことに、皆体重が減っていた。家で満足に食べさせてもらえなかったことは明らかだった。フィッシュ・アンド・チップスでさえも。

63 オニオン・バター・ソース

著者…不詳の家政学者
出典…オクソ（訳注：キューブ状の固形牛肉エキス）の宣伝用資料

ステーキ、レバーあるいはハンバーグ・ステーキとともに供する。

バターあるいはマーガリン3オンス、タマネギのみじん切り同量、1／4パイントの熱湯で溶かした赤箱入りオクソ・キューブ1個、刻みパセリ大さじ1杯、ウスターソース小さじ1杯

バターを溶かし、タマネギを加えて約10分間きつね色になる程度にゆっくり炒める。オクソ・ビーフ・エキス、パセリ、ウスターソースを加え、よくかき混ぜる。

一九〇八年、オリンピック大会はローマで開催されるはずだった。二十二カ国の運動選手が参加登録し、イタリアの都市に来ることになっていたが、自然が災いする。一九〇六年四月四日ヴェスヴィオ火山の標高一二〇〇メートルのところに穴があいて、噴火が始まる。その後何時間何日間にもわたって噴火口は増え、火山灰が雲のごとく空高く舞い上がり、溶岩は噴水さながらに噴き出して斜面を流れ落ちた。ナポリ近くの周辺地域は荒廃し、オッタ

ヴィアーノの町は埋もれてしまった。当時の評論家が「ニュー・ポンペイ」と述べている。そこで政府は破壊された通りや家を再建するのに相当の資金が必要になると判断した。

オリンピック大会にも相当な資金が必要なので（二〇一二年のロンドン・オリンピックでは、百年前よりかなり多く、およそ二百億ポンドかかった）、イタリアは財政難を理由に開催をあきらめ、別の国に主催してほしいと頼む。そこでロンドンにお鉢が回ってきた。ロンドンは主催者としての手腕を発揮し、短期間でホワイト・シティに六万八千人収容のスタジアムを建設した。その事業を後援したのがある大きなスポンサーで、資金のみならず仕出しも準備した。会社の名前はオクソ、リービッヒ肉エキス会社によって九年前に作られたブランドに由来する。

大会の間マラソンであろうと綱引き（後に何らかの理由でオリンピック競技からははずされた）であろうと、熱い牛肉スープが選手に手渡された。そして本章の「オニオン・バター・ソース」のようなレシピが、パンフレットやスープ・キューブの箱に掲載された。オリンピックに関わることでオクソの製品は人目に触れ、栄養があり、国家の威信の象徴であるというメッセージを人々に向けて発信した。結局イギリス・チーム全体がうまく乗せられて、その製品を推薦することになったのである。「オクソは私の勝利に非常に貢献してくれました」と競技選手A・ダンカンは、すべての選手による「オクソの栄養価に関する証言が書かれた」ポスターの中で宣言する。「運動選手のための飲み物として、オクソはいつでも最高です」とA・ラッセルはやや固くなって述べている。たぶんこれは三二〇〇メートルの障害競走で優勝を続けたアーサー・ラッセルだろう。

大会が開始された頃は悪天候が目立っていたようだが、競技がおこなわれた夏の日々に湯気の立つ熱いビーフ・スープのマグを渡されて、運動選手が本当に感謝したかどうかは記録されていない。しかしオクソは何人かの腕ききの商売人によって経営されていた。製品は革新的な四角いキューブ状で、広告はそのわくわくするような恩恵を予告した。ある当時のポスターでは、ふたりのややぽっちゃりしたブロンドの子供たちが、大きなキューブを手にスキップしており、「健康と喜びは手をつないで」という言葉が添えられている。

オリンピックのマラソン・ランナーがその飲み物を与えられたということは、もうひとつのスローガン、「スタミナをつけるにはオクソを飲みなさい」を確かなものにするように見えた。ロゴの、ますます洗練された商標化の、食品技術高揚の時代だった。

庭で収穫された野菜や果物はそれはそれでよいのだが、大きな新しい工場で製造されるはなばなしい近代的な製品の半分もぞくぞくさせてはくれない。やはりほんの数年前の一八九五年に、バーズ・カスタード・パウダーが、まさにその核心を突いていた。ポスターでは厨房でふたりのシェフがカスタードを作っているが、ひとりは卵を、もうひとりは小さなかわいらしい箱に入っている粉を使っている。卵を使っているシェフは、割ったばかりの卵の殻を不機嫌そうに見ている。「なんだこれは、もう一つ!」というキャプションがついている。「卵を使わなきゃ、まちがいなし!」というのが主なメッセージである。このヴィクトリア時代には料理のための先進的な製品が発明されているというのに、なぜ古くさい、あまりあてにもならない自然の産物を使うのか?

ポスターはまたこうも宣伝していた。「レディと家政婦のみなさんは、有益な小冊子『ペストリーとスイーツ』をご覧になれば、料理のリストに正餐と夕食のためのあらゆる種類のごちそうを付け加えることができます」。バーズ社はその本をただで送ってくれるということだったが、もちろんそのレシピにはすべてバーズ・カスタード・パウダーが使用されていた。

オクソの製造業者も同じ手を使った。そのビーフ・エキスは、ずいぶん前にドイツ人の化学者ユストゥス・フォン・リービッヒによって製造されており、オクソというブランドができる前に、一八九三年に出版された『リービッヒ社の実用料理書』という本の中で紹介されている。

本の著者は料理書作家のハナ・ヤングだった。料理の労働と骨折り仕事は減らす必要があると述べている。そしてこの努力を助けるのが新製品である。「リービッヒ社の肉エキスはこの分野では第一位を占めています」と述べて、すべてビーフ・エキスをもちいるレシピを何百も掲載している。どのレシピにも、魚のレシピにさえ、この花形食材がもちいられた。それから「リービッヒ・サンドイッチ」や「リービッヒ・トースト」もあった。その使用を逃れたのはプディングだけだが、ハナ・ヤングは、リンゴのクランブル（訳注：煮た果物に小麦粉、牛脂、砂糖の練り合わせを載せたもの）やジャムのローリーポーリーにひとつかみ加えて、試してみたのではなかろうか。

その本の豪勢な挿絵では、リービッヒのビーフ・エキスの瓶が新鮮な野菜や猟鳥獣、牡蠣に囲まれて誇らしげに鎮座している。描かれている厨房は十分設備が整っていて、その絵自体が金色の額に入っている。このような製品を使うことが、申し分のない現代的な中産階級の生活の秘訣だった。

当初それはまた、人々がただあこがれるしかない製品だった。牛肉は高価で、そのエキスを料理に加えられるのは富裕層だけ。ヴィクトリア時代の著作家はそれについてロマンティックに描いてさえいる。手の施しようもない病に倒れたヒロインが、強壮剤となる一杯のビーフ・エキスによって回復したのである。

ユストゥス・フォン・リービッヒは、自分の製品を抜け目なく売り込んだ。推奨してくれるように、コネを使ってフローレンス・ナイティンゲールを何とか口説き落とす。もっと経済的な製造法が開発され、また牛肉の値段も下がると、すぐに軍隊の厨房の基本的な食材となった。世紀の変わり目における探検家の食料に不可欠なものとして加えられたのは、言うまでもない。

だからオクソという名前が生まれ、製品が大量生産できるようになり、イギリス中の食料品店で買えるようになると、人々は大騒ぎで買い求めた。「オクソ・キューブは、男性が食べることを始め、女性が料理を知って以来の食物の発明における、もっとも偉大なる進歩である」というメッセージもあった。

もちろん本当の栄養的価値は疑わしい。それはどちらかというと刺激物、香味材であり、茶、コーヒーあるいはワインと同様の贅沢品だった。厨房で節約を心がける料理人なら、はるか遠くの南米（実際会社はフライ・ベントスという町に近いウルグアイ川の川岸に多くの農場を持っていた…）の牛から作られた塩分の多いビーフ・エキスを買うよりも、牛の骨からスープ・ストックを作る方が賢明だったろう。

しかしブランドは強く、新しい製品に対する欲求は大きかった。消費文明と母なる自然との戦いは今日でもなお続いているが、この最初の段階では、常識と古風な食物の価値に勝ち目はなかった。

家庭料理をおいしくする安上がりの方法として家庭向けに宣伝、販売促進され、オクソ・ビーフ・エキスはイギリスを代表する商品になった。

64

クロック・ムッシュー

著者…ブリアン・ラック夫人（E・ドゥフックによるレシピ）
出典…『ベルギーの料理書』（*The Belgian Cookbook*）

錫《すず》のカッターあるいはそれがなければワイングラスで、パンの中身の柔らかいところを同じ大きさの円形数切れに切り抜く。すべてにバターを塗り、チーズをおろして振りかける。チーズはグリュイエールがよい。切り抜いたパンの半分に同じ大きさのハムを載せる。卵の重さのバターを鍋に入れ、その中でパンがきつね色になるまで焼く。良い色になったらハムを載せたパンの上にチーズを載せたパンをかぶせる。こうすればきつね色のパンでチーズを挟むことになる。熱々にドライ・パセリを添えて供する。

昼食の歴史には、食物自体の歴史のように多くの紆余曲折や転換が見られる。誰が、どこで、どのような昼食をとりたいかによって、それにふさわしいしきたりが形成されうる。長い昼食がある。大規模なもの、祝典のもの、そして退廃的なもの。多くの料理と多くのワイン。しかし率直に言って現代の世界では、週末は別として、昼食は単に労働の合間の栄養補給である。そしてさらに二十一世紀に入っても、その定義は依然として最適である。昼日中からワインを飲みながら食事をし、友人や知り合いとおしゃべりするために時間を取れる者は、ほんの少数

1910年代の長いキャプシーヌ大通りの典型的なパリのカフェを写した絵葉書。

だ。それ以外の人々は手早くできて——もし作るなら——すばやく食べられ、食欲をそそり、その日の夕食までしのげるものをただ必要としている。

一九〇〇年代の初めイギリス人はその職業と階級によって、昼食にはサンドイッチ（二〇四ページ参照）、ペストリー、あるいはパイを食べていた。しかしフランス人は、もう少し創意工夫を凝らす。カフェが増えると、フランス中の都市でメニューに新しい料理が徐々に載せられるようになる。それが初めて現れたのは、パリの長大なキャプシーヌ大通りのカフェだった。「クロック・ムッシュー」と呼ばれたその料理は、昼食という問題の完璧な答えを提供した。熱くて、歯ざわりがよく、チーズとハムが載っていて、高価でもなくしかもおいしい——豪華でさえある。

しかしそれを発明したのが自分だと主張できる料理の天才はいない。ある話では、フランスの労働者がチーズとハムのサンドイッチの入ったブリキの缶をラジエーターの上に置き、昼時になって開けてみると、チーズが溶けていたという。しかしこの名前の由来は何だろう？　クロック（croque）は、「パリパリ」と訳せるが、さてムッシューとは？

実はこのクエスチョン・マークこそがヒントになる。「ムッシュー、パリパリにしますか?」(Croque, monsieur?)と尋ねたのだ。もし客がチーズ・サンドに歯ざわりを求めれば、そのように作れたのである。それからシェフがその上にクリーミーな白いベシャメルソースをかければ、いっそうおいしくなった。一九一五年にブリアン・ラック夫人によって編集された『ベルギーの料理書』に、この料理のレシピが登場する。その序文によれば、「この小さな本のレシピは、イギリス各地のベルギー難民の方々から寄せられたもので、筆者がそれを編集することができたのも、これらの方々の篤志のおかげです。またベルギー料理を学ぶことは、イギリス料理のためにもなるでしょう」。

従ってクロック・ムッシューはベルギー料理であると大胆に主張することもできる。レシピの提供者はE・ドゥフックで、どのような人物かは謎のままである。しかし彼あるいは彼女は、母国がドイツ軍に蹂躙されてイギリスへと逃亡した二十五万人ものベルギー難民のうちの、まさにひとりだったのだろう。難民の数が多かったので、イギリス政府は国中に分散させた。多くの市町村が新参者を暖かく迎え入れ、募金を集めて生活を援助した。たぶんラック夫人は、近所に新しくベルギー人が来たのを見て、彼らの料理の伝統をたたえ、救援資金を集めるためにベルギー料理のレシピ書を編集して、積極的に支援したのである。

同書にはワーテルゾイ——さまざまな魚を入れたスープで、鉢の中には魚の頭やしっぽが浮かんでいる(「イギリス人の好みに合わせるなら」これらのものは取り除くべきだとラック夫人は示唆している)——や、アンズのスフレのような料理も含まれている。クロック・ムッシューは昼時の軽食というよりアントレ(訳注:スープまたは前菜と肉料理の間に出る料理)として提唱されているが、おそらくベルギーでの食べ方だったのだろう。

マルセル・プルーストは、その恐ろしく長い小説『失われた時を求めて』の一九一八年に出版された第二巻の中で、この料理について語っている。無名の語り手が浜辺で開催された交響楽団の朝のコンサートからホテルに戻り、「クロック・ムッシューとウフ・ア・ラ・クレーム」の昼食をとる。ベルエポック(第一次世界大戦勃発の恐怖によって終焉を迎えた楽観的で革新的な時代）を呼び起こすように、マドレーヌだろうが、トリュフ入りのヨーロッパヤマウズラだろうが、プルーストの食物の叙述は詳細におよぶ。そしてクロック・ムッシューも登場することから、これがやさしく洗練された上品な料理であるという感じが強まる。ロンドンのカフェはトーストにチーズ（そしてどんな古いチーズでも）を載せてグリルで溶かしたが、フランスの溶けたチーズ（ことにグリュイエール・チーズ）は、トーストの中に入っていたのだ。その方がおいしくて上品に見え、年月を経てさまざまな親戚もできた。「クロック・マダム」（上に目玉焼きを載せたもの）や「クロック・プロヴァンシャル」（トマトを載せたもの）という具合。

イギリス人は何世紀もの間チーズ・トーストを食べ、それをウェルシュ・レアビット（二五九ページ参照）と呼んできたが、あまり洗練されず、後にできた唯一の選択肢は、上にウスターソースをざぶんとかけるかどうかだった。今日フレンチフライ（訳注：フライドポテト）、サラダ、一杯の赤ワイン付きのクロック・ムッシューというパリ式の昼食はかなり魅力的である。とりわけデスクで急いで食べるサンドイッチにくらべれば。

65

チョコレート・ケーキ

著者…マリア・パーロア（ウォルター・ベイカー社のために作成）
出典…『レシピ選集』（*Choice Recipes*）

バター1／2カップ、砂糖3／4カップ、ミルク3／4カップ、ヴァニラ小さじ1／2、泡立てた卵黄3個、ウォルター・ベイカー社のプレミアム・ナンバーワン・チョコレート3オンス、強力粉1と3／4カップ、卵3個分の卵白を泡立てたもの

バターをクリーム状にし、徐々に砂糖を加え、泡立てた卵黄、ミルク、ヴァニラ、溶かしたチョコレート、ベーキング・パウダーを混ぜてふるいにかけた小麦粉を加え、最後に泡立てた卵白に切るように混ぜる。バターを塗った浅いケーキ型に流し込み、中火のオーヴンで焼く。

クラレンス・ソーンダースの物語はこの上なくアメリカ的で、ハワード・ヒューズ・タイプの話のひとつである。貧乏、野心、成功、破滅、さらなる成功、そしてとどのつまりが衰弱の果ての死。たとえクラレンス・ソーンダースに大いなる遺産がなくとも、その物語はなおかなりの驚きをもって語られるだろう。その人生の紆余曲折がいかなるものであろうと、ソーンダースは世界の文化を変えるような現象を引き起こした——セルフサービスの食料品店の

開設である。これらのセルフサービス店とまったく関わりを持たないと言える人はほとんどいまい。

二十世紀文化の創造者の一人と評されているソーンダースの世界への贈り物は、ピグリー・ウィグリーで、今なおアメリカの十七州で六〇〇店舗が数えられる。

しかしながらソーンダースの子供時代はかなりつらいものだった。テネシー州パルミュラで育ったが、五歳で母を失ったとき、父はなけなしの金を使い果たしてしまったようだ。子供のクラレンスの持ち物はごくわずかで、ある冬には靴さえなかった。しかし十四歳で学校を卒業し、地元の食料品店に雇ってもらい、適職を得ると、その人生が変わる。仕事熱心で昇進し、事務員になり、徐々に小売の仕事を学ぶ。

二十代の初めには卸売会社で販売の仕事をしていたので、顧客の小売店主を観察することができた。店主らは怠慢で、サロン・バーの経営者と似たりよったりの輩《やから》もいるように見えた。客に法外な値段をふっかけ、サービスは悪い。その後小さなチェーン食料品店の一店に卸したが、その店主は競争相手の反感を買いながらも安い値段で売るので、客には人気があった。

しかしインディアナ州から列車で帰る途上、ついにその瞬間が来る。革新的な方法で陳列しているという店を訪れてはみたものの徒労に終わり、意気消沈して窓の外を眺めながら、人生について、食料品販売事業の非効率性についてつくづく思案していたときのこと。ある地点に来ると列車は速度を落とし、大きな養豚場を通り過ぎた。囲いの中では母豚の乳を吸いにたくさんの仔豚が群がっていた。それを見ると、知っている店すべて――客はカウンターで応対される――の状況が頭に浮かんだ。客が立て込めば人手が足りないのに、客が入らなければ店員は手持無沙汰にしているのだ。そのときピグリー・ウィグリー（Piggly Wiggly）（訳注：仔豚が母豚の乳を求めるように人が集まるほどの意味か）という名前を思いつき、数カ月もしない一九一六年九月五日に最初の店を開いた。

一番乗りのご婦人たちに対して賞金付き美人コンテストがおこなわれるという噂を聞きつけて、メンフィスのジェファーソン通り七十九番地の店の回りには、大群衆が押し寄せた。実際には金がなくなるまで、コンテストの審査員に扮した新聞記者から、女性みなに五ドルか一〇ドルが手渡された。子供たちは花と風船をもらい、客はブラスバンドによるセレナーデの演奏とともに入店した。

店内に入って人々が目にしたものは、まったく新しい、見たこともない光景だった。順番を待つカウンターもなければ、白い上着を着て注文を取る店員もいない。その代わり客は籠を手に、手の届くところにある棚に目を通して、商品を見て歩く。商品には、キャンベル・スープ（三一七ページ参照）やウォルター・ベイカー社のチョコレート・バーなどのように全国的に宣伝された商標のついた製品が多く、しばしば冒頭に掲げたレシピのような販売促進の印刷物が添えられていた。女性たちはそれぞれの商品を棚から取って、籠に入れられるので、嬉しくて浮き浮きした。セールスの押しつけもなく、これやあれやの製品を買うように誰かに急き立てられることもない。さらにそれまでとちがうのは、どの商品にも値札がついていたことである。

「いつかメンフィスはピグリー・ウィグリーを誇りに思うでしょう」とソーンダースは、福音伝道師のごとく宣言した。「そしてピグリー・ウィグリーは増えて、地上をもっと多くのもっときちんとした食品で必ずや満たすだろうと、誰にも言われるにちがいありません」。いつも抜け目のない事業家のソーンダースは、客（店のコンセプトがどんなに新しかろうと、買い物をする男性は少なかった）がレジに到達するまでに店中を通らなければならないように、両側に商品の棚がある一方通行の通路を設計した。レジでは店員が買い物の合計金額を算出し、支払をすると、家に持ち帰ってチェックできるようにレシートをくれる。

店員が少なければ、経費も減る。第一次世界大戦中の食料不足が食料の値上がりを招いたときに出店したソーンダースは、細かい出費にも目配りした。「ピグリー・ウィグリーはシルバー・スプーンをくわえて生まれるのではなく、ワーク・シャツを着て生まれるのです」と宣言する。

店は、ものごとがますます便利に利用しやすくなる時代に合っていた。「すべてがきわめて単純で、容易で、自然なので、初めてピグリー・ウィグリーに入ると、なぜ以前には誰もこのようなことを考えつかなかったのだろうと思われることでしょう」と当時の家庭誌に書かれている。「だからもう別の方法を見つける必要などないと」。

ソーンダースが記しているように、店はたちまち成功した。「ピグリー・ウィグリーの店内では百人がセルフサービスで買い物し…買った物を持った客が四十八秒ごとに店を出て行く」。最初の年には九店舗を開設し、フランチャイズ・チェーンを設立した。各店舗は正確に手本に従い、経営者は必要な設備や備品――回転バーからキャッシュ・レジスターや看板まで――をソーンダースから買わなければならなかった。

ソーンダースは程度の差はあれ成功したセルフサービス・システムの特許を取ろうとし、一九一八年には国中のあらゆる地域にピグリー・ウィグリーが出現した。最初の出店からほんの七年後の一九二三年には一二六八店を数え、どの店にも誇り高く「世界中に」というロゴが掲げられていた。そんな短期間にそこまで上りつめた実業家はほとんどいない。

ソーンダースは成功をほしいままにし、広大な地所にどでかい家を建て、飛行機や自動車を買った。「彼は、その手が触れたものすべてが金《きん》に変わる神話の王のように見えました」と友人は述べている。その後災いが起こる。ピグリー・ウィグリーの株式を空売りした投資家に反応して、ソーンダースは自社株を買い過ぎ、ニューヨーク証券取引所といざこざを起こし、取引停止になった。株の買い上げ買い占めで、ソーンダースは会社の資産も自己資産もすべて使い果し、一九二四年二月に破産する。豚にヒントを得て最近ピンクに塗られた家も含め、何もかも失った。

自分の事業も、商売をしていたその有名な店名も失ったが、ソーンダースは敗北から立ち直り、再出発する。今回は、自分を破滅させた破廉恥な投機家に対して逆上し、気も狂わんばかりの怒りの中で、新たにセルフサービスの食料品店のチェーンを始めた。ピグリー・ウィグリーという名前は使えなかったので、これらの店を「クラレンス・ソー

クラレンス・ソーンダースがつくったピグリー・ウィグリー。
アメリカで1916年に初めて開店して以来、
今日でも17州に600店舗が存続している。

ンダース個人商店」と呼んだが、どんなに腹立たしかったかわかるというもの。

開店には大勢の人が押しかけ、新しい店の成功は即座に証明された。個人商店には一層多くの商品が並べられた。どの店にも新鮮な肉、パン焼き窯やデリカテッセンがあった。それはまさしくスーパーマーケットである。もっともこの言葉は倉庫のように大きな店を表わすために作り出されたもので、およそ十年後にカリフォルニアの広大な風景の中に出現するまで使われることはなかった。

新しいチェーンはすぐさま拡大し、一九二八年にはソーンダースはもう一度自らを百万長者と呼ぶことができた。別のずっと大きな、「ピンクの御殿」よりさらに大きな家を買う。屋内プール、ボーリング・レーン、映写室を設置し、アメリカ最大のゴルフ・コースのひとつを建設した。しかし二年後に大恐慌が起きると債権者に追われる身となり、再び破産する。またこのときには、二人の妻に四人の子供を産ませていた。

面目を失うまいと、ソーンダースは別のアイデアを思いつく。今回はKeedoozle（キードゥーズル）という新しい構想で、ゲームセンターのゲームのように、完全にオートメーション化された店である。そこでは硬貨投入口に金《かね》を入れれば、機械仕掛けのアームが商品をベルト・コンベアーに載せてくれる。「五年以内にアメリカ中にキードゥールズは一〇〇〇店できる」と独特のうぬぼれで豪語した。しかしそれは実現せず、事業は失敗する。アームから落とされると商品は傷み、機械が故障するたびに休業となり、それもしばしばだった。だから十二のフランチャイズ店を開店させたが、このアイデアは捨てざるをえず、その財力は再び危機に瀕した。

しかしソーンダースにはもうひとつアイデアがあった。Foodelectric（フーデレクトリック）という店の構想で、客が自動化された機械を使って商品を包み、支払をするというものである。そのアイデアは、今日の多くのスーパーマーケットに見られるセルフ・チェックアウトの先駆けである。たった八人の従業員で二〇〇万ドル分の商品を扱えると、いつもながら自信満々で主張したが、あいにく一店も開店できなかった。一九五三年疲労困憊の末に七十二歳でこの世を去る。

ソーンダースをけなす人々は、彼が食文化に及ぼした影響を有害なものと考えた。批評家はソーンダースによって堕落が始まったと見る。その便利な商品と商標のついた製品のせいで、人々は食物の源から、季節から切り離され、それによって画一的な商品への移行が徐々に際限なく進められた。

しかし人々はソーンダースの店にあるスープの缶詰やチョコレート・バーを愛したように、その新しく、清潔で、きらめく店を愛した。チョコレート・バーはレシピのパンフレットで販売が促進された。本章のチョコレート・ケーキのレシピもそのパンフレットに掲載されたものである。一九二二年ソーンダースは『シカゴ・トリビューン』紙に、自分の店では顧客が選択の自由を経験できるという広告を載せた。「ピグリー・ウィグリーは、独立の精神を、民主主義制度の魂を育成し、男性に、女性に、子供たちに自分で選ぶことを教えます」。世界中で何百万人もの人々が間もなくその自由に加わった。

66

キャンベル風スパゲッティ

著者…キャンベル・スープ社
出典…『おもてなしのために』（*Helps for the Hostes*）

キャンベル社のトマト・スープ1缶、一番細いチューブ・スパゲッティ1／2ポンド、スモーク・ハムの薄切り1／2ポンド、マッシュルームの缶詰1缶（あるいは生のマッシュルーム1／2ポンド）、タマネギ小2個の厚切り、パプリカ小3個の薄切り、タイム小さじ1／2、ニンニク1片、オリーヴ・オイル大さじ2杯、おろしチーズ（アメリカン、あるいはパルメザン）

ニンニク1片と塩を入れた水を強火で沸騰させ、スパゲッティが柔らかくなり水分を吸うまでゆでる。フライパンを熱し、オリーヴ・オイルを入れ、タマネギ、パプリカ、マッシュルームを加える。丸ごとのマッシュルームを少しとパプリカの輪切りを飾りにとっておく。柔らかくなるまでゆっくり火を通し、水気を切ったスパゲッティに加える。ハムの薄切りをさらに1／3か1／4の細切りにして、炒める。ハムの入っているフライパンにキャンベルのトマト・スープを注ぎ、スパゲッティ、タマネギ、パプリカ、タイムを加える。よくかき混ぜて、円いチョップ用皿あるいは大皿に盛る。てっぺんにハムの細切りを交差するように置き、おろしチーズを散らす。裾に丸ごとのマッシュルームと輪切りのパプリカを飾る。

イギリスでオクソの製造会社（三〇二ページ参照）が、自社製の魔法のような食材を使用したあらゆるレシピの冊子を顧客に提供したように、アメリカでもキャンベル・スープのメーカーが同様の提供をした。一九〇〇年代初頭から、さらにスープの品揃えが増えるにつれて、メーカーはつつましいスープの缶詰の用途がどんなに広いか、女性に見てもらえるように努力した。

一九一六年の冊子『おもてなしのために』に掲載された「キャンベル風スパゲッティ」は、たぶんもっとも控えめな提案だろう。他にはキャンベルのコンソメ、コールド・チキン、タン・スライス、詰め物をしたオリーヴで作る「鶏肉のゼリー寄せ」や、缶詰のブイヨンを使う「キャンベルのアスピック（訳注：ブイヨンを調味してゼラチンで固めた甘味のないゼリー）」があった。「牛肉入り米のヴォローヴァン（訳注：肉、魚などのクリーム煮を詰めたパイ）」は、米をリング状に盛り上げた中に角切りの牛肉、羊肉、あるいは豚肉入りのキャンベル・トマトスープを満たしたものである。いっそう物議をかもしたのは「オヒョウの直火焼きステーキ」で、魚を重ねた二つの層の間にトマト・スープを挟み、上からもかけてからオリーヴとスライス・レモンで飾るというもの。

キャンベル・スープ社の発明の才はとどまるところを知らなかった。「残り物は食欲をそそらないので、度々捨てられてしまいますが、キャンベル・スープの缶詰を使えば魅力的でおいしそうな料理に変えることができます」。そしてイギリスの同じく創意に富んだオクソと同様に、そのブランドの闘士としてふたりの丸ぽちゃの子供を起用した。しかし同じなのは、そこまで。アメリカの会社は広告を、洗練されて巧みな、罪の意識を誘うほど天才的な、まったく新しいレベルに押し上げた。

会社の名前は卸売業者のジョセフ・キャンベルに因んでつけられた。キャンベルは十九世紀の末に、ささやかな缶詰工場を営むエイブラハム・アンダーソンというしがないブリキ工と組んで事業を始め、後に共同経営者の権利を買い取る。一九〇〇年にキャンベルが死ぬと、最高幹部ジョン・ドーランスが後を引き継ぐ。今度はドーランスが自分の息子――ジョン・T・ドーランスと呼ばれた化学者――を引き入れ、息子はスープの濃縮法を開発した。（一八六一年にルイ・パスツールによる微生物の実験の結果、食物を缶に封じ込める前に特定の温度まで熱するようになったときから、缶詰の工程は著しく発展した。）

スープの濃縮により、製造費用が大幅に削減できるようになる。水が少なくて済み、輸送費も減る。フットボール試合のプレーヤーのユニフォームに由来する、有名な赤と白のラベルのデザインは際立ち、その上に描かれた食物の絵――それまで缶に絵はなく、何が入っているかもわからず、食欲をそそらなかった――とあいまって、心躍らせる製品ができた。

キャンベル・スープは、世界中でアメリカを代表する製品になっている。

問題は購買者層が厚くはなく、売り上げも大きくなかったことだ。会社の初期のポスターは、女性はスープ作りの骨折り仕事から解放されるべきであると主張している。しかし世紀の変わり目にアメリカ女性は自分のスープ作りに満足しており、とにかくスープは食事の重要な部分ではなかった。会社の努力目標は人々を、それまで必要とは思っていなかったものを持たなければならないという気にさせることだった。一九〇八年の最初の作戦で、人目を引くキャンベル・キッズが作り上げられた。子供たちは社会的な領分を超えて大人のような装いで登場し、キャンペーンが発展すると、さまざまな行動を取るようになる。男の子は煉瓦を並べ、警備をし、あるいはタキシードを着た。女の子は人形の世話をし、鏡をのぞき込む。

しかしこれらの広告がアメリカの主婦に訴えかけ、その琴線に触れた一方で、広告の子供たちの脇に並べられたスローガンは主婦を不安に陥れた。もし女性が不十分にあるいは不安に感じたら、キャンベル社は主婦の心をしっかりつかんだことになる。会社はアメリカの女性が世間体を気にすることを望んでいた。もしある晩夫が帰ってきたときに、おいしい夕食を出す準備が十分でなかったとしたら、こんなに具合の悪いことってあるだろうか？　だから分別ある女性はそのようなときのために、キャンベル・スープを備蓄するのである。

路面電車の広告や、決定的には『レディズ・ホーム・ジャーナル』誌のような雑誌の広告によって、キャンベル社は、女性が料理だろうと他のことだろうと常に夫の望みを満足させるべく奮闘しているという社会像を描いた。男性はただ家に帰って、判決を下す。そしてもし何らかの形でキャンベル・スープが含まれていなければ、悲嘆の声が上がるのだ。

「男心をつかむには、おいしいものを食べさせることです」と一九一一年のポスターは助言している。「そして多くのきれいな若い主婦は、もっとも楽で手軽な一品が、キャンベル社のトマト・スープだと気づいたのです」。一九一二年の広告では、男性が台所仕事に長い時間をかける妻に促している。「新しい考えを採り入れるんだ」。そして説教する。「手作りのスープにこだわることはないよ。キャンベル・スープを使えばいい」。他方別のポスターは宣言する。「男性がよいと言えば…よいのです」。

スープ会社の広告は家庭内における自社スープの役割を主張したのかもしれないが、そのスープはまた季節と台所の両方の奴隷だった女性の解放を約束した。一九一二年の別のポスターでは、ひとりの主婦がもうひとりにこう言う。「メイドさんがひとりだけですって？　どうすればそんなにうまくいくの？」女性はスープ作りの重荷から解放され

(皮肉にも当時主婦はいずれにしろ自分ではあまりスープを作っていなかった)、ひとりで料理ができるようになり、ありがたいことに家庭内の余分な使用人を減らすことができたのだ。

そして早くスープの缶詰を買ってきてとママにおねだりするよう、キャンベル・キッズが子供たちをけしかける一方、ママたち自身も買わなくてはという気になった。「アメリカの主婦はこれらのスープを求めています」と別のポスターが宣言する。すぐにアメリカの主婦は、「キャンベル・スープなしに一体どうやって食事のしたくをすればいいの?」と思うようになり、この新しいブランドの輝かしい製品を喜んで家へと持ち帰った。

その間一九一四年に社長に就任したジョン・T・ドーランスが、熱意を持って経営に当たり、情け容赦なく効率的にサプライチェーンを統括し、絶えずコスト削減に努めた。ドーランスはかつてニュージャージー州カムデンにあったスープ製造工場のあたりを嗅ぎ回り、酒場が多過ぎると思った。「私は酒が能率を一〇パーセント下げると思います。だからもっと能率を上げたいので、まもなくキャンベルタウンに引っ越します」と述べた。そのスープのイメージが、快く、健康的、衛生的で現代的なもののひとつだとすれば、その裏側には、安価で季節的な移民の労動力とまともな賃金を求めて戦う労働者の後味の悪い話があったことを、忘れないでほしい。

キャンベル・スープの大量生産による製造の結果、製品はアメリカ中に広がり、たいていの家庭の戸棚に少なくとも一缶はあるほどになった。キャンベル・スープ工場への道は途中で荷馬車から転がり落ちたトマトの果汁や果肉で赤く染まったと言われている。広告の成功は驚くほど長続きした。やがてアンディ・ウォホールは一九六〇年代にこの缶を描き、キャンベル・スープをまことに代表的なアメリカ製品として人々の心に定着させた。

67

マッシュルームのクリーム煮

著者…フローレンス・クライスラー・グリーンバウム
出典…『世界のユダヤ料理』(*The International Jewish Cook Book*)

まずマッシュルームを冷たい水でよく洗い、皮をむき、軸を取り除き、その大きさに応じて半分か1／4に切る。

ソースパンを火にかけ、大さじ1杯のバターを溶かし、マッシュルームを加えて5分間とろ火で煮る。塩と挽き立ての黒コショウで十分に味をつける。味をつけたら1ジルのクリームを加え、それを加熱している間に、ボウルに大さじ1杯の小麦粉をふるい、1／2パイントのミルクを加える。小麦粉がすべて混ざるまでよくかき混ぜ、マッシュルームとクリームの入っているソースパンに徐々に注ぎ、だまができないように絶えず全体をかき混ぜる。一煮立ちさせ、バターをさらに大さじ1杯加え、熱い皿の上の熱いバター・トーストにかけて、供する。

このように料理すれば、マッシュルームは牛肉よりも栄養価が高くなる。

フローレンス・グリーンバウムは、出版社によれば「家事の能率を上げる女性」で、本人はそう呼ばれて満足していただろう。何しろ千六百種のユダヤ人特有のレシピが掲載された本の扉に、そう書かれていたのである。グリーンバウムは一九二〇年までの十年間ニューヨークで料理を教えていた。種々の肩書には「ユダヤ人主婦協会講師」というのもあった。平均的なユダヤ人主婦に役立つように、この本には、たとえば過ぎ越しの祭や安息日も含め、多くのさまざまな日の料理が登場する。しかしまたトーストには入れ込んでいた。鶏レバーのトースト、キャベツのクリーム煮のトースト、シナモン・トースト、そしてマッシュルームのトーストがお好みだった。

二十世紀の初頭トーストは何も格別新しいものではなかったかもしれないが、家庭がますます電化していく時代にそれを反映した創意工夫によってはずみがつき、新鮮なものになった。というのもミネソタの機械工チャールズ・ストライトが世界初のポップ・アップ・トースターを発明したのは一九一九年で、同年グリーンバウム夫人は自分の知識をアメリカのユダヤ人主婦に提供しようと決めたのである。ストライトはその二年後に特許を取った。もちろんその時よりしばらく前からパンは炙《あぶ》られていた。薄切りにされ、ご想像のとおり長年にわたり火の前か熱した石の上に置かれてきた。パンを保存する賢い方法だったことは言うまでもなく、パンの歴史の中では自然な流れだった。

実際トーストは、料理そのもののすばらしさについていくつかの基本的な真実を教えてくれる。パンとトーストと熱いバター・トーストのちがいを考えてみればよい。化学変化の過程、人間の仕事、そして加熱の成果であるパンは、小麦粉と水という基本的な材料のほとんど魔術的な変化を表わしている。それからトーストすることによって、そのパンは新たな次元へと至る。単に薄切りにして、再び過熱してやるだけで、まったく異なるものができる。しかしトーストそのものは、地味でそっけなく冴えない。ほとんどわびしいとさえ言える。ところがバターを塗ると、パンは再びまったく新しい驚くべき変化を遂げる。

人はおよそ六千年にわたってパンの製造技術を改良してきたが、パンを「トースト」するようになったのは、たかだか最後の百年だけ。そしてそれはトースターの出現によって始まった。もっと具体的に言えば、トーストができたらポンと飛び出すあれである。しかしこれはただひとりの人間が作ったものではない。トースターの発明は、食物の歴史の中でも死にもの狂いのもっとも熾烈な戦いのひとつで、アメリカで試合開始のゴングが鳴ると、またたくまにヨーロッパ中に広まった。

一九〇五年に口火を切ったのはアルバート・マーシュで、同年摂氏約一五四度――トーストするのに必要な温度――まで溶けずに熱することのできる線材を、初めて作り上げた。ニッケルとクロームの合金ニクロムを発明し、それがまさにその役目を果たしたのだ。それから四年後にもう一人の発明家フランク・シェイラーがそのニクロム線を珍妙な装置に取り付けて稼働させ、こうして最初の電気トースターが売り出された。シェイラーはこれでトースター製造の最大の競争相手ロイド・コープマンをいったんは打ち負かしたかもしれないが、パンを手でひっくり返さなければならなかったので、見張っている必要があった。

これはまあまあというところだったが、そこへコープマン夫人が登場する。夫人はある日夫とニューヨークの通りを歩いているときに、店のウィンドウにシェイラーのトースターが飾られているのを見て足を止めた。そ

の電気器具を見てコープマンは苛々したかもしれないが、妻は夫をそっと突いて言った。「ロイド、自動的にパンがひっくり返るトースターはできないの？」

そこで夫はそれを作った。一九一四年に苦心の末ひっくり返してトーストすることのできる器具を意気揚々と披露して、シェイラーを顔色なからしめたのである。特許が与えられたが、それは妻のヘイゼル・B・コープマンのおかげだった。特許の取得にコープマンのライバルは激怒した。その後ではコンベアー・ベルトを使ったり、荒々しくトーストを回転させたりと、まったく異なるトースターを作るか、あるいはコープマンに特許権使用料を払わざるを得なかったからである。しかしトーストを見張っていないと、それはまだ焼け焦げてしまった。そこでチャールズ・ストライトがバネとタイマーを組み込み、ニクロム線を使ってパンを両側からトーストするもっと簡単な器具を作った。

トースト熱はドイツへ、それからヨーロッパ全土へと広がる。美しいもの——トースターというよりは旅行用携帯時計に似ていた——から銀色の金属製できゃしゃな木の取っ手のついたスタイリッシュでファンキーなものまで、多数のデザインが登場した。

友人たちが発明に投資してくれたので、ストライトは最初はチャイルズというレストラン・チェーンのために手製の百台を製造した。そのトースターは「トースト・マスター」と呼ばれた。世間でもっと広く利用されるようになり、厨房用電気器具の新しい時代が到来したのは、一九二六年になってからである。

ストライトのトースターは、もう一つの革新的なできごとによってさらに普及した。一九二〇年代にオットー・フレデリック・ローウェッダーが機械式パン・スライサーを発明すると、それまではパンを手でスライスしていたので、トースターにとっては最大の追い風となった。一九三三年にはアメリカ人は、スライスしていないパンよりスライスしてあるパンを買うようになる。そしてトーストして、手に入る物を何でもその上に載せて満足した。まずはバターを塗って。ところがそれが大問題。こっそりおいしい軽食を楽しもうと、トーストにバターをこってり塗る段になって、みな頭を悩ませることになった。なぜ熱いバター・トーストを落とすと、いつもバターの側が下になるのか？

この問題は「バター猫のパラドックス」として知られている。バター・トーストを落とすとバターを塗られた側が下になるように、猫は落ちるといつも足で着地する。それならバター・トーストを猫の背に結び付けたらどうだろう？ 猫が落ちるとバターと猫の足という二つの相反する力で、猫は宙を舞うだろうか？ これで高速モノレールができるだろうか？ 正直なところたくさんの猫やトーストやバターが必要となるだろう。ある理屈屋は、トーストを完全に省いて、単純に猫にバターを塗ったらどうかと提案している。はてさてニューヨーク市ハンター・カレッジの食品化学科を卒業した（そしてたぶん大の猫好きの）フローレンス・K・グリーンバウムは、賛成しただろうか？

68

イチゴ・アイスクリーム・ソーダ

著者…アリス・ブラッドリー

出典…『電気冷蔵庫のレシピとメニュー：ジェネラル・エレクトリック社製冷蔵庫のために特に用意されたレシピ』

缶詰のイチゴかラズベリーのシロップをグラスの1／4まで入れ、ヴァニラ・アイスクリームを大さじ1杯加え、ソーダ水でグラスを満たす。他の果物のシロップも同様に使える。

トースター（三二三ページ参照）あるいはオクソ・キューブ（三〇二ページ参照）のない世界を想像することは不可能ではない。しかし冷蔵庫のない生活は果して可能だろうか？　夏の盛りに冷たい飲み物も氷のかけらもないのだ（少なくともつるはしを持って貯氷室に行かないわけにはいかない）。一九三〇年代まで家庭の厨房で人々がどのように切り抜けてきたかについて、ごく漠然とした手がかりでも見つけたいなら、一週間冷蔵庫の電源を切って、たいていのものを捨てざるをえなくなるまで、どのくらいかかるか見てみればよい。

便利な家庭用冷蔵庫は、調理技術――塩漬けであろうと、酢漬けであろうと、燻製であろうと保存の技術――がますます失われるもう一つの要因になり、消費者と食材との間にはいよいよ隔たりができている。しかしこれについて人々が文句を言うことはあまりない。冷蔵庫は一般にもっと好意的に考えられ、食文化を衰退させると非難されることは通常はない。二十世紀の偉大な現代的装置のひとつとしての地位を獲得している。人工的に作り出された光によって、眠りを促す自然のメッセージが無視されるようになった一方で、冷蔵庫によって気候や季節の障壁を取り払うことができるようになったのである。

それが二十世紀の初頭まで実現しなかったのは、試みがなされなかったからではない。日本人は四世紀に氷室《ひむろ》（一七五ページ参照）を作っていたし、社交界の名士は何百年も前から貯氷室を使っていた。食物を凍らせると長持ちすることは昔から知られていたので、科学者が、単に氷を入れるかそれに近いやり方ではなく、大きな箱を冷やしておく方法を見つけるまで、食物は地下室に、水底にさえ保存された。一八六〇年代アメリカの冷蔵列車はまさに冷蔵を実現したもので、貨車の端にある氷の大箱の上の空気を循環させてミルクとバターを冷やしていた。

実際およそ数百年前に初めて人工の氷を作ったのは、スコットランド人ウィリアム・カレン博士だった。原理を確立して、どのようにある場所から熱を奪って冷たくしておけるか——冷蔵の過程——を示したが、厨房に冷蔵庫が登場するまでにはもっと多くのもっと長期にわたる技術的飛躍が必要だった。

十九世紀末のアメリカでは冷蔵過程の一部としてアンモニアが使われたが、二、三回爆発して人命に関わるほどの被害をもたらしたので、世間ははらはらする。シカゴの氷貯蔵施設が爆発して炎に包まれたときには、多くの人々がびっくりした。それほどたくさんの氷があるところで、よもや火事が起こるなどとは誰も夢にも思わなかったからである。しかしアンモニアを圧縮すると爆発することがあるのだ。やはりシカゴで初期の家庭用冷蔵庫から漏れた塩化メチルも同様に危険で、数人の死者が出た。

まもなく亜硫酸ガスのようなもっと毒性の低い他の化学物質が使用されるようになり、その後フロンガス（クロロフルオロカーボン）の安全性が家庭内でも決定的に高いことがわかった。しかしそれはオゾン層を破壊し、最終的には人間の生存を脅かすことになる。

イギリスは一九三〇年代まで家庭の冷蔵革命には参加しなかった。多くの家庭ではその頃までまだ一日二回牛乳が配達され、毎日あるいは二日に一回肉屋、魚屋、八百屋がやって来た。アメリカから冷蔵庫が入ってきたが、イギリスで普及するには時間がかかった。一九四八年に冷蔵庫を持っていたのは、まだイギリスの全人口の二パーセントに過ぎない。

アメリカで家庭用冷蔵庫が広く普及したのは一九二〇年代で、それ以前は金持ちのものだった。たとえば一九〇九年の雑誌の広告では、大邸宅やアルプスの景色を背景に冷蔵庫が置かれている。それは必需品ではなく贅沢品だった。しかし一九二七年には冷蔵庫製造は一大産業になり、料理に関する多くの革新の場合同様、製造会社と販売会社は製品が受け入れられるように準備をした。

もしオクソ・キューブやピグリー・ウィグリー（三〇二ページ、三一二ページ参照）、あるいは実際歴史上のきわめて多くの料理書が、女性に自由を与えようとしていたとすれば、冷蔵庫はまさしく「女性解放」の道具にほかならない。少なくともそれがジェネラル・エレクトリック社の主張だった。冷蔵庫は「女性に余暇という新たな輝かしい時間をもたらしました」と同社は述べ、アメリカ女性にそのメッセージを高らかに、明らかに、確実に届けるために、料理の指導者アリス・ブラッドリーを起用した。

一九〇〇年代に設立されたミス・ファーマーズ料理学校（二八八ページ参照）の校長として、アリスはちょっとした料理の権威だったので、冷蔵庫についての発言は重視された。会社はアリスを説得して、レシピ、メニュー、そして冷蔵庫支持の宣伝の掲載された本にその名前を載せた。

「アメリカ農務省によれば、自然のままで十分に冷蔵できるのは、一年間にほんの数日しかありません」とアリスはその本の序文で宣言する。「今日のアメリカの主婦は、もはや冷蔵庫を夏の贅沢とは考えません」。それから冷蔵庫をどこに置いたらよいか説明する。「できるだけ調理場の近くが良いでしょうが、ダイニング・ルームでも構いません」（屋外便所に入れようなどと考えるといけないので）。そして「ジェネラル・エレクトリック社の冷蔵庫があれば、お宅の食物の問題の多くとおもてなしについての難問が解決できます」と予言する。アリス・ブラッドリーは、ミュージカル・コメディーさながら冷蔵庫で可能になるレシピやメニューを魔法のように呼び出す。オレンジ・ジュース入り焼きプルーンや、砕いた氷を載せたカンタロープ・メロン（訳注：南欧に多いメロンの一種で、香りがよい）の朝食。

1920年代には家庭用冷蔵庫がアメリカを席巻した。

昼食の目玉は凍らせたパイナップルのサラダやアイスクリーム・パイ。夕食には、本章のイチゴ・アイスクリーム・ソーダのような多くの飲み物は言わずもがな、グレープフルーツ・カクテルや詰め物をしたトマトのゼリー寄せがあった。アリス・ブラッドリーに忠実に従えば、しまいにはきっと熱い食事が恋しくなっただろう。

冷蔵庫があれば病気のときはもちろん、「週末のおもてなし」、「午後のブリッジ」、「観劇後のランチ」、「子供のためのパーティー」の料理ができる。病気のときにはあさり汁のフラッペが処方されている。言うなれば、冷蔵庫は家事完成への文字通り足がかりだった。同時代の広告では、この電気製品は家事の能率を上げ、夫を惹きつけ喜ばせることができる手段とされている。冷蔵庫は輝かしく、子供たちは驚いて見とれている。そして窓の外に緑の景色が広がる家の中に描かれていた。

ある会社は広告で、それは「大きな出窓のようです」と述べている。冷蔵庫を開けることは、世界への窓、異国の風味への窓を開けることで、外国産で季節はずれの食物が今ではすぐ手の届くところにある。「今じゃ冬中新鮮なイチゴが食べられるんだね！」と子供が夢中になって叫んでいる。ただしたぶんたいていは前の日にピグリー・ウィグリーで買ったものだから、それほどの奇跡ではなかった。電気冷蔵庫が登場すると、氷屋はもはや用済みとなる。新しい家には冷蔵庫のための場所が設けられた。とはいえまさに冷蔵庫から派生した必需品、冷蔵庫用マグネットが世界中に普及するまでには、ゆうに四十年の歳月がかかった。

69

クイック・オートミール・クッキー

著者…イルマ・ロンバウアーおよびマリオン・ロンバウアー・ベッカー
出典…『料理の喜び』(*Joy of Cooking*)

2インチのクッキーおよそ3ダース

余熱は約180℃。

しっかり包装してあるブラウン・シュガー1/2カップ、グラニュー糖1/2カップを用意する。

バター1/2カップをクリーム状に練る。

卵1個、ヴァニラ小さじ1杯、ミルク大さじ1杯を合わせて、なめらかになるまでかき混ぜる。

万能小麦1カップ、重曹小さじ1/2、ベーキング・パウダー小さじ1/2、塩小さじ1/2を合わせてふるい、上記の材料に加える。

よく混ぜてなめらかになったら、生の押しオート麦1カップを加える。(チョコレート・チップ3/4カップまたはオレンジの皮をすりおろしたもの小さじ1杯を加えてもよい。)

全体をよくかき混ぜる。油を塗ったクッキー・シートに2インチの間隔で種を落とし、きつね色になるまで焼く。

多くのアメリカ人女性は、悄然と一九三〇年代を迎えた。一九二九年にウォール街の暴落が起きた後、世界経済の大部分に打撃を与えた大恐慌が起こり、アメリカン・ドリームは悪夢と化した。主婦たちは落ち込んでいた。新しい技術――食物を蓄え、調理し、トーストする光り輝く新しい装置――は、それらを入手できた家の厨房の一角に収まり、ごちそうへの期待感を漂わせていた。しかし今や頼みの金《かね》――この新しい装置のために支払ってしまった――はなくなり、しかも帰ってくる勤め人の夫は、料理設備に投資したのだからと、まばゆい新しい料理がずらりと並ぶのを期待しているので、多くの主婦はいっそうやりきれない思いを抱いていた。

ガス会社や電気会社の宣伝に包囲され、そのような情勢にふさわしいレシピを書いた家政学者に偉そうに説教され、女性たちは助けを必要としていたが、はからずも救いの主が現れる。イルマ・ロンバウアーが娘のマリオンの協力のもと初めてレシピ集を出版したとき、初版の発行部数は少なかった。イルマ自身による自費出版で、経験を積んだ主婦が、経験のない仲間の主婦あるいは無知な初心者の手助けをするためだけに書かれたものだった。出版は大評判となり、二十世紀の終わりまでにハードカバーもペーパーバックも一千万部ずつ売れたが、その事実こそがこの本の価値を証明している。最初に出版された三千部がうまく売れたときに、たまたまブリッジ・ゲームでイルマはボブズ＝メリル出版社の社長と知り合いになる。そして一九三六年には本格的に出版され、全米で熱狂的な人気を博した。

どの世代も料理の助けとなるものを必要としていた。そこにイルマが現れて、母とも、最高の友人とも、良き師とも、慰め手とも言えるような言葉で語れば、多くの人々が喜ばないはずがない。イルマ・ロンバウアーは多数の女性に救いの手を差し伸べた。女性たちは、一体どうやって夫や友人や家族に料理を提供したらよいかわからず、思いあまっていた。

「私がかつて無一文の弁護士にうまく押し付けられたこと、そして何もわからず、助けてくれる人もなく、不器用な花嫁だったことを知ったら、皆さんも勇気が出るでしょう？」とイルマはこの本の序文で問うている。読者が目に見えるようだ。台所の隅にあるこの本を手に考える。「ええ…そうかもしれないわ…」。片方の目からは涙がこぼれ落ちる。

「結婚してから、食べ物を焼きすぎてだめにしたこともたびたびでした」。秘密を打ち明け、ざっくばらんに料理について語るその言葉は胸に沁み、多くの読者がイルマを慕った。興味深いことに共著者だった娘マリオンは、「晩年のイルマは食物より社交を重視していました」と回想している。

完璧を求めることはともかく、台所で何とかしようとする人々がイルマの経験のいくらかでも活用できれば、すべてがだめになることはないかもしれない。最初からそのメッセージにはユーモアがにじんでいた。イギリスの作家サキを巧みに引用する。「料理人はよい料理人だった。そしてよい料理人らしく去ってしまった」。自分の本に「数カ月間着実に従えば、去ってしまった料理人の技術が身に着くでしょう」と述べ、次のような励ましの言葉を付け加える。「さらに皆さんが予期せぬ成功を収めるだろうと信じています」。

冷蔵庫や調理器の製造会社が女性の解放を約束しても、それはうつろに響いたが、イルマがもっとよい生活ができると請け合えば、信じることができた。その本を読んで勉強すれば、「新たに見つけた自由を享受する…好きな時間に食べ…舌の肥えた自分の味で味付けし…家族で暮らし、食事をし、分かち合うというかけがいのない個人的な喜びを取り戻す」ことができた。

レシピを広めるようにイルマを駆り立てたのは夫の死で、夫の家族は亡命ハンガリー人だった。そのことと、料理をする上で助けを必要とする人々に対する強い共感がもとになっている。（実際この本は単に女性だけに向けて書かれたのではない。男性もある程度家庭で料理をしていると考えられ、おぼつかない花嫁や他の料理を知らない者とともに大学生のためのレシピが記されている。）四十代半ばで未亡人となったイルマは、娘のマリオンとレシピを編集する仕事に慰めを見出した。マリオンは章の見出しを提案し、魅力的でシンプルなイラストを本文に添えた。

料理をするのによるべない人々――そして他の人々――に話しかけやすかったのは、イルマ自身がアウトサイダーだったからである。ドイツ移民の娘だった若きイルマ・フォン・シュタルクロフは、自分が「アメリカ人」ではないと感じていた。だから偉そうな顔をせずに助けの手を差し伸べることができて、どんなに経験のない人でも試みられるようにレシピを書いたのである。

その後世界中を旅したので、当時のほかのものより変化に富んだレシピ集を提供することになる。そして旅を経て文章は抒情的になった。たとえばベリーについてこう書く。「戸外で楽しむには、ベリー・コーンを作るとよいでしょう。それを初めて見たのは、プエルトリコの雨の森陰、滝の傍らで子供たちが挨拶してくれた時です。子供たちは葉っぱを丸めたコーンにワイルド・ベリーを入れ、穴のあいた葉で蓋をしていました。コーンの蓋をアルミ箔で飾るとすてきです」。

そのような逸話に彩られた教育的なレシピは人々を鼓舞したが、エキセントリックと言えなくもないレシピも多かった。たとえば猟獣についての章では、リスだけに甘んじてはいない。フクロネズミはもちろん、アライグマ、ウッドチャック（訳注：北米産のマーモット）、ビーバーのレシピもある。「もしできればフクロネズミを罠で捕え、十日間ミルクと穀類を与えてから、殺しなさい」。帰宅すると裏庭につながれたフクロネズミが穀類を食べているという筋書きには、腹をすかせた夫のうちでもっとも頭の柔らかい者でさえ、恐れをなしたかもしれない。

それからクマのレシピ。「もし二十四時間オイルベースのマリネに漬ければ、クロクマ以外のクマはすべて食べられます」と助言する。しかしつかまえたら、ぐずぐずしてはならない。「ただちに肉から脂肪をすべてとりのぞくこと。脂肪はすぐに酸敗するからです」。当然ながらこれらのレシピは後の版には見られない。そしてこの本は二十世紀を通じて数回版を重ね、二〇〇六年に最新版が刊行されている。

各版は、伝統的なビートン夫人(二七二ページ参照)の場合同様最新版になっていたので、イルマとマリオンの料理は、新しい世代それぞれに適していた。しかもそれは一族の仕事で、たとえば一九九七年版は孫のイーサンによって編集されている。もてなしや一人分の食器の配置から健康や食の安全性まで、その時々に合わせて最新情報が盛り込まれた。

とりわけ役に立ったのは一九四六年版で、「非常時の章」や「今日の料理人を悩ます困難への対処法」が見られる。古くなったパンを鶏の詰め物に加えるなど、食物を無駄にしないよう提案しただけでなく、愛国心に燃えて読者に訴える。アメリカはその「多くの…伝統を、私たちの強力な武器である計量スプーンをうまく使って」守らなければならない、と述べている。

イルマの本は料理に対する認識を面倒な仕事から喜びに変えた。それはニューヨーク公共図書館が挙げた二十一世紀のもっとも影響力のある百五十冊中唯一の料理書だった。だから一度は打ちのめされたが今は喜びにあふれているにちがいないアメリカの主婦――そして世界中の多くの主婦――の疲れを知らない精神にせめて敬意を表して、その「クイック・オートミール・クッキー」をせっせとこしらえるくらいはできる。おいしく、手早くできてきわめて作りやすいこのクッキーは、イルマの本の精神を体現している。

70

植民地の魚のドラムロール

著者…フィリッポ・トンマーゾ・マリネッティ
出典…『未来派の料理書』(*La cucina futurista*)

ミルク、ロゾリオ(訳注：スピリッツ・砂糖に、バラの花びら・シナモン・クローヴなどで香りをつけた強壮酒)、リキュール、ケイパー、赤トウガラシのソースに二十四時間漬けたボラをゆでる。供する直前に、魚の腹を開き、ナツメヤシのジャムを詰め、バナナの輪切りとパイナップルの薄切りを散らす。それからドラムロール(訳注：ドラムのトレモロ)を聞きながら食べる。

パスタが初めてきちんと記述されたのは一一五四年だった(四八ページ参照)。アブ・アブド・アラー・アブドゥラー、ムハンマド・イブン・ムハンマド・イブン・アシュ・シャリフ・アル゠イドリースィーがシチリアでスパゲッティの形で見つけたのだが、そのときにはローマの国立パスタ博物館が「世界がうらやむイタリアの発明」と呼ぶものになりつつあったことはまちがいない。

何世紀にもわたりパスタはイタリア料理の中心だった。どこにもあり、用途が広く、満腹のおいしいエンブレムだった。イタリア人が、これが自分のDNAの中心となっていると認めて誇りとしないわけがない。

さてそこに、トンマーゾ・マリネッティと呼ばれるイタリア人が登場する。未来派運動の創始者で、一九〇九年にマニフェストを発表した。そのイデオロギーは、若さ、勤勉、戦争を賛美し、ファシズムの先駆けとなる。後にマリネッティはイタリアの独裁者ベニート・ムッソリーニの支持を声高に主張した。無政府状態とファシズムを結合し、十九世紀のロマンティシズムと決別して、二十世紀のスピードとテクノロジーの採用を望んだ。

「われわれは戦争を称える。この世を唯一浄化してくれるからだ」と宣言する。「博物館や図書館、そしてあらゆる種類の学術団体を破壊するのだ」。

博物館は「実に多くのブドウ畑のように」イタリア中にあると述べ、「この国を教授や考古学者、古物研究家の悪臭ふんぷんたる壊疽から救いたい」と続ける。

ではマリネッティはそれをどのように始めようとしていたのだろうか？　そう、何よりもまず、国民が何を食べ、どのように料理していたかに取り組んだ。というのも人々は「食べたり飲んだりしたものによって、考え、夢を見、行動するからである」。そして伝統的なイタリア料理の「量、凡庸さ、繰り返し、費用」を攻撃した。未来派の料理は、「水中翼船のモーターのように高速化し…その究極の目的は、人間の味覚と今日そして明日の生活との調和をもたらすことである」と論じた。

さらにこの調和を達成するためには、欠かせないことがある。それがトンマーゾ・マリネッティがパスタの禁止を要求した理由である。それどころか、パスタの製造は撤廃しなければならない。「どれほど好みに合おうと、パスタは人々を太らせ、動物的にし、栄養があると考えるように惑わし、懐疑的でのろまで悲観的にする」と書いている。パスタは排除しなければならない。なぜならそれは「ばかげた美食の宗教で、ナポリ人の溌剌たる精神、情熱的で寛大で直観的な魂にまったく敵対するものだからである」。

イタリアの人々は、その文化にとってきわめて重要な食物に対するこの攻撃には懐疑的だった。大論争が新聞を騒がせた。国中のカフェ、レストラン、家庭で、人々はリングイネ、タグリアテッレ（訳注：ひもかわ状のパスタ）、カネロニを詰め込みながら、パスタの是非をめぐる論争を続けた。

イタリアはパスタの上に栄え、これほど長い間パスタを常食としてきたのに、どうしてそんな恐ろしいことがありえようか？ それは道理に合わない。しかし口髭をはやした――絶えず尊大な様子でなければ決して写真を撮らせなかった――マリネッティはそれを認めず、主張を取り下げることを拒否した。

イタリアには英雄的な戦士、霊感を受けた芸術家、抜け目のない法律家がいたかもしれないが、これは「日々大量にパスタを食べたにもかかわらず」であると書いている。

マニフェストを発表した後、回りにすべてパスタを熱心に撲滅しようとする支持者を集め、その間に一連のレシピとメニューを生み出す。それはフジッリ（訳注：らせん形にねじれた形のパスタ）、ペンネ、あるいはコンキリオーニ（訳注：貝殻形のパスタ）の影も形もなく、本人にとっては未来派の息吹だった。

ついに一九三二年、マリネッティは自己最高の作品と思うもの――『未来派の料理書』――を発表する。同書はもっとも偉大なるアンチ・パスタのイタリア人――教授、医師、法律家――を結びつけた。マリネッティはパスタに代る並はずれて夥しい数の料理の宴会を行って、彼らを召集することができたのである。

パスタの問題はそれが適切に咀嚼されないことだと、シニョレッツリという教授が毒づいた。「よく噛まないで飲み込んでしまいます」と論ずる。その後消化するために肝臓や膵臓に残され、それが「これらの器官の平衡を妨害することになります。そのような障害から、倦怠、悲観主義、懐古的な怠惰、中立主義が生まれるのであります」。

次に立ち上がったのは、「臨床医」のニコラ・ペンデ教授で、「まったくつまらないパスタをピラミッドのように山盛りにして貪り食うと、腹が重く膨れて、女性との肉体関係に集中できなくなります」と述べた。つまりパスタは、「肥満と太鼓腹の原因になるのです」。

マリネッティは、この「日常的な凡庸な食物」が絶体絶命であると感じつつ、パスタに反対するこれらすべての議論を恐ろしく上機嫌で紹介した。「パスタの擁護者」をひどく痛めつけ、彼らは「有罪判決を受けた囚人のように、重りと鎖につながれ、考古学者のように胃の中に廃墟を」抱えていると、金切り声で叫ぶ。

国中の町や市を演説して回り、そこでパスタを憎む仲間とともにチラシや著書の写しを手渡した。「イタリア人にスパゲッティはいらぬ！」と叫ぶ。それからもっと進んで、「ナイフやフォークもいらぬ」と標榜した。

そこでその書き物を読み、その演説を聞いた人々は、パスタなしで、カトラリー――まだ禁止を叫ばれていないスプーンを除き――なしで、一体どうやって食べるのか、と首をかしげた。

答えは著書の中にあった。まず、人々は新しいテクノロジーに取り組むべきである。徐々に家庭に備えられつつあるラジオは、そのような取り組みの実現で、その潜在力は実に大きかった。人類は「遠からずラジオで滋養となる電波を放送する可能性」に備える必要がある、と論じた。結局ラジオの音楽が眠りを誘うことができるのなら、ディナーの音を放送すれば胃をなだめられるかもしれないではないか。

この考えを補足するために、「アルブミン、合成脂肪、ビタミン」の錠剤を無料で配給するように国に要求した。そのような食物が生活費を削減し、機械がますます労働の負担を引き受けてくれるので、人々は「完全な食事を期待して」時を過ごすことができるだろうと主張した。

このように述べてから、食物と他の感覚を組み合わせたレシピを次々に挙げた。その中には冒頭に掲げた太鼓の音を聞きながら食べるボラの煮物も含まれている。

「エアロフード」は、食事へのこの多感覚的アプローチの別の例である。料理にはフェンネルのスライス、オリーヴ一個、キンカン一個の他に、「食べる必要のない」紙やすりが含まれていた。左手でフェンネル、オリーヴ、キンカンを食べながら、右手で紙やすりをなでるという趣向。こうすれば口に入れる以前の感覚によって、食べ物がいっそうおいしくなると考えられたのだ。その間ウェイターがそばを通って、食べている人の頭に香水を振りかける。

「トランペットの音に引き裂かれる生肉」のレシピでは、「肉を完璧な立方体に切って」から電流を通し、それから二十四時間ラム酒、コニャック、ベルモットに漬けるよう指示している。その後それを「赤トウガラシ、黒コショウ、そして雪の上に」置いて供すること。一口ごとにきっちり一分間噛まなければならず、食べる人はそれぞれの一口の間にトランペットを「激しく吹き鳴らす」こと。

たぶんマリネッティのもっとも大得意のレシピは、「仰天バナナ」と「ティレニア海の海藻の泡（付け合せは珊瑚）の間に挟まれた、「触覚の菜園」である。

この料理では「緑の葉の風味や質感を頬や唇でじかに触れて本当に味わえるように、手は使わず、皿に顔を埋めて」サラダを食べる。

食べた人が皿から顔を上げると、ウェイターがその顔にオーデコロンを吹きかける。そしてそれからもう一口食べる前に、「隣の人のパジャマの上に指先を好きなだけ遊ばせなければならない」。なぜなら、もちろん客はパジャマを着ているからである。

未来派のディナーを何とか切り抜けてから、ヘストン・ブルメンタール（五一三ページ参照）あるいはフェラン・アドリア（四九五ページ参照）の現代の実験的料理を試食すれば、きっと未来派の料理は児戯に類すると思えるだろう。七十五年後の二〇〇七年にシドニー大学教授のウィル・ヌーアンは、マリネッティが提起した議論とレシピを考察して、長たらしい論文を書いた。それらのレシピは「イタリア料理の発展にユニークな因習打破という貢献をした」とヌーアンは断言する。マリネッティの考えは、「食事に肉体感覚的、概念的な焦点をもたらすもので、未来派の料理と他の芸術の実践形態との間の密接な関係を強調する」ものだった。

これはカルロ・ペトリーニのスローフード運動（四四五ページ参照）の先駆けだろうか？　それとも分子ガストロノミーにおける先発隊だろうか？　ヌーアンの考えによれば、マリネッティについて唯一隠しておきたいのは、ファシズムとの不幸な関係のようだった。その「錠剤とラジオの電波放送による栄養補給に関する予言は、決して実現しなかった」とまじめに書いて、これは「ムッソリーニ政権との関係が汚点を残した」からだろうかと問うている。

しかしたぶんヌーアンは、マリネッティのレシピに関して試作は言うに及ばず、読んだかどうかもあまり明確ではない。『未来派の料理書』は、一九八九年に英語版を編集したレズリー・チェンバレンによれば、二十世紀最高の芸術的ジョークのひとつだったが、おそらくマリネッティの著作や演説に非常に苛立った多くのイタリア人同様、ヌーアンにはそれがよくわからなかったのだろう。

たぶんジョークは、マグロをリンゴ、オリーヴ、ギンナンとともに乱切りにする一品、「シチリア岬」とともに味わえば、いっそうおもしろい。「残ったペーストは冷たいジャム・オムレツにかけてほしい」とマリネッティは懇願している。

71

オムレツ

著者…ザヴィエ・マルセル・ブレスタン
出典…『洗練された料理、あるいはパーティーのための料理』
（*The Finer Cooking, or Dishes for Parties*）

このオムレツはまったく簡単で、その風味の秘密は卵とバターの味だけ。卵もバターも新鮮そのものでなければならない。調味料は塩だけ。卵をふつうにかき混ぜ、バターを適量フライパンに入れて、溶けたところに卵を入れる。時々フォークでかき混ぜ、固まりつつあるところを上にして、よく火が通るようにする。

卵が固まれば、オムレツのできあがり。平らなまま供する。だからたたまれているふつうのオムレツとも、平らでもポンとひっくり返されるスパニッシュ・オムレツともちがう。実際には、スクランブル・エッグを全体的に固めたように見える。

一九三七年一月二十一日木曜日の『ラジオ・タイムズ』誌のテレビ番組放送予定の中に、午後九時十分の『マークス・アンド・マイムズ』（*Marks and Mimes*）と午後九時四十分の『ブリティッシュ・ニューズ』（*British News*）の間に挟まって、『九時二十五分の夜の料理』（*9.25:Cook's Night Out*）があった。ＢＢＣ（英国放送協会）が公共企業になってから十年、ジョン・ロジー・ベアードが史上初のテレビ放送をおこなってから十二年。これは初のテレビ・シェフによるテレビ初の料理番組だった。

「マルセル・ブレスタンはテレビ・カメラの前で、五皿の料理のうち単独の料理としても作れる最初の料理を作ります。五皿全体ではすばらしい五品のディナーになります」とかなり複雑な説明がつけられている。「初めての出演でブレスタンはオムレツ作りを実演します」。時間はたった十五分だったが、かなりうまくいったのだろう。というのもブレスタン氏は、ＢＢＣ放送の初期の常連出演者になったのだから。当時夜にはたった一時間のテレビ放送しかなくて、主としてもっと早く昼の三時から二時間放送された番組で構成されていた。

これはテレビ放送初期の活気に満ちた草分け時代のことである。テレビの番組表は『ラジオ・タイムズ』誌の付録として出版され、ＢＢＣ放送の共同創設者セシル・ルイスは、同じ号で乗り出したばかりの事業に対する熱い思いを語っている。「その成長をたどれば、人間の力が目覚ましく拡大発展するのを目の当たりにするでしょう。到達点は予測もつきません」と驚くべき先見性を示している。当時は被覆電線が敷設され、中継放送の実験がおこなわれていた。まもなく、とルイスは続けた。「われわれは首都の生活の多くの活動をお見せすることができるようになるでしょう。劇場や競技場、そしてまたイギリス中の工場も」。それからマイクロ波送信機が、「博覧会や競技会、野外劇場や川の景色へと」視聴者を連れ出せるようになるだろうと。

ルイスの熱意は明らかで、ブレスタンによるオムレツのレシピ実演（川の景色の中ではなく、スタジオで）の録画はないので、公共の会場、あるいは「すばらしく高解像度のちらつきのない画像」のマルコーニ・テレビを幸せにも備えていた家庭での、視聴者の好奇心と興奮を想像できるだけである。

ブレスタンが選ばれたのは、当時BBCが語ったように、料理の権威だっただけでなく、「話し上手だったからです」。そのテレビの料理講座は「ブレスタンの表情としぐさに大いに助けられています」と続けている。

ブレスタンがテレビ・カメラの前でも、いつもと変わらず自信満々で、悠々としていたことはまちがいない。コヴェント・ガーデン界隈で二つのレストランを経営し、多くの才能に恵まれ、デザイン、装飾、風刺漫画、音楽批評および小説執筆に手を染めた。しかし食物を扱って輝かしい成果を上げ、エリザベス・デイヴィッド（三七〇ページ参照）が後に論じたように、その著書——そして同時代の第一流のワイン商、アンドレ・シモンの著書——は、食物とワインに対するイギリス人の態度にもっとも深甚な影響を与えた。それは両者がフランス人ながら、英訳してもらうのではなく、英語で書いたからである。そしてデイヴィッドが指摘したように、英語をほとんど、あるいはまったく喋れずにイギリスに来て、「イギリスでの生活に何とか同化し、まもなく英語で書いて本を出版」したので、「ちょっとした驚異」と見られたからである。

ブレスタンは一九三六年の自伝『私自身、私のふたつの国…』（*My self, My Two Countries...*）でフランス南西部での若き日々を生き生きと描いているが、その優雅な散文は、同書を含む数冊の著書だけでなく、『ヴォーグ』誌でもしばしばコラムに登場するようになる。自伝の中でブレスタンは、お気に入りの場所、かつて働いたレストランの厨房について書いている。鶏肉とヨーロッパヤマウズラを串に刺してローストすると、その「芳しい匂いが厨房を満たした」。新鮮なサラダを用意し、雄鶏にニンニクを擦り付けたことを思い出す。豚肉はサクラの木の箱で塩漬けにされ、貯蔵室にはコンフィ（訳注：ガチョウ、カモ、豚などの肉をそれ自体の脂肪で煮込み、冷まして固めたもの）、麦芽酢の樽、ハチの巣から滴るハチミツ、ブランデーに漬けたブドウとサクランボ、卵入りの籠、インゲンやジャガイモの袋があふれていた。

果物の籠には、「申し分のない小さなメロン、晩生のプラム、熟成中のセイヨウカリン、モモ、エンドウ…自然に熟した九月の果物すべてが、そして時にまだ太陽のぬくもりのあるもぎたてのものも」入っていた。第二次世界大戦前のロンドンのしゃれたレストランには人工的に栽培された高価な輸入産物が届き始めていたが、ブレスタンがそれらをひどく嫌ったのは、この豊かな記憶があったからである。

先祖伝来の食物によってブレスタンは、テレビのある無しにかかわらず、しっかりした見識のある人間になり、高名なシェフの偉大なる伝統に連なったのだ。「おいしい食事は例外ではなく、習慣とすべきだ」と考え、第二の祖国にはおいしい食事について語ることを軽蔑する人があふれているという事実に、嫌悪感を抱いた。食物を話題にすることは卑しい、食物をあまりに愉しみすぎることは不謹慎で不快である、会話の中で食物は下等な話題である、というイギリス独特の信念は、ヴィクトリア時代の遺物だが、控え目に言ってもブレスタンを苛立たせた。「食べるに値する食物は、語るに値します」と宣言する。「食物について語らないというイギリスの習慣は、どれほど長くイギリスにいようとも、外国人には非常に奇妙な印象を与えます」。

今日でもなおイギリス社会の一部で見られるように、食物が話題としても十分価値があると認めないこの慣習のせいで、イギリスの食物は改良されない、とブレスタンは感じていた。「もしおいしい食物が多くのいわゆる人生の一大事より重要であると認めれば、少なくとも一日二回はあり、上機嫌あるいは不機嫌をもたらす食事を、きっと誰もあだやおろそかにはできないでしょう」と著書『今日の料理は？』の中で述べている。「それから家庭で料理してくれる人は、大切な人と認めなければなりません。ありがたいあるいは耐えがたい贈り物をくれるのですから」。

ブレスタンは十八世紀および一八〇〇年代初めの食通の先祖のように、料理は芸術であると書いている。料理人は天職を持つ人々、専門の芸術家として認められなければならない。「かつてはそのように考えられていたのですが、今のイギリスではそうでもありません」と述べている。一般的な関心の欠如とあいまって、イギリス人はフランス料

BBC放送のために料理をするシェフ、マルセル・ブレスタン。1938年11月。

理の支配におとなしく従ったので、料理の質は粗末になり、もはや使用人がいない女性は他の諸々すべてと同様に料理をすることも期待されるようになった。「一九三一年［この本が出版された年］の若いレディは、ゴルフがうまく、車を運転し、優雅にダンスをし、店の経営に成功する他に、有能な主婦でかつ客を楽しませるのが当然と見なされています」。

だからブレスタンは実際的な助言とともに、何百ものレシピ——もちろんすべてフランス料理——を提供したのである。たとえば、もしクリーミーなスープを出しているなら、ホワイトソースで魚を供してはいけない。そして「ディナーのテーブルで最大の効果を上げ、厨房では最小の仕事ですむようにメニューを考える」こと。これは今日何百万人もが繰り返しているモットーである。

ブレスタンは、前回客に何を出したか覚えておくように女性に助言する。そうすれば客は同じものを二度食べずにすむ。また「同じ身なりで登場するという、まったくもって恐ろしい過ちを犯すことを」避けるために、どのドレスを着たかも記録しておくように勧めた。

そしてあまりきちょうめんにならないようと主張した。「厨房でアブナイ人間は、はかり、計量カップやスプーン、温度計、ものさしなどで厳密に計測する人で…これらの科学的な道具はすべてあまり役に立ちません。唯一の例外はペストリーやジャムを作るときです…」。しかしエリザベス・デイヴィッドが指摘したように、「基準を無視できるようになる前に、その基準をざっと知らなければなりません」。

ブレスタンのテレビ出演は戦争によって短期で終わった。戦争の間BBCのテレビ放送は中止され、ブレスタンは戦争が終わる前に六十五歳でこの世を去る。それにもかかわらずレストラン・ブレスタンは一九九四年までコヴェント・ガーデンの同じ場所で営業を続けたものの、同年売却され、ピザ・ハットになってしまった。これでは世界初のテレビ・シェフも浮かばれまい。

72

ニワトコの実とリンゴのジャム

著者…マグリート・パットン
出典…『戦時下の国民食』（*Feeding the Nation*）

調理時間約1時間
重量約6ポンド
ニワトコの実3ポンド、リンゴ3ポンド、砂糖5ポンド

ニワトコの実を軸からはずして洗う。果汁が出るように温める。皮が柔らかくなるまで30分とろ火で煮る。リンゴの芯を取り除き、別の鍋にごく少量の水を入れてすっかり柔らかくなるまでとろ火で煮る。ふるいで漉すか木のさじでよくつぶし、ニワトコの実に加えて、再び火にかけ砂糖を入れる。砂糖が溶けるまでかき混ぜ、ジャムになるまですばやく煮立てる。10分後にジャムになったか調べてみる。完成したら煮沸した広口瓶に入れ、封をする。

イギリス情報局のフィルムにおける園芸家ロイ・ヘイの声は断固としていた。「野菜を買うために並びたいですか？」と言葉巧みに尋ねる。「それとも並ぶのは退屈で、時間の無駄だと思いますか？　長いこと待ったかいもなく、あなたの番が来る前にお目当てのものが品切れになったことはありませんか？　それは食料品店のせいではありません。あなたの責任です」。園芸家のヘイは、戦時下にきわめて重要なメッセージを広める手伝いをするために政府に雇われた。

戦前のイギリスは、消費する食料全体のほぼ三分の一を輸入していた。他方ドイツはむしろもっと自給自足の割合が高く、輸入される食料は全体の一五パーセントに過ぎない。「国内戦線の健康ラインは、マジン・ライン（訳注：第二次世界大戦前にフランスがドイツとの国境に築いた防衛ライン）と同じくらい重要になるかもしれません」と栄養学者のジョン・ボイド・オアは一九四〇年に政府に提言した。戦争が進行すると、食料を載せた船の四分の一がドイツ海軍によって撃沈された。もしヒトラーがその気になっていれば、爆弾投下よりもむしろ飢餓によってこの国を素早く死滅に追いやっていただろう。

ヘイのメッセージは、イギリスの男性、女性、子供は「勝利のために土を掘り起こす」べきだというものだった。ヘイは別のおなじみの園芸家C・H・ミドルトンの紹介でこの作戦に参加したのである。ミドルトンは、戦前のBBC放送『あなたの庭で』(*In Your Garden*)によってイギリスの視聴者にミドルトンさんとして知られ、当時テレビ・シェフのマルセル・ブレスタン（三四三ページ参照）とともにテレビに登場していた。グレーのスーツに糊のきいた白いカラーとネクタイ、山高帽に丸縁眼鏡で、まさに漫画の登場人物そのもの。この生き生きした人物が現れて庭の門に寄りかかると、急に花が咲き、良い堆肥についてのレッスンに感謝して、「ミドルトンさん、ありがとう！」と甲高い声でしゃべるのだった。映像や目を引くポスターをもちい、国中を回って、ミドルトンとヘイは「食料は銃同様に重要な戦争の武器である」という主張を広めた。

食糧省を設立したウールトン伯爵は、回顧録に食料不足の脅威について書いている。「国は国民がどれほど大災害に瀕していたか、決して認識していなかった」。「金曜日の午後の二時間のうちに、私は海軍省から五回別々に、大西洋上の食料船が沈められたという信号を受信した。何とも不運なことに、これらの五隻の船にはベーコンが大量に積まれていたのだ」。食料の配給をいつも尊重するという政府の国民に対する誓約を違えないことが、ウールトン伯爵の第一の目的になった。腹が減っては戦《いくさ》ができないことを知っていたからである。治安が乱れ、悲惨な結果を招くだろう。「もし誓約が守れなかったら、国民は確実に飢餓に陥るという見通しにさいなまれつつ、敵に対する絶えざる頭脳戦になった…」と記している。

食糧省は食料の供給を管理する大店《おおだな》になり、ウールトン伯爵とそのチームは、できる限りの方法で、食料の配給を全うすべく物資を求めて頑張った。毎週一人につき、およそ四オンス（一〇〇グラム強）のベーコンかハム、一二オンス（三四〇グラム）の砂糖、二オンス（六〇グラム弱）の茶、四オンスの脂肪、二オンスのマーガリンかバター、一オンス（約三〇グラム）のチーズが割り当てられた。穀物と缶詰、ジャム、ハチミツ、糖蜜は、点数化されて月ごとの割り当てから差し引かれた。配給の規定に違反した者は誰でも重い罰金を課せられ、あるいは投獄された。

一九四一年五月三十一日にアメリカからの船に積まれた食料が、どのようにドイツのUボートを避けて到着したかを、ウールトン伯爵は意気揚々と回顧する。船には卵四〇〇万個、チーズ一二万ポンド（五万五〇〇〇キロ弱）、小麦粉一〇〇〇トンが積まれていた。「無事の到着を祝い、私は自ら決まりを破って、陸揚げ作業に従事した二四〇人に二〇ポンド（約九キロ）のチーズを分けて手渡した」と書いている。「イギリスにはほとんどあるいはまったく闇市がなかったことは、国民のすばらしさを立証するもので、それを歴史家には誇りを持って記録してもらいたい」と後に回顧している。

しかし何とか士気を維持し、闇市を最小限にとどめたのは、ウールトン伯爵とそのチームだった。アメリカに加えて、他のもっと怪しい食糧源に目を向ける。小麦粉から砂糖にいたるまであらゆるものを供給してもらえる先を、世界中で探した。たとえばシンガポールでは米の供給先を何とか確保した。そしてエジプトの裏通りでは、自らの手を汚さぬように気をつけ、正確にはどのようなことが行われ、誰が関与したも知らぬままに、ウールトンは自ら規則を破って闇市を利用した。「エジプトからどのように米を入手したかについては、聞く必要があるとはまったく思わなかった」と述べている。実際ウールトン伯爵率いる食糧省が配給制度を維持したことは、第二次世界大戦下の大いなる語られざる物語のひとつである。

他方家庭戦線では、女性は眺めるよりも食べるものを栽培するよう駆り立てられた。「花壇にはベゴニア同様ビートが育ちます」とロイ・ヘイは請け合う。少しでも土地があれば、掘り返して野菜を植えるべきだった。「土地を掘り返すのは、よい気晴らしになるでしょう」と主張した。じきに「口の中でとろけるようなエンドウ、驚くほど見事なニンジン…そして王様の口に合うようなキャベツ」が収穫できるだろうと。しかし、と初心者の園芸家のために付け加えた。「お願いですから、鋤はきれいにして下さい」。

国民にとって次の課題は、飽き飽きするキャベツや乏しい配給のチーズを、どのように料理するかだった。そこで政府は、電化製品やガスオーブンを買うように一般家庭を手際よく説得してきた人々に頼んだ（三二七ページ参照）。そのひとりが、東部電力庁とフリジデール（訳注：アメリカの家電メーカー）のために働いていた家政学者のマグリート・パットンだった。ちなみにパットンは、「人々がみな食料貯蔵室でまったく十分だと考えているときに、冷蔵庫を買うように説得する感謝されない仕事」を遂行するために、料理の技術に演劇的な要素を加えた、と回顧している。

日々のラジオ放送――『台所戦線』（*The Kitchen Front*）が、毎朝八時のニュースの後で五分間放送された――短編映画、パンフレット、そして本で、パットンは倹約術を、配給品を最大限に活用し、すべて長持ちさせることを教えた。残り物を活用する節約への情熱が、二分間のフィルム『フード・フラッシュ』（*Food Flashes*）にはあふれている。

1948年4月、BBCのテレビ番組『女性の時間』で、ピアニストのジェラルディン・ペピンが鍋をかき回すのを見守るイギリスの料理家マグリート・パットン（左）。

ウールトン伯爵も、少ないものを最大限に活用するよう人々を促したので、全国的な有名人になる。「勝利を得んとすれば／ジャガイモは皮ごと料理すべし／皮をむくのを見かければ／ウールトン卿落胆す」という歌が頻繁にラジオで放送された。ウールトンは、フランス人シェフ、ヴィコント・ド・マルディのもっとエキセントリックな勧告によっても助けられた。マルディは、人が飼い葉だけでどのように生きられるか説明する本を書く。同書には、リスのグリル、リスの尾のスープ、ムクドリのシチュー、砂糖なしのプディングのようなお楽しみのためのレシピも含まれていた。

一方パットンは、前もって一週間のメニューを計画し、買い物に行ってもそれを守るように勧めた。その心得は戦後も長いこと残り、イギリス人は新鮮な季節の産物を見て浮かぶアイデアをわざと無視し、代わりに買い物に行く前に計画した食料に固執した。同様に、人々が食料棚に蓄えておくべきもの――缶詰の粉ミルク、乾燥卵、缶詰の野菜、果物、肉、魚――に関する政府の助言も、一九七〇年代を超えてもなお国民の食料棚には浸透していたようだ。

パットンの仕事は難題だった。ジャムを作る季節には砂糖の特別な配給があったが、「クジラがステーキになり…マーマレードさえニンジンで作らなければなりませんでした」と振り返る。子供たちは配給の濃縮果汁からビタミンを摂取したが、大人には生のカブのすりおろしのようなものから摂るように説得しなければならなかった。しかし戦時中の食事は、「予想したよりもましでした…もし食べられないような料理を作っていたら、その時代を生き延びることができたと思いますか?」と述べたことがある。実際本章の最初に掲げたニワトコの実とリンゴのジャムのレシピは、単に庭あるいは田舎から材料を調達できる人々にとっては完璧だった――もちろん砂糖の調達を除いては…

一九四五年にはある程度は「勝利のための畑作り」キャンペーンのおかげで、イギリスではさらに約二万四〇〇〇平方キロの土地が耕作地になり、食物の三分の二が生産されるようになった。国民の食事を強制的に変えると、はっきりした結果が現れた。たとえば結核が減り、虫歯も減った。医師や看護婦の多くが海外で軍隊の救援に当たっていた時期に、国民は実は以前より健康になったのである。「二年後国民はいっそうスリムにいっそう元気になった」と食物史家のコリン・スペンサーは書いている。配給は社会的階層を均し、金持ちの食料事情は以前より悪化したが、貧乏人の場合はむしろ改善された。

ウールトン伯爵によって採用されたもうひとりの料理人はアイリーン・ヴィール。戦時下のレシピ書で、戦争が料理にもたらした効果について、熱弁をふるった。「今までイギリスの食料事情がこれほど良識的だったことはなく、あるいはイギリス女性がこれほど目立って料理に関心を持ったこともありませんでした」と書いている。「われわれは、食物と無駄のない料理に関してフランス人にも匹敵する心構えができており、おいしい実際的なレシピへの要求は引き続き増えていいます」。

ヴィールの考えはほとんどプロパガンダに等しい。結局マグリート・パットンは長年たってから思い起こしている。

「人々は私に戦時に戻りたいと言わせたがっています。ああ、何てばかばかしいこと。誰が六カ月間も新鮮なトマトのない時代に戻りたいものですか。私はいやよ」。

しかし戦争が終わっても配給は終わらなかった。思いがけずさらに七年間も続いたので、節約し、しなびた野菜でさえ長持ちさせる習慣が戦後何十年も残ったことは、ほとんど驚くにあたらない。配給制度は一九五三年まで撤廃されなかった。戦後そのときまでニンジンのサンドイッチ、たたいた豚の皮、スパム（訳注：豚肉を主原料としてハムや塩、でんぷん、亜硝酸ナトリウムなどの添加物を加えて調理した肉の缶詰）のフリッターの食事で育った人々は、子供たちにそれらのばかげたものを決まって押し付けようとした。ヒトラーの爆弾がずっと昔のことになったにもかかわらず、そしてたとえ新鮮なメロンあるいは肉汁たっぷりのステーキが売られていたとしても。

73

フランス風牡蠣のクリームソース煮

著者…パール・V・メッツェルシン
出典…『グルメ・マガジン』(*Gourmet magazine*)

こんろ付き卓上鍋に点火してバター1カップを入れ、練りカラシ大さじ1杯、アンチョビ・ペースト小さじ3／4、塩、コショウ、トウガラシ少々を加えて味をつけ、完全に混ざるまでかき混ぜる。セロリのみじん切り3カップを加え、セロリにほぼ火が通るまでほとんど絶え間なくかき混ぜる。濃い生クリーム1クォートをゆっくり注ぎ、全体が沸騰するまで絶えずかき混ぜる。洗って鰓《えら》をはずした牡蠣4ダースを加えて2分間煮る。最後に上等のシェリー酒を1／4カップ加える。温めた皿に焼きたてのトーストを置き、その上に載せ、レモン1／4個と新鮮な若いクレソンを添える。供するたびにナツメグ少々を混ぜたパプリカを振りかける。

「食べるに値する食物は、語るに値する」というマルセル・ブレスタン（三四三ページ参照）の主張は、顧みられないだろうと思われた。戦争中の国が一体どうして美食学の諸々の議論を容認できるだろう？　配給制が導入され、イギリス政府が人々にジャガイモを栽培し、生のカブを食べるようしきりに促したとき（三五〇ページ参照）、ヨーロッパ、そして世界は戦闘の準備をしていた。テレビ放送が中止されたので、ブレスタンは今や鳴りをひそめ、イギリスを去り母国フランスに帰る。しかし思いもよらないところから——大西洋の向こうから——応答があった。

一九四〇年十二月雑誌発行人アール・R・マッコースランドが、『グルメ・マガジン』という雑誌を刊行する。それはそれまでのいかなる雑誌とも異なり、著しく時機を失しているように見えた。アメリカの不況は終わりかけていたかもしれないが、戦争前夜である。それにもかかわらず熱意あふれる記事と美しい挿絵入りの雑誌が出版されたのだ。内容は洗練されてくつろいだ食事への賛美である。それは完全な雑誌——四八ページの当初は広告なしの雑誌——で、通常メディアが食物を扱うやり方を避けていた。『レディズ・ホーム・ジャーナル』、『グッド・ハウスキーピング』、『ウーマンズ・ホーム・コンパニオン』のような雑誌では、実用性がすべてである。家族や夫に食べさせなければならなかった。晴れの日の料理なら料理人にも光が当たるかもしれないが、それ以外は家庭内の雑用に過ぎない。

『グルメ』誌はまったく異なる哲学を持っていた。アルケストラトス（一三ページ参照）のような偉大なる食通に立ち返る贅沢としての食物が掲載されていた。第一号には「『グルメ』誌は生活の『最高善』を誠実に求めるものです」と読者宛てに書かれている。これは当時の料理人が耳にすることを期待できるような言葉ではなかった。美食という芸術を実践する人には、「画家の目、詩人の創造力、音楽家のリズム、そして彫刻家の雄大さが備わるでしょう」と論説は続いた。

ここでついに、堅苦しいヴィクトリア時代人に対する反撃が現れたのである。彼らは、食物のような卑しいものについて議論するほどに自らを貶めることを拒否していた。編集者は見聞が広く名声が確立した女性料理人にして料理書作家のパール・メツェルシンで、雑誌は女性同様男性にも受けた。

マッコースランドは食物を愛したが、専門家であることを装いはせず、ニューヨークのシェフ、P・ド・グイを相談役に迎えてチームを作り、料理に詳しいライターに記事を依頼する。創刊号は二五セントで一九四一年一月と記載されているが、前月の初日に出版され、「祝日号」と称された。それには極上の豚肉を調達して食べる記事、フランスのブルゴーニュのワイン生産地への旅、クリスマスと新年のためのレシピや情報、並びに「食物に関する質問と答え」が掲載されていた。

「今日の有名シェフ」という特集記事もあり、ニューヨーク市のオテル・ピエールの総料理長ジョルジュ・ゴノーが、同市にフランス料理の伝統をもたらした「美食の達人」のひとりとして読者に紹介されている。その堂々たるフランス料理のメニューは、猟鳥獣肉のにおいのするマッシュルーム・スープ「ル・ポタージュ・ピエール・ル・グラン」で始まるが、そのスープのことをゴノーは秘密めかして「冬には人は落ち込むかもしれないが、熱いクリーミーなスープはしっかり支えてくれます」と述べている。

猟鳥のすばらしさに関する特別記事には、シェフ一人と他に三人が巨大なキジの像の足元で礼拝している絵が添えられていた。ド・グイはある朝の猟をまざまざと回想している。「痛いほど寒い朝、鼻のきく忠実なセッターの後をゆっくり追いながら、ブーツで霜の降りた草を踏みしめ、鳥の一群が飛び立ち、飛び去る瞬間を待つのです」。

編集者パール・メツェルシンの牡蠣のクリーム煮のレシピ——新しい雑誌の贅沢な情報の典型——は担当欄の「自家製特別料理」に登場した。他方ワインに関する記事には、どのワインが七面鳥に合うかが取り上げられていた。「一番よい時期でもしばしばぱさついて風味がない、かなり旨味に欠ける肉」とライターのピーター・グレイグは言う。「七面鳥には、飲めば暖まり料理に風味を添える、こくのあるブルゴーニュあるいはローヌの赤ワインを是非」。グレイグはまた読者にワインについてもっと広く考えるように勧める。フランスの外に目を転じれば、「アメリカ、チリ、あるいはオーストラリアのワインを探すことになり、それがとても楽しいのです」と述べている。

自信に満ち、役に立ち、刺激的な内容が、上質な最新の料理誌から直《じか》に得られたのである。けれどもこれは第二次世界大戦前夜に出版された、料理誌という新しいジャンルにおける創刊号だった。アール・R・マッコースランドとその仲間は、確かに楽観主義者だった。『グルメ・マガジン』のような雑誌が創刊されるのに、今ほどふさわしい時はありません」と読者に向けて書いている。

数カ月のうちにアメリカは戦争に突入し、配給制度と食糧不足の四年間が始まった。「輝かしい豊かさ」、「料理という趣味と楽しみ」、「感覚的な喜び」、そして「審美的な満足」に捧げると意のままに自認する雑誌が、恐怖と破壊と耐乏生活の時代に創刊され、生き残ったのは驚くべきことである。

しかし『グルメ』誌がよく売れたのは、たぶん長い間人々がただ夢見ることしかできなかったものに、ひたすら専念したからだった。グルメの理想像は、「ポトフを作るつつましいフランスの主婦、あるいは高層ホテルの白い帽子をかぶったシェフ」に見出すことができると雑誌は主張したが、読者は旅行経験が豊かで高級志向だった。

料理史家のアン・メンデルソンが述べたように「苦難によって、今より幸せな過去やたぶん幸せな未来のイメージへのあこがれがはぐくまれたのです」。当時アメリカ人はおいしい食べ物を楽しむことは到底かなわなかったが、少なくともそれについて読んだり、考えたりすることはできた。そして確かに最高の料理雑誌とは読者がよだれを垂らすようなもので、現実の中で実際に作ることはむずかしいか、あるいは作れるかは別として、あこがれをかき立てる言葉や世界のはるかかなたの地域の写真によって、おいしいアイデアで読者の想像力に火をつけるものなのだ。

74

ライス・クリスピー・トリート

著者…ミルドレッド・デイ
出典…ライス・クリスピーの箱

バター3/4カップ、ヴァニラ小さじ1/2、フラッフィー・マシュマロ1/2ポンド、ケロッグのライス・クリスピー1箱(5と1/2オンス)
仕上がり:2と1/4インチ四方が16枚(10インチ四方の皿を使用)

二重鍋でバターとマシュマロを溶かす。ヴァニラを加えてよくかき混ぜる。大きなボウルにバターを塗り、ライス・クリスピーを入れ、マシュマロを溶かしたものを加える。バターを塗った浅い皿に入れて上から押さえ、四角く切る。

一九四〇年代にはシリアルは欧米の食事にかなり定着していた。ジョン・ケロッグ博士が、経営者で弟のウィル・キースとともに、アメリカのミシガン州バトルクリークのサナトリウムで患者のために調理済みの朝食用シリアルを開発してから、何十年もたっていた。一八六〇年代にケロッグ博士は世話をしている患者の食事を管理したいと思い、ヴェジタリアニズムに則った栄養のある朝食で一日を始めることを奨励した。

その後製造法が洗練され、穀物のさまざまなフレークを炒り、膨らませ、切り刻む工程が改良され能率的になったので、製品は何百万もの家庭に首尾よく浸透する。人々は料理せずに済み、考える必要はなおさらない、素早くできておいしい朝食を楽しめるようになった。シリアルはミルクをかけさえすればすばらしくおいしくなるので、店の棚にまんまと収まる。戦時中には子供一人につき一パイント（五七〇ｃｃ）のミルクが配給され、子供はちょっとわくわくしてシリアルを食べた。

ますます多くのブランドが市場に参入したので、メーカーは人々に自社製品を買わせる巧妙な方法を編み出さなければならなかった。なぜシリアルは朝食用と決まっているのだろう、と考える。たとえ子供たちが好き嫌いが多くても、ボウル一杯のシリアルを喜んでどんどん食べるのなら、他の時間にも与えたらどうだろう？　一九三三年のライス・クリスピーのポスターには、こう書かれている。「おなかがすいている様子でも、栄養のある物を目の前に置かれると、突然食べたくなくなるかもしれません」。しかしもしケロッグのライス・クリスピーが置かれれば「そんなことはめったにありません」。結局シリアルはおいしいだけでなく、語りかけることさえできたのである。「シリアルがミルクの中でパチパチ、パリパリ音をたて、ポンとはじけると…『さあ、おなかがすいたでしょ』と言っているようです。そして「みなさんのお子さんが」この訴えに応えてくれるのは喜ばしい限りです」。

実のところくたびれた母親にとって料理せずに済む一品があって、子供たちがせっせと食べてくれれば、これほどありがたいことはない。ケロッグ社は、一日中シリアルを食べる時代が来たと感じていた。そこで広告の中で、朝食に向いているが、「夕食にもうってつけです」と大胆に宣言した。その理由は、「消化しやすく、安眠を促進する」からである。ケロッグ社はそれからさらに一歩進み、お抱えの家政学者ミルドレッド・デイを使って、ライス・クリスピーを買わせるタネをほかにも手品のように作り出す。

十分長生きして一九九六年にミネソタ州で死んだミルドレッドは、ケロッグ社のシリアルを使ったレシピを開発す

人気の朝食用シリアルの初期の広告のひとつ。

る仕事を任された。二週間まるまる集中的にケロッグの厨房に閉じこもった末に、革新的な「ライス・クリスピー・トリート」を持って現れた。同社はそれが大変気に入ったので、一九四一年にそのレシピをすべての箱に掲載する。

その後母親たちは、加工品を使うにもかかわらず、「手製の一品」を作れるようになった。しかしそれはもう一歩本物の材料からは遠ざかることになり、季節性は問題になりさえしなかった。レシピはシリアルの箱だけでなく、販売促進用のパンフレットにも掲載されたが、それもまた子供たちを標的にして、夢中にさせた。これらは子供にも作れる甘くておいしい食べ物で、料理はそれまでとは別の活動とみなされた。今や世界は何と遠くまで来てしまったことだろう？ 食物の調理は生きるために必要なものではなく、単に子供の小さな手と心を占めるものに過ぎなくなってしまったのである。

子供をターゲットにした広告は一九四一年には、新しいものではなかった。オクソ（三〇二ページ参照）とキャンベル・スープ（三一七ページ参照）は、どちらもその製品の販売促進のために、栄養十分な子供たちを創り出していた。そのぽちゃぽちゃした様子は、耐乏の時代に健康状態がよいことを表わしている。しかしライス・クリスピーは子供たちを惹きつけるのに、子供の絵は使わず、陽気な世間離れした妖精をもちいた。スナップ、クラックル、ポップという三人の妖精は、シリアルを食べるように勧めるが、それは栄養があるからではなくて、いけないほど甘くて、べたべたしたおやつという楽しみを作るのに使えるからだった。今日でも妖精はシリアルの箱に使われているが、ライス・クリスピー・トリートが製品化され既製品として売り出される過程で、真ん中の妖精は省かれた。

ケロッグ博士はきっと賛成しなかっただろう。博士の健康への誠実な熱意は、ケロッグ社が購買客にライス・クリスピーが「クリームの中でパチパチ音を立てる」ことを教えた一九〇〇年代初頭には、すでに放棄されていた。けれども広告だけ見れば、ケロッグ博士本来の健康志向の使命から決してそれはしないと見せかけるのを、やめたわけではないようだ。二〇〇九年にはライス・クリスピーの箱に、そのシリアルは「今や子供さんの免疫を維持する助けになります」とでかでかと記されている。とはいえ軽蔑的な批判の連打を浴びて、その疑わしい一文は取り消され、取り除かれた。

一九四一年の話に戻ると、ケロッグ社は家族の健康を支える健康によいブランドとして見られたがっていた。製品は「清浄な日の当たる厨房で」作られている、と宣言する。まるでその製品が、日のあたらないきたないごみごみした地下室で作られているとでも思われているみたいではないか…

消費者はまた、「子供の食事に関する無料のパンフレットと助言」を申し込むことができたが、唯一の欠点は、その無料《ただ》のパンフレットがおもに『ライス・クリスピー・トリート・クック・ブック』のコピーだったことである。しかし適切な助言を望むなら、それが得られるとは思わないよう警告している。「病気のときは主治医に相談すべきです――当社の助言は医学的なものではありません」。ライス・クリスピーの発明者は患者に栄養のある完璧な食事を摂らせることに取りつかれていたかもしれないが、それを商売にした子孫は、むしろあまり尊敬できない意図を持っていた。

75

シナモンとナツメグのスポンジケーキ

著者…ベルタ・ロザ・リンポ
出典…『パンタグリュエルの書』(*O Livro de Pantagruel*)

小麦粉250g、ブラウン・シュガー250g、卵1個、バター大さじ2杯、ミルク200cc、シナモン、ナツメグ、レモンの皮、ベーキング・パウダー小さじ2杯

柔らかくしたバターに砂糖を混ぜる。

卵を加える。(ふつう前もって泡立てておく)

シナモン、ナツメグ、レモンの皮を加える。

ミルクと小麦粉およびベーキング・パウダーを交互に混ぜ込む。

これで焼く準備完了。あまり大きなケーキではないので、通常23×13×7センチのローフ型に入れて焼く。

ヌーノ・アルベス・カエターノがなぜそれほど人気があるのか、放課後になぜそんなに多くの小さな男の子や女の子が、他の誰の家よりもカエターノの家に行きたがるのかは、明らかだった。一九六〇年代リスボンのその家にあった大きな台所用テーブルの上には、ほぼまちがいなく、母親がこしらえたものが並んでいたからだ。母親は毎日一家の料理書のためにレシピを試していた。プディングやケーキが予定された日には、そこはヌーノの友達にとってまるで天国だった。

「学校から帰ると、驚くような大きなデザートの列がお祭りみたいに並んでいることが度々ありました」とヌーノは振り返る。

ヌーノの祖母は有名なベルタ・ロザ・リンポで、オペラ歌手だったが、その後ポルトガルのもっともすばらしい料理書を書いた。そして娘にしろ孫にしろその本から逃れるのはむずかしかった。

一九四五年に初めて出版されたその本は、新しい世代の料理を次々に取り込んで料理書のモンスターとなり、今日ではそのレシピはおよそ五千を数える。

ヌーノの母マリア・マヌエル・リンポ・カエターノは、祖母が死ぬと編集を引き継ぎ、いつかバトンはヌーノ自身に引き継がれることになっていた。

「レシピの試作が毎日おこなわれるということがない家に住むのがどんなものか、私にはわかりません」とヌーノは冗談を言う。「でもそれは私たちにとってあたりまえの日常でした。家族が一日中働いているようなこともありました。試さなくてはならない新しいレシピがあり、完成しなければならない古いレシピがあったのです」。

ベルタは一八九四年モザンビークに生まれる。ポルトガル植民地での生活で、子供の頃には料理や食料の買い出し、下ごしらえをする必要はまったくなかった。すべては大勢の使用人の手にまかされていた。

だから結婚してリスボンで夫との新生活を始めたとき、「卵を焼くことさえできませんでした」と回想する。「料理を覚える時間がありませんでした。そしてそう言ってはきまりの悪い思いをしました」。

しかしベルタはごく若くたった十五歳だったので、料理というものをよく知るのにたっぷり時間があった。その後登った高さから見て、一国の料理に並はずれた影響を与え続けたもうひとりの十代の花嫁と、多くの共通点を持っている。一五三三年の昔カテリーナ・デ・メディチは弱冠十四歳でオルレアン公アンリと結婚し（一〇九ページ参照）、後年フランスの王妃として、ファッション、芸術、そしてもちろん料理に影響を与えた。カテリーナがフィレンツェから連れてきた料理人は、イタリアの技術やアイデアを持ち込み、それがフランスの料理法に溶け込んだのである。

けれどもベルタの才能は、初めは料理ではなくオペラに発揮された。一九三〇年代および四〇年代に世界的なスターになり、歌手として世界を回り、歌う先々で食事をした。上演で神経過敏にならないように、食べるものを真剣に考えようと決心する。おいしかった料理を記録し始め、訪れたホテル、レストラン、邸宅で働いていたさまざまなシェフや料理人に、レシピを書き留めさせてもらえないかと訊ねた。そして後に記しているように、「その国の言葉で話しかけ、友人のように握手してくれたレディの申し出にうっとりして」、シェフや料理人は即座に同意した。

第二次世界大戦前夜にはベルタは非常に多くのレシピを集めていて、リスボンのアヴェニーダ・アントニオ・セルパにある家は当時流行の先端を行くパーティー会場となる。芸術家であれ、作家であれ、はたまた政治家であれ、招待されればベルタの家へいそいそと出かけた。リスボンのすばらしい上流社交界に仲間入りできるだけでなく、実においしいご馳走が食べられるに決まっていたからである。

だからたぶん急速にふえつつあるレシピ集を出版するように、まもなく友人たちがベルタを口説いたのは、当然の成り行きだった（やはりレシピ集を出版するように友人たちに勧められた一七五五年のスウェーデンのカイサ・ヴァリ（一九四ページ参照）から、一九三一年のアメリカのイルマ・ロンバウアー（三三二ページ参照）まで、多くの料理伝説を思い出させる）。

しかしあまり説得の必要はなかったようだ。たとえ人々が最初にこう訊ねたとしても。「ベルタは歌手ですか、それとも料理人？　彼女が生み出すのは音楽？　それともシチュー？」なぜなら国は明らかにベルタを必要としていたからだ。彼女がその著書の初版の序文で書いたように、「この国は一般に料理については無知で、正直なところ戸惑います」。

およそ六百点のレシピをまとめたこの本には、二十世紀半ばにヨーロッパやアメリカの厨房に革命を起こしつつあった新しい装置の使い方の説明も含まれている。調理用レンジ、冷蔵庫、ミキサー、そしてトースターはすぐに普及したので、ベルタはそれらの使い方を説明する必要があると考えたのだ。これは便利だった。「ニューワールド」（訳注：イギリスのメーカー）の温度設定目盛つきガス・レンジの説明書を無くした場合だけでなく、そのような器具が誰にもわかりやすい普通の言葉で解説されていたからである。

冷蔵庫は、「手に入るもっとも価値ある宝物です」とベルタは述べている。そして食物を冷蔵するだけでなく、野菜やサラダをその中にまさにどのように入れるかを知ることが重要だと感じていた。何をどこに置くかに関する説明を助けたのは図解である。その上ポルトガルの画家アントニオ・セラ・アルヴェス・メンデス——メコとしても知られている——の豊富な愉快な挿絵があり、主婦がさまざまな家事をしているところが描かれていた。

本は大当たりで、最初の四十三日間で売り切れてしまい、第二版がすぐに刊行された。

ベルタの娘と息子はその仕事をするように言いくるめられた。息子は映画制作者にして食通で、スパイス、テーブル・デコレーション、そしてワインに関する新たなセクションを導入する。本はすぐに若い花嫁すべてのウェディング・リストに載せられた。今日のポルトガルで、この今や分厚い大冊のない家はほとんどない。そしてその大きさゆえにすぐに見つかる。なにしろポルトガルのみならず、世界中の何千というレシピが掲載されているのだから。アフリカや中東の料理に加えて、たとえばベルギーのムール貝、フランスのカタツムリ、イングランドのスコーン、そしてアイルランドの「ブラック・ヴェルヴェット」（スタウトという英国産の強い黒ビールとシャンパンの混合酒）のレシ

フランソワ・ラブレーによるパンタグリュエル――
1537年に出版された本の版画による表題紙。
ふたりの巨人が世界を巡る。

ピさえあった。

『ガルガンチュワとパンタグリュエル』は十六世紀にフランソワ・ラブレーによって書かれた一連の小説だが、ベルタは著書の表題をその小説に登場する貪欲な架空の巨人にちなんで、『パンタグリュエルの書』とした。パンタグリュエルのおもな性格的特徴は、新しいことを試すのが好きなことで、ベルタがこの本を出版したのは、同胞のポルトガル人をこの精神で励したかったからである。

ポルトガル料理は多年にわたり、ローマ人のもたらした小麦、オリーヴ、ニンニクから、アラブ人によって紹介されたムーア人の名物料理、探検家ヴァスコ・ダ・ガマによってインドや極東から運ばれてきたスパイスにいたるまで、多くのものを吸収してきた。

味のるつぼはベルタのお気に入りで、その著書の中で伝統的なポルトガルの食物と並んで登場する。母国料理に関しては、魚のキャセロール料理にしろ、カルド・ヴェルデとして知られる一般的な、ケール、ジャガイモ、ソーセージのスープにしろ、上手な作り方を知っている人はそれほどいないと思っていた。

十五世紀の間にマデイラ島に入植者がサトウキビを植えて以来、ポルトガル人は甘味をほしいままにしてきたが、その同国人の甘い物好きもまた認めている。

冒頭に掲げたシナモンとナツメグのスポンジケーキのレシピは、そのポルトガル人の甘い物好きとシナモンを入れるというムーア人の料理の影響を組み合わせているが、そもそもどこから由来したものか正確にはわからない。ベルタがレストランを訪れて、気に入った料理のレシピを訊ねると、たとえ彼女が教えてくれた人物には一言も触れずに公開するとしても、どんなシェフもこの料理の女王の要求を断ることはできなかった。

しかしベルタは、序文で読者に請け合ったように、少なくともまず自分の家で試してみた。「この本が成功したのは、もっぱら母と兄と私とで五千のレシピすべてを試作したからだと思います」と娘のマリアが述べたことがある。ポルトガルの人々は代々そのことに感謝を捧げている。

76

トゥールーズ風カスレ

（訳注：カスレとは、豚肉、羊肉、ソーセージなどを加えた白インゲンの煮込み）

著者…エリザベス・デイヴィッド

出典…『地中海料理の本』（*A Book of Mediterranean Food*）

白インゲン豆2ポンド（中ぐらいの大きさの豆。あまり小さいと調理に時間が2倍かかる）、豚肉1ポンド、羊の胸肉1ポンド、ハムかベーコンの外皮1／4ポンド、ガーリック・ソーセージ丸ごと1本、ガチョウのコンフィ1／2ポンド、刻みタマネギ6オンス、ラードあるいはガチョウの脂3オンス

豆は一晩水に浸し、タマネギ、ベーコンの皮、膝肉のハムとともに陶器のキャセロールに入れ、かぶるくらいに水を注ぎ、弱火のオーヴンで4～5時間加熱する。豚肉は別にローストし、羊肉はそれ自体の脂でこんがり焼く。豆がほとんど煮えたら、肉、ガチョウのコンフィ、ベーコン、ソーセージを適当な大きさに刻み、豆と交互に重ねる。それからキャセロールを蓋をせずにオーヴンに戻し、仕上げをする。一番上の豆の層の表面が固くなったらかき混ぜ、再び固くなったらもう一度かき混ぜる。3回目に固くなったら、カスレのできあがり。

エリザベス・デイヴィッドが『地中海料理の本』を出版した後も、イギリスの配給制度はまだ三年続き、当時料理文化は全盛とは言えなかった。デイヴィッドが光あふれる地中海地方の旅行から戻ってみると、イギリスの料理はさえなかった。「コショウだけで風味をつけた小麦粉と水のスープ、パンと軟骨のリッソウル（訳注：パイ皮に詰め物をして揚げた料理）、乾燥タマネギと乾燥ニンジン、コーンビーフのトードインザホール（訳注：衣をつけて焼いた肉料理）。もうたくさんでした」と後に回顧している。自らの健康を回復し、あれほどまでに渇望した日の光を少なくとも自らの人生にいくらかでも採り入れるために、デイヴィッドは最初の本を書き始めた。

良質な食べ物を望み、おいしくもない食材がしかも不十分にではなく、おいしい食材が多量に市場に出回る時代を待ち望む人々にとって、『地中海料理の本』は暖かく快い息吹をもたらした。デイヴィッドは屋台に「ピーマン、ナス、トマト、オリーヴ、メロン、イチジク、ライム」がうず高く積まれた市場について書いている。光り輝く魚や見たこともないチーズ、そして「食用動物すべてのありとあらゆる部分や内臓が吊り下げられている」肉屋のカウンターを目にしたときの驚きについても。

ただし戦後も配給制度が続けられた国にとって、これはまるで拷問だったのではなかろうか？　デイヴィッド夫人は、「厨房でオリーヴ・オイル、サフラン、ニンニク、ピリッとした地ワイン、ローズマリーの芳香、干してある野生のタラゴンやバジル」を見たり味わったりする特権に恵まれていたかもしれないが、そのような楽しみを奪われた貧しい悩めるイギリスの主婦はどう思っただろう？

実のところイギリスの主婦はこの本を愛読した。その気分を一新するような調子、暖かく快適な気候を思い起させるところが、強く訴えたのである。デイヴィッドはなかなか手が届かないかもしれないもの、多くの主婦になじみのないものについて書いたが、それは夢を与えてくれた。編集者のジル・ノーマンがかつて言ったように「デイヴィッドは読者の想像力をかき立てる術《すべ》を知っていました。五〇年代の配給ではバジルもトマトもオリーヴ・オイルもなく、できるのは想像だけ」。読者がそのようなものについて考えることは、体の栄養にはならないにしても心の栄養になると、エリザベス・デイヴィッドは勧めた。そして配給が終わり、幅広い食材が店頭に戻り始めたときに備えて、読者の頭を柔かくすることにもなった。

配給制度のせいで、自分の著書が即座に役に立たないことは承知していたが、よく目を凝らして食材が見つかれば、そのレシピの多くは、実際に作れるだろうと信じていた。しかしそれからまた臆することなく、自分と同様に考えたり語ったりする裕福な中流あるいは中流の上の読者にも語りかけた。それどころかさらにロンドンの人々は、ギリシアあるいはイタリアの人々より地中海の食材を調達することが実際には容易かもしれないと示唆した。

材料は「ロンドンではふつうのイギリス料理の材料よりも手に入れやすいだけでなく、外国より豊富なこともあります」と述べ、人々に意気消沈しないように呼びかけた。「オリーヴ・オイルは品質がよく…たくさんあります」と記している。料理用の安いワインも同様だった。「ブルーアー・ストリートには、イカやタコを売る魚屋があります…ハロッズでは新鮮なタラゴンを買うことができます…セルフリッジズ（訳注：イギリスの高級百貨店チェーン）の食品売り場には、東洋のスパイス市場にも劣らないスパイスが陳列されています」。そしてローズマリーやフェンネルのようなものが手に入らない、と言い訳することはできなかった。なぜなら「誰もが、庭でハーブを育てている人を誰かしら知っているからです」。

戦後の欠乏が誇張されていたのか、あるいはエリザベス・デイヴィッドが選ばれた食通の夢の世界に住んでいたのかは、ほとんど問題にならない。というのも述べている内容とその書き方は、人々を料理の暗黒時代から救い出す結果になったからである。その自然で心を揺さぶる文章は、同時代の人々にまったく新しい口調で語りかけ、共感を呼んだ。実用的なレシピの書き方をやめ、方法の前に材料を挙げる慣例もしばしば無視した。

その言葉だけで、読者の口中には唾が湧いてくるのだった。「私はそれらの地方のすばらしい料理について、まだ知らない人々にそのいくらかでもお伝えしたいのです。そして太陽と海とオリーヴの木のある祝福された土地で食べて、その味をイギリスに持ち帰りたいと願った人々の記憶を呼び覚ましたいのです」と書いている。その後『フランスのプロヴァンス料理』から『オムレツと一杯のワイン』にいたるその著書によって、数えきれない料理人が海の向こうの料理に思いを馳せ、実際自分たちの厨房に地に足のついたフランスの地方料理の精神を採り入れることになった。

デイヴィッド自身は、文化交流事業によってパリに送られたときにおおいに刺激を受ける。トーリー党議員の四人娘のひとりで、自ら述べているように「十六歳でイギリスの寄宿学校とはさよならし、パッシー通りの中流階級の家庭に下宿しました」。パリのセーヌ右岸に住んでいた家族は、「並はずれて食い意地が張っていて、ことのほかおいしいものを食べていました」。丸々太って赤紫色の顔にもじゃもじゃの白髪の母親は、中央市場で家の辛抱強い料理人のために買い物をしては、食物の大きな袋を持ち帰り、「まるで今にも卒中を起こさんばかり見えました」。

若いエリザベスはすぐに新しい級友と親しくなる。明らかにやんちゃな性格で、放課後後見人の一家公認のリストにはないレストランやカフェに入り浸った。イギリスの寄宿学校の食堂から解放されてみて、母国の料理がいかに恐ろしい代物かがわかった。「保育所のタピオカ、あるいは寄宿学校のぞっとするようなタラの煮物ほどまずいものはきっとないでしょう」と回想している。帰国してみると、エリザベスはフランスの食文化が自分の中に少々植え付けられていることに気づく。若い心はしばしば市場やカフェやレストランの匂い、光景、味をあてどなく夢見ていた。それは「それまで知っていたものとは異なって」いた。

十代でフランスびいきになった心はそのままではおさまらない。二十代の初めに短期間オクスフォード・レパートリー劇団で働いた後、やんちゃな面が再び顔を出し、恋人とフランスに逃げ出した。ギリシアで、それからエジプトで暮らし、そこでインドの陸軍士官アンソニー・デイヴィッドと出会って結婚する。しかし戦後夫とニューデリー

画家ジョン・ミントンによるエリザベス・デイヴィッドの著書『地中海料理の本』の初版カバー前面。同書はジョン・レーマン社により出版された。

に行って病気になり、ひとりイギリスに帰国する。後に夫が帰国し、結婚がおおやけになったが、少なくともエリザベスはそれでほかのロマンティックなたわむれや、もっと重要な旅行をやめるつもりはなかった。子供ができなかった夫婦は結局一九六〇年に離婚する。

　私生活を明かさず、インタビューを受けてそれが露わになるのをいやがったのは、多分複雑な事情があったからだ。「エリザベスは料理の実演をきらい、公式行事への列席もきらいました」とジル・ノーマンは述べている。しかしもちろん自分の意見を活字にすることには、特に腹立たしいものに関しては、躊躇しなかった。フランス料理に対する愛を広めることに熱心で、フランス滞在のイギリス人が落胆を経験したと聞くと苛立った。「おいしいものは、探せばあります」と一九六〇年に『フランスのプロヴァンス料理』に書いている。「まずいものも、あります。かつてよりむしろ増えています。でも、もしまずいものを食べたときには、たいていは自分が悪いのです」。あまり遅くに町に着かない、注文する前に店の主人と親しくなるなど、いくつかの簡単なこつを呑み込めば、テーブルに着いてからひどい目にあわずにすむだろうと、述べている。フランス人の多くの迷いを解き、イギリス人についての軽蔑的な見方を改めさせることも必要だった。「イギリスの人々は一般に、ビフテキあるいは目玉焼きとチップスだけをほしがると思われています」。

フランスは、イギリスのようにやはり二度の世界大戦で荒廃し、生活費も増えたが、食文化が消えることは許さなかった。さらにそのような戦後の事情も、輸送や保存の状況が悪化したために季節的な食物が受けた被害も、イギリスほどはフランスに影響を与えなかった。その大きな理由はフランスが今なお主として農業社会だったからと論じている。たとえばよい料理人を支えるのは、地元のよい農夫でありよい肉屋である。

それでもイギリスにとってすべてが失われたわけではなかった。「イギリスには生鮮食品がそれほど豊富ではありませんが、料理のせいで人々が思い込んでいるよりはずっと豊かな食材があります」と一九五一年に『フランスの地方料理』に書いている。現代の世界は、おいしい料理の妨げになるよりもむしろ実は助けになれると感じていた。「イギリス女性は一般的に上品で食物など話題にしないと考えられていましたが、配給制度、使用人の消滅、レストランでの高くてまずい料理のせいで、食物にはるかに大きな関心を持つようになりました」と述べている。

読者はエリザベスの率直でしかもエレガントな文章に共感を寄せたのだから、その飴と鞭の論法は明らかに功を奏したのだ。「おいしい食物はいつも手数がかかります。それをこしらえるのは、愛の仕事とみなされるべきです」と述べ、必要なものは「献身的で決然とした精神ですが、ある種の受難にはなりませんように」と付け加えている。

その後多数の人々が、料理という仕事が喜びそのものとなるような完璧な条件を熱望した。それを達成した人もいたが、達成できなかった人もベッド脇のテーブルにエリザベス・デイヴィッドの本を載せて横になれば、とても幸せだった。実際そのカスレのレシピはデイヴィッドによれば、「フランスの地方が生み出したあらゆる偉大な料理のうちでも…多分本当の地方料理の典型」で、読むだけでも料理するのと同様にわくわくする。

77

ブルゴーニュ風牛肉の赤ワイン煮（ベーコン、タマネギ、マッシュルームとともに赤ワインで煮込むビーフ・シチュー）

著者…シモーヌ・ベック、ルイゼット・ベルトッル、ジュリア・チャイルド
出典…『フランス料理の習得』（*Mastering the Art of French Cooking*）

6人前

脂肪と肉が層になっているベーコンの厚切り6オンス
外皮を取り除きベーコンを細片（厚さ1／4インチ、長さ1と1／2インチ）に切る。
外皮とベーコンを2と1／2パイントの水で10分間弱火で煮る。水気を切り、乾かす。

オーヴンを約230℃に余熱する。

直径が9～10インチ深さ3インチの耐熱キャセロールに、オリーヴ・オイルあるいはクッキング・オイル大さじ1杯を入れ、ベーコンを中火で2～3分きつね色になるまで炒め、穴あきスプーンで皿に取る。キャセロールはそのままで、牛肉をソテーする前に、脂を煙が出るくらいに再び過熱する。

脂肪のほとんどないシチュー用厚切り肉3ポンドを2インチ角に切る。
湿っていると焼き色がつかないので、牛肉をぬぐう。油とベーコンの脂を熱して、牛肉のどの面もこんがりきつね色になるまで、一度に数切れずつソテーする。それをベーコンの皿に取る。

ニンジン1本を薄切りに。
タマネギ1個を薄切りに。
同じ脂で、薄切りの野菜をきつね色になるまで炒め、脂をあける。

塩小さじ1杯
コショウ小さじ1／4
小麦粉 1 オンス

牛肉とベーコンをキャセロールに戻し、塩コショウを振りかける。それから小麦粉にも塩コショウし、牛肉に軽く小麦粉をまぶすように再び振りかける。キャセロールを蓋をせずに余熱したオーヴンの中段に置き、４分間加熱する。キャセロールを取り出して肉を軽くかき混ぜオーヴンに戻して、さらに４分間加熱する。（こうすると小麦粉がきつね色になって肉に薄い皮ができる。）キャセロールを取り出し、オーヴンの温度を160℃に下げる。

給仕用のこくのある新しい赤ワインあるいはキアンティ（訳注：イタリアのトスカナ州産の赤ワ

イン）を煮立たせたもの1と1／4パイント
ビーフ・ブイヨン3／4～1パイント
トマト・ペースト大さじ1杯
ニンニク2片をつぶしたもの
タイム小さじ1／2
砕いたベイリーフ
湯がいたベーコンの外皮

ワインと十分なブイヨンを肉が隠れるくらいまで入れ、よくかき混ぜる。トマトペースト、ニンニク、ハーブ、ベーコンの外皮を加える。レンジにかけて煮立てる。それからキャセロールに蓋をして、余熱したオーヴンの下段に置く。温度を調整して3～4時間弱火で煮込む。フォークが楽に通ったらできあがり。

きつね色に炒めてからブイヨンで蒸し煮した小タマネギ18～24個
四等分してバターで炒めた新鮮なマッシュルーム1ポンド
牛肉を加熱している間にタマネギとマッシュルームを調理し、必要になるまで取っておく。
肉が柔らかくなったら取り出し、キャセロールの中身をソースパンの上に載せた濾し器に注ぐ。キャセロールを洗ってから牛肉とベーコンを戻す。

肉の上にタマネギとマッシュルームを載せる。

ソースから脂をすくい取る。ソースを1～2分弱火で煮立て、浮いてくる脂をさらにすくい取る。およそ1パイントのソースを、さじですくえばさじにうっすら色がつくくらいに煮詰める。もしあまり薄ければ、すばやく煮詰める。濃すぎれば、ブイヨンを大さじ2～3杯足す。慎重に味を見る。ソースを肉と野菜の上にかける。

レシピはこれでほぼ完成。

パセリを用意する。

すぐに供する場合

キャセロールにふたをして、2～3分煮て、肉と野菜に数回に分けてソースをかける。キャセロールごと供するか、シチューを皿に入れ、ジャガイモ、ヌードルあるいは米で囲み、パセリを飾る。

後で供する場合

冷めたら蓋をして、冷蔵庫に入れる。供する15分から20分前に煮立て、蓋をし、ごく弱火で10分間煮ながら、時々肉と野菜にソースをかける。

まだアメリカのテレビができて間もない頃だったかもしれないが、やはり少々突飛だった。その番組は『新刊紹介』（*I've Been Reading*）で、通常は最近の文学について篤学な人々が語り合うのを呼び物にしていた。もし番組がちがって見えたら、それは前の週にスタジオが焼け落ちてしまったので、礼拝堂で撮影されたからである。そして通常のお堅い男性の著者が出演できなかったので、一九六二年二月のこの日唯一のゲストは女性だった。名前はジュリア・チャイルド。ジュリアはテレビを持っていなかったので、その番組を見たことがなかった。しかし販売促進をしている本だけでなく、本人が述べているように、こんろ、大きな銅のボウル、大きな泡だて器も持ち込んで、「おもしろい番組にしよう」と心に決めていた。

番組が始まると、ジュリアは多かれ少なかれその番組を占拠してしまった。身長が一八八センチもあったので、司会者のボストン大学のイギリス人教授P・アルバート・ドゥメル博士の上にそびえ立つ。死にもの狂いで卵を泡立て始め、甲高いボストンなまりの大声でしゃべった。舞台裏ではプロデューサーのラッセル・モラシュが凍りついていた。「書評番組で、夢中になってオムレツを作っているこの女は誰だ、と自分に尋ねました」と後に回想している。

視聴者はもっと放送してほしいと手紙を書き、ジュリアの料理番組を見たがった。まもなくその望みはかない、ラッセル・モラシュの監督制作による『フランスのシェフ』（*The French Chef*）シリーズが生まれた。立役者はフランス人でもシェフでもない。ジュリアの恐るべき身長に合わせて作られたスタジオは、家庭の台所のように設計された。現代の視聴者にはまるで寄せ集めのように見える。『ブラッカダー』（*Blackadder*：訳注：BBCで放送されたコメディー）風の奇抜で風変りでおもしろい音楽に乗って三十分間、このカッコ悪いむさくるしい主婦が芸人になりすます。これはデイム・エドナ・エヴァレッジ（訳注：紫色の髪と豪勢な眼鏡が特徴的な自称メガスターで、ロンドンで活躍した）のまさに生みの親だったのだろうか？

「三十分でできるディナーはいかが？」と初期の放送の始めには金切り声を張り上げる。「土壇場のディナー・パーティーはいかが？　三百人分？　オムレツはいかが？」ジュリアは泡立て、かき混ぜている間にも、材料をシャツに跳ね散らかし、スパチュラをミキサーの中に落とし、鍋の中身をレンジの上にこぼす。気がふれたように見えたかもしれないが、最良の教師だった。ありのままで、自然で、おもしろい。その料理とおしゃべりには魅力があり、台本なしの会話はそのまま人を惹きつけた。パンケーキをひっくり返そうとしてレンジの上に落としても、それはただ料理の勘所を示すのに役立った。「不安感や挫折感を持ったら、料理は学べません」とジュリアは言うのだった。

ジュリアはアメリカの人々のために、フランス料理の一見むずかしそうな技術を解きほぐし、明らかにした。「スフレとは、元をただせばチーズあるいはマッシュルームのようなもので香りをつけた濃いホワイトソースです。固く泡立てた卵白を入れれば、ひとりでに膨らんでスフレになります」と述べている。

この番組はアメリカのテレビの最長寿番組となったが、それはジュリアがフランス料理をゴールデンタイムの娯楽番組にし、アメリカ中に多くの熱烈なファンを生み出したからである。人々はみなこののっぽで生き生きした五十代の女性のとりこになった。ジュリアは、ロブスターのクリームスープを作るのは「トーストのように簡単」だと視聴者に確信させたのだ。「私は視聴者の方々とラブラブだったのです」と老年になってから思い起こしている。

最初のテレビ番組でジュリアが売り込んだ本は『フランス料理の習得』で、長く詳細なレシピが掲載された分厚い本だった。必要な場合にはレシピは長い、とチャイルドは説明した。実際本章のブルゴーニュ風牛肉の赤ワイン煮のように。非常に長いが、正確なことこの上なく、料理の初心者でも行間を読む、あるいはまだ習得していないが当然のこととされている知識をものにする必要もない。料理は自由奔放なジャズではない。レシピの通りに作らなければならないのである。

それは、ジュリアが夫と暮らしていたフランスで始まった十年間という長きにわたる仕事の産物だった。自ら述べているように、フランスに行くまで、その人生には関心を引くようなものは何もなかった。カリフォルニアのパサデナで育ったが、三人ののっぽのきょうだいの一番上だった。あまり背が高いので、「産んだ子供は全部で一八フィート（五・五メートル）」と母親はかつて言ったことがある。母親は料理はしなかった。「チーズ・トーストを作ることはできました」とチャイルドは回想している。「それくらいです」。当時の中流の裕福なアメリカ人の大半のように、家には使用人――メイドと料理人――がいた。「使用人の賃金は安く、住み込みでした。けれども三〇年代にはみないなくなってしまいました」。

若いチャイルドは「のんびりふわふわした暮らし」を送った。「当時女は軽視されていました」と述べている。「繁殖用の雌馬」に過ぎなかった。チャイルドは時折芝居をした。「演劇を楽しみました。私は生まれつき演技過剰でした」。もっとも演じた役はと言えば、「ふつうはまぬけな役でした」。

第二次世界大戦になると、仲間のまぬけな中流アメリカ人女性とともにアジアのタイピスト要員として採用される。後にＣＩＡになる組織のために書類を整理し、タイプを打ち、インド行きのロングボートに乗り、セイロンすなわち現在のスリランカに到着し、書類整理の任務のかたわら、夫を見つけた。グラフィック・デザイナーのポール・カッシング・チャイルドで、軍隊のために地図と海図を作っていた。戦後ふたりはアメリカに戻って結婚する。

ジュリアの人生が転機を迎えたのは、一九五〇年代初めに夫の仕事でフランスに行くことになったときである。フランスでの最初の食事は北部のルーアン近くのレストランだった。牡蠣、ブルゴーニュ産赤ワインソースをかけたアヒルのプレッセ（訳注：テリーヌなどの中に魚や肉を詰めて押し固めたもの）、それから小さなフランスのケーキというランチが忘れられなかった。「そのとき以来とりこになってしまいました」と回想している。それは、「レディ誌に見られるアメリカの食物」とジュリアが呼ぶもの――即席ケーキ・ミックスやジェロの焼かないクリーム・パイ――とはまったく別物だった。それらのケーキ・ミックスやクリーム・パイは、現代のテクノロジーに伝統的な料理が降伏してしまった文化の産物である。

ジュリアはフランス料理に夢中になった。それが「歴史と背景のある本物の芸術」だったからである。パリのコルドン・ブルー料理学校（二八五ページ参照）で学び、それから新しいフランスの友人と、フランス語を話せないアメリカ人のための小さな料理講座を開いた。ふたりの友人はシモーヌ・ベックとルイゼット・ベルトッルで、両者はレシピ書を編集し始めた。「ふたりには協力者がいましたが、気の毒にも亡くなられたので、私が後を引き継いだのです」。ベックとベルトッルは、チャイルドが英語で書いた本の前払いとして七五ドルを受けとっていた。それは商売目的ではない長期的な事業だった。十年後その仕事は完成したが、出版社はしりごみする。「あまりに長くて、あまりに複雑です」というのがその答えだった。しかしチャイルドはひるまなかった。「私たちのように長いレシピを書いた人はいませんでしたが、私はきっとうまくいくと断言しました。レシピを読めば、料理の仕方が正確にわかるからです」と述べている。

アメリカのシェフ、ジュリア・チャイルドは著書やテレビ番組『フランスのシェフ』を通して、アメリカの中流階級にフランス料理を教えた。

アメリカに戻ると、ニューヨークの別の一流出版社アルフレッド・A・クノッフに紹介された。クノッフは本を買ってくれた。発行部数は少なく、チャイルドが『新刊紹介』に出演しなければ、わずかな台所の棚でほこりをかぶり、世間から忘れ去られていたかもしれない。ところがそれどころか、ケネディ大統領の妻ジャクリーヌとそのフランスびいきのおかげで、アメリカ史上もっとも影響力のある料理書のひとつになって、一九六〇年代初頭の「時代精神」を養った。「これは使用人のいない主婦のための本です」と前書きには書かれている。レシピは、スーパーで買ってきた食材で作れる。

私たちは、クモの巣の張った古い瓶、自作のソースの間を飛び回るコック帽のシェフ、白いナプキンの輝く魅力的な小さなレストランについての逸話などは、あえて省きました。そのようなロマンティックな間奏曲が、フランス料理を、誰もがありがたく食べられるこの現実世界の代わりに、夢の国のものにしているように思われるからです。

これは、まさにそのような間奏曲でイギリスの読者を熱狂させたエリザベス・デイヴィッド（三七〇ページ参照）への故意の平手打ちのようにも見える。けれどもチャイルドがその本を読まなかったわけではない（ロンドンのギルドホール図書館の本の貸出し欄には、何とチャイルドの名前が真っ先に載っている）。

ジュリア・チャイルドはあらん限りの熱意を込めて、アメリカの中流層にフランス料理を教えた。「食物に関心のない人々には、あまり関心が持てません」と述べたことがある。「人として何かが欠けているように思われます」。しかし誰もがチャイルドの話をうのみにしたわけではない。どんなに役立ち、鼓舞してくれても、なお料理への期待という絶えざる重荷を負わされたアメリカの主婦はますます増えていた。

その主婦たちにカタルシスを与えたのは、アメリカ人のペグ・ブラッキンで、著書『料理書嫌いの料理書』(*I Hate to Cook Cookbook*) によってかなりの物議をかもした。同書は、チャイルドがその大冊に最後の仕上げをしているまさにそのときに書かれたものである。「料理好きな女性がいると言われます。この本はそのような女性のために書いたものではありません」とブラッキンは胸のすくように正直に書いている。その上あたかもジュリア・チャイルドの本に直接ねらいを定めたかのように、続けた。「最悪なのは、あらゆることについてあらゆることを説明する大きな分厚い料理書です。何しろレシピが多すぎます。厚切り肉で作れるものすべてを見ようとしても、とても無理です」。料理がおぼつかない人々に、ペグ・ブラッキンはきわめて重要な助言をする。「料理をするのがいやなら、ディナーへの誘いを受けてはいけません。そこで運よく恥をかかない限り、遅かれ早かれお返しの招待をしなければならないからです」。念のために言うと、そのレシピではすぐに世間ののけ者になる恐れがあった。たとえばこう提案している。「スープに浮かべられるのは、レモンの薄切りだけではありません。ポップコーンがあります…かわいいし、クルトンを作るより簡単です」。

ペグ・ブラッキンは主婦にとってうんざりするような重荷となっている悩みをついに表明したのかもしれないが、ジュリア・チャイルドなら即座にその大きな泡だて器で黙らせ、心がけを改めるように叱りつけたことだろう。

78

クレソン・スープ一人前

著者…ジーン・ニデッチ
出典…『ウェイト・ウォッチャーズの料理書』（***Weight Watchers Cookbook***）

水カップ3／4、チキン・ブイヨン・キューブあるいは即席チキン・ブロス・ミックス、クレソン1／4束、あるいはしっかり包装された新鮮なホウレンソウ（固い芯は除く）1パックをミキサーでなめらかになるまで約1分間混ぜる。沸騰するまで加熱し、即座に供するか、冷蔵する。

第二次世界大戦による物資の欠乏と長く続いた配給制度から抜け出した人々が、たらふく食べ、それからダイエットしなければならなくなったのは、たぶん残念ながら避けられないことだった。

一九六〇年代に哀れにも踊らされていた主婦は、期待はずれのものを売りつけられていると感じていたにちがいない。使用人代わりの冷蔵庫、あの最新流行の装置とキラキラ輝く加工食品は、すべて主婦を家庭の極楽へと導くことを約束していた。その後ある日、待ち受けている夫のために特別なディナーを用意し、夫のお気に入りのドレスを着ようとして、入らないことに気づく。二十世紀が進行するうちに、ハーメルンの笛吹き男よろしく、至福の我が家に至るダイエットという甘い調べで巧みに勧誘する者が現れた。肥満はもちろん前世紀に始まったことではないが、肥満が強迫観念になったのは一九六〇年代からである。

ずっと以前に注目に値する自称専門家がいた。たとえば一九二七年には、トマス・ショート博士が、『肥満の原因と結果』という論文によって、太った人は湿地の近くに多いようなので、体重の重すぎる人はもっと乾燥した地帯に移住すべきだ、と助言している。また脂肪の乳化に石鹸が役立つと唱えて、「肉と血という邪魔者のせいで働くのが楽でない」人は、体の内外に石鹸を使うべきだとも論じている。言い換えれば、もし太っているなら、石鹸で洗うだけでなく、石鹸を食べなさいということ。しかしまたむしろそれほどエキセントリックではなく、もっと役に立つ助言もしている。「目は開けて、口は閉じて」。

さらに戻ると、ヴィクトリア時代には偽医者がかなりいたかもしれないが、棺桶屋のウィリアム・バンティングは常識的な助言をしている。一八六〇年代にバンティングは食べ過ぎて靴ひもが結べなかったので、階段を後ろ向きに下りなければならなかった。しかし自制し、『肥満に関する報告』で、赤身肉、何もつけないトースト、甘くない果物、そして緑の野菜という食事のあらましを述べ、その食事は「まさに奇跡をもたらした」と記している。シャンパン、ポートワイン、ビールを自ら禁じたが、また次のように賢い提案もしている。「肥満した人がみな食事をそのようにがむしゃらに変えることは勧めないが、医師の助言の通りに、そして医師と十分相談してからにするとよいだろう」。

もう少し眉唾なのが、サンフランシスコの画商ホレイス・フレッチャーで、一九〇三年に「フレッチャライジング」なる方法を提唱した。それは食物を吐き出す前に三十二回——それぞれの歯で一回ずつ——噛まなければならないというもので、その秘訣は何も飲み込まないことだった。「よく噛まなければ、罰が当たる」と宣言する。これとほとんど変わらないのが、世紀の変わり目に開発されたベルト駆動の脂肪マッサージ器で、文字通り余分な体重を振り落とすと約束していた。効果のあるなしにかかわらず、そのような道具は何十年も生き延びた。

一九五〇年代にはダイエット食品がスーパーマーケットの棚に並び始める。「エイズ」などの食欲抑制食品を販売促進するために、ジョーン・コールフィールドのような女優が起用された。人々が食事の前に食べた「エイズ」には、チョコレート、バタースコッチ、キャラメル、あるいはピーナツバターなどがあった。コールフィールドは、次のように宣言している。「美しいスタイルになるには『エイズ』がもっとも健康的で自然な方法だと、私たちみんな思ってるわ」。これらの健康的で自然なスイーツに実際に含まれていたのは、ベンゾカインと呼ばれる化学物質で、後にコカインの混ぜ物として使われたものである。それは穏やかな麻酔薬なので、コカインを使用するとハイになって、人間のありようについて奇跡的な今まで明かされていない洞察力を得る前に、なぜか歯茎がしびれるのが説明できるかもしれない。しかし一九八〇年代半ばになると、発音が同じ病気のエイズ（後天性免疫不全症候群）によりイメージが悪くなり、また病気のエイズの方がむしろもっと過激に体重を落とすことがわかって、「エイズ」は姿を消す。

食欲抑制剤と並んで、ダイエット飲料、シェイク、その他の食品が登場した。たとえばさまざまなフルーツ・カクテルの缶詰「ダイエット・ディライト」がある。一九六〇年代初めのテレビ・コマーシャルで、妻が缶詰のフルーツ・サラダのボウルを男の前に置くと、男が「おや、うまそうだな」と言う。「でもねえ、これだけカロリーを摂る

1950年代のダイエット食品エイズを宣伝するために雇われた女優のジョーン・コールフィールド。

とおれのウェストは大丈夫かな?」妻が答える。「安心して。ダイエット・ディライトよ。味はふつうの果物の缶詰と同じだけど、カロリーが半分だけなの」。一九六〇年代末に研究によって示されたように、フルーツ・カクテルにもちいられた人工甘味料チクロ（シクラメイト）により実験室のネズミに膀胱がんができたことを、男が知っていれば、すばらしいデザートの魅力も褪せただろう。

主流の飲料もダイエット食品の熱狂にしがみついていた。「コークでウェストを心配することはないわ。ご存じでしょう?」別の宣伝では、喉が渇いた主婦がコカコーラをぐいっと飲みながら、楽しそうに言う。「実はこの一人用ボトルのカロリーは、グレープフルーツの半分しかないの」。

ニューヨークの実在の主婦ジーン・ニデッチが約一〇〇キロの体重をどうにかしようともがいていたのは、一九六一年にこの不快な誇大広告が流れるさなかで、あらゆる錠剤、飲料、肉をゆするマシンを試していた。しかし試していなかったのは、匿名アルコール依存者家族会のように同じ悩みを持つ人々と問題を分かち合うことだった。同家族会は、一九三五年以来アルコール中毒患者の救済に成功していた。

ニデッチはクイーンズの自宅に体重で参っている心の友を集め、一緒に贅肉と戦った。およそ三〇キロの減量に成功し、その勝利の多くは集まりで受けた励ましのおかげだと主張する。グループの他の人々も減量し、噂が広まる。まもなくニデッチの家では手狭になり、やがてニデッチと友人のアルとフェリスのリッパート夫妻は、その活動を『ウェイト・ウォッチャーズ』として営利事業化した。

彼らはニューヨーク州リトル・ネックにある映画館で事業を旗揚げし、ニデッチは自分がニューヨーク市の保健局から提案された食事制限を奨励するつもりだった。最初の集会には五十人が来ると期待されていたところ、四百人も集まった。そしてそのうちに会員はニデッチ同様、助けになるのは実際の食事よりも、減量という目標をみなで目指す心強さであることに気づく。最終的な目標を達成した人には、体重の増加を食い止める体重維持プログラムが用意された。

やがて集会は一日に三回開かれるようになり、会の指導者——その地位を得るには減量して体重を増やさないようにしなければならない——がニューヨーク中から採用された。ウェイト・ウォッチャーズはたった二年でアメリカ中に支部ができ、カナダ、プエルトリコ、イスラエル、およびイギリスにも広まった。今日では三十カ国で一億人が毎週集会に参加し、二度売却された会社の一年間の売上高は、四〇億ポンドに上る。

ニデッチは自分の体重の問題をある程度母親のせいだとした。「よく覚えてはいませんが、私が泣くと、いつも母が何か食べ物をくれたことは確かです」と述べたことがある。その一方で、ニデッチ自身のレシピはそれだけで十分食欲抑制剤となった。ウェイト・ウォッチャーズの料理書の一冊には、たとえば「金色に輝くサラダ」が掲載されている。それはゼラチン、グレープフルーツとオレンジ・ジュース、レモン果汁、砂糖の代用品、酢、塩、キャベツを熱湯で混ぜるというもの。ホウレンソウに載せてフルーツ・ソースをかけた蒸し鶏と組み合わせれば、その料理書が「合法」と呼ぶ料理ができあがる。それでもクレソン・スープは、チーズとパンをたっぷり添えれば、それほど恐ろしくはない。

ウェイト・ウォッチャーズは女性を対象としたが、男性のためには、一九六四年に『いける男性のためのダイエット』が出版された。これは腹の出たビジネスマンが待ち望んでいた自助本だった。料理のそれぞれにワインが推薦されている同書は、「ランチの前にマティーニを二杯飲むことができて、ベアルネーズソースがたっぷりかかった分厚いステーキ」を食べさせてくれる食事療法を約束してくれた。「リラックスした雰囲気で商売をすることができて、しかも一オンス（三〇グラム弱）増えたなどと気にせずにオフィスに戻れます」。もちろん体重を減らす唯一の方法は、食べる量を減らし、もっと運動をすることだと述べる本を出版することもできたが、それでは紙幅がもたず、商売にならないのだ。

79

ネグレス・サン・シュミーズ（シュミーズを脱いだ黒人女）

著者…ロバート・キャリア

出典…ロンドン、イズリントンのカムデン・パッセージのキャリアズのメニュー

卵6個、無塩バター8オンス、上白糖8オンス、溶かしたビター・チョコレート12オンス、ブランデー大さじ3杯

卵を卵黄と卵白に分け、卵白を固く泡立てる。バター、砂糖、卵黄を混ぜて泡立てる。溶かしたチョコレートとブランデーを加え、注意深く切るように卵白に混ぜる。ガラスの皿に注ぎ、冷やす。泡立てたクリームを添えて供する。

一九六〇年代のカクテルと軽食に関してはジェイムズ・ビアードがいるが、ロバート・キャリアはディナーのめんどうを見た。ブランデー、大量のクリーム、過剰なサフランを大胆不敵に痛烈に非難したのは、だまのできたグレイビーとフルーツの缶詰からイギリスを鳴物入りで解放しようとしたからである。そして破廉恥に贅沢で退廃的な料理のもてはやされる新たな時代には、ロンドンのイズリントンにあるそのレストラン、キャリアズ（小さくて、落ち着いた、居心地のいい、そして高価なレストランと、『ザ・タイムズ』紙は述べている）のメニューにあるプディ

ングほど歓迎されたものはなかった。

ネグレス・サン・シュミーズは、とことん堕落したデザートである。それ自体が戦中の花卉《かき》園芸家コンスタンス・スプライのガトー・ネグレス（黒人菓子）の翻案で、ネグレス・アン・シュミーズ（シュミーズを着た黒人女）になるはずのシャンティイ・クリーム（訳注：甘いホイップクリーム）のおおいがない。この菓子が濃厚すぎる（そしてコレステロール値が高い）ことは、その怪しげな名前――白い化粧着を脱ぎ捨てた黒人女を示唆する――に表れている。これは、結局その謹厳の掛け蒲団《ぶとん》をはぐようにという、イギリスに対する呼びかけであり、熱烈な訴えだった。キャリアのねらいはイギリス人のニンニクとスパゲッティに対する疑念を解くことで、巧みなユーモアと大盤振る舞いでそれを実践した。たとえばあるレシピには、すべて外国の二十五品目の食材が使われている。サケ、キャビア、フォアグラ、トリュフ、新鮮なクミンとともに、キャベツの葉を加えることを提案している。ただし「もしあれば」その場合に限り。

『キャリアズ・キッチン』（*Carrier's kitchen*）というテレビ番組や多くの著書を通じて、キャリアは人々に料理で少し冒険するようにしきりに勧める。それは贅沢だったかもしれないが、人々の痛いところを突いた。たとえばその『世界のすばらしい料理』（*Great Dishes of the World*）は買うには高かったが、十四カ国語で千百万部を売り上げた。キャリアはまた視聴者や読者をおおいに励ました。「誰にでもできます」と料理について述べている。「それだけで、いたってシンプルです。人々は心配し過ぎます。案ずることはありません」。

しかしキャリアは、すばらしい料理を味わったり、作ったりし始めるという文化的変化がイギリス人にとって必要であることを認識していた。「食べ方を知るということは…フランス人にとっては食通、美食家を、味のわかる人を意味します」と書いている。「イギリス人にとっては、食卓でどのように振る舞うかを意味します」。そして国民はその持ち前の抑制を捨てることが必要だった。「人々はまだ家庭ではあまり新しいことを試そうとしません…食べ物にはまだきびしい制約があります」。

それでも二十年前にキャリアが初めてイギリスを訪れてから、情況はよくなっていた。キャリアはアイルランド人とフランス人の血を引くアメリカ人で、一九四〇年代初頭に兵士として戦場へ行く途中でロンドンに到着した。二十一歳の「いやおうなしの旅人」は、目の当たりにしたものに衝撃を受ける。「イギリス人の疲弊は目に余るものがありました。感じることをやめてしまったようで、食べ物はひどいものでした」。目撃したものは、この国が愉しみを嫌うヴィクトリア時代へと喜んで逆行している印象を与える。「人々の抑圧的なピューリタニズムのすべてが前面に出る天与の口実として、戦争は歓迎されていました。想像力のかけらもない料理を供することが、ほとんど美徳のようにみなされていて、食事を楽しむのは罪でした」。

それはフランスでの最初の食事の経験と何と対照的だったことだろう。小さな兵士の集団に混じって、ルーアン（偶然にもジュリア・チャイルドがフランス料理に目覚めた場所からほど遠からぬ所――三七六ページ参照）から数マイル離れたドゥクレールの町にいた。川岸に居酒屋を見つけ、惨めな軍隊の糧食で南方へ長い行軍をする前においしいものが食べたくて、店に入った。主人は何も出せるものがないと言ったが、若い男たちが腹を空かせているのが気の毒になり、自家製のパテ（訳注：鶏肉、レバーなどに香辛料を加えてペースト状にしたもの）と「地下室の煉瓦壁の後ろにドイツ人から隠しておいたワイン」を出してくれた。パテはカモのテリーヌで、「表面はカモ自体の金白色の脂肪で覆われており、ワイン少々をかけオーヴンで弱火でじっくり加熱したものでした。ナイフを入れると、胸肉と肝臓が大理石模様を描いていました」。兵士たちは、そのテリーヌを「堅焼きパンと何杯ものよく冷えたクラレット」とともに貪るように食べた。それは忘れられない食事だった。

十年後、一九五三年の戴冠式のためにキャリアがロンドンを再訪すると、ありがたいことにずいぶん様変わりしていた。人々は喜びにあふれ、「建物は花輪で飾られていました」と述べている。お茶をごちそうになり、そこで供されたものによって、三日の滞在が長期にわたることになった。山のようなイチゴとクリーム。「まだ日のぬくもりのある、洗わずに、ブラシで払った、以前には食べたことのないような…」。

そのイチゴがなければ、キャリアはイギリスはもはや見込みなしと、アメリカあるいはフランスに帰ったかもしれない。しかし腰を落ち着け、穀粉やニュージーランド産リンゴを販売促進する宣伝の仕事に就いた。当時『ハーパーズ・バザー』誌の編集者が、キャリアを販売促進から料理に転向させたのは、キャリアが主催したディナー・パーティーでのことだった。その料理に編集者は感激し、キャリアはフード・エディターとして迎えられたのである。他の雑誌のコラムも担当し始め、出版（やがて初めてレシピ・カードを作成する）、テレビ、レストランの仕事が最終的に人気を博す。

一九七〇年代には、当時ほとんど放置されていたサフォークの大きな建物に、自分の料理学校を開校する。その頃には有名になり、一流になっていたので、キャリア自身に教えてもらえることは、大きな自慢の種になった。有名人がキャリアのレストランに押し寄せた（料理人のサイモン・ホプキンソンは後にヒントルシャム・ホールを「イズリントンにある評価の高いレストランの田舎の別館」と称した）。

レッスン自体はディナー・パーティーが中心で、「少人数の集まりが新しいルールです」と生徒に告げた。そうすれば「いっそう心のこもった内容の豊かな会話ができます。もちろん誰もが床に座り、何時間もレコードを聴くような、若い人たちの今どきのパーティーは別として」。もてなしは今や以前より容易になった、と述べている。「もちろんご家庭の使用人は減ったかもしれませんが、日曜日のランチに二十人も来ることもありません」。熱心なファンにアイデアを与えるために、自分の食堂の写真を公開した。一九七〇年代のダイニング・スタイルの典型で、茶色の壁は猿と湖と山の景色の壁画で飾られ、天井からは二つの大きなきらめくイタリア製シャンデリアが下がり、籐椅子が置かれている。

一九六五年の大著『ロバート・キャリアの料理書』(*The Robert Carrier Cookbook*)で、ディナー・パーティーのメニューをいくつか提案する。初めに卵白と泡立てたクリームであえたイワシを詰めたクレープ、次にピーマンのサフラン・ライス詰めを添えた鶏肉のワインソース煮。あるいは最初に仔羊の冷製ガーリック・マヨネーズ添え、次にムール貝とベーコンを串に刺して、すべて小麦粉、卵黄、パン粉でくるみ、たっぷりの油で揚げて、ベアルネーズソースで供するもの。

またはテナガエビとロブスターのソースを添えたサケのスフレのムースで開始し、続けてキノコとタマネギを炒めたペーストをかけた牛ひれ肉と茹でたハムの薄切りをパイに入れて、こんがり焼いたもの。

当時は電動ミキサーと電動泡立て器が急激に増えた時代で、キャリアも厨房の流しに生ごみ処理装置――「料理人にとってなくてはならない補助器具」――を新たに備え付け、電動フライパンも導入して張り切っていた。後者は、「長いコードがついていて、一味違う屋外料理のために使用できます」。またキャセロール皿を買うように勧めた。これは「花形食器」で、「最後に少し焼いたり、温めたりする必要がないので、客がテーブルで気を揉むこともないでしょう」。

そのような助言やヒントによって、膨大な数の熱烈なファンがキャリアの料理学校の講座に登録した。しかし頂点をきわめてからほぼ二十年後の一九八二年、突如すべての追従に

ロバート・キャリアはもっと料理を楽しみ、奮発してにぎやかなパーティーを開くように人々にはっぱをかけた。

苛立ち、意気阻喪する。たぶんそれはある朝学校に現れた南アフリカの百万長者のせいだった。その手は震えていた。「どうなさったんですか？」とキャリアがゆっくり気取って尋ねた。「いえ何でもありません。でもあなたは料理の神様ですよね」と彼女が答える。人々がクラスに参加したのは、その名声の輝きに浴するためだけだということがわかり始めた。「私は凍りつき、なぜ人々が学校に来るのか突然理解しました。それは料理をするためではなかったのです」。

成功して裕福にはなったが、体重が重くなり過ぎ、自身の言葉によれば「肝臓がフットボール大」になったので、キャリアはレストランと料理学校を売り払い、マラケシュに出奔した。十年後に戻ったときには、スリムになり、たっぷりのカルヴァドス（訳注：リンゴのブランデー）やバターに対する熱意も少なくなっていたが、うぬぼれた自信はいささかも失われてはいなかった。「人々は私が料理の天才だと仰いますが、フードプロセッサー、マジミックスがなければ、ただ才気があるだけで…」。

しかし歓迎され、そのような新しい器具の販売を促進して金儲けをする一方で、現代のテクノロジーによって食物がどうなるのか心配もしていた。「私たちは新鮮な春の味を味わうことのできる最後の世代になるのでしょうか？」と一九六五年に書いている。

「現代の科学によって一年中作物が手に入るようになりましたが、初物の柔らかいアスパラガスの感動的な味わい、庭からもぎたてのエンドウの繊細な味と食感…は失われています。二酸化炭素で保存された世界中の果物が年間を通して売られ…一年のうちの数週間の愉しみだったものが、今や一月から十二月まで、半ば意識もされずに、ごろごろしています」。

ロバート・キャリアは贅沢な料理で人々を熱狂させたが、また食物の世界にまったく新しい要素を導入もした。環境への関心である。戦後人口が増加すると、学者はどうやってこの増え続ける人々すべての食料を確保するかを心配した。農業生産をいっそう効率化しなければならず、生産高を上げる必要があり、食料の貯蔵をさらに効果的にしなければならなかった。そして調理の楽な食物を製造する工場がますますたくさん建設される。食物は、さらに手に入れやすくさらに安くしなければならなかった。しかしこの地球にとって、その代償は何と高くついたことだろう。

80

サバの燻製のパテ

著者…チャールズ・クローバー
出典…クローバー自身のレシピ

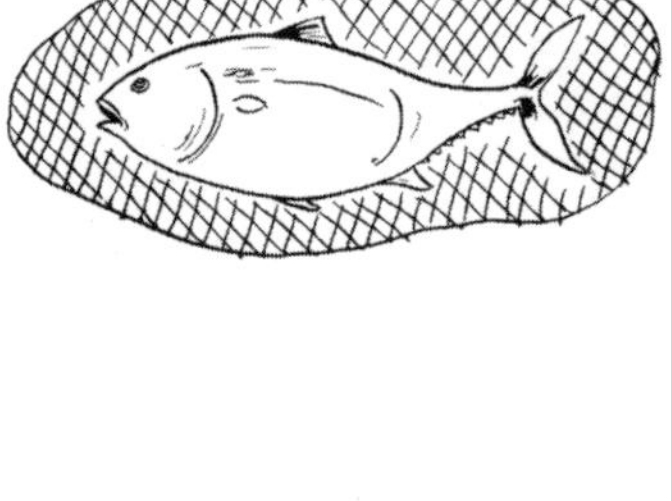

皮と骨を取り除いたサバ（あるいは骨なしの切り身2枚）の燻製250g（コショウの実はあってもなくてもよい）、フィラデルフィア・クリームチーズ200g、レモン果汁、もしあれば細かく刻んだチャイヴかディル、トーストかオート麦製ビスケット

サバとクリームチーズを、ほどよくなめらかになるまでフードプロセッサーにかける。レモン果汁をしぼって加え、それからよく混ざるまで再び静かに回転させる。サバの切り身に黒コショウが使われていないときは、黒コショウをたっぷり使って、風味をつける。

オート麦製ビスケット、あるいはかりかりに焼いた薄いトーストに載せて供する。もし小さな素朴なスコットランドのオート麦製ビスケットが手に入れば、刻んだディルかチャイヴ少々をそれぞれの上に振りかけると、すばらしいカナッペができる。櫛型に切ったレモンを対にして回りに並べて、すてきな飾りに！

一九八一年復活祭の休暇の輝かしい日曜日のこと、ウェールズのディー川で環境ジャーナリストのチャールズ・クローバーは釣りをしていた。仲間は昼食をとりに行ったが、クローバーはもうしばらく粘るつもりだった。糸を垂れている岸の向かい側の淵で、大きなサケが跳ね回っていたからだ。釣れるもんなら釣ってみろと、まるでからかってでもいるみたいに。

クローバーは糸を巻き込み、餌を変え、思い切って回転式の擬餌針デヴォン・スピナーを選んだ。水は深く、それまでサケを捕えたことはなかったが、もう少し運を試すことにした。その淵へと釣り糸を投げると、流れがスピナーを捕え、ゆるやかに回転させながら、まだサケが潜んでいそうなところへと押しやる。

あきらめざるを得なくなって、昼食をとっている仲間に合流するまで、一体何回釣り針を投げなければならないことやらと思っていた。すると突然ぐいと引きがきた。しょっぱなから魚を逃がさないように、クローバーは釣竿をすばやく一気に上げた。「奴はちょうどいい瞬間に糸を引いてくれました。少しでも遅ければ、奴が急流に乗ってしまって、格闘するはめになったでしょう。三十五分から四十分ほど争った挙句、やっとのことで網に入れ、まず疑似針をはずしてやりました」と回想している。

魚を仕留めると、重さを量る。勝利を収めた初めてのサケは、一〇キログラム強もあった。「わたしたちは奴を燻製にして、何カ月もかけて食べました」。しかしその大得意にもかかわらず、獲物についてもっとよく知るにつれ、ある罪の意識が広がり始めた。これは春にサケが川を遡るときに、何キロメートルも内陸に向かったまれな例だった。というのも釣りだけでこれらの魚は一掃されてしまったも同然だったからだ。他の種の魚はどうなのだろう?

「もし一人の釣り人がある種の魚を毛針あるいは疑似針で乱獲できるのなら、大きなトロール網、はえ縄、巨大な巾着引き網を使う海では、何が起こっているだろうか?」とクローバーは思った。その問題を深く考えれば考えるほど、心配になる。「私は頭に血が上り、人々が川でサケを獲るのをやめさせようとし始めました」。

そしてそれにとどまらない。環境に関する本来の関心とジャーナリスト特有の嗅覚で、「大当たりの予感」に促され、すぐに調査を開始する。「海の健康について、かつて誰も実際に書いたことがないのがわかって、次々に特ダネを発表しました」。

歳月を経て二〇〇四年に一冊の本を出版する。同書には調査で明らかになったことすべての衝撃的な事実が、思わず引き込まれるような筆致で詳細に語られていた。『飽食の海』（脇山真木訳、岩波書店）（*The End of the Line*）は、それまで数十年にわたり魚食の重要性を説いてきた人すべてに対して、敢然と立ち向かうものだった。魚食は必ずしも問題とはされてこなかった。実際大方の歴史を見ても、目につくのは肉の消費である。貴族は食卓にローストした牛の脚や腰や珍しい鳥を高々と積み上げて、富をみせびらかした。魚は貧しい者の食べ物だった。ヴィクトリア時代が終わると、フィッシュ・アンド・チップスは、都市の庶民のファストフードの草分けとなった。

百年後魚は高級食材になる――今や中上流階級の食べ物である。俳優ロバート・デ・ニーロが共同所有しているノブのようなレストランが、ロンドンやニューヨークでもっともファッショナブルなたまり場になっている。食べられる宝石のようなあらゆる種類の鮨は、エリートのパーティー後のお持ち帰りとなり、シャンパンを飲んだり、コカインを吸ったりする間に、つままれるようになった。同様に流行の先端を行き、流行に敏感な会社員にとって、鮨はサンドイッチよりずっとおしゃれだった。

クローバーによれば、しかし突然状況が一変する。レストランで魚料理を注文するという単純なことが、「世界の重大な道徳的ジレンマのひとつ」になる。栄養学者のすべての助言――イギリス心臓病支援基金はあらゆる人に、一週間に少なくとも魚を二切れは食べるように勧めていた――はもはやこれまで。まず第一に魚を食べることは正しいのだろうか？

「われわれと魚のロマンスは長続きできない。…海に対する認識を変えるときがやってきた」（脇山訳）と書く。海の中で何が起こっているのか、「遠くのできごとだし、地球を覆っている水のベール」(同訳)のせいで大半の人の目には触れない事実の胸をしめつけられるようなありさまを、クローバーは描いて見せる。「一団のハンターが、二台のオフロード車の間に幅一・六キロメートルの網を張り、アフリカの平原を猛スピードで突っ切って行く図を想像してほしい」(同訳)と説明する。生態系とその通り道にある何もかもを破壊し甚大な被害をもたらすこの暴力、「能率よく、無差別に動物を殺戮《さつりく》するこの方法は、トロール漁〔底引き網〕と呼ばれている」。(同訳)

しかし誰も魚の心配をしているようには見えなかった。かわいらしいところもなく、ぬるぬるした冷血動物なので、肉ほどのやましさなしに消費され、まさにヴェジタリアンにも受け入れられていた。クローバーはこの状況――魚の乱獲、違法漁業、侵略的なトロール漁法、販売できないか許可された割り当て量を超えたかした不要な魚の投棄――をマンモスの虐殺や熱帯多雨林の乱開発になぞらえる。

現実に海に魚がいなくなるかもしれないという考えを突き付けられて、本当にそんなことが起こりうるのかと、ジャーナリストは疑わしげにクローバーに質問した。「すでに起こりつつあります。これは未来学ではありません。原理は気候の変動ほど複雑ではないのです。私たちは現に起こっていることを知っているので、何とかしなければならないのです」というのが答である。

そのメッセージを広めるために、クローバーは世界を回り、漁師、政治家、シェフ、そしてレストラン店主を同様にきびしく非難した。本の出版から三年後、同じ題名の映画を共同制作する。海、魚のいる広い浅瀬、そして撮影地の多くによって映画は完璧なものに仕上がった。多くの破滅論的なドキュメンタリーが無視される中、この映画はちがった。

クローバーは途方もない変化を引き起こす。ヨーロッパ中の消費者が注目した。たとえばイギリスのスーパーマーケットは、棚に並べる魚を全面的に変え、然るべく水揚げされた魚からだけ選ぶようになった。「私の本と映画とは、「アル・ゴアの」『不都合な真実』（*An Inconvenient Truth*）以上に世間に大きな影響を与えました」と本が最初に出版されてから六年後に誇らしげに述べている。人々は改善がおこなわれたことを示すために、今や本を改訂すべきだと話した。しかしクローバーは断固として拒否した。「二〇〇四年の状況はきわめて悪かったが、今日なお魚を獲り過ぎで、クロマグロのような魚についてはさらに悪化しています」。

クローバーの本は、乱獲は世界を、そして人々が食べるものを変えつつあると述べている。海を支配する者は「狂気の沙汰」だと述べ、人々の貪欲さと思い違いに異議を申し立てる。たとえばマクドナルド――政治的公正を目指す人々によって疎まれているファストフード・チェーン――のフィレ・オ・フィッシュを調べて、驚きかつ喜んだ（訳注：漁業の持続可能な魚として認証された唯一の白身魚のホキが使用されていた）。「…絶滅危惧種を供している高級レストランの痩せこけた顧客に、レストランを出てマクドナルドに行こうとアドバイスするだろう」。（脇山訳）

幸運にもそれらの同じ痩せた客は、クローバーの持続可能な漁業のバンドワゴンに飛び乗ったようだ。実際その本の出版から六年後、メディアでどんなに広く自分の考えが盗用されたかについて、クローバーは不満を述べている。しかしアピールすると思われるのは、その黙示録的な展望の明るい面である。絶滅させることなく捕獲した魚をどこで食べられるかを知らせるウェブサイト、fish2fork.com を始めて、「私は希望を与えているのです」と述べている。他の方面からの食べてもよい魚と食べない方がよい魚を助言するチラシや出版物も増えた。

今日でもクローバーの戦いは終わりには程遠い。この地球上ではなお漁を減らし、魚食を減らし、絶滅の恐れのある魚を拒否し、漁の無駄を減らす方法を奨励する必要がある。しかし少なくともクローバーは、魚を食べることをまったくやめるように頼んでいるわけではない。サバの燻製のパテのレシピがその証拠である。「明確な良心に従って魚を食べれば、実際いっそうおいしいでしょう」と述べている。クローバーのパテは、カリッと焼けたトーストに載せ、冷やしたミュスカデ・ワインとともに食べれば、なお結構。

81

チーズ・フォンデュ

著者…ベティ・クロッカー

出典…『ベティ・クロッカーのディナー・パーティー』(*Betty Crocker's Dinner Parties*)

フランスパン1個あるいはハード・ロール6〜8個、スイス・チーズ1ポンド、小麦粉大さじ2杯、ニンニク1片、辛口の白ワイン(ライン、リースリング、シャブリ、ヌーシャテル)1カップ、キルシュ(訳注:サクランボ果汁から作る蒸留酒)あるいはシェリー大さじ2杯、塩小さじ1杯、ナツメグ小さじ1/8、白コショウ少々

パンを1インチ角に切る。チーズを1/4インチ角に刻む(およそ4カップになる)。チーズに小麦粉を振りかけ、かき混ぜてまぶす。

陶器のフォンデュ鍋、重いソースパン、あるいはこんろ付き卓上鍋の内側の底と側面を、ニンニクを切ってその切り口でこする。ワインを注ぎ、中火で表面に泡が上るまで加熱する(ワインを煮立ててはいけない)。かき混ぜながら徐々にチーズを入れる。1度に1/2カップだけ、チーズが溶けて混ざるまで、加えるごとにかき混ぜる。(混ぜたものをあまり熱しすぎないように。)

リキュールとスパイスを混ぜ込む。もしレンジでフォンデュを準備したなら、フォンデュ鍋を食卓の熱源に移し、フォンデュがちょうど泡立つように火力を調節する。客はさいころ状のパンを長柄のフォークに刺し、チーズに浸す。時々フォンデュをかき混ぜる。（フォンデュが濃くなりすぎたときは、1／2カップの温めた白ワインを加える。）４人分。

ロバート・キャリアやフランシス・ムア・ラッペ（三九一および四〇八ページ参照）のような人々の意見に応えて、地球の救済が叫ばれる前に、ディナー・パーティーをもっと頻繁にというような差し迫った問題があった。一九七〇年代初頭に提案されたアイデアにとりわけ共鳴したのは、ベティ・クロッカーだった。そのアイデアはホットパンツやベルボトムのズボンの精神を表わしていた。「今日のおもてなしは、今までよりもっとおもしろく、もっとくつろいだものです」とクロッカーは述べる。そしてディナー・パーティーについて出版された本には、「一連のパーティーに関して何か新しいもの」を反映した現代の食事に関する情報がぎっしり詰まっていた。

人々はベティ・クロッカーと、その中部アメリカの信頼できて、実際的で、あぶなげのない人柄が気に入ったのかもしれない。その顔は優しく魅力的で、完璧な主婦のイメージだが、もちろんそれは虚構だった。現代のビートン夫人（二七二ページ参照）たるベティ・クロッカーという名前は、たぶん一九二一年にミネアポリスのウォッシュバーン・クロスビー・カンパニーによって考案されたものである。そのイメージはその後二十世紀を通して現れ、時々変化し、テレビではさまざまな女優に演じられた。決して変わらなかったのは、赤い上着と白いブラウスである。

ベティは食品会社のお気に入りの発明のひとつだった。食品会社は結局これらのキャラクターを使ってココア・ポップス、ゴールデン・グラハム、怪物をデザインしたカウント・チョクラなどの朝食用シリアルを売り込んだのである。イチゴ味の朝食用シリアル、フランケン・ベリーは言うまでもない。それには人間の体では分解できない色素がもちいられたので、その結果、食べた子供の便が鮮やかなピンクに染まった。多くの親は、「フランケン・ベリー便」として知られる症状に驚いた。

ベティ・クロッカーという名前は、ケーキ・ミックスなどの食品には直接載らなかったが、ディナー・パーティーには登場した。そのレシピは国中の主婦が試したので、「欠点も、手違いも、うまくいかないことも」ないでしょうとベティは約束した。これは一九七〇年代初めのこと。新しいくつろぎ方として、客を「樹脂のキューブ、背もたれや肘掛のない長椅子、あるいは床に置いたクッションにさえ」座らせてもよい、とベティは提案する。「雰囲気に合うように、暖炉の火を焚く、あるいはステレオで（話がしやすいように低い音で）バックグラウンド・ミュージックを流したら」どうでしょう、と続ける。

ディナー自体を載せるのは、「盆、テレビを見るときの小さな折り畳み式テーブル、あるいは表面が固いものなら何でも」よい。他方パーティーの始まりには、「簡単な記憶ゲーム」を提案する。もっとも「最初のお仕事は何でしたか？」という質問が、実際に受けるとは思えなかったが。それでもこれは七〇年代のことで、「パーティーがうまくいくと、キッチンで誰もがフォークソングを歌いながら食器を片づけてお開きになることもあります」。

しかし料理自体はどうだったのだろう？　当時は「食卓調理」の時代だった。ディナー・パーティーは食堂から居間に移り、調理器具もそれを追いかけて、キッチンから出て低いテーブルに置かれた。そのヒーローは卓上鍋——アルコール・ランプの上に金属の鍋が載せられ、卓上での調理にもちいられた——で、それまでの歴史の中で流行ったり廃れたりしていた。古代ギリシアでは一般にもちいられていたが、十九世紀の末に再び人気が出るまで、多かれ少なかれ姿を消していたものだ。一八九八年にはファニー・ファーマー（二八八ページ参照）の興味深い本『卓上鍋の可能性』が出版され、その後一九〇三年にフランク・シュレッサーの少々不穏なタイトルの『卓上鍋カルト』が続いた。

一九七〇年代には再び浮上する。単にきらめく新しい器具のみならず、リキュールをかけて火をつけるクレープ・

シュゼットなどの趣向に、招待客は驚嘆した。ベティ・クロッカーは卓上鍋とその頼もしい相棒のフォンデュ鍋を、「異国的で洗練されていて、親近感を与える」ディナーを提供できるものとして歓迎した。女主人が卓上鍋で魔法を使うのを見られる一方で、実際にフォンデュ鍋から食べることができる。

「フォンデュ・パーティーはとても楽しくできます。でも五、六回にした方がいいわ」と幻影のベティは言う。結局フォンデュが食べ尽くされれば、それでおしまい。実際フォンデュを食べるときのベティのきわどいルールを、考えてもみてほしい。「もし男性がフォンデュにパンを落としたら、ワインを一本買わなければなりません。もし女性が落としたら、その場にいる

1970年代にはフォンデュ・パーティーが大流行した。

男性全員にキスしなければなりません」。

フォンデュ中心のベティのありがたいメニューはどうかと言えば、敏感な食通ならもはや目をそらしたくなる代物かもしれない。それは「ペースト状肉のデビルドハムを使った前菜の皿」で始まる。缶詰（皮肉にも小さな赤い悪魔の絵がついている）のペースト・ハムにサワー・クリーム、ホースラディシュ、そしてペッパー・ソースを混ぜて鉢に入れ、それをつけるクラッカー、セロリ、くさび形のリンゴで囲んだものである。次がもう少しましなフォンデュで、その後が緑のトスト・サラダ――冷やしたホウレンソウ、レタス、ラディッシュを瓶入りのサラダ・ドレッシングであえたサラダ――で、その後にマーガリン、デーツ・バー・ミックス（訳注：ぶつ切りのデーツの実が入ったドライフルーツ・バー）、とバター・ペカン・アイスクリームを混ぜて焼いた「アイスクリーム・デーツ・パイ」。たぶんその時点で、お祭り騒ぎになっていて、関心は食べ物の欠陥には向けられない。

この少しいかがわしくセクシーで滑稽な食べ物は、アルプスから霊感を受けている。一九七〇年には公開されてから五年たったばかりの『サウンド・オブ・ミュージック』をまねたのである。しかもその解釈が受け継がれている。オーストリアの山小屋に敬意を表したティロラー・ハット（チロルの小屋）というレストランが一九六七年にロンドンのウェストボーン・パーク・ロードにある建物の地下に開店し、なお繁盛している。そしてフォンデュの返り咲きの脅威は決してなくならず、裾の広がったズボン、極端にゆったりした女性用パンタロンやエビのカクテルと同様に、ほとんどしつこいと言ってもよいくらいだ。

82

地中海風レモン・スープ、中東のタコス添え

著者…フランシス・ムア・ラッペ
出典…『小さな惑星の緑の食卓』(奥沢喜久栄訳)
(*Diet for a Small Planet*)

スープ6人分

野菜スープ(野菜や豆を煮て作っておく)1と1/2クォート、生の玄米1/2カップ、必要なら塩少々、サマーサボリー(訳注:シソ科の1年草)小さじ1/4、醸造用イースト大さじ2杯、溶き卵4個分、レモン1~2個の果汁と皮のすりおろし(少ない量で始めて、最後に味が足りなければさらに加える)

中東のタコス

中東のピタ10枚あるいは小麦のトルティーヤ10枚
乾燥ヒヨコマメ1カップをゆでたもの、炒ったゴマを1/2カップ強、ニンニク2片、レモン果汁大さじ2杯、挽いたコリアンダー小さじ3/4、塩小さじ1/2、挽いたクミン小さじ1/2、トウガラシ小さじ1/4~1/2

スープ・ストックを沸騰させ、米と塩をかき混ぜながら加える。蓋をして約30分とろ火で煮る。サボリーとイーストを卵に混ぜる。レモン果汁と皮も加えてかき混ぜる。熱いスープ1カップをゆっくり卵に加え、かき混ぜ続ける。スープを火から下し、サボリーとイースト入りの卵を加えて供する。

付け合せ

レタスの千切り、トマトのみじん切り、キュウリのみじん切り、タマネギのみじん切り、ヨーグルトあるいはチーズ1と1/2カップ

材料すべてをピューレ状にする(風味をつけるためにはスパイスを加える)。少なくとも12時間室温で放置する。

中東のピタの間に切り目を入れ、その中に味をつけた豆を詰める。あるいは小麦粉のトルティーヤをパリパリではなく柔らかいままに焼いて、それに豆を載せる。付け合せを加えて、誰でも好きなように自分の「タコス」を作る。

一九七〇年ニューヨークの出版社バランタイン・ブックスのベティ・バランタインは、二十六歳の大学院生フランシス・ムア・ラッペに会うために、バークリーのカリフォルニア大学を訪れた。自分のデスクに届いた七五ページの小冊子を書いた若い女性に会ってみたかったのだ。冊子は、肉無しの食事についてわかりやすく気取らず熱心に論じていた。

ふたりはその日を共に過ごし、ラッペは客においしいレモン・スープとタコスをごちそうする。料理の独創性と新鮮ですばらしい風味は、ラッペの論旨のように魅力的で説得力があった。そこでラッペに本の執筆を依頼する。その本『小さな惑星の緑の食卓』は、三十八年後に「その言葉が世界を変えた女性作家の七十五冊」のうちの一冊に選ばれたが、多くのアメリカ人の食事の仕方に革命を起こした出版物としても、広く知られている。

ラッペの考えは、人々に手渡した一枚のパンフレットで始まった。その本の成功——今までに三百万部を売り上げた——により、研究財団法人の設立に着手し、さらに十七冊の本を著した。一九七一年の出版は、多くの人々が食物の消費と生産をどのように考えるかの転換点となる。戦後の世界人口の増加により、食糧増産が怒涛のように推進されていた。作物には殺虫剤が噴霧され、耕作地を広げるために生垣ははぎ取られ、沼は埋め立てられた。その一方で工場式農場が広がり、動物の飼育がいっそう集約的になり、高度に加工処理され包装された食品がスーパーマーケットの棚をますますにぎわしていた。

しかし一人の若い女性が、この食糧増産と安易な繁栄の時代に無自覚に歩み入ることを拒否する。一九六六年にラッペが大学を

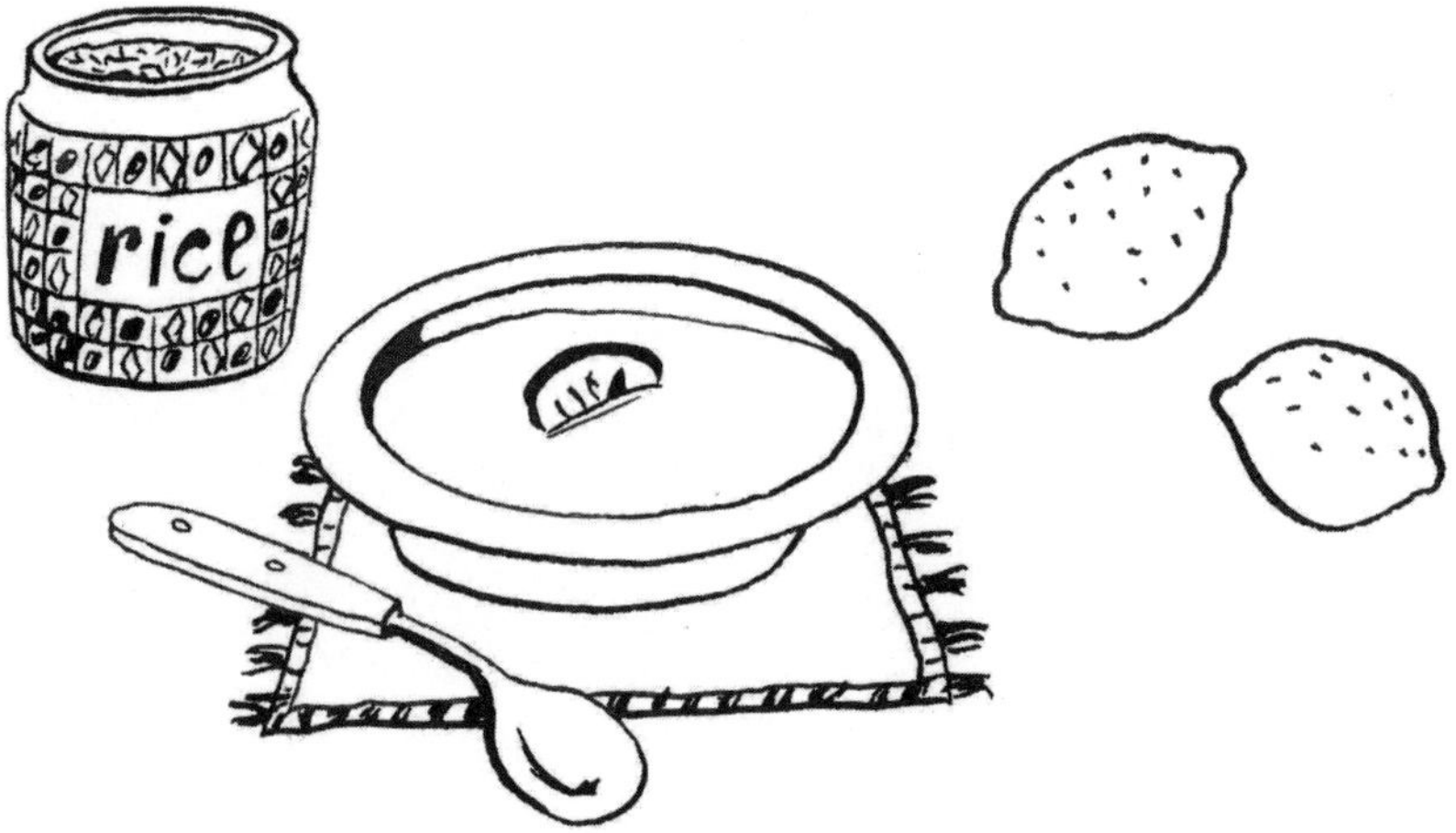

卒業したときには、ヴェトナム戦争が起きていて、公民権運動が高まっていた。ロバート・キャリア（三九一ページ参照）が言及したように若い、冷めた連中は、床に腰を下ろして「何時間も」レコードを聴いていたが、しかしまたビートルズのリズムに乗って体を揺すりながら、声に出して言わなければならないことを反芻していた。

至る所で森が切り倒され、空気や水がますます汚染されていく。彼らの両親は二十余年前に世界を解放したかもしれないが、今や地球の健康そのものが悪化していた。若い人々は政府が問題を解決してくれると期待してはいなかった。七〇年代初めにはウォーターゲイト事件によりアメリカ政府の上層部の信用が失墜していたので、当局がすべて問題ないと言っても、それが信用できないのも無理からぬことだった。

バークリーの図書館に座って、ラッペは母国がヴェトナムと戦争をした理由を詳しく徹底的に調べてから、もうひとつの問題に移る。世界中でこれほど多くの人々が飢えているのが本当に自然のせいなのか、知りたかった。世界の食料はどのくらいきちんと供給されているのだろうか？　発見した事実によって、「天地がひっくりかえりました」と後に述べている。

もちろん過去にもヴェジタリアニズムの多くの情熱的な提唱者はいた。ジョン・イーブリン（一六九ページ参照）は、一六九九年にサラダに関して事情を説明している。しかし一八四七年にイギリスに設立されたヴェジタリアン協会によって提唱されたヴェジタリアニズムの大義は、二十世紀の初めから半ばにかけて、脇へ追いやられた。戦争のせいで、何を食べるかよりも、まず食べることが優先されたからである。

アメリカはまた豊かな国としての名声に、イルマ・ロンバウアー（三三二ページ参照）のような料理人によって熱心に主張された方針に、非常な満足を覚えていた。一九六〇年代末の豊かな食事には大量の肉が含まれていた。そしてこの肉の生産こそが、環境破壊の大きな理由であることを、ラッペは突き止める。

その主張の主な論旨のひとつは、一ポンドの肉を生産するには一六ポンドの穀物が必要で、肉のカロリーは穀物の五パーセント以下、蛋白質は一五パーセント以下であるというものだった。肉の生産はまた自然の資源をも枯渇させる。家畜の餌になる穀物を生産するために起こる表土の損壊や、畜牛のための森林破壊は言うまでもなく、たとえば肉一ポンドを生産するのに、一一トン以上もの水を必要とする。

もっとも家畜を飼育するために広い土地が必要とされるというこの主張は、新しいものではない。プラトンは『国家』でこれを提起し、十七、十八世紀の作家や十九世紀を迎える頃のイギリスの詩人パーシー・ビッシュ・シェリーも同様に考えた。「住むのに適した世界のもっとも肥沃な地方が、今や動物のためにせっせと開墾されている。食物生産の遅延と浪費はまったく計算できない」と記している。

しかしラッペは計算を試みた。もし読者がレストランで二〇〇グラム強のステーキを食べるとすると、ステーキを作るための穀物は、そこにいる四十人分の空のボウルを満たすことができるだろう、と述べている。牛を通して穀物が肉に変わるにはそれほどの浪費が行われるという事実が、あらゆる理屈に勝ると主張する。そこで本人いわく「単純な怒り」に駆られて、「飢えは人間が作り出している」という単純な事実を人々に知らせようと決意したのである。

当時環境への意識は高まりつつあったが、ラッペの主張の多くはほとんど背信的と感じられた。牛肉に事実上依存しているアメリカの食事のまさに核心に、疑問を投げかけたのだ。それはアメリカ人の生き方そのものへの挑戦だった。その頃集約農業を問題にすることは愚直に見えたにちがいないが、人々の考え方に変化をもたらした。「私が『小さな惑星の緑の食卓』を書いたときには、異端で過激だったものが、今では常識になっています」と後に述べている。

そこで誰にも食物が十分に行き渡り、この惑星の健康を維持できるように、ヴェジタリアンの食事にこだわる作戦の歩兵を補充するために、情報やレシピも提供した。人々の食料品室には挽き割り小麦粉、ナッツ、種子、レンズ豆、ヒマワリ油を、冷蔵庫には豆腐、低脂肪ヨーグルト、カッテージチーズを蓄えておくように勧める。「穀物、豆、ナッツに種子で料理すれば、一回の買い物で数カ月間は十分」であると指摘し、精製・加工を最小限にとどめた無添加の食品を売る小規模の店で買い物することを提案した。そのレシピによって、ヨーロッパだけでなく南米から中国、中東、そしてインドの食べ物へと人々は開眼したのである。

一九七〇年代初頭グリーンピースには五千人の会員がいた。ラッペのような人々に促され、今ではアメリカだけで二百三十万人の会員がいる。しかしラッペ自身が身をもって示したように、人々は裕福になると肉の消費が増える。そしてなお多くの人々が、柔らかくジューシーなミディアム・レアのこんがり焼けたステーキのために、まったくのんきに地球の救済を一時的に後回しにしているのだ。

83

仔羊のコールマー

（訳注：コールマーとは、ヨーグルトに漬けた肉を香辛料や野菜とともに煮込んだ高級料理）

著者…マドゥル・ジャフリー
出典…『インド料理への招待』
（*An Invitation to Indian Cooking*）

6〜8人分

挽いたコリアンダー大さじ3杯、挽いたクミン大さじ1杯、糖分無添加の粉末ココナツ大さじ1杯、皮をむいて粗く刻んだ中くらいのタマネギ4個、皮をむいて粗く刻んだ長さ1と1／2インチ幅1インチくらいのショウガ1片、缶詰でも生でもよいが皮をむいて粗く刻んだトマト大1個あるいは小2個、挽いたターメリック小さじ1杯、植物油大さじ6杯、種入りカルダモンの鞘5個、ニンニクの鱗片6個、黒コショウの実7個、ベイリーフ2枚、長さ2インチのシナモン・スティック1本、乾燥した辛い赤トウガラシ2個以上（好みで）、1インチ角に切った仔羊の肩（あるいは脛、首あるいは脚）の骨なし肉3ポンドのよく水気を拭ったもの、プレーン・ヨーグルト大さじ1杯、塩小さじ2杯、ガラム・マサラ（訳注：シナモン、クローヴ、ナツメグなどのミックス・スパイス）小さじ1杯

付け合せ

タマネギのリング・フライ、挽き立てのカルダモンの種小さじ1／4、辛い青トウガラシの薄

切り、刻んだ新鮮なコリアンダー

小さな厚手のフライパンを中火にかけ、コリアンダー、クミン、ココナツをさじでまくように入れて、から炒りする。スパイスが少し黒ずむまで2〜3分炒って、取り出しておく。フライパンを火から下す。ミキサーにトマト、ターメリックとともにタマネギ、ニンニク、ショウガを入れる。1分間高速で、あるいはなめらかなペースト状になるまでかき混ぜ、取り出しておく。

大きな厚底鍋を中火にかけ油大さじ4杯を熱する。熱くなったら、カルダモン、ニンニク、コショウの実、ベイリーフ、シナモン、赤トウガラシを加え、かき混ぜる。コショウの実が膨らみ始め、赤トウガラシが黒ずんだらすぐに肉を一度に数片ずつ入れる。火を強くして、肉の全面に焼き色をつける。肉に焼き色がつくごとに皿に取る。仔羊の肉すべてに焼き色がついたら、蓋をして取っておく。鍋から穴あきおたまでスパイスを取り出し、仔羊と一緒にしておく。

ソースの作り方

先ほどの厚底鍋を中火の強火にかけ、油大さじ2杯を注ぎたす。加熱しながら、ミキサーのペーストを加え、目を離さないようにする。ときどきかき混ぜる。水分が蒸発して、ペーストが底に固まり始めたら、火を弱めて約5分間かき混ぜ続け、ときどき水を少々振りかけて焦げつくのを防ぐ。炒ったスパイスを加え、さらに5分間加熱し、焦げ付かないように一度に少しずつヨーグルトを混ぜる。

今度は鍋に肉を入れ、塩とひたひたの水を加える。沸騰したら蓋をして、およそ1時間とろ火で煮る。蓋を取って、ガラム・マサラ小さじ1杯を振りかけ、さらに5分間かき混ぜながら加熱する。

仕上げ

皿に盛り、上記のつけ合わせで飾る。炊いた米、プーリ（訳注：チャパティの生地を油で揚げたもの）あるいはチャパティ（訳注：全粒粉の生地を発酵させずに薄くのばして焼いたインドのパン）とともに、そしてオクラあるいはカリフラワー、あるいはナスのバルタ（訳注：ナスを焼いて、皮をむいて粗くつぶし、ショウガ、ニンニク、タマネギ、トマトなどを軽く炒め煮したものとあえたもの）を添えて供する。この料理にはもち米、ヨーグルト料理、甘いトマトのチャツネも合う。

一九六〇年代のイギリスではレストラン——とりわけイタリア料理や中華料理のレストラン——の数が相当増えた。しかしインド料理のレストランも国中の町や都市で、ことにロンドンで急速に広まった。七〇年代初めにロンドンを訪れたのは、女優で料理人のマドゥル・ジャフリーだった。インド料理のレストランは、「実際ここかしこで繁盛していました」と振り返っている。状況は上向いていた。「わたしはこのようにインド料理が流行っていれば、上質の本格的なインド料理の店が増えていると思いました」。

一方、一九五〇年代にオールドデリー郊外の家の近くの学校から王立演劇学校への奨学金を獲得して、最初にロンドンに滞在したときについては、良い思い出はない。「街はうすぎたなく、食べ物はひどいものでした。ほとんどどこの街角にもよい魚屋がありましたが、それ以外は悲惨でした」。

ほぼ二十年後に戻ってみると、故郷の味を約束するレストランがたくさんできていて、嬉しくなったのも束の間、落胆する。「それらの大半は亜流で、インド料理の独自性をみごとに軽視していました」と後に書いている。料理人は腕が悪く、「しばしば水夫や経験のない田舎者でした。どうにかして異国で生計を立てたいとイギリスにやって来たのです」。どの店も他のレストランのメニューをただ真似していたので、料理は「月並み」で「まがいもの」だった。母国の国中で見られたさまざまな素晴らしい料理が、カレーという言葉で一括りにされていたことも腹立たしかった。それは「インドの偉大なる料理をおとしめるものでした」と述べている。

しかしばかげたことは過去数百年間にわたって続いていたのである。インドのレシピと食材は、早くも一六〇〇年代に東インド会社が設立された頃には、ブリテンに到着していた。そして「カレー」のレシピが最初に活字になったのは、一七四七年にハナ・グラスがレシピ書を出版したときである。一八〇〇年代にはこの言葉は、インド料理、あるいは実に簡単に東洋料理（53番目のレシピ——二四八ページ参照）について至る所でもちいられた。一八四〇年に出版されたエマ・ロバーツの『家庭料理の新しい体系』の最新版では、インド、ペルシア、トルコの料理をoriental（東洋の）という言葉で一括りにし、主な料理はすべてカレーとされている。

それからマドゥル・ジャフリーが別のお化けと呼ぶもの、カレー粉を使ったレシピが作られた。カレーとは「昔の料理に対する単純化され過ぎた名称」だが、カレー粉は単純すぎるだけではない。実際には「料理そのものをぶち壊す」可能性があると、ジャフリーは断言する。

しかし訪れてみたインド料理のレストランはすべて、このできそこないのインド料理を続け、ジャフリーの考えでは、イギリス人が料理に関心を持ち、未知の味を試してみようとする可能性をまるで考えていなかった。ジャフリーは自分の店を開くつもりはなかったので、母国の料理に対するこれらの犯罪行為をくじく唯一の方法は、本を書くことだった。

第二の故郷ニューヨークに戻ると、出版契約を結ぶ。そしてその結果『インド料理への招待』が生まれた。まずアメリカ人の味覚を教育しようとして、「すばらしいインド料理を食べる唯一の方法は、自分自身でその料理法を習うことです」と序文で告げている。ロンドンでイギリス人向けに同書を出版したのは、その三年後である。

しかしジャフリーがそもそもフード・ライターとしてやっていけるようになったのは、友人の映画製作者イズメイル・マーチャントのおかげだった。マーチャントは一九六五年に映画『インドのシェイクスピア』(*Shakespeare Wallah*) でジャフリーを起用し、宣伝活動の一部として『ニューヨーク・タイムズ』紙に、料理のできるこのインド人女優に関する記事を掲載するように提案した。記事に注目した編集者はジャフリーにレシピの制作を依頼し、女優業の安い報酬を補う仕事がはじまった。「どういうわけか、すべてがとんとん拍子に進みました」と回想している。

ジャフリー自身の料理は、当座しのぎの通信教育で習得したものである。一九五〇年代のロンドンに到着したとき、同地のインド料理に絶望してインドの母親に訴えた。家では母の膝元で料理を学んではいなかった。（比較的裕福な家庭で、三十人の大家族で暮らしており、料理人が食事をすべて用意したので、若いジャフリーのすることと言えば食べることだけだった。）母親はレシピを満載した手紙を航空便で送ってくれたので、娘は徐々にものにする。

一九七〇年代に女優としてロンドンに進出すると、ＢＢＣ放送のスクリーンテストを受け、すばらしいインド料理シリーズへの出演が決まったが、それには演技力が大い功を奏した。「ＢＢＣ放送のオーディションを初めて受けたときには、何も用意されていませんでした。そして『料理するところを演じてください』と言われたのです」。食材も鍋もなく、ただカウンターがあるだけだった。そこでジャフリーは、楽しそうにゆっくりとインド料理を用意するふりをした。「審査員は大変感心し、事実上その場で採用が決まりました」。

立て続けにテレビに出演したり、執筆したりしたので、マドゥル・ジャフリーは今日しばしば「イギリス人にカレー料理を教えた女性」と呼ばれている。カレーという言葉に対するその考え方からすれば、本人は激怒するにちがいない。だからそれを心に留めて、この断固とした人物の逆鱗《げきりん》に触れないよう、冒頭では「仔羊のコールマー」のレシピを紹介した。この典型的なインド料理は、作るのに少々時間がかかるが、良質のインド料理がどれほどおいしく、多様で、いわゆるカレーとは異なり、費用がかからないかを示すために、とくにアメリカ人向けに書かれたものである。

女優でベストセラー作家のマドゥル・ジャフリー。1984年。

84

ジンジャー・ケーキ

著者…セシリア・ノーマン

出典…『主婦のための電子レンジ料理』（*Microwave Cookery for the Housewife*）

小麦粉230g、重曹小さじすりきり1杯、マーガリン90g、ブラウン・シュガー60g、おろしショウガ小さじすりきり1と1／2、卵大1個、ミルクおおよそ大さじ5杯、砂糖漬けのショウガ60g、糖蜜170g

電子レンジにかけられるボウルに糖蜜、マーガリン、砂糖を入れ、1分半加熱し、よくかき混ぜる。

小麦粉、重曹、おろしショウガをボウルにふるい入れる。

卵を泡立て、ミルク大さじ2杯とともに糖蜜のボウルに加える。

小麦粉、重曹、おろしショウガも入れ、よくかき混ぜて泡立てる。

さらにミルク大さじ3杯を加えてどっしりした生地を作る。

ショウガを刻んで加える。

内側に紙を敷いた耐熱ガラスのケーキ型（直径9インチ）に流し込む。

1分半ごとにケーキ型を1／4回転させながら5分半加熱する。

この生地は一人分の紙のケースで調理することもできる。1個につき1分でできる。一度に4個作ることができるが、レンジの底にまとめて置き、3分半で完成する。

一九七〇年代に電子レンジが台所の最新の必需品になったとき、イギリス料理が受けた明らかな衝撃は後ろ向きの、あるいは見方によっては前向きのもので、ガゼルとユニコーン――あるいはむしろロバと種馬――の交配さながらどっちつかずだった。マドゥル・ジャフリー（四一四ページ参照）のような人々がゆっくり時間をかける本格的な料理を提唱する一方で、セシリア・ノーマンのようなイギリスを本拠地とするフード・ライターは「とにかく、できるだけ早く料理を作りましょう」という精神を擁護していた。

今や数秒で温かい料理ができるありがたい機器が出現したのである。冷蔵庫（三二七ページ参照）に次いで、家庭内労働から主婦を解放するもうひとつの台所道具が生まれたのだ。セシリア・ノーマンの料理書の表題は、「電子レンジ」という言葉がなければそれこそ二百年前の料理書の表紙にあったもので、誰に向けて書いているのかを率直に認めている。

科学技術は最初のうちは、料理人をその仕事に従事させるために、食事の用意を仕事とする人々が勇んで厨房に入るのを促すために使われた。しかし今ではその過程が発展して、皮肉にも料理の必要をなくそうとする機器が出てきた。つまりスーパーマーケットで加工食品を買い、必要なときまで冷蔵庫にしまっておき、その機器を使って温めれば、あっという間に食べられるようになったのである。そしてイギリスでは人々がその機器を買いに殺到した結果、まっとうな食文化の発展から、今一度道を踏み外すことになった。

序文の中で明らかにしているように、ノーマンは電子レンジに人々が熱狂することを歓迎している。「一九六〇年代に電子レンジは、あらゆる種類の飲食施設にとって貴重で役に立つことを、すぐに証明しました」と書いている。

「なぜなら調理済みの食品を供する前に温めたり、冷凍食品を解凍したりがすばやくできるからです」。マイクロ波の加熱という特性がレーダーの研究者によって発見されたのは、第二次世界大戦中だった、と指摘している。「今や電子レンジによる調理は家庭でも同様に役立つことが証明されつつあります。再加熱や冷凍食品の解凍だけでなく、料理そのものにも使用できるのです。ほとんどどんな食物の調理でも時間の節約になるでしょう」と熱意を込めて語っている。

作るのに電子レンジを断固として使ってはならない料理があることは、ノーマンはもちろん言わなかった。たとえばステーキ、スフレ、あるいはパン、あるいはローストである。また電子レンジが実際にはどのように作用するのかしばらく考えてみれば、むしろどんなものでもその中で調理したくはなくなるかもしれないとも言わなかった。しかしそれについての判定はまだ下されていない。もっともこの問題に関しては、いまだ十分な決定的な研究がなく、いわば陪審員団はその意見を決めるのに十分な証拠を与えられていないのだ。

もちろん製造者は、マイクロ波がまったく安全だと主張する。しかし電子レンジが正確に言えばどのように作用するのかは、考察に値する。その過程は単純で、この装置が電磁波を照射すると、食物に吸収され、分子が一秒間に何百万回も回転し、その高速の摩擦によって熱が発生する。それらの(主として水の)分子の熱が食物を調理するのである。電子レンジの調理が従来のオーヴンよりずっと速いのは、オーヴンの熱が食物に伝わるよりずっと速く、マイクロ波が食物に到達するからだ。

懐疑論者はあらゆる理由で、電子レンジをきらう。食物の組成に何が起こるか——照射によって食物が有害なものに変わるかどうか——誰にもわからない、と論ずる者もいる。彼らはその過程でビタミンが失われ、他の栄養素も同様であると主張する。そして良いものが失われる一方で、悪いもの——たとえばある実験ではリステリア菌——が残ることが、研究で示されている。

ノーマンが示唆しているように、マイクロ波がものを温めることが発見されたのは、実は戦争中だった。たとえばドイツ兵は、暖かいのでレーダーの回りに集まった。アメリカ人技師のパーシー・スペンサーがある日レーダー装置をいじっていると、ポケットのチョコレートが溶けていることに気づいた場合に関しては、ほとんど不安を抱かせる。つまり私たち人間も、食物のように有機体なので、肉を一切れ電子レンジにかけると、自分も料理することにならないだろうか？　今度卵がはじけるのをのぞくときには、そのことを頭に入れておく方がよい。たぶんのぞいている間に、あなたの目の中の液体がいい具合に暖まるのがわかるだろう。

一九七六年ロシア人は非常に心配して実際に電子レンジを禁止したが、ゴルバチョフはペレストロイカの下で解禁した。今日では事実上もっともつつましいものからもっとも高級なものまで、あらゆるレストランに電子レンジがある。そしてそれで料理が加熱されたり温められたりするのを、拒むことはできない。

電子レンジは、1970年代には台所の必需品になった。

ノーマンが提案するように電子レンジでケーキを作ることは——もしそれができると信じられないのなら、冒頭のジンジャー・ケーキのレシピを試して、判断してください——料理ではあるかもしれないが、果して本当にケーキを焼くと言えるのだろうか？　しかし一九七〇年代にはそんなことを気にする者はほとんどおらず、ノーマンはこの機器についての本を大量に出版し、魚、野菜の料理や、ジャムやピクルス作りのためにさえ、推奨してご機嫌だった。

一方実験好きな人々には、次の二つの奇術がアピールしたかもしれない。食材を金属製の皿に入れて電子レンジで調理すれば、中で小さな雷雨を起こすことができる。そしてもし水の入ったカップを電子レンジに入れて加熱し、うまい具合に沸騰させずに沸点以上に熱すると――水温は沸点を超えて上昇するが、泡立ちはしない――ティーバッグを入れれば、即座に沸騰して、ティーバッグは破裂するだろう。

アメリカの自称「電子レンジ・グルメ」バーバラ・カフカは、かつてこの装置で焦げ目がつく程に肉を焼くことができるかどうか尋ねられたことがある。「もちろん電子レンジで焼くことはできます。焦げ目はつきますが、必ずしも思い通りではありません」と答えた。その潜在的危険性に関して、セシリア・ノーマンは、家族のある人間にとって電子レンジは明らかに最高の選択肢だと主張する。「ねぼけまなこの夫が自分でベーコンを調理するときには、ガスレンジより安全です」と書いている。脂でやけどして、包帯を探し、レンジのこんろやグリルのスイッチを消し忘れたりすることはないだろう。この機械にはタイマーがついていて、自動的に電源が切れるのだから。

ある日電子レンジは、携帯電話や送信塔とともに罪を宣告されるのだろうか？　それはわからない。しかしわかっているのは、この装置によって生活が楽になる限り、われわれの大半が、焦げ目のつかないステーキを受け入れるだけでなく、自分たちの脳みそを加熱調理する危険を喜んで冒すだろうということだ。

85

サケのフィッシュ・ケーキ

著者…デリア・スミス
出典…『節約料理』(*Frugal Food*)

3人分

缶詰のサケ7と1/2オンス、皮をむいたジャガイモ1/2ポンド、刻みパセリ大さじ2杯、ガーキン(訳注:ピクルス用の小さなキュウリ)2個のみじん切り、固ゆで卵2個を刻んだもの、レモン果汁小さじ2杯、アンチョビ・エッセンス小さじ1杯、小麦粉、フライ用の油とバター同量、塩と挽き立てのコショウ、トウガラシ1つまみ

缶詰のサケで、生のサケ同様にとてもおいしいフィッシュ・ケーキができます。

塩少々を入れてジャガイモをゆで、水気を切ってつぶす。ジャガイモをゆでている間にサケの水気を切って、皮や骨を取り除き、フォークですりつぶす。それからジャガイモにサケ、パセリ、ガーキン、ゆで卵、レモン果汁、アンチョビ・エッセンスを加える。すべてを完全に混ぜたら、味を見て、塩、挽き立ての黒コショウ、トウガラシで調味する。次にそれを6つにまとめ、

それぞれに小麦粉をつける（ここまではすべて前もって作っておける）。それから油を熱して、このフィッシュ・ケーキを両面がキツネ色になるまで焼く。油を切って、パセリと櫛形に切ったレモンで飾り、熱いうちに供する。

始めはやさしいそよ風だったものが嵐になったのは、デリア・スミスの場合である。今までおよそ三十九冊の著書で二千百万部以上が売れている。複雑な料理から単純な一品へと、料理書の出版が周期的に変動する中で、スミスはまさに絶好のタイミングで登場した。ロバート・キャリア（三九一ページ参照）がテレビの中で生き生きと活躍し、エリザベス・デイヴィッド（三七〇ページ参照）は確かに土に根ざしていたかもしれないが、デリアはただ物事をもっと容易にしようとした。

デリア・スミスを有名にしたのは、彼女がどこにでもいる女の子のようにかわいらしく憎めなかったからである。『料理の裏ワザ』（*How to Cheat at Cooking*）は、小型車フォード・コーティナやホット・パンツなどが登場したイギリスの大当たりの十年の初めに出版された。ラッパズボンの尻ポケットにすっぽり収まるペーパーバックで、新たな十進制通貨でほんの三十五ペンスだった。

「もしあなたが朝早く懸命にキノコを集めるほど料理に熱心で、『摘み立ての』材料なしにサラダをこしらえようなどとは夢にも思わないなら、この本はお役に立ちません」とスミスは最初に宣言している。その小さな本は、時間に追われる母たちのための宣言書にほかならない。夫はと言えば、ディナー・パーティーでロバート・キャリアばりのどーんとした一品が出ることを望んでいるに決まっているのだ。

七〇年代の初めには、フランスの新しいチーズ、イタリアのオリーヴ・オイルなどヨーロッパ大陸の産物が殺到したが、若い女性とごく少数の若い男性は、ディナー・パーティーをしたいといううぬぼれた野心と、ほとんど何も知らないことのジレンマに陥っていた。たとえ知っていたとしても、配給制度に洗脳された「間に合わせ」料理を作る母親から学んだことに過ぎない。
「女性誌には挽肉で作る六通りの料理が掲載される一方で、カラー雑誌には豪華な料理が並び、その間には何もありませんでした」とデリア自身が思い返している。しかし中間のやり方があると主張する。インスタント食品を薦め、ちょっとした早わざで何もかも手製だとすべての人を納得させることができると述べた。
「私は料理を学ぶことに熱烈な興味を持ちました」と回想する。しかし当時の料理書——持っていたのはエリザベス・デイヴィッドとロバート・キャリアの本——にはいらいらした。

ときどき私は多くが欠けていると感じていました。もし車を運転したいなら、運転を習わなければなりません。単に車のキーを渡されて、「さあ、行ってらっしゃい」と言われても、運転を習わないことには、行けません。自分が苦労しましたから、私の二の舞にならないためにはどうしたらよいかを、他の人々にお伝えしたかったのです。私はマーマレードの作り方で困りました。レシピにレモンが出てきましたが、レモンの皮とは書いてありませんでした。では果汁を入れますか？　そのようなほんの些細なことがいろいろあったので、人々に料理の仕方をお届けしたいと思ったのです。だから食物と料理が主役なのであって、私ではありません。おわかりでしょう？　私は料理を理解したいと願っている表に出ない人々のひとりに過ぎないのです。

デリア・スミスは、フランスの料理用語を会話にはさむ人々の気取りを茶化す。自分の本は「ブラウン・ルーが蝶の一種で、ドミグラソースがアイスクリームのデミ・グラス（半量）」と思っている人々のためのものと、書いている。そして美食学ほど偉大な意義のあるものはないと公言する人々をさげすんだ。「人生には料理よりも重要なことがいくつもあります」と率直に述べている。そこで料理の失敗にめんくらった国民は、スミスの目標の下に持ち直した。

「デリア・スミスは教師としてではなく、友人として読者に話しかけていました」と仕事を始めるのを手伝った著作権代理人のデボラ・オーウェンは述べている。オーウェンは雑誌の撮影で、デリアとともに働いていた写真家にデリアを家政専門家として紹介されたので、ついでに夫のために完璧なポーチト・エッグを作ってもらえないだろうかと頼んだ。かわいいルックスとやさしい笑顔のこの若い料理人の可能性へとオーウェンの目を開かせたのは、デリアの気取らず明確な答えだった。「もしこの女性が私の家のために作れるなら、他の人々のためにもできるにちがいないと思いました」と後に、デリアが「基本は常識的に把握していた」ことについて述べながら、回想している。

オーウェンは、一九六九年にデリアが新しい雑誌『デイリー・ミラーズ』の料理欄を担当するのを手伝う。同欄でデリアは、同時代の人々が必要としているものを本質的に理解していることを示した。小さなペーパーバックを、同時代の人々はこっそり分かちあった。実際に料理の天才だと友人に思わせる秘訣を説明しながら、デリアはこの本を「しっかり隠して」おくように助言する。

台所にドライ・ハーブの束を吊るし、魅力的なスパイスの瓶を少しばかりそろえることを提案し、それから裏ワザに必要不可欠なものを買いに地元のスーパーマーケットに行くように勧める。「粉ミルクの缶、クラフト社のパルメザン・チーズ、即席ソース・ミックス、ヘルマン社のマヨネーズ」を切らさないようにすることが肝心だった。「即席マッシュポテト…バチェラー社の乾燥ミックス・ヴェジタブル、マークス・アンド・スペンサーのインスタント・チョコレート・ソース」は言うまでもない。

ペストリーを作らずにすます方法には――既製品あるいは冷凍品を買うのはさておき――八枚のダイジェスティヴ・ビスケットとバター六〇グラム弱を使うレシピが含まれている。バターを溶かし、砕いたビスケットに混ぜ、それをケーキ型か皿に入れたら、「床にカーペットを敷きつめるように」たいらに延ばして押し付けるというもの。

デリアの七〇年代のやり方には、本物の食通なら吐き気を催すようないくつかのインスタント食品の利用も含まれていたが、自称料理人の一団はそれに便乗した。即席マッシュポテトのようなぞっとするものへの依存を減らしたもっと大型の料理書を出版したときには、読者は言いなりだった。

同様にデリアのテレビ番組も、まさしくとっつきやすい指導をねらっていた。視聴者が料理の天才に立ち会っていると思わせるように、派手な動きはしなかった。事実これらの昔の経験――最初は『ファミリー・フェア』(*Family Fare*)で一九七三年からシリーズものを三回、合計三十三回にわたり放送した――は「恐ろしいもの」だった。「番組は二十四分三十秒で、その時間内に仕上げなければなりません。もし途中でまちがえたら、始めからやり直さなければなりませんでした」と回想している。

デリア・スミスはイギリスの人々に、オムレツから甘いスポンジ・ケーキまで、まず料理の基礎を習得するように勧めた。

イギリス空軍の無線通信士の娘だったデリアは、ロンドン郊外のベクスリーヒースで育った。母と祖母は家庭料理が上手だった。しかしデリアが料理に興味を持ったのは、たぶんボーイフレンドが、前の彼女が料理上手だったとしきりに言うからだった。そこでデリアは小さなフランス料理店で皿洗いから始め、ウェイトレスを経験して、料理の手伝いを許されるようになる。まもなく大英博物館にあるイライザ・アクトン(二四五ページ参照)の著書のような料理書をじっくり研究するようになった。イギリスの家庭が料理で四苦八苦し、指導者を必要としていた時代に、そのような研究や生来の常識を身にまとってデリアが料理界に登場したことは、重要な転機となった。『料理の裏ワザ』でデリアは読者の信頼を獲得し、同書はその後本を出すごとに深まる読者との関係の火つけ役となった。

その五年後の一九七六年に、六冊目の著書『節約料理』が出版される（『田舎の旅館やレストランのレシピ』（*Recipes from Country Inns and Restaurants*）は一九七三年に、『イヴニング・スタンダード』紙掲載のレシピ集はその翌年に刊行された）。しかしこの新しい本の調子はずっとまじめだった。「私たちが自由に食べ物を選べる日々は本当に限られていると思います。とにかくこの地球上には世界の全人口を養うに十分な食物がないのです」。食習慣は始末に負えなくなっていて、肥満が蔓延していると感じていた。手抜きはやめて、節約を。いわゆる省力装置は、「お金がかかり——壊れます。そして壊れれば修理してはもらえません」と不満を述べて、それらの装置を非難した。

手抜きの定番インスタント食品は、今や「金《かね》」がかかるものとして遠ざけられた。それよりむしろ節約が重要だった——たとえばワインの代わりにサイダーで料理する。冷蔵庫についてもまさに慎重だった。「冷蔵庫で必ずしも節約できるとは思えません」。そして買ってきた魚のフライのフィッシュ・フィンガーを「法外に高い」と糾弾し、代わりにサケのフィッシュ・ケーキ（本章の主役）のレシピを、数多くの卵料理やスープ、そしてリンゴのキャラメリゼような簡単なデザートとともに提供する。

しかしながらデリアがイギリス料理に対する「主たる貢献」をしたと感じたのは、二年後の一九七八年に、ＢＢＣ放送のシリーズ番組と提携して『デリア・スミスの料理講座』（*Delia Smith's Cookery Course*）を出版したときのことだった。「私が『料理講座』を書いた頃、お金のある人々はコルドン・ブルーの教室に行きました。そしてお金のない人々は夜の教室に行きました」と後に回想している。「ＢＢＣ放送のシリーズ番組と『料理講座』は、人々が暗い夜に料理教室に行かずに、自宅で料理を覚える手伝いができるようにと書いたものです」。

そしてその本に、なぜイギリスが料理をやめたと感じるかを熱を込めて書いた。「産業革命が始まって、イギリスが農業主体の国ではなくなったとき、人々は田舎の土地とのつながりを失いました。田舎の土地にこそよい料理の源があるのです」と論じている。二回の世界大戦がもたらした配給制度と食糧難によって、事態はますます悪くなる。「しまいにはほとんど一世代が、そっくり料理の愉しみを失ってしまったのです。女性が外で働かなければならない多くの場合、料理は家庭の雑用レベルにおとしめられていますし。

デリアが本でざっと述べている基本的なやり方を身につければ、料理は、その言葉によれば「楽しむことのできるもの、おもしろくさえあるもの」になるだろう。だから失われた世代に、オムレツ、キッシュそして魚のパイからグレイビーソースやあらゆる種類のロースト、さらに糖蜜入りのスポンジケーキからバター・プディングにいたる甘いデザートまでの、料理の基礎を学ぶように勧める。これと釣り合いを取るように、ダイエットや減量に関してもしっかりした助言をしている。「おもてなしを受けない限り、私はワインは週末だけに、そしてプディングあるいはケーキも週末だけにしています」。

国民が――あるいは実のところ著者が――その助言に文字通り従おうと従うまいと、確かなことは、デリア・スミスが料理を知らない世代のおぼつかない料理人を救い上げ、彼らを、そしてその子供たちを、後半生の料理の旅へと連れ出したことである。

86

クラシック・ブイヤーベース

著者…キース・フロイド
出典…『フロイドの魚料理』(*Floyd on Fish*)

6〜8人分

タマネギ大2個のみじん切り、完熟トマト5個を刻んだもの、つぶしたニンニク4片、リーキ1本のみじん切り、オリーヴ・オイル25㎖、オレンジの皮のすりおろし大さじ1杯、フェンネル1枝、タイム1枝、熱湯2.3ℓ、サフラン2袋、魚2.3㎏(マトウダイ、バス、ベラ、サメ、小さくて殻の柔らかいカニ、セイス、ハチミシマなど取り混ぜて)、塩、コショウ、ルイユ〔後述〕、アイオリ〔後述〕、ゆでたジャガイモ900g

大鍋にオリーヴ・オイルを入れ、タマネギ、リーキ、ニンニク、トマトを加えてキツネ色になるまで炒める。次にタイム、フェンネル、オレンジの皮を加え、よくかき混ぜて、さらに5分間加熱する。

次の段階に備えてアツアツの熱湯を用意しておく。熱湯はオリーヴ・オイルや野菜と混ざるとよくなじんでスープが濃くなる。それがこの料理の肝。

強火にかけたオリーヴ・オイルと野菜に熱湯を加え、ソースが濃くなったとわかるまで1〜2分勢いよくかき混ぜる。場合によってはこのときにオリーヴ・オイルをもうひとたらし加えて、程よい濃さになるまで、煮続ける。

魚を加える。もし大きさがまちまちなら、同時に火が通るように大きいものから入れる。塩コショウで味を整え、サフランを加えて火が通るまで10分〜15分とろ火で煮る。

ソースから慎重に魚を引き揚げ、皮と骨を取り除く。すてきな浅皿に入れ、ソースを漉してカップ1〜2杯をかける。ソースの残りを蓋つきの深皿に入れ、ルイユとアイオリを添えてスープとして供する。魚をジャガイモとアイオリとともに食べる。

ルイユ

ニンニクの大2片の皮をむきみじん切りにしたもの、赤トウガラシ（一部の食料品店やスーパーマーケットでは新鮮なものを買うことができる）2個を刻んだもの、古くなったパンを水に浸し大きなクルミの大きさにしぼったもの、オリーヴ・オイル大さじ2杯

みじん切りのニンニクを乳棒と乳鉢ですりつぶしてペースト状にする――少な過ぎてフードプ

ロセッサーにはかけられない。パンと刻んだトウガラシをなめらかになるまで突き砕く。オリーヴ・オイルに他の材料を加え、なめらかな赤く輝くマスタードのようになるまで、よく混ぜる。

アイオリ

ニンニク8片、卵黄2個、上等なオリーヴ・オイル400㎖、レモン1個の果汁、塩、コショウ

乳棒と乳鉢でニンニクをよくつぶす。それから泡だて器で卵黄に混ぜ込む。そしてオリーヴ・オイルを少しずつたらし入れながら、濃い黄色のマヨネーズができるまで強く撹拌する。最後にレモン果汁と塩、コショウを入れてかき混ぜ、味をつける。

あるいはオリーヴ・オイル以外の材料をフードプロセッサーに入れてスイッチを入れ、卵とニンニクがうなりを立てて回転している間に、オイルをゆっくり、平均的に注ぎ入れる。上記ほどおいしくはないが、ずっと速くできる。

彼は調理用レンジのそばで、シェフの白いシャツに蝶ネクタイを着け、ワイングラス片手に自信たっぷりだった。それからしわがれ声で早口の魅力的な調子で、カメラに向かって語りかけた。一九五〇年代によくいた危ない橋を渡りかねない人物さながらに。「みなさんは私の目を見て、こう思うかもしれませんね。『おやまあ、とんでもないへまをやらかしたのね』。ええ、その通り。とんでもないことになっています。しかたがないんです。フランスにいて、ワイン…夕べはちょっと飲み過ぎたかも」。

それから彼はその「世界最高の魚のシチュー」にとりかかる。ラ・ブリド――プロヴァンスのすばらしい料理のひとつ――を作りながら、厨房を飛び回り、撮影のカメラに向かって始終アドリブで語りかける。「ちょっと行って、ベイリーフを取ってくるから、待っててくださいね」という具合。

テレビ番組でかつてそんなものはなかった。デリア、マドゥル、ケン・ホムの番組はＢＢＣのスタジオから放送され、まじめな口調の料理教育番組だった。ＢＢＣブリストルによるキース・フロイドの最初の放送を見た一万人の視聴者は、そのレシピを問い合わせ、この男をもっと見たいと電話をかけた。「やりたいようにやっただけです」と後にフロイドは述べている。「われわれはただ通りに出て、さあ、魚を買いに行って料理しよう、と考えたのです」。「われわれ」とは、キース・フロイド、デイヴィッド・プリチャード（フロイドを見出したプロデューサー）、そして小さな撮影隊だった。「イギリスの人々の心を捉えるのに役立ったのは、番組の即興性といつ失敗するかわからないというスリルでした」。実際失敗はあった。そこでフロイドはネタ切れになって、間を持たせなければならないときには、ただワインを一杯やった。「ご存じでしょうが、突然全国的に有名になったのは、コーンウォールの海岸で、デヴォンのトロール船で、あるいは降りしきる雨の中、吹き荒れる風の中、燦々と輝く太陽の下で…撮影をしていたわずかな人数の私たちだったのです」と回想する。

そして国民はその番組を愛した。フロイドは、以前の番組を故意に避けていたまったく新しい視聴者を惹きつけた。料理はそれ自体がエンターテイメントになる。番組に倣って料理をしなくても、番組に合わせてワインを飲むことはできた。そしてそれはすぐに広まった。その後に続いた何代ものシェフは、まったく新しいジャンルを始めたのはフロイドだとその功績を認めている。「われわれ現代のテレビ・シェフすべてが仕事ができるのは、フロイドのおかげです」と次の十年の間に登場したシェフ、アントニー・ウォラル・トンプソンは述べている。

フロイドとプリチャードは、この新しいタイプの料理番組をそれまでおこなわれていたものに対する解毒剤として計画したわけではなく、まったく自然にできたものだと主張した。とはいえ実のところ、フロイドは自分たちがしていることを十分自覚していた。「スタジオで撮影される番組は、そもそも退屈で…中学校の家庭科の授業みたいだ」と述べている。

プリチャードは、フロイドが長年にわたってブリストルで経営してきた多くのレストランのひとつで彼に会った。ある晩厨房でフロイドを見かけて話しかけ、一両日中にはこの一匹狼を撮影することに決めた。「ほんの五分だけです」とプリチャードはフロイドに言った。「それが最初の嘘でした」とフロイド。「まる一日かかりました。一日中私の電話を使い、私のワインを飲み干し、一五ポンドくれました」。

プリチャードはフロイドのテレビ出演で一大センセーションを巻き起こす。料理書の出版とともに多数のシリーズが放送された。ついに家庭料理は男性の守備範囲になり、一種のスポーツに、女性にアピールするクールな方法になり、オフィスでも話題になる。しかしこうしてキース・フロイドは家庭料理で有名になり、何百万人もの人々に敬慕され、世界中のシェフに尊敬されたものの、決して幸せそうには見えなかった。たとえ調理用レンジの前で、クリエイティヴで生き生きしていたとしても、その仕事と私生活はめちゃくちゃで、破綻していた。

フロイドのレストランは次々に倒産した。開いたり畳んだりした多くの店のひとつが、「(時々開店する) フロイズ・イン」と呼ばれたデヴォン州のパブである。しかし「時々」が非常にまれだったので、店はつぶれ、一〇〇万ポンドも失ったと本人は言う。さまざまな妻やガールフレンドと別れを繰り返し、絶えず人々を首にした。四回結婚し、気付け薬の酒とテレビでとうとう燃え尽きてしまった。

二〇〇七年九月にジャーナリストのジェイムズ・スティーンはオクスフォードシアのパブ (そこにフロイドが事実上住んでいることが露見した) でフロイドに会い、二日間話をして、その詳しい人となりをまとめた。ふたりは大変うまが合ったので、スティーンはフロイドの自伝の代作をすることになる。しかしその最初の出会いは常にスティーンの心にこびりついていた。「フロイドには生き生きして、陽気で、元気な前向きの男のイメージがありますね。けれど近づいてみると、驚くほど老け込んでいただけではありません。三つ揃えのスーツを着てめかし込んではいましたが、ワインと煙草に明け暮れているように見えました」。ふたりの間に陰鬱な空気が広がる。「ある時点で私は、人と暮らすのがむずかしいと思うか尋ねました。すると奴《やっこ》さん胸に一発くらったかのように怯《ひる》みました。長い間黙り込み、涙ぐんでいるようでした。『答えにくいね』というのが答えでした」。

　フロイドはそのような名声をもたらしたものについても、同様に悲観的な見方をしていた。機会があれば何かほかのことをしていただろうかと、スティーンが尋ねると——驚いたことに——「テレビには出なかっただろう」と答えた。「決してね。この二十八年間というものずっと、弁護士、マネージャー、私を駒だと思っている奴らとの、勝手に立ち入ってくる人間との法的な争いに明け暮れていたんだよ」。

1980年代に派手なスタイルでテレビにセンセーションを巻き起こし、非常に多くの視聴者に愛されたキース・フロイド。

　後年フロイドに会った人々は、しわくちゃの人物を思い出す。ベルズ・ウィスキーを飲みながら、料理を皿の四方に押しやり、「どいつもこいつもおれを食い物にしやがって、どの本からもびた一文貰えやしなかった」とこぼし、料理にはほとんど関心を示さない。しかしそのときはすでにアルコールに蝕まれていた。父親ですら酔いどれの息子を非難した。「おれはおまえが生まれるまで、決して飲まなかった」と父は息子に言ったことがある。

フロイドは上流風にしゃべったかもしれないが、それは寄宿学校と軍隊の影響だった。本人によれば、両親は「根っからの労働者階級」だった。父は電気局の修理人だったが、母の料理の腕はすばらしかったので、息子にも料理人の血が流れていたにちがいない。最初の離婚後、自ら国を離れた間に料理を覚えた。「私は悲しみを忘れることができなかった。ヨットを買って、地中海に逃げ出したんです」。港々で料理の仕事につき、帰国したときには、すっかりものにして、フロイズ・レストランを開いた。そしてその店にあの運命の夜デイヴィッド・プリチャードが足を踏み入れたのである。

キース・フロイドは料理への貢献に関して悲観的だったかもしれないが、われわれはどこまでも感謝している。テレビに登場したことを後悔していたとしても、自分で思っているよりも芸達者だった。後にも先にもそんなにおもしろく、生来の情熱を傾けて料理を伝えた者はいないからだ。

クラシック・ブイヤーベースについて、こう述べている。

主として本格的な魚が手に入らないという理由で、専門家はブイヤーベースを広めることはできないとおっしゃる。確かに暑いマルセイユの通りの匂いを呼び起こすのはむずかしいでしょう。ちょっとした興奮でざわめくこぎれいなレストランの青い日除けの下、洗い立てのテラスに腰を下ろせば、ガソリンやゴロワーズ（訳注：フランスの紙巻煙草）の匂いがあたりに漂ってくるのです。しかしやってみる価値はあります。目を閉じてこの小さなレシピとともにフランスにいると考えるのです。作ってごらんなさい。そしてその間に二口、三口啜ってみるのです。

87

酢豚

出典…『ケン・ホムの中華料理』(*Ken Hom's Chinese Cookery*)
著者…ケン・ホム(譚榮輝)

4人分

脂肪のない豚肉350g、ドライ・シェリーか紹興酒大さじ1杯、薄口醤油大さじ1杯、塩小さじ1/2、緑の甘トウガラシ50g(およそ半分)、赤い甘トウガラシ50g、ニンジン50g、新タマネギ50g、卵1個を泡立てたもの、コーンスターチ大さじ2杯、油(ピーナツ・オイルが望ましい)400㎖、缶詰のレイシの水気を切ったもの、あるいは新鮮なオレンジを切り分けたもの75g

ソース

チキン・スープ150㎖、薄口醤油大さじ1杯、塩小さじ1/2、リンゴ酢あるいは中国製の米酢大さじ1と1/2、砂糖大さじ1杯、トマト・ペースト大さじ1杯、コーンスターチ小さじ1杯、水小さじ1杯豚肉を2.5㎝角に切って、シェリーあるいは紹興酒、薄口醬油それぞれ大さじ1杯、塩小さじ1／2とともにボウルに入れ、20分間漬け込む。その間緑と赤の甘トウガラシを2.5㎝角に、皮をむいたニンジンと新タマネギも2.5㎝角に刻む。（肉と野菜を同じ大きさにそろえると料理の見映えがする。）鍋に湯を沸かしてニンジンを4分間湯がき、水気を切って、取っておく。

卵とコーンスターチをボウルに入れ、混ぜ合わせて衣を作る。角切りの豚肉を漬け汁から引き揚げ、卵とコーンスターチのボウルに入れて、しっかり衣をつける。揚げ鍋、あるいは中華鍋に油を入れて、煙が出るくらい熱する。ボウルの豚肉を穴あきおたまですくって、揚げ、キッチン・ペーパーで油を切る。

大きなソースパンで、チキン・スープ、醬油、塩、酢、砂糖、トマト・ペーストを混ぜ、煮立てる。レイシあるいはオレンジを除く野菜をすべて加え、よくかき混ぜる。小さなボウルでコーンスターチと水を混ぜる。これをソースに加えてかき混ぜ、再び煮立てる。弱火にし、レイシあるいはオレンジと豚肉を加える。良くかき混ぜて深皿に入れ、すぐに供する。

ケン・ホムの人生の旅は、中国の食事の両極端を反映している。シカゴのチャイナタウンでの子供時代には、生きるために食べた。もっと裕福になった後の時代には、食べることを愉しめるようになり、南西フランスの家に熱心に集めたワインを堪能した。必要なもの（生命維持の穀物）から必要以上のもの（二次的に重要な肉と野菜）へと、間をおかずに移行するチャンスをつかんだのである。というのもイギリス人がケンのBBC放送のシリーズ番組

『ケン・ホムの中華料理』（*Ken Hom's Chinese Cookery*）に夢中になり、その後売り出された同じ題名の本が百二十万部も売れたからだ。

そのテレビ番組はデリア・スミスあるいはマドゥル・ジャフリー（四二五ページおよび四一四ページ参照）の番組のスタイルと似ていた。実際後述のようにふたりのおかげでケンはその世界にうまく入れたのである。

子供時代にはほとんど文無しのことがあった。中国に行って妻を見つけた中国系アメリカ人兵士の一人っ子だった。兵士は妻を見つけ、共産主義革命をうまく逃れて花嫁をアメリカに連れ帰る。ケンはアリゾナ州ツーソンで生まれたが、八カ月になるやならずで父を亡くす。夫が死の直前に生命保険の補償を解約していたので、妻にとっては絶望的な状況だった。おまけに英語もしゃべれなかったので、若い未亡人は息子とふたりで何とか生き延びようと、シカゴのチャイナタウンに引っ越す。同地には夫の縁故があった。

ケン・ホムは英語もしゃべれないまま、六歳になるまでその貧民街にいた。そして母親が米軍向けに中華食品の缶詰工場で長時間働いている間は、しばしばひとりぼっちだった。母親が背中の怪我のために働けず、まる二カ月というもの乏しい米の蓄えとたった一匹の塩漬けの魚をほぐしたもので凌いだきびしい時期を、回想している。

それでも母は明らかに料理上手でいつも料理を楽しんでいた、とホムは述べている。十一歳でおじのレストランで働きだすと、料理への興味にさらに火がついた。賃金はそっくりそのまま母に渡し、ボーナスあるいは賃上げで入った余分な金だけを自分のものとした。しかしホムが本当に料理に熱中したのは、十代後半にカリフォルニア大学で美術を学んでいたときである。

始終自分や友人のために料理を作っていた。金が尽きてもはや勉強を続けられなくなると思ったその矢先、幸運にも裕福な国会議員の妻にイタリア料理を教えてほしいと頼まれる。「パスタの作り方を教え、三〇〇ドルの報酬をもらいました。まるで宝くじに当たったみたいでした」。ホムは家で料理を教え始め、それからカリフォルニア料理アカデミーの講師になる。出版の契約も成立し、ニューヨークのあちこちで料理を教えて歩いた。「おしゃべり階級は中華料理好き」と述べている。

ホムは社交家で、マドゥル・ジャフリーにパーティーで会ったのは一九八二年のことだった。イギリスでインド料理のシリーズ番組に出演したばかりのマドゥルは、ホムにも中華料理で同じようにテレビに出たらどうかと勧めた。その助言に従い、ロンドンに行ってオーディションを受け、期待通りものにする。それはスミスやジャフリーの番組のようにきちんとした番組だった。簡素なスタジオで出演者が一人で料理をし、視聴者は牛肉とオレンジの炒め物や北京ダックのような料理を注意深く見守る。

スミスはホムのために一肌脱ぎ、新聞のコラムで新シリーズを熱烈に宣伝してくれた。その恩は「決して忘れません」とホムは後に述べている。しかしその成功は決して確かなものではなかった。借りていたフラットの掃除婦はそこらじゅうに置いてある中華料理の材料をばかにし、「この中国のお偉いさんは、ここで一体何をしているのかね？」と怒鳴り散らした。友人も同様に破滅論者だった。「ケン、覚悟すべきよ。これはうまくいかないわ」。ところがうまくいったのだ。ホムのシリーズはたちまち成功したので、材料を入手するのが困難なこともあった。一九八〇年代の初めのスーパーマーケットの棚には、醤油、紹興酒、根ショウガが十分にはなかった。

イギリス人が中華料理になじみがなかったわけではない。一九六〇年代以来毛沢東の中国から逃げ出した移民が来ており、一九七〇年代には四千店の中華料理屋ができていた。その大半は持ち帰り専門店だった。とかくするうちに甘酢のような特徴的な味の組み合わせが、イギリス人の歴史的な潜在意識に働きかけた。結局中世の料理では、甘くて風味のある料理がテーブル一杯に並べられたが、多くのレシピそのものに甘味と酸味が混ざっていたのである（九三ページ参照）。八〇年代初頭のイギリスにおける中華料理の成功について述べている食物史家のコリン・スペンサーによれば、「われわれが奉じているものは、かつてわれわれ自身の伝統の一部だった味への回帰である」。もっともホムが酢豚のレシピの初めに述べているように、「適切に調理された甘酸っぱい中華料理はきわめて繊細にバランスが取れているので、厳密には甘いのか酸っぱいのかと迫られても、困ります」。

いずれにしろ、イギリス人の舌は持ち帰り専門店の利用によって中華料理に慣らされていたので、多くの人々はホムの番組を見て家で作ってみる気になった。「私はまさにめぐり合わせがよかったのです。国中の人々が興味を持ってくれました。飢えていたのです。その年私の本の売れ行きはジェフリー・アーチャーを超えました。北京ダックに乗って走り続けたのです」。

ホムはイギリス人を中華鍋のとりこにし、一ダースほど本を出版し、いくつかの連続テレビ番組を担当したばかりか、カフェを開き、中国の他の料理道具を売り込んだ。しかしうわべだけではない中華料理の真髄を教えることは決してできなかったという事実には、肩を落とす。こうして人々の大半は、中国では絶対にお目にかかれないパリパリして香りのよいダックや海藻の炒め物のようなにせの料理を食べることを、選択している。「われわれ中国人は蒸した柔らかく噛みやすいものを好みます」とホムはかつて嘆いている。「この国で人々が食べる物は、何でもかんでも油で調理されています。蒸した魚を食べさせようとすると、人々は『ウーッ』となります」。「イギリス人は食べ物についてびくびくしているにもかかわらず、どこでどのようにして作られたものかは気にしません。安い食べ物で体を損なっているのです」。

テレビに出始めた頃のケン・ホムは、愛嬌のある笑顔と黒くふさふさした髪でカメラの前に現れ、もっと実際的だった。イギリス人が学びたいことを教えて幸せだった。「われわれ中国人がイギリス人から学ばなければならないのは、法の規範です。あなたがたが学ばなければならないのは、本当においしい炒め物です」とインタビューで述べたことがある。

88

ジュラ（ゆっくり蒸し煮した牛肉）

著者…リリアーナおよびリゼッタ・ブルロット
出典…レアル・カステッロ・ディ・ヴェルドゥーノのメニュー

材料4人分

老牛の肉（ふつう首の部分）1kg、大きな白タマネギ2個、ニンジン2本、セロリ2本、ニンニク3片、ローズマリー1枝、シナモンの樹皮1片、黒コショウ15粒、塩、ローレルの葉1枚、エクストラ・ヴァージン・オリーヴ・オイルさじ2杯

手順

牛肉を大き目に切る。野菜を洗って薄切りにし、ローズマリーとシナモンをみじん切りにする。大きな土鍋（あるいは厚手のソースパン）を火にかけて油を入れ、材料を入れて混ぜ合わせ、ぴったり蓋をして弱火で2時間半、ガス・レンジあるいはオーヴンで加熱する。干からびた厚いパンの薄切り、あるいはポレンタ（訳注：トウモロコシ粉を粥状に煮たもの）とゆでた野菜とともに供する。

一九八六年七月二十六日イタリアのピエモンテ州のセッラルンガ・ダルバにおいて、カルロ・ペトリーニが美食連盟の会長に選ばれた。ARCI（イタリア余暇文化協会）というその組織は後に同様な集団と合併してスローフードとして知られるようになる。しかし七月下旬のその日に発せられた言葉がいかなるものにせよ、二言三言では済まず、一部はきわめて長かったが、食べている料理に関するもので、その由来、調理法について多くが語られた。

その晩代表者は、リリアーナ、リゼッタ、ガブリエッラのブルロット三姉妹が所有するレアル・カステッロ・ディ・ヴェルドゥーノというレストランに押しかけた。ガブリエッラがカルロと仲間の客を食堂に案内している間に、ふたりの姉妹はスローフードの第一歩となる料理を用意した。どの料理もまぎれもなく地方文化から生まれたもので、手をかけて調理されていたが、申し分なくおいしいことも同様に重要だった。アメリカ人シェフのアリス・ウォーターズはかつてスローフードを「おいしい革命」と呼んだが、それは重要で、もしスローフードがおいしければ、バーガー・キングに入る前に立ち止まって、そこに入るメリットについて考える人間はさらに減るだろう。

その晩最初に出たのは、鶏のレバーとハーブの田舎風スープ。主菜として登場したのが、とろけるように蒸し煮されたビーフ・シチュー――ジュラ――で、ズッキーニのクリームが添えられていた。プディングはボネで、チョコレートとアマレッティ（訳注：アーモンド入りのマカロン）で作るピエモンテの特製菓子。

食事のメイン、ジュラはつつましく経済的な料理で、搾乳の盛りを過ぎた老牛の肉を使う。ときにマリネにすることもあるが、地元のバローロ・ワインでやさしく煮込む。農民が仕事に出かけるときにオーヴンに入れ、畑で一日重労働をした後おいしく食べたのだろう。その晩のジュラはペトリーニとその仲間にも非常に好評だった。そしてその後一同が会するたびに、誠実に作られた料理に余計な言葉を挟む余地はなかった。それはスローフード宣言を時間をかけて徹底させようとしている人々にとって救いだった。というのもその目的を支持する人々は、哲学を終末論的な悪口雑言と混同する傾向があるからだ。

スローフードの純粋主義者は、ビッグ・マックを噛むごとに社会が破滅に近づくと信じている。「われわれはスピードのとりこになっており、まさにその油断のならないウィルスに屈服している。ファストライフはわれわれの習慣を崩壊させ、われわれの家庭に浸透し、ファストフードを食べるように強制する」というのが典型的な発言である。あるいはジャーナリストでドリンク・ライターでスローフードの支持者トム・ブルース＝ガーダインがかつて述べたように、「西洋人は自分を甘やかした末にパロディになっています。よたよたと新世紀に入ると、かつてないほど肥え太り、歯はなくなり、便秘が増えました」。

カルロ・ペトリーニ自身、仲間の信奉者の多く同様、イタリアのジャーナリズムの左翼出身だった。世界を堕落から救いたいと望む一方で、もっとも貧しい人々の文化を改善しようとした。結局のところ、調理にしろチーズの製造にしろ、まぎれもない料理の伝統をしばしば担っているのは彼らだったのだから。

従ってスローフードの仲間が集まるとき、食べ物はその言葉のように良質で本物でなければならなかった。たとえばスローフード宣言書を作成したきわめて重要なパリの会合で最初に登場したのは、チョウザメのフラン（訳注：カスタード、果物、チーズなどを詰めたタルトやケーキ）の黒キャベツ・ソース、ジャガイモ、タイム添えだった。それから白トリュフとともに仔牛の肉を詰めたパスタが供され、その後に仔羊のテンダーロインとコーヒーが出た。プディングはバルサミコ酢と野イチゴを添えたハチミツゼリーだった。

もしスローフードの会合で供された料理が満足できるレベルに達していなければ、大騒ぎになる。たとえば一九八二年十月ペトリーニはＡＲＣＩ会員の陽気な一行を、トスカナの丘陵地帯にあるモンタルチーノに案内した。同地では仲間の急進派がツグミ祭りに参加していた。この祭りはブルネッロおよびバローロ・ワインのブドウの収穫が終わったときに開催されたが、ペトリーニの一団が仲間の社会主義者や共産主義者に会って、不安の種や政治的戦略について議論する機会だった。しかしペトリーニは立腹していた。話し合いは上々だったが、食べ物がひどかったのである。

故郷のブラに戻ると、ＡＲＣＩの代表として、祭の主催者に怒りの手紙を書いた。「そちらのクラブでいただいたランチについてこの手紙を書いています」と始まる。それは「軍隊の兵舎あるいは五〇年代の軽食堂だけでしか見られないごちそうでした」。料理は、「おぞましく」、「とても受付けられない」ものだった。「冷えたパスタ、およそ食べられたものではないリボッリータ（訳注：残ったスープに固くなったパンを入れて再び煮込むパン粥）、洗っていない葉物のサラダ、そしてどこでも順番待ちで押し合いへし合いで食べられないデザート」などだったからである。もしブラでこんな料理を作ったら、「おおっぴらにリンチされる」だろう、と述べた。

だからマクドナルドが一九八六年ローマにその目障りな顔を出したときに、ペトリーニとその仲間が再び激怒したことは、ほとんど驚くにはあたらない。場所は由緒ある美しいスペイン広場の近く。「ローマに爆弾が投下されたかのようだ」とある建築家は叫んだ。都市設計家で批評家のブルーノ・ゼヴィは次のように問うた。「スペイン広場は、揚げ物のむかつくような臭いのするゴミ捨て場になってしまうのだろうか？」そして「ローマの滅亡」について語った。ほかの人々はその場所へのビッグ・マックの到来を、まさしく油断のならない「アメリカによる植民地化」であると考えた。

カルロ・ペトリーニは一団を集め、広場からトリニテ・デイ・モンティ協会に通ずる有名なスペイン階段で座り込みをおこなう。彼らは挑戦的にパスタを食べた。明るい色のトマトソースにはニンニクとトウガラシが少し入っているようだった。スローフードはその日に産声を上げ、広く支持者を集め、マクドナルドをその母国の言葉できびしく尋問するために、それ以後その英語名が使用されることとなった。

とにかくマクドナルドは開店し、一九五五年四月十五日にイリノイ州のデス・プレインズに一号店が開店して以来世界中に広まっていた約三万店のひとつとなった。ペトリーニに言わせれば、それは師と仰ぐひとり、「ゆっくり食べてじっくり味わう」ように勧めたフランス人、ブリア＝サヴァラン（二二八ページ参照）の哲学から逃れることはできなかった。サヴァランの発言の多くがマクドナルドにうまく適用できた。たとえば、「どんなものを食べているか言ってみたまえ。君がどんな人であるかを言いあててみせよう」（関根秀雄、戸部松実訳）、と述べている。

他方ペトリーニはますます食物に関心を持ち、食物がよい文化よりも無知を生み出していると感じた。「われわれはみな美食とレシピに囲まれています」とあるジャーナリストに語っている。「世界のどこでもテレビをつければ、ばかがさじを手にしています。どの新聞や雑誌にもレシピとまるで死体さながら真上から撮られた料理の写真が掲載されています。それは自慰と自己陶酔の形です。われわれは食物を手の届かない台座の上に据えるのではなく、通常のものにしなければなりません」。

料理がいやな仕事だと思ってはならない、とペトリーニは信じていた。そうすれば料理人はやる気をなくし、まちがいなくマクドナルドに逃げ込むだろうから。しかし皮肉にもペトリーニ自身は、相棒のひとりが認めているように、ふつうは料理はしなかった。そしてスローフードの綱領を述べたときには、エリート主義という非難を浴びる恐れがあった。「国際的なスローフード運動の文化的目標は、あらゆる形の狂信的愛国主義を打破し、多様性を再び充当し、文化的相対主義を存分に楽しむことである」。この難解な綱領を消化する前に、おいしいバーガーとフライドポテトで腹ごしらえしたくなるかもしれませんね。

89

鶏肉と山羊のチーズのムース、オリーヴ添え

著者…ローリー・リー
出典…ロンドンのケンジントン・プレイスのメニュー

大きな鶏胸肉2枚、卵2個分の卵白、山羊のチーズ100g、ダブル・クリーム（訳注：乳脂肪濃度48％のこってりしたクリーム）700㎖、型に塗るバター、黒オリーヴ大さじ2杯、ソースに加える澄ましバター（訳注：バターを溶かし、凝固しない温度で放置してできた上澄み）、赤ワイン200㎖、赤ワイン・ヴィネガー50㎖、茶色の粉砂糖45g、ポートワイン50㎖、砕いた白コショウをデザートスプーン（大さじと小さじの中間の大きさ）1杯

鶏胸肉の皮と腱を取り除く。小さく刻んで、フードプロセッサーでピューレにする。卵白を加え、なめらかに均一の塊になるまで攪拌し続ける。これを少しずつ裏ごし器にかける。裏ごしした肉をすべて大きなスチールのボウルに入れ、ラップで覆って冷やす。

山羊のチーズを小さく刻み、今度はこれをフードプロセッサーの洗っておいたボウルに入れる。ダブル・クリーム100㎖を加えて完全になめらかになるまで攪拌し続ける。これは裏ごしする必

要はない。

大きなボウルに氷を入れて、その上に鶏肉のボウルを置く。100㎖のクリームを非常にゆっくり鶏肉に加えながら、絶えず木のさじでかき混ぜる。ゴム製のスパチュラでボウルの側面をこそげながら、完全に混ざるようにする。クリームをもう100㎖混ぜ込み、いっそう軽く、いっそうなめらかになるようにかき混ぜて空気を含ませる。

ここで山羊のチーズとクリームを混ぜた鶏肉を合わせて、一緒にかき混ぜる。小鍋に塩水を煮立て、混ぜたものを小さじ1杯落としてみる。加熱してもまだ固いままだが、なめらかでざらつきはしないだろう。そこで残りのクリームを混ぜ込み続ける。加熱したときにまだ持ちこたえるか確かめるために、もう一度落としてみる。望ましい状態――大変軽く、なめらか――になったら、塩で調味する。塩を加えると固くなるので（あまり早く加えると悲惨なことになる）、混ぜたものを緩めるために再びクリームを少し加えてもよい。味を見る。

150㎖の型6個に柔らかくしたバターを塗る。オリーヴを洗い、種を取り除き、大きなナイフでみじん切りにする。キッチン・ペーパーに挟んで水気を取り、型の底にぎっしり並べる。そこにムースを入れ、型を打ちつけて空気を抜き、パレット・ナイフでてっぺんを平らに均す。湯の入ったトレイに型を置き、アルミフォイルで蓋をし、固まるまで低温（120℃）でおよそ25分間焼く。

ワイン、酢、砂糖を混ぜ合わせたものを小鍋で2／3に煮詰める。ポートワインを加えて、わずかに煮詰め、それから砕いたコショウを加える。ムースを6枚の皿に逆さまにあける。それぞれの皿に澄ましバターを大さじ1杯ずつ注ぎ、それから煮詰めた赤い液体をデザートスプーン半杯ずつバターにたらす。チャービル少々を飾る。

マルコ・ピエール・ホワイト（四五五ページ参照）が独特の猛烈なやり方でフランス料理を作っている間に、ロンドンのもう一方の側では、まったく違う種類の革命が起きていた。ローリー・リーもル・ガヴローシュで修練を積んだが、その方法は天と地ほどもかけ離れてのんびりしていた。

ことによると、リーはイギリス人の反撃を指導するにはふさわしくない人物だったのかもしれない。自身の言葉によれば、「最悪の態度」のせいでさまざまな教育機関から放り出され、二十代前半はビリヤードの一種スヌーカーに明け暮れていた。金《かね》が必要で、コヴェント・ガーデンでハンバーガーを作る仕事にありつき、はからずも料理の虫にとりつかれたのである。ロンドンにある最高のレストランのいくつかで苦労し、ル・ガヴローシュでの働きぶりがアルベール・ルーの目に止まり、ルー兄弟所有のロンドンのしゃれた隠れ家ル・プルボの料理長に抜擢された。

「ル・プルボの料理長をしていたときには、夢の中でも料理をしていました」と述べている。しかしそこには何かが足りないと感じていた。高級料理店か、安くて楽しいパブかしかなかった。事実ル・プルボはこれら両方の典型を示していた。レストランには二つのセクション――上の豪華なダイニング・ルームと下のブラスリー――があったが、その間には何もなかった。「私はふたつを合わせたかった」と述べている。「高級志向でないレストランなど、ロンドンのどこを探してもありませんでした」。

そこでリーは、サウスケンジントンで既に高級なローンセストン・プレイスを経営して成功していたニック・スモールウッドとサイモン・スレイターとともにケンジントン・プレイスを作る。アイデアは革新的でエキサイティングな料理を目指すというものだったが、実際にはもっと大きな市場向けの予算で作られた。

レストランにはジュリアン・ウィッカムによってデザインされた大きな部屋がひとつ。ノッティング・ヒルの通りに面して床から天井までガラス張りになっている。そのレストランのために作成したメニューによって、リーは現代イギリス料理の創始者になったと多くの人に思われている。シンプルなオムレツ（エリザベス・デイヴィッド風にハーブのみじん切りを使用）を注文することができ、フライドポテトにマッシュポテト、ソーセージもあったが、フォアグラを丸ごと鉄板で焼き、汁がにじんでいるのをスイートコーン・パンケーキに載せたもの、あるいはこの上なく柔らかい鶏肉と山羊のチーズのムースのようなリー自身の創作料理があった。ムースは刻んだオリーヴをトッピングして苦さを補うことで、完璧な一品になっていた。

「それは革命でした」と当時リーとともに働いていたシェフのひとりカース・グラッドウェルは回想する。「そして勇敢なことでした。フライドポテトをメニューに載せてうまくやることのできた者は他にいません。ロンドン北部でしゃれたレストランを開いて、そんなものをメニューに載せたら、暴動が起きていたでしょう（訳注：ロンドン北部には高級住宅街がある。また二〇一一年ロンドン北部のトッテナムで、警官による黒人射殺に端を発した暴動が起きた）。明らかに物事が変わった瞬間でした」。

リーの鶏肉と山羊のチーズのムースはことさら真剣に考えた料理ではなかった。そのアイデアはマイケル・ルーのウォーターサイド・インに由来する。そこではフランス人がロクフォール（訳注：山羊や羊の乳で作った風味の強いブルーチーズ）とクルミで鶏肉のムースを作っていた。「私は単にメニューに書いただけです。そうすればおもしろいだろうと思ったのです。実際に作ろうなんて考えていませんでした。それはショーウィンドウの赤いアトリでした」と回想し、人々が白いアトリばかりを買うことを知りつつも、赤いアトリでその気を引くマーケティングの策略について語った。

「人々が実際に食べて気に入るとは思ってもみませんでした。でもそれは驚くほど人気が出たので、メニューからはずしたことはありません」。こうしてそれは、リーがおよそ二十年後にそのレストランを去って、ベイズウォーターでル・カフェ・アングレを始めるまで、ずっとその店の目玉だった。

胸肉をフードプロセッサーにかけ目の細かい漉し器で裏漉しし、柔らかい山羊のチーズと混ぜた後、刻んだオリーヴを敷いた型に入れる。だから二重鍋で調理した後、型からあけると、てっぺんが黒い。リーは澄ましバターならびにポートワインとワインの煮詰めたものを回しかけ、仕上げにチャービルの小枝を三つ飾った。

リーはそれを何千回と作ったかもしれないが、奇妙なことに食べることは用心深く避けた。「私は一度も食べなかった。もし食べたら、改良したくなるかもしれなかったからです。そのままにしておこうと思ったのです。手のかかるレシピですから、完全でなければならなかった。それでも若いのがオムレツとともにそれを作るのを見て大変誇りに思いました」。

レストランはリーが述べたように「一週間とたたないうちに混雑するようになりました」。そして土曜日にはレストラン評論家のジョナサン・メディスが、『タイムズ』紙でその開店を案内した。「ここがまさにそのレストランです。そしてそろそろ開店時間です」と書いている。「それはまさしくロケットの打ち

ローリー・リー。ロンドンのレストラン、ケンジントン・プレイスで。

上げでした」とリーは回想する。マーガレット・サッチャーのイギリスで外食が広く行われるようになり、単に上流階級や金持ちがほしいままにするものというより、社会的交流の欠かせない一部になったが、その風潮の変化に促されて、ロンドンのレストランの成長はその後次第にペースを上げた。

リーの革命には他の新進の料理人が加わった。サイモン・ホプキンスはテレンス・コンランのレストラン、ビバンダムのシェフ兼共同経営者として、熟達した情熱あふれる家庭料理の技術を持ち込み、またノッティング・ヒルにはアラステア・リトルの自分の名前を冠した飾り気のないレストランが開店した。通りを隔ててケンジントン・プレイスの反対側には、サリー・クラークがクラークスをオープンし、固定メニューでイギリスの季節の喜びを広めた。「すべてが一気に始まったのです。そしてアラステア、サイモンと私は完全に食物に取りつかれていました」とリーは述べている。

リーはフランス人に習い、フランスの偉大なるシェフに関するカンタン・クルーの本に影響を受けたかもしれないが、突然リーのフランスの心の友は影が薄くなる。独学のフランス人レイモン・ブランがイギリスに来ると、ロンドンははなから避け、代わりにオクスフォードにブラスリーを開店したのである。

しかしリーはレストラン革命を始めるつもりはなかった。料理界のきわめて多くの他の過激派同様、自然に思いついたことをしただけで、厨房を荒々しい場所にしたくはなかった。実際料理に関するリー自身の考えは、料理は健康維持に役立ち、その象徴とも言える鶏肉と山羊のチーズのムースの味わい同様に、魅力的で全人的な経験であるというものだった。

90

牡蠣のタグリアテッレ、キャヴィア添え

著者……マルコ・ピエール・ホワイト
出典……ハーヴェイズのメニュー

4人分
生牡蠣20個（殻付きで、汁気と盛り上がった殻のあるもの）

ブールブランソース
エシャロット4個のみじん切り、白ワイン・ヴィネガー75㎖、サイコロ状にカットした無塩バター225g、塩と挽き立ての白コショウ、風味づけのレモン果汁

盛り付け
キュウリ225g（できるだけ色の濃いもの）、バター25g、タグリアテッレ（訳注：ひもかわ状のパスタ）225g、新鮮な海藻か岩塩、あるいは両方、ブラック・キャヴィア大さじ2杯

ソースの作り方
鍋にエシャロットとヴィネガーを入れ沸騰させる。1～2分沸騰させて酸味を飛ばし、風味を

濃縮する。冷水を数滴加えもう一度沸騰させる。

鍋を火から下し、バターを一つずつやさしく、しかし手早く混ぜ入れる。

ソースを20分間置き、塩、コショウ、レモン果汁少々で味を調える。裏漉し器に綿布をかけて漉す。味を見て、必要ならもう一度調味する。供する直前によく温める。

タグリアテッレとキュウリの飾りの用意

キュウリの皮をむき、種をとって、長さ約4㎝の千切りにする。鍋に入れキュウリが隠れるくらいの水とバターの半分を入れる。沸騰直前まで温めたら、キュウリが柔らかくなるまで弱火で煮る。水を捨て、布巾かキッチンペーパーで軽く押さえて水気を切り、冷めないようにしておく。

供する直前に、タグリアテッレが隠れるくらいに湯を入れ、残りのバターと塩コショウで味をつけながら、静かに火を通す。

牡蠣の調理

盛り上がっている牡蠣の殻をよく洗い、小鍋に入れてかぶるくらいに水を入れ、沸騰させる。こうすれば、殻を殺菌するとともに温めることができる。

殻のかけらを取り除くために、牡蠣の汁を漉す。汁を小鍋に入れて、牡蠣を覆うのに必要なら水少々を加え沸騰させる。牡蠣を加え、触って少し固くなるまで——ほんの約1分だけ——弱火で静かにゆでる。水を捨て清潔な布巾で押さえて水気を切り、冷めないようにしておく。

盛り付け

それぞれの皿に海藻か岩塩を敷く。もしどちらもなければ、殻の下にマッシュポテトを少しおけば、殻が安定する。それぞれの皿に温めた牡蠣の殻を5個ずつ載せる。

よく水気を切ったタグリアテッレをフォークに巻きつけて、それぞれの殻の内側に巣を作るように置く。その上に牡蠣を載せ、キュウリの千切り少々で覆う。

ブールブランソースをさじでそっと牡蠣にかけ、その上にキャヴィアを数粒ずつ載せる。好みで皿を海藻で飾る。

一九八七年のひどく寒い晩に二十四歳のシェフのマルコ・ホワイトは、若い女性支配人、数人の料理人、二人のウェイターとともにレストランの戸口に立ち、猛吹雪のワンズワース・コモンを見つめていた。客は誰もいない。開店したばかりだったが、天候が災いした。「もう駄目だと思った。そんな夜が続いたら、もうおしまいさ」と後に振り返っている。

しかし何かがホワイトを駆り立てていたとしたら、それはその目を輝かせる星——ミシュランの星だった。そしてそれが与えられるのは、確実にフランス料理だ。マルコ・ホワイトはこれを知って、典型的なフランス料理の技法を磨いてきた。その種の料理は一九七〇年代から八〇年代初頭にかけてのレストランで大流行していた。十九世紀の終わりにイギリス人はフランス料理の優位を認めたが、二十世紀の戦後も同様である。

たとえば一九七〇年代初めには、ミッシェルとアルベールのルー兄弟が、ロンドンのダイニングの舞台にそびえていた。一九六九年に開店したル・ガヴローシュは、若い料理人が修業するお決まりの店。さらに他のレストランもあった。ピエール・コフマン、ミッシェル・ブーダンは、それぞれラ・タント・クレール、ザ・コノートと、ファッショナブルな人々が食事に来る店をロンドンで経営し、それから一九八四年には独学のシェフ、レイモン・ブランがオクスフォードシアにル・マノワール・オ・キャトル・セゾンを開店した。野心のある料理人がこぞって仕事を探したのは、これらフランス人のレストランの厨房だった。そしてそのような新進の才能ある人材のひとりが、それらすべてで修業したマルコ・ホワイトである。

リーズの労働者階級出身の少年は、十代の末にハロゲイトのセント・ジョージ・ホテルで骨の折れる仕事を始めた。一九七八年のことで、野菜の皮むきをしていないときは、靴を磨いていた。エゴン・ローナイのガイドブックに初めて出会ったのは、このときである。ページを繰るにつれ、そのような豪華ですばらしい食事を作れる可能性に、マルコの目は輝いた。それから望んでもごくまれにしか与えられない星で評価する、小さな赤い本を見つける。そのような賞賛のしるしを受けた者はきわめてまれで、それが若いホワイトの並々ならぬ野心をかき立てた。「金には関心がなかった。私の成功はミシュランの星で測られるべきものだった」とかつて書いている。

ミシュランでの成功を夢見て、ホワイトはイギリス国内の最高のレストランを渡り歩いて修業し、それから切望した星をその手でつかむべく働いた。成功への道は茨の道で、星を熱望するあまり、とうとうそれをくれる当の機関を忌み嫌うようになりさえする。

ミシュラン・レッド・ガイドは一九〇〇年に初めて出版されたが、シェフを恐怖に陥れる本である。きわめて多くのシェフがその星を手に入れようと日夜努力し、毎年一月に出版される日が近づくにつれ、眠れぬ夜を過ごすことになる。一八八〇年代には自動車がまれでよい修理場もまれだったが、その時代にタイヤ会社を始めたふたりの兄弟アンドレおよびエドゥアール・ミシュランは、旅の途中でタイヤを交換できる場所、食事したくなる場所を、今後見込まれる客に知らせるガイドブックを出版しようと決意した。

本来タイヤ会社の宣伝の手段だったものが、たちまち人気が出て影響力を持つようになる。一九二六年には、最高のレストランとみなされたものに星印がつけられるようになった。星一つは「その分野でとくにおいしい料理」、星二つは「きわめておいしくて、遠回りをしてでも食べる価値のある料理」、星三つは「味わうためには旅行する価値のある卓越した料理」である。そして一九八〇年代の初めにホワイトがとりつかれたのもこの星だった。

ホワイトはウェスト・ヨークシアで高い評価を受けているボックス・トゥリーで働いてから、ロンドンに行き、ワンズワースのル・ガヴローシュ・HQのドアを叩いた。そこでアルベール・ルー自身に会う。「リーズに帰るんだ」とルーは明らかに感心して言った。「身の回りのものを持って、月曜日に戻って来なさい。ここには火曜日に来ればいい」。ホワイトは最善を尽くして働いた。ミシュランでの成功への道は、ルーに煽られて軌道に乗る。「もし三つ星が取れなければ、テムズ川に飛び込んでやる」とルーはホワイトに言ったことがある。

だから一九八七年のあの荒涼たる冬の夜、寒い戸外からやって来た唯一の客が看守とその妻だったあの夜の不景気は、ほんの一時的なものにすぎなかった。レストランの名前ははハーヴェイズ。ひとたびレストラン評論家が訪れると、その四十四人分の席はたちまち埋まってしまった。フェイ・マシュラーは、「怒りっぽいがなかなか美しいマルコは、集中力があり、およそ一〇メートル離れたところからクレーム・ブリュレにシロップをかけて艶を出すことができる」と書いている。それからホワイトの興味を一番かき立てていた人物が自らやってきた。エゴン・ローナイは批評を書

33歳でイギリスで初めて、しかも最年少でミシュランの三つ星を獲得した
有名なシェフ、マルコ・ピエール・ホワイト（右）。

いてくれて、ホワイトに言った。「あの日以来予約は途切れたことがないね」。ローナイはまたミドルネームを加えてマルコ・ピエール・ホワイトと呼んだが、それはきちんと洗練された感じがしてホワイトの気に入り、以後その名前をもちいるようになる。ひとたび事業が上向くと、ホワイトはミシュランを感心させるような料理を提供することに的を絞った。しかもそれを一九八〇年代および九〇年代の多くのシェフの評判を一変させるようなやり方でおこなった。

しかしながら、レストランは洗練された優雅な場所で料理は小さな芸術作品だった一方で、厨房はまったく別物だった。「ハーヴェイズで私のアドレナリンは高まり、苦しいながらも天国だった」と振り返っている。厨房の中央のテーブルで、紙にざっと記した料理を完成させようと苦心した。くしゃくしゃの波打つ髪を顔の前に垂らし、それぞれの料理の構成要素が手元にくるまでの時間を、秒読みした。「われわれは狼みたいに、飛び回り、誰もがさまざまなことをやっていた」。まちがいを犯せば、精神的にも肉体的にもひどい目に遭う。不心得者はゴミ箱に投げ込まれた。厨房が暑過ぎると苦情が出れば、エアコンを消すか、従業員の服に穴をあけた。対照的にゴードン・ラムゼイのようにホワイトの下でうまくいった者は、大成功を収めた。

ホワイトはその怒りを厨房だけにとどめたわけではない。遅れて来る、あるいはウェイターに指を鳴らす不快な客はつまみ出された。シェフというよりロック・スターのように振る舞い、それによってマスコミの注目を浴びてご機嫌だった。一九八〇年代中頃にあるジャーナリストが尋ねた。「この二週間で八人をお店から放り出したそうですが…」。「二週間で八人なら、ああ、平均以下だ」とホワイトはいつものようにマルボロをくわえながら浮かない顔で答えた。

しかし何ものも星を獲得するという目標からホワイトをそらすことはできなかった。その目標は完全と調和の組み合わせによってのみ達成できるとわかっていた。ホワイトのメニューの呼び物は、豚の膀胱に詰めたハト、豚足、甲殻類のポタージュ、牡蠣のラヴィオリのような典型的なフランス料理と、自身の創作料理、牡蠣のタグリアテッレのキャヴィア添え。その創作料理について後に語っている。「あらゆる点で成功している。味がすばらしいだけでは十分じゃない。成功するのは、いいね、料理の味と見た目がイコールのときだけなんだ。これは本当にそのような数少ない料理のひとつさ。まれな料理なんだよ」。

あらゆる大変な努力と発明の才が効果を上げ、その年のうちに星を一つ獲得した。二年後には二つ目の星を、一九九五年には三十三歳という最年少で、イギリス人シェフとして初めて三つ星を獲得する。「星を一つ手に入れるのはまれなこと。二つ手に入れるのは、もっとまれ。三つ星を獲得したと告げられること…それが私の戦いの終わりだ。私はミシュランの太鼓に合わせて踊っていた。私はルールを理解し、その組織の期待に応えた」。

ホワイトは五年間三つ星を維持し、一九九九年十一月にミシュランに電話をかけた。「お知らせします。私は十二月二十三日に料理をやめます」と星をくれたデレク・ブルメに告げた。「次のガイドには載せないでください」。

ミシュランはそのふざけた行為を派手な宣伝活動として片づけた。ホワイトの考えは、「偽りの生活を」したくはないというものだった。もし厨房にいなければ、星をもらうべきではない。星獲得のプレッシャーを手際よく退け、ミシュランに毒を吐きかけた。「今日ミシュランは紙ふぶきのように星をつけている」と二〇一〇年に述べている。秘密の調査員は、評価される側より知識も能力も劣っており、厨房よりもテレビ出演に多くの時間を割いているシェフに星が与えられているのでは、「ガイドの品位を問わざるをえない」と。そしてミシュラン全体が「ぐらついて」いると論じた。

高い評価を受けているシェフ、ニコ・ラドニは、かつてホワイトについて次のように述べている。「マルコほど料理に異様な情熱を燃やしている人間には会ったことがありません。まったく正気の沙汰とは思えない。でもマルコは許されて然るべきです。ほとんど天才と言ってもよいでしょう」。一部の人々にとっては信頼できず自己中だったかもしれないが、ホワイト――厨房を去って魚を釣りに行った――は、いまだかつてない魅力で人々をその料理の虜にし、有名になった。またフランスに行きもせずに極上のフランス料理を作ることを学んだのである。「革命を起こしたんだよ。フランスの奴らはイギリスの厨房を支配していたが、おれはイギリスの若者にやる気を起こさせたんだ」と回想している。

91

ウズラのクスクス添え

著者…ジョーン・バンティング
出典…『マスターシェフ 1990』（*Masterchef 1990*）

材料

オリーヴ・オイルあるいは溶かしたバター大さじ1杯、塩、クスクス225g、炒ったマツの実大さじ2～3杯、アルマニャックに浸した大きな干しブドウ50～75g、ウズラ4つがい、ベーコンの薄切り8枚、赤ワイン少々、コショウ、飾りに新鮮なコリアンダーあるいはパセリを数枝

大きなソースパンに水300mℓとオリーヴ・オイルかバターを大さじ1杯入れる。塩をひとつまみ加えて、煮立てる。火から下し、クスクスを加えてかき混ぜ、15分間そのままにして膨張させる。再びかき混ぜてマツの実と干しブドウを加える。混ぜ物をしたクスクスの一部をウズラに詰め、カクテル・スティック（訳注：カクテルのサクランボやオリーヴなどに刺す爪楊枝状の細い棒）で留める。ウズラをベーコンで覆い、ロースト用の皿に載せる。赤ワイン少々を注ぎ、塩コショウで味付けする。非常に柔らかくなるまで、220℃～230℃で8～10分焼く。ソースを漉して、別に供する。残りのクスクスを温めて、適当な皿の中央に置き、回りにウズラを並べる。上からソースをかけ、コリアンダーあるいはパセリを飾る。

ジョーン・バンティングが『ラジオ・タイムズ』誌を取り上げたのは、バハマで長年にわたる教師としての任務を終え、ニューキャッスル近くの郷里ゴスフォースに戻っていたときだった。ぱらぱらめくっていると、BBCの広告が目に入った。新しい料理コンテストの応募者の募集である。ジョーンはページを破ると、その広告に丸印をつけ、受話器を取り上げた。

バンティングはずっと料理に興味を持っていて、母から教わっていた。実際十歳のときにはサンデー・ロースト（訳注：日曜日の昼に食べるローストビーフ）を完璧に作ることができた。この新しいコンテストの基準は恐れるほどでもないように思われたが、当時テレビではほかに料理コンテストはなかったので、実際にはどのようなものかと思案はしていた。

初回の放送は一九九〇年七月二日。番組ではジョーンはほかの二人のアマチュア料理人と競い、準決勝、そして決勝へと勝ち進む。予選は九回、準決勝は三回あった。ジョーンは、ムール貝のピストウ（ニンニク、バジル、オイルをプロヴァンス風に混ぜたもの）和え、伝統的なハトよりはむしろウズラのクスクス添えというモロッコ料理、ニンニクとジュニパーであえた春キャベツ、地中海の島風プディングというメニューを作った。最後の一品はカスタードの海にメレンゲが漂い、小さく切った新鮮な果物で飾られていた。

料理と味見――その晩の審査員はシェフのアントン・エーデルマンと美術史家のロイ・ストロングの二人――が終わると、番組司会者のロイド・グロスマンがカメラに向かって話しかけた。ジョーン・バンティングが優勝したと発表する前に、「私たちは慎重に審議し、熟慮し、消化しました」と述べる。すぐに反響があり、国中の家庭の多数の視聴者が、ボストン子ロイドの一風変わった米英混合の母音を延ばしたのろくさい話しぶりをまねようとした。

このシリーズの終わりが料理番組の革新の始まりだった。この番組は「草分け」で、「テレビの料理番組にはずみをつけ、番組は急増しました」。「私は決勝まで進めるとは思っていませんでした」とつつましいバンティング夫人はつぶやいた。そして地元の新聞『ザ・ジャーナル』紙の料理欄に以後十三年間寄稿を続け、それから引退してその勝利のメニューのかなめを生むきっかけとなった場所、プロヴァンスへと移り住んだ。

その番組『マスターシェフ』(*Masterchef*)を考案したのは、映画監督フランク・ロッダム。ロッダムは一九七〇年代末のモッズ(訳注:一九六〇年代の、とくに服装に凝るボヘミアン的な十代の若者、その流行服)復活流行の典型的な作品『さらば青春の光』(*Quadrophenia*)で大成功を収めている。グロスマンは自ら「かつてなく成功したテレビ番組のひとつ」と呼んだ番組、『鍵穴の向こう』(*Through the Keyhole*)でデイヴィッド・フロストと共同で司会をしていたので、ロッダムは司会者にグロスマンを抜擢したのである。グロスマンはまた『サンデー・タイムズ』紙および『ハーパーズ・アンド・クイーン』誌で長い間レストラン批評をしていたので、自ら語るように「料理に関しては信頼されて」いた。

さらにテレビでもっとも奇妙なアクセントの一種でしゃべったので、そのキャッチフレーズとともに、それぞれの番組で一瞬妙にわくわくする予感を生み出した。「軽い娯楽番組での経験から、キャッチフレーズがどんなに重要かわかっていました。そして人々がそれを真似し始めることも。ウィルスみたいに伝染するんです」。

もちろんイギリスのテレビ視聴者にそれほど受けたのは、その素材自体である。「私は十年間食べ物について書いてきて、国中歩いていたので、ダムがまもなく決壊することはわかっていました」とグロスマンは述べた。「料理はあらゆる種類の社会的文化的理由で、実に長い間抑圧されていました。そしてまさに『マスターシェフ』が始まった時点で抑えられていたものがはじけたのです。われわれはそれを加速したのです」。

番組は暗いセットとムードある照明で、料理をおしゃれに見せた。他の料理番組とは一線を画しており、料理業界にも愛された。マイケル・ケインからジョージ・メリーまでの有名人を相手に登場したシェフには、料理界の重鎮や名士が勢揃いする。アルベールおよびミッシェルのルー兄弟、サイモン・ホプキンソン、アリステア・リトル、レイモン・ブラン、そしてピエール・コフマンなどなどである。

『マスターシェフ』は料理に関してはまじめだったが、料理にかかわる人々だけでなく幅広い視聴者を獲得した。しかしグロスマンらが自分たちでヒットさせるんだという自信を持っていたのにひきかえ、放送予定を立てる側はそれほど確信が持てなかった。「ある月曜日の午後七時にわれわれは人気の連続テレビドラマ『コロネーション・ストリート』（*Coronation Street*）に立ち向かったのです」とグロスマンは最初のシリーズについて述べている。「それは見込みのない時間帯でした。けれどもわれわれの番組は目新しかったので、視聴者が増え、それについて語り始めたのです」。

グロスマンは『マスターシェフ』が「大きな変容」にほかならないものに貢献したと信じていた。「食文化を多数の人々に広め、今もそれを続けている」のだ。『マスターシェフ』の放送開始から二年後、グロスマンはロンドンのレストランでウェイターから声をかけられた。ウェイターによれば、番組が始まる前は人々が食べ物についてしゃべるのを聞いたことがなかった――ゴルフか仕事の話ばかりだった。しかし今や食べているものが話題になっているのだ。「食べ物は会話にふさわしい話題とはみなされていなかったのです。無作法も同然でした」とグロスマンは述べている。

『マスターシェフ』は、『オーストラリアの有名マスターシェフ』（*Celebrity Master Chef Australia*）であれ、『ドイツのマスターシェフ』（*Deutchlands Meisterkoch*）であれ、世界中でさまざまな形で放送され、巨大な世界的ブランドになった。死に体の時間帯がゴールデンタイムへと変身を遂げたのである。ロイド・グロスマンは、ジョーン・バンティングの手を少し借りて、おいしい料理とその喜びは、グロスマン自身の言葉によれば、「もはや単に皮肉な批評家のためにあるのではなく、われわれのものである」ことを示したのだ。

92

ペカン・ワッフル、ペカンとバナナのシロップ添え

著者…エメリル・ラガッシ
出典…『エメリルのテレビ・ディナー』(*Emeril's TV Dinners*)

材料4〜8人分

溶かした無塩バター1本(1/4ポンド)と大さじ2杯、砕いたペカン・ナッツ1カップ、中くらいの大きさの熟したバナナ2本の皮をむいて、厚さ1/2インチで斜めに切ったもの、ピュア・メイプル・シロップ2カップ、挽いたペカン1/2カップ、漂白万能小麦粉1と1/2カップ、砂糖1/2カップ、ベーキング・パウダー大さじ1杯、塩小さじ1/4、卵黄大2個、ピュア・ヴァニラ・エッセンス小さじ1杯、ミルク1と3/4カップ、大きな卵2個分の卵白

中くらいの大きさのフライパンを中火にかけ、バター大さじ2杯を加熱する。砕いたペカン・ナッツを入れてキツネ色になるまで2〜3分炒める。バナナの薄切りとシロップを加えことこと煮る。火から下し、温めておく。

中くらいの大きさのボウルで小麦粉、挽いたペカン・ナッツ、砂糖、ベーキング・パウダー、

塩を混ぜる。大きなボウルで卵黄とヴァニラを少し泡立てる。ミルクとバター1本を溶かしたものを卵黄のボウルに入れて泡立てる。小麦粉と混ぜ合わせたものを卵黄のボウルに入れ、切るように混ぜる。少しつぶつぶが残る程度に混ぜ合わせる。小さなボウルでピンと角が立つまで卵白を泡立てる。それを小麦粉や卵黄を混ぜ合わせたものに切るように混ぜ、少しふわっとした状態にする。

もしベルギー・ワッフル型を使うなら、型を余熱して油を塗り、生地を1カップ注ぐ（ふつうのワッフル型はおよそ1／2カップしか入らない）。蓋をしたら加熱中は開けないこと。ベルギー・ワッフル型の場合、きつね色になってパリッと焼けるまで3〜4分、小さなワッフル型なら1分半から2分かかる。

熱いうちにペカンとバナナのシロップを添えて供する。

リース・ショーンフェルドは、テレビ界で有名だった。一九八〇年にテッド・ターナーと共同でケーブル・ニュース・ネットワーク（CNN）を設立する。ニューヨークのジャーナリストだったショーンフェルドは実業にも進出し、CNNを視聴できる新聞とみなした。多くのニュースが日々絶えず司会者やレポーターを騒がせているのだから、視聴者は見るに決まっている。

およそ十年後ショーンフェルドは、食物についても同じことをすべき時がきたと考えた。そこでテレビ・フード・ネットワーク（TVFN）の構想を抱く。それは単純に「新聞の別のページをテレビに移す」ことだった、と述べている。

そして日夜食物について放送するだけのチャンネルを始めることに、本当に関心があるのかと訊かれて、簡単に答えた。「食べない人間はいない」。

もちろんそれよりは少し複雑だった。アメリカではケーブル局があちこちに生まれている時代だった。CNNやニコロデオン（幼児、児童向けテレビ局）と並んでたとえばMTV（ミュージック・テレビジョン）があった。しかし生き残るためには、ケーブル局が言う「カテゴリー」放送は、広告主のために視聴者を獲得しなければならない。この特定の内容に喜んで金を払う加入者からの受信料の他に、出資してくれる広告主が必要だった。だから番組は十分広範囲に関心を引くものでなければならない。

テレビにはすでに昼間の料理番組がたくさんあり、その大部分は教育的だった。もし視聴者が二十四時間料理を扱うテレビを受け入れるとすれば、おもしろくなければならないとショーンフェルドは考えた。頭にはターゲットとなる市場があった。いずれにしろたぶんチャンネルを合わせるだろう料理愛好家がいたが、見てほしかったのは、仕事と夫や子供のための料理を両立させなければならない十八歳から三十五歳の女性である。だからその女性たちに受信してもらう必要があった。そこで新聞社と手を組むとともに、ある主要テレビ局と他の九つのケーブルテレビ会社と提携し、まさに開始時からアメリカの七百五十万所帯に新局の番組を届けた。

その際ショーンフェルドは一年の中で大いなるグルメの日を選び、一九九三年十一月二十三日の感謝祭の日に放送を開始する。開始時そのチャンネルは、いくつかの番組を六時間放送し、それを一日に四回繰り返した。放送された番組を見ればわかるように、これはエンターテイメントとしての料理だった。司会者のいる新しいスタイルの番組には、『フード・ニューズ・アンド・ビューズ』（*Food News and Views*）、マリオ・バタリ出演の『モルト・マリオ』（*Molt Mario*）、ボビー・フレイ出演の『チリン・アンド・グリリン』（*Chillin and Grillin*）、『一週間百ドルで一家が食べる法』（*How to Feed Your Family on a Hundred Dollars a Week*）、『エメリルのエッセンス』（*Essence of Emeril*）などが含まれていた。

試験的に放映する番組の収録をプロデューサーがエメリル・ラガッシに持ちかけたとき、ラガッシはニューオーリンズで働いている太った陽気なシェフで、レストラン経営者だった。ラガッシには時間があるかどうか確信が持てなかった。しかし彼は予定を調整し、試験放送の番組にはゴーサインが出て、『エメリルのエッセンス』は開局時にデビューする。一日に七回分まで収録したときに、ラガッシはニューヨークのスタジオで長時間撮影する間に制作仲間を眠らせない方法を見つけた。料理に塩を少し加えながら、あるいは砂糖を振りかけながら、声を限りに「バン！」と叫んだのである。

おかげで仲間は眠りこまずにすみ、それはラガッシのキャッチフレーズになった。ラガッシはまたアメリカのテレビ界でもっともおなじみの顔となり、後には自身の夜遅いトーク番組を与えられ、スタジオの観客の前で料理をし、おまけにバンドの演奏までついた。そのまねのできないスタイルは、五年後に出版された抱き合わせ販売の本『エメリルのテレビ・ディナー』でも維持されている。たとえばペカン・ワッフルのレシピを紹介するときに、こう述べる。「もしワッフルに目がないなら、ねえ、これこそあなたのためのワッフルですよ。ペカンとバナナのシロップがたまらない」。

TVFNはショーンフェルドに売り払われてからフード・ネットワークと名前が変わったが、徐々に視聴者をつかむ。同局はジュリア・チャイルド（三七六ページ参照）のような人々が出演した古典を再放送し、一九九七年には『トゥー・ファット・レディズ』（*Two Fat Ladies*）を、一九九九年には『裸のシェフ』（*Naked Shef*）を、とアメリカにイギリスの番組をもたらした。実際『裸のシェフ』に出演したジェイミー・オリヴァー（五〇三ページ参照）は非常に人気があったので、フード・ネットワークは、その番組による利益を確保するためにさらなる放映分に助成金を出した。

二〇〇二年にはフード・ネットワークに七千百万人が申し込んだ。およそ十年後にその数字は九千万に近づく。二〇〇九年にはイギリス（二〇〇一年以来UKフード局があった）でも開局し、アジアでは二〇一〇年に開局した。

フード・ネットワークは、料理番組が純然たるエンターテイメントになり得るというショーンフェルドの確信を証明する。ほかのチャンネルにも料理や食事の番組がふえたが、それによって、フード・ネットワークに申し込む視聴者がさらに増えることになった。食というテーマに対する人々の関心を満足させることに熱心だったからである。同局は料理という職業に魅惑をもたらし、料理学校に登録する人数も明らかに増えた。ただし彼らの夢はレストランの経営ではなく、テレビ・シェフになることだった。たとえ思い描いたやり方そのままではないにせよ、ショーンフェルドはその手で大成功をつかんだ。フード・ネットワークは確かにおもしろい。実に多くの人々が番組を見たが、大半は料理する気はまったくなかった。

アメリカでも大西洋の向こうでも、料理は見て楽しむスポーツになった。当時のイギリス料理の状況を調べて、ジャーナリストのジョアナ・ブライスマンは次のように述べている。「二〇〇二年にイギリスではテレビが料理番組を四千時間放映し、料理の本が九百冊出版され、さらに食や料理に関して二千五百万語が活字になりました。しかし私たちは自分で料理するよりもシェフを見ることに時間を費やしているようです」。イギリスは、「料理の野次馬大国」になったと。しかしそれはレストランで注文する参考になり、話題も提供した。それにもし料理しながらテレビを見ようとすれば、たぶんどうしても指を切るはめになるだろう。

93

フェアリーケーキ

著者…ナイジェラ・ローソン
出典…『あなたは台所の女神』
(*How to be a Domestic Goddess*)

材料12人分

軟らかくした無塩バター125g、上白糖125g、卵大2個、ベーキング・パウダー入り小麦粉125g、ヴァニラ・エッセンス小さじ1／2、ミルク大さじ2～3杯、インスタント・ロイヤル・アイシング（訳注：砂糖と卵白で作る固い糖衣）500g入り1パック、マフィン用のペーパーを貼り付けたマフィン型12個

オーヴンを200℃に予熱する。

フェアリーケーキほど簡単に作れるものはありません。ミルク以外の材料をすべてフードプロセッサーに入れ、なめらかになるまで撹拌します。じょうごでミルクを加えるときは、静かに同じ速度で落ちるようにします（もし手で作業したければ、『あなたは台所の女神』のヴィクトリア・スポンジケーキの作り方を参照して下さい）。この乏しい材料では12個の型に足りないと思われる

かもしれませんが、大丈夫です。それぞれの型に同じようにスプーンですくってこそげ落とします。オーヴンに入れ、15～20分、あるいはケーキに火が通りてっぺんがキツネ色になるまで焼きます。できるだけ早くケーキを型から出して、金網台に載せて冷まします。サクランボを載せたフェアリーは、少し上が尖っているのが気に入っていますが、すべての花や他のアーティスティックな飾りをつけるためには、上を平らにしてからの方がよいので、冷めたら上の尖っている部分を切りとって平らにしてから、アイシングをかけます。

インスタント・ロイヤル・アイシングをまるごと1パックと記したのは、たくさん使えば多くの色が楽しめるからです。実際には250gもあれば十分でしょう。私は色をつけずにたくさん作り、それからシリアルのボウルに1度に大さじ数杯ずつ移し、細く尖ったもの（壊れた温度計の針先が重宝していますが、焼き串でも大丈夫）で、着色料のカップから色をほんの少しずつ加え、小さじでかき混ぜ、好みの色（日頃の美意識のいかんにかかわらず、ここではパステルカラーがベストです）になるまで、とてもゆっくりとても注意深く着色料を足していきます。それから別のさじでアイシングをケーキそれぞれの上に広げ（かき混ぜて取り分けるさじとは別のさじを使うことが重要です。そうしないと、アイシングのボウルにケーキのくずが入ってしまいます）、表面がほんのわずかに乾くまで少し置いてから、バラ、デイジーをひとつずつ、あるいはいくつかずつ挿します。

「これは無数のカップケーキ・カフェを生み出したレシピでした」とナイジェラ・ローソンは数年後に振り返っている。ナイジェラはアメリカでカップケーキを見て（活字になった最初のレシピについては二三四ページ参照）、もう少し甘味を抑えてイギリスの市場に売り出した。それは彼女のレシピすべてのうちでもっとも人気のあるもののひとつになり、著書『あなたは台所の女神』の表紙を飾っている。

表面上はベーキングに関するこの本は、料理の領域をはるかに超えて衝撃をもたらした。そのタイトルと中身が社会における女性の役割に関して、新聞の論説委員を激怒させたのだ。二十世紀を通じて女性と料理用レンジとの間には、愛憎絡み合う関係が続いていた。テクノロジーは女性を解放するのに失敗したが、今や世紀の変わり目に至って、働く女性がますます増えているときに、ローソンは女性を台所に戻そうとするように思われた。「物憂い朝には、フェミニズム後の背伸びし過ぎた女性ではなく、パイを焼いてナツメグの香りを漂わせる台所の女神になりたいと思うことがあります」と序文に書いている。「台所とは関係のないことをするために、料理を手早くすませる方法がありますが、これが問題なのです」。

一部の新聞の反応は辛辣だった。「ひょっとして女性がケーキを焼くのを嫌う本当の理由は、その仕事が私たちが家庭内奴隷であることを典型的に示しているからでしょうか？」と作家のニコラ・タイラーは『デイリー・メイル』誌で叫んだ。「大半の男性はセックスであれベーキングであれ、熱心に奉仕するようにしつけられた良妻というイメージを密かに愛しています。ケーキを焼くことから奴隷まではほんのひとまたぎなのです」。

この怒りのバンドワゴンに加わった者の中には、『サンデー・ヘラルド』紙に寄稿したジャーナリストのアナ・バーンサイドがいた。「さて、まるで何にでもなろうとする罪で私たちを拷問台にかけるかのように、テレビの最新スター料理人、ナイジェラ・ローソンが登場して、私たちはケーキも焼けるべきだと宣告しています」と書き、その本は「キャリアを捨てて弁当を作ったり、子供の服を縫ったりする女性を肯定する代物」であるとあざけるように付け加えた。

ローソンが「マスカルポーネ・チーズのような肌と大きな魅惑的な瞳でぐっとくるような美人」であると述べているバーンサイドは、それがともかく癪《しゃく》の種。選り抜きの裕福な中流階級の女性がイギリス国民に教えを垂れているのを目の当たりにして、苛立っていた。「問題はこれがすべて今日ローソンのような生き方をしている女性向けであることです。つまりロンドンの新聞に寄稿し、大きなきれいな車を運転し、住み込みの家事手伝いを雇い、自分のテレビ番組のシリーズがあるような人にしかまねできないのです」と解説する。さらに左翼の寄稿家スザンヌ・ムーアは『メイル・オン・サンデー』紙で、「ナイジェラが売り歩いているファンタジー」について激怒し、怒りをぶちまける。ナイジェラの本は国民を「闇で堕胎がおこなわれるフェミニズム以前の世界」へと逆戻りさせうる、と叫んだ。

成功を収めた著書『家庭の女神になるには』の出版記念パーティーでのナイジェラ・ローソン。

しかしジャーナリストにして、レストラン批評家で、『ヴォーグ』誌のフード・ライターであるローソンは、コラムの影響を理解し、批判を冷静に受け止めた。「以前この問題について書いたことは覚えているけれど、どのように考えていたか思い出せない…」という心の内に気づき、コラムの執筆をあきらめた。けれどもその著書は偽りのないところから生まれたものだった。十年以上たってからその本が生まれたいきさつを思い返し、パン作りのクラスにいたときに自分が「いささか根本的に変わった」ことを思い出す。「パン生地を混ぜてこね、実際に手でパン生地に触っていると、心がすっかり解放されるのを感じました。シチューがどのように働きかけてくるかわかるのと同じように、卵、バター、小麦粉を混ぜ合わせて、ケーキを作るうちに何か奇跡のようなものが起こるのです」。

この洞察は、ローソン自身も含めて実に多くの女性が、単に「働いて、働いて、働いて、家に帰ってベッドに倒れ込み、また働いて、働いて、働く」ように見えるという実感とともに、ある考えが芽生えるもとになった。「私は『ヴォーグ』誌に台所の女神のように感じられる方法について書きました。そして新たに見つけたケーキを焼く愉しみについて語ったのです。すると信じられないような方面からも含めて、非常に大きな反響があったのです」。

当時ケーキ作りの本はたくさん出ていたが、決してファッショナブルではなかった一方で、ケーキを焼く人々は「活発で有能」とみなされていたと、ローソンは述べている。彼女はその神話を取り除きたいと思った。そして子供たちのためのパーティーを開いてみて、いつでも子供より親の方がフェアリーケーキを好むことを知った。

「私は郷愁のようなものを感じたのです」と述べている。「自分にはなかった子供時代に対する郷愁でした。ケーキを焼くことは、私自身と私の子供たちのために、失われた子供時代を作り直せることを意味したのです。台所に安全で居心地よく元気を回復してくれるような雰囲気が生まれるのです」。女性をある種の料理の苦行に送り出しているという非難に関して、ベーキングのことを述べている。「それは女性を台所に縛りつけるものでありません。今日何と多くの人がオフィスにケーキを持ってくることでしょう。それは女性に限りません。私はここ何年も、男性のために数えきれないほど多くの本にサインしてきました。だから女神の女を取って、代わりに!を加えてみて下さい」。

その一方で、この本には多くの賞賛が寄せられた。「彼女はデリアのように女監督みたいな指示はせず、ただやさしく提案しているだけである」と『ザ・タイムズ』紙は述べている。料理人でライターのタマシン・デイ＝ルイスも同様に肯定的で、『デイリー・テレグラフ』紙で次のように述べている。「ケーキ、フェアリーケーキ、スポンジケーキについて今風に書くことは、トスカナ地方の炭火焼きの野菜について書くよりも、あえて書くという自信が必要です」。

イギリスの国民もジャーナリストの罵倒を無視してこのテーマに共感を寄せ、『あなたは台所の女神』は、最初の四カ月で十八万部も売れた。処女作のすぐ後に続いて、一九九八年にはハードカバーの『ハウ・トゥー・イート』（*How to Eat*）が出版されて喝采を浴びる。同書の中でローソンは「私は食い意地以外には何もありません」と告げている。ローソンの本やテレビの仕事は花開いた。視聴者は現実の女性が、とりわけ「偉大なるダイエットの神を礼拝することへの不本意」なるものを表明した女性が、自分の料理を頬張っているのを見て楽しんだ。

ナイジェラ・ローソンは、台所を去るのではなく、台所で働くことによって解放されると、多くの人々を説得するのに成功した。「私がここでしていることは、もっぱらジャガイモ、バター、クリームによって人生の避難所を提供することです。マッシュポテトだけが役に立つこともありますす」と述べている。もちろんケーキでも同じこと。

94

香辛料で味つけしたエビ

著者…G・K・ヌーン
出典…『ヌーンの本格インド料理』
(*The Noon Book of Authentic Indian Cookery*)

4〜6人分

植物油大さじ5杯、クローヴ6個、シナモン・スティック2本、タマネギの薄切り150g、ニンニクのピューレ（後述）大さじ1杯、赤トウガラシ粉小さじ1／2、砕いた黒コショウ小さじ1／2、挽いたクミン小さじ1／2、挽いたフェンネル・シード小さじ1／2、麦芽酢大さじ3杯、刻んだトマト350g、生のカレーリーフ（訳注：ミカン科の低木）の葉15枚、ジャガリー（訳注：サトウキビから作られる天然糖）100g、ブラウン・シュガー大さじ1杯、トマト・ピューレ125g、頭と殻と背わたを取った中くらいの生のエビ1kg、塩

1．深く底の厚い鍋、あるいは中華鍋に油を熱し、クローヴとシナモン・スティックを加え、パチパチ音を立てるまで10秒間炒める。タマネギを加えて茶色くなり始めるまで10分間かき混ぜながら加熱する。ニンニク・ピューレを加えて30秒加熱する。

2. 火を弱めて挽いたスパイスすべてと酢を加え、油が分離し始めるまで加熱する。

3. 刻んだトマト、カレーリーフ、ジャガリー、ブラウン・シュガー、塩を加え、再び油が分離するまで加熱する。水500㎖を注ぎ入れて煮立て、トマト・ピューレを加える。よく混ぜて、なめらかになるまで約15分間弱火で煮る。

4. エビを加え、弱火で6〜8分煮る。炊いた米とともに供する。

ニンニク・ピューレ

皮をむいて刻んだニンニク50gを水大さじ1杯とともにミキサーかフードプロセッサーにかけて、なめらかなピューレにする。冷蔵庫で2〜3日保存できる。

ロンドン郊外のサウソールにカレー工場はあった。その最上階にある会議室のテーブルの上座で、ロード・ヌーンはスプーン一杯の野菜スープを口に入れた。回りには報道記者の一団。彼らは工場の特別な施設を見学し、調理済みのインド料理を試食するように招待されていた。そのインド料理はこれまでヌーンに財をもたらし、イギリスの多くの人々の食欲を満足させてきたものである。

その昼食会でジャーナリストは、すべて下の工場で作られたチキン・ティッカ・マサラ（訳注：イギリス発祥のインド料理で、鶏肉のカレー料理の一種）、仔羊のコールマー（四一四ページ参照）、豆の煮込み料理ダール、米、そしてインドのパンを試食した。しかしウィリー・ウォンカ（訳注：ロアルト・ダール原作『チョコレート工場の秘密』に登場する工場主）はチョコレートを提供するのを一切拒否して客を驚かせたかもしれないが、グラム・ヌーンも自分の工場で作った調理済み食品を食べるのを控え、代わりにあっさりしたスープを選んだので、やはり客は驚いただろう。それは一般的には第二の祖国の伝統的な料理に属するものだった。「おわかりいただけますね」とヌーンは言った。「カレーはとてもおいしいけれど、私はしょっちゅう食べているので。しかし是非とも食べてみてください。そうすれば家庭で食べられるインド料理を私がどんなに変えたか、おわかりになるでしょう」。

午前中ずっとダールの大きなバットをのぞき込み、巨大なグリルの下から出てくる何トンもの調理済みの鶏肉を眺め、それからその鶏肉が一切れずつそれぞれ黒いトレイに落とされて、ベルト・コンベアーで運ばれ、少量の黄色いご飯が鶏肉の隣の仕切りにじょうごで入れられるのを注視して過ごしたので、記者たちは空腹だった。

「私が始める前は」とロード・ヌーンは続ける。「調理済みのインド料理はまずかった。風味も何もあったもんじゃない。しかし私はアメリカからやってきて、『これだ』と考えたのです」。一九八九年のこと、ヌーンはアメリカからしっぽを巻いて逃げ帰ってきた。ニューヨークでインド料理を提供する試みは、まったくの失敗に終わった。それは工場を建設して、ニューヨーク内外の十一軒のレストランに客に出せる冷凍食品を供給する、という構想だった。しかし「アメリカ人の心を捕えることはできませんでした」とヌーンは認めている。

ヌーンは故郷ボンベイの実家の事業——ロイヤル・スイーツ——を発展させ、イギリスへの移民の間でインドの菓子を売る事業で儲けていたが、その金をすべてアメリカで失った。それで二十代の初めに一目見てすっかり気に入った都市ロンドンへと舞い戻ったのである。ロンドンはもっと素直に自分の考えに乗ってくれそうだった。

一九八〇年代末のことで、女性が以前より長時間働き、台所より会議室で腕をふるうのに熱心だったので、家庭料理は二の次のようだった。働いてないときは、女性は料理用レンジのそばにいるよりもジムに行こうとする。核家族がばらばらになり、単身所帯が増え、離婚率も上昇していたので、調理済み料理産業は今にもブームになろうとしていた。

問題はその料理の多くがまずいこと。マークス・アンド・スペンサーが最初の調理済み料理——チキン・キエフおよびチキン・コルドン・ブルー——を売り出してから十年がたっていたが、外国料理への進出は無条件に成功したとは言えなかった。そのような料理はカレーが多かった。というのも質の悪い肉にスパイスをまぶしてごまかす巧妙な方法だったからである。たとえばヴェスタの乾燥牛肉カレーはまるで軍隊の食糧。もっとも七〇年代にはまだ目新しく、比較できる本格的なカレーがなかったので、人々も受け入れはしたが。

カレーの後には、レトルトパックのパスタ・ソースや「バーズアイ・ロースト・ビーフ・ディナー・フォア・ワン」のような栄えある冷凍食品が続いた。これらのいわゆる「テレビ・ディナー」（訳注：メインディッシュと付け合せがすべてトレイにセットされた冷凍食品）はアメリカから到来したが、アメリカではスワンソン社が、航空機内食を家庭にというアイデアを採用していたのである。七面鳥、クランベリー・ソースそしてコーンブレッドというオリジナルの食事は、市場で過剰になっていた七面鳥を消費する手段として開発され、包装されたもので、買いたてのテレビを見ながら詰め込める新しい食事を熱望していた人々をターゲットにしていた。

テクノロジーのおかげで冷凍食品市場が調理済み冷凍食品に道を譲ると、消費者をねらって調理が不要なだけでなく、物好きなダイエットの流行にも一役買ったトレイが出回った。フィンダス社の低カロリー冷凍食品「リーン・キュイジーヌ」は、女性に台所を離れてこぎれいにしていられると語りかける。そしてまだ誰も冷凍ディナーに関して、塩分過剰あるいは保存料使用などを問題にしてはいなかった。

それにしても冷凍食品のインド料理はお粗末で、グラム・ヌーンはそれを知っていた。冷凍のインド料理を売るスーパーマーケットをすべて訪れ、家に持ち帰って試食したからである。「がっかりしたのなんのって」と述べている。本物のスパイスが使われていなかったのだ。しかしニューヨークで開発した技術をもちいて、イギリスでは状況を改善することができた。アメリカでも申し分のない風味を作り出していたのだが、アメリカ人はそのカレーに関心を示さなかった。

そこでヌーンは小さな工場を作って、調理済み料理をスーパーマーケットに卸し始めた。一九八九年に受けた最初の注文はバーズアイ社からのものだった。「二七〇万ポンドの注文で、私は椅子から転げ落ちました」。二十年後イギリス人の三人に一人が一週間に少なくとも一食は調理済み料理を食べるようになっていた。人々が実際に頼りにしているのだから、調理済み料理がまさにイギリスの国民料理になったと言う人は多い。しかしひとりで食べる人が増え、おまけにしかるべき料理文化が欠落しており、多文化的な料理が好まれれば、そのような傾向は避けられない。

会議室で回りにいる人々が、料理をしない実に多くの人々の食欲を満足させるロード・ヌーンの資産と能力についてあれこれ考えているとき、本人は穏やかに微笑んでいた。そして「インド料理を作るのがきわめて厄介なことは承知しています。毎週末に作っているのですから」と述べた。そこでここでは気分転換に、調理済み料理をやめて、代わりにロード・ヌーンのエビ料理を最初から作ってみることをお勧めしたい。

95

カエルの腿肉《もも》のニンニク・ピューレとパセリ・ソース添え

著者…ベルナール・ロワゾー
出典…ラ・コート・ドールのメニュー

ニンニクのピューレ（ニンニク400g）、パセリ汁（パセリ200g）、小さなカエル4ダース、小麦粉、塩、コショウ、調理油、バター50g

下ごしらえ5分

調理時間3〜4分

ニンニクのピューレ

ニンニクの球根を手のひらでつぶして、小片にばらす。水を入れたソースパンに小片を入れ、2分間煮立てる。穴あきスプーンでニンニクを取り出す。水を替えながらこれを4回繰り返す。小片の皮をむき、半分に割り、小さなナイフで中央の胚を取り除く。水を入れたソースパンにニンニクを戻し、2分間煮立てる。水を替えながらこれを4回繰り返す。ニンニクをゆすいで、水を切る。ピューレになるまでフードプロセッサーにかける。十分になめらかにならなければ、ミルクを少し入れてもう一度撹拌する。

パセリ・ソース
パセリを洗って水を切る。熱湯に塩を入れて4～5分ゆで、冷水に取る。ふるいでよく水を切り、ピューレになるまでフードプロセッサーにかける。クーリ（訳注：野菜や果物をピューレ状にして作るとろみのあるソース）の濃度にするために少し水で薄め、取っておく。

カエルの腿肉の下ごしらえ
一番上の腿肉だけを残し、下の部分は切り捨てる。

カエルの腿肉の調理
カエルの腿肉に塩、コショウをし、小麦粉を振りかける。皿にキッチン・ペーパーを4枚重ねる。ニンニクのピューレとパセリ汁を別々のソースパンで弱火で温める。フライパンを強火にかけ、調理油大さじ1杯とバターを加熱する。泡立ってきたらカエルの腿肉を入れる。キツネ色になるまで強火で1分間、それから裏返して中火に落とし、その大きさに合わせて2～3分焼く。油を切って、キッチン・ペーパーの上に置く。

仕上げ
皿にパセリ汁を入れ、真ん中にニンニクのピューレを大さじ1杯置く。回りにカエルの腿肉を並べる。

二〇一〇年の寒くてよく晴れた冬の朝、ドミニク・ロワゾーは自分のホテル兼レストラン、ルレ・ベルナール・ロワゾーの庭にいた。その建物はフランス・ワインの産地ブルゴーニュへの入口ソーリューの町に、堂々としたたたずまいを見せている。かつてラ・コート・ドールと呼ばれた建物の扉にその名を刻んだベルナール・ロワゾーが死んでから七年が過ぎていたが、レストランは客で賑わっていた。

「今私はひとりぼっちです」とドミニクは、霜の降りた芝生や生垣に目をやりながら、筆者のインタビューに答えて言った。「肩を抱いてくれる人はもういません。でも私はまだ彼に話しかけています。彼はいつも私のそばにいるのです。そして今なお皆にプレッシャーをかけているのです」。

ロワゾーは、家族に、他のシェフに、そして誰よりも自分自身にプレッシャーをかけるのでよく知られていた。まさに最初から完璧主義に駆られていた。フランス中部のロアンヌの有名なメゾン・トロワグロの厨房で見習いをしていた若いときに、雇い主がミシュランの三つ星を与えられたのを見ていた。二十三年後には、ロワゾー自身が三つ星を獲得する。

一九九一年二月二十二日、シェフなら誰しも一度は夢見る最大の賞賛の電話がかかってきた。電話はパリのミシュラン本部からで、ロワゾーはそれをラ・コート・ドールのフロント・デスクで受ける。ミシュラン・ガイドの人間がロワゾーのレストランが二つ星から三つ星に昇格すると通告し、それがその名声、事業、マスコミの注目度にとってどんな意味を持つか説明するのを、無表情で聞いていた。

ロワゾーはただ「わかりました。ありがとうございます」と言って電話を切った。それからすぐそばにいた妻のドミニクの方を向いて、そのほっそりした小柄な体を逞しい腕で抱き寄せて告げた。「今日は人生最高の日だ」。

十二年後、憧れの三つ星を維持するために神経を張りつめて苦労し、取りつかれたように仕事をした十二年後、ルレ・ベルナール・ロワゾーについての噂が囁かれていた。ソースは昔とまったく同じだろうか？　そのスタイル――

古典的なフランス美食道のいっそう新鮮でいっそう健康的な解釈——は、新しい無国籍料理がフランスを席巻しているせいで輝きを失っているのではないだろうか？　批評家は今では多分フランスでもっとも有名なシェフの評判について、考え直しているのではないだろうか？

有名なゴー・ミヨ・ガイドブック（訳注：ミシュランと並ぶフランスの総合旅行情報誌で、レストランの格付けが有名）が二〇〇三年二月に出版され、ロワゾーに前年より二点少ない二十点中十七点を与えたとき、火に油が注がれた。それに追い打ちをかけるように、新顔のマルク・ヴェイラが前代未聞の二十点満点を獲得する。ロワゾーの悪夢は現実になろうとしていたのだろうか？　ミシュランは星を取り上げるのだろうか？

午前中長時間働いた後で、ロワゾーは神経がぼろぼろに擦り切れ、もはや耐えられなくなっていた。晩のサービスが始まる前に、書斎に入って扉を閉める。デスクに座り、二年前に妻がプレゼントしてくれたショットガンに手を伸ばす。弾を込め、頭に銃口を向け、安全装置をはずすと引き金を引いた。

「私が見つけました」とドミニクは振り返る。「運のよいことに見つけたのは私で、子供たちではありませんでした」。それから驚くべきことに、何事もなかったかのように夕食のサービスが始まった。

客には誰もひとことも漏らさなかった。「私たちは幸せを売るのです」とドミニクは後に回想している。「お客さんを帰すことはできませんでした」。だからディナーが提供されたのである。

「劇場のようでした」と回想するのはロワゾーの料理長パトリック・ベルトロンである。「ショーは続けなければなりません。料理もです」。

そういうわけでそのニュースがフランス中をかけめぐったのは、翌朝客が胃袋も心も十分満足して目覚めてからだった。

あらゆるニュースで放送され、その死によって何日間も、あらゆる新聞の見出しから、サダム・フセインやジョージ・ブッシュが追いやられた。レストラン事業が何にも増してとは言わないまでも、ほかの事業同様に重要な国では、これは異常な悲劇だった。そして衝撃は世界中に広まった。

食物と料理をどんなに真剣に考えたからといって、そのために自分の命を奪うなどということが本当にできたのだろうか？　それは悲劇、ギリシア悲劇というよりはむしろローマ悲劇だった。紀元一〇年頃のマルクス・アピキウス（二五ページ参照）も、もし美食の愉しみがかなわぬのなら、人生は生きるに値しないと宣言している。アピキウスとロワゾーはふたりとも完璧主義者で、どちらもソース作りに心血を注いだ。

どちらもこくのあるソースを愛したが、こくはクリームで出すという考えははねつけた。しかしアピキウスがソースを作ってから二千年後、ソースはいっそう濃厚になり、さらにクリーミーになる。

フランスのもっともすばらしい厨房のいくつかで修業したロワゾーは、一九八二年にラ・コート・ドールを買って自分自身の店とし、その舵を取った。男女が外で食事をするとき、レストランの予約をするのが女性である場合がふえていることに気づき、あっさりしてしかもおいしい伝統的なフランス料理を作る決心をした。

それはまた自身の生まれ持った才能を生かすことでもあった。「できる限り脂を取り除きます」と本人が述べたことがある。「クリームやふつうのスープ・ストックは使いません。自然の素材の味を生かすのです」。だからたとえば仔牛のチョップに使うこくのあるソースを作るとき、ストックを作るために仔牛の極上肉を買おうとした。

それは「美食のための浪費」のようだった、とロワゾーの伝記作家ルドルフ・ヘルミンスキは書いている。脂を取り除き、鍋にワインを注ぎ、水とハーブで調理した後、四〇キロの仔牛から、たった五キロの肉汁ができた。けれども「それは目が覚めるほどおいしく味に深みがあり、胸の悪くなる不消化な脂を料理の創意工夫で考えられる限りなくしたものだった」。

しかしフランス料理のもっとも有名な健康的な小品は、本章冒頭のレシピ、カエルの腿肉のニンニク・ピューレとパセリ・ソース添えに見られる。

ロワゾーはバター風味で有名な——油こくておいしい——この地方料理を取り上げ、新たにもっと健康的なものに高めた。ニンニク・ピューレの申し分ない味を出すために、ニンニクの小片を水に入れて煮立てる前に、それぞれの中心にある苦い「胚」を取り除いている。一回ごとに水を替えて四回煮立てると、ニンニクの渋みときつい味はなくなる。それからピューレにほんの少しミルクを加えて、明るい緑のパセリ・ソースを敷いた皿の中央に置き、そのクリーミーなピューレを取り囲むようにキツネ色のカエルの腿肉を並べた。

客は洗練されたレストランで、この棒付きキャンデーみたいなしゃれた料理をカトラリーは使わずに楽しんだ。パセリと完璧なコントラストをなすおいしくやさしい味のニンニク・ピューレに浸しながら。

これは今までにないあかぬけたフィンガー・フード（訳注：指でつまんで食べられる軽食）だった。そしてロワゾーが一つ、二つ、三つの星をミシュランから与えられたのは、この種の巧みな仕掛けを着実に続けたからである。

賞賛のしるしを保持するために、ダイニング・ルームに目を配りつつ、専制君主よろしく厨房を支配した。しかし仲間が回想するように、決して客の前に出て話しかけはしなかった。そうすればせっかくの料理を食べるのが遅れ、冷めてしまって、その料理を申し分ない状態で味わってもらえなくなるからである。

三つ目の星を与えられて以来何年か経つ間、ロワゾーはすべての同僚、メディアその他の人々に尊敬され続けた。上着の襟の折り返しには、フランス大統領から与えられたレジオン・ドヌール勲章さえつけていた。しかし成功によって満足することはなかった。その死の二、三カ月前にソーリューへの美食詣でをしたイスラエル人医師が、ルレ・ベルナール・ロワゾーで食事をした。料理は「口の中で音楽を奏でました」と医師は述べている。「ロワゾーはぎりぎりまで締め付けられて、弾ける寸前のばねのようでした」と振り返る。

友人にして良き師だった人の死を深く悲しんで、シェフのユベール・クイルーは後にロワゾーが自らにかけていたプレッシャーのことを語った。「三つ星を獲得して以来、彼はそれを失うのではないかと絶えず不安に苛まれていました。格落ちして、星が二つだけになるかもしれないと思うと、耐えられなかったのです」。

二〇一〇年のその寒い冬の日、ドミニクは七年前に自分が捨てられたことが信じられないというように頭を振り、自ら事業を続けるために立ち去った。「私は思い返します。思い返してこう考えるのです。『ああ、ベルナール。ばかね』」。ベルナール・ロワゾーの料理への情熱と強迫的な完璧主義はその死をもたらしたが、おいしい料理を遺してくれた。それは今なおフランスの風光明媚な土地で日々味わうことができる。

96

ポン酢ショウガ・ドレッシングとワサビ豆のアジアン・サラダ

著者…ジェニファー・チャンドラー
出典…『簡単サラダ』（*Simply Salads*）

6人前の前菜あるいは付け合わせのサラダの材料

サラダ

春野菜ミックス（それぞれ緑と赤のロメイン・レタスとロラ・ロッサのような若いレタス、赤いフダンソウ、エンダイブ、赤チコリなどの若い葉物）1袋（5オンス）、ワサビ豆カップ1杯

ポン酢ショウガ・ドレッシング

醤油カップ1／4、水大さじ2杯、赤ワイン・ヴィネガー大さじ1杯、搾りたてのライム果汁大さじ1杯、皮をむいておろしたばかりのショウガ小さじ1／2、春タマネギの薄切り

小さなボウルで醤油、水、ヴィネガー、ライム果汁、ショウガ、春タマネギをかき混ぜる。およそカップ半杯になる。

大きなボウルに春野菜ミックスとワサビ豆を入れて混ぜ合わせる。ドレッシングを加えてやさしく混ぜ合わせ、味をつけ、すぐに供する。

明るくさわやかなジェニファー・チャンドラーは、若い子持ちのアメリカ人女性である。レシピ作家で、時折シェフとしてテレビにも出演する。パリのコルドン・ブルー料理学校（二八五ページ参照）で学んだようだが、ゼロから食事を用意するという伝統的な考えにはとらわれない。メンフィスで加工調理済み食品販売専門の食料品店シェフィーズ・マーケット・アンド・モアを経営してきたが、包装済みのサラダに関心を向けた。

著書の『簡単サラダ』はそれに捧げられた、臆面もなく捧げられた本である。本章に掲げた「春野菜ミックス」サラダは、八種類のサラダ用野菜を組み合わせており、その内容を紹介している。とは言えドレッシングをかけると大変おいしく、包装済みサラダというコンセプトが気に入らなければ、庭から摘んできたサラダ用の野菜を使ってみることもできる。

一方、その本の表紙には「包装済みサラダ・ミックスから作る百種類以上のおいしい独創的なレシピ」と謳われている。「包装済みサラダは、サラダの愉しみ方を変えました。これらの『すぐ食べられる』サラダ・ミックスを使うと決めた人は誰でも、私の本では天才です」。ジェニファーは長年「新鮮なホウレンソウの砂や塵」を洗い落としていた。そしてもし戸棚の奥にサラダ・スピナー（野菜用水切り器）があったとしても、「ほこりをかぶっている」にちがいない。

多くの同胞アメリカ人が、ジェニファーに賛同する。イギリスでも同様だった。袋入りサラダの常用は少し遅れたものの、一九九二年にスーパーマーケットに導入され、十年と経たぬうちに十二億五千万ポンドを売り上げるようになった。それはスライス・パンの売上げより大きく、朝食用シリアルより市場に占める割合は大きかった。

袋入りサラダは1992年にスーパーマーケットに導入され、時間はないが金《かね》のある家庭にとって手早く料理できる便利な商品として、大成功を収めた。

包装済みサラダの萌芽期は一九六〇年代のカリフォルニアで、レタス栽培者がレタスを刻んで包装したのだ。しかし消費者の抵抗は根強く、唯一の市場はレストランだった。シェフはレタスを刻まずに済んだので助かったのである。

レタスは収穫すると腐敗する傾向があるので、棚持ちを延ばすためには、何らかのテクノロジーが必要だった。レタスやサラダ用の野菜は、カットされると、酸素を吸って二酸化炭素、水、熱を発するが、この過程でレタスは萎《しお》れる。それを防ぐために、包装する間に酸素を減らして二酸化炭素を増やす方法を開発したのは、トランス＝フレッシュ・グループという会社である。その「ガス置換包装」（MAP）はサラダの棚持ちをよくした。袋に窒素を加えると酸素のレベルがさらに低下して、貯蔵寿命は一層延びた。マクドナルドとバーガー・キングは一九八〇年代にサラダを大量に買う。八〇年代の終わりには包装済みサラダは市場で急成長した。

袋入りサラダは、とりわけ金《かね》はあっても時間のない共働きの家庭にとって、手間がかからず便利なことは確かだった。それから一九九〇年代の初めには、赤チコリから若いキバナスズシロまで、一層多くの種類のサラダ用野菜が導入された。ドレッシング一式とパルメザン・クルトン付きのシーザー・サラダのような、さらに新しいものも出た。袋を開ければそのように新鮮な野菜が現れるのが保証されたので、売上げは急上昇する。トランス＝フレッシュ改めフレッシュ・エクスプレスの袋入りサラダによる収益は、一九九一年から一九九四年の間に六倍近くにも増えた。二〇〇〇年代中頃には毎週袋入りサラダを食べるアメリカ人の数は二千万人に達する。

他方二〇〇二年にはイギリス人の三分の二が、袋入りサラダを定期的に買った。この袋入りサラダ・ブームは、二十一世紀が経過する中でキッチンで費やす時間が驚くほど減ったことと一致する。一九三〇年代には一日に三時間だったものが、一九七〇年代には一時間になり、二〇〇〇年代初頭には平均してたったの十五分になった。

ジェニファー・チャンドラーや他の数えきれない人々がこのすばらしい統計を賞賛したが、あまり感心しない人々もいた。イギリスのジャーナリスト、フェリシティ・ロレンスは、「ものを食べるための労働を減らそうとするあまり、食事の文化的な重要性を失っています」と述べて、懸念を表明した。しかしそれ以上に、袋入りサラダを開けるという単純な行為は、スローフード運動（四四五ページ参照）賛同者を激怒させるような類《たぐい》の食品の恐怖というパンドラの箱を開けてしまったようだ。

たとえば袋入りサラダは塩素で殺菌されるが、チャンドラーは悩みはしなかった。「サラダ・ミックスを洗うべきか否かについての大論争」があったことは知っていたが、「洗う必要はありません」と結論を出している。しかしまた前述のように、自分のサラダ・スピナーがあるかどうかはおぼつかなかった。

ロレンスはある毒物病理学者の研究結果を二〇〇四年に報告している。それによれば平均的なイギリス人は五十年前には検出されなかった三百～五百種類の化学物質を体内に取り込んでいる。もちろんそれがすべて袋入りサラダのせいだと述べているわけではない。しかしロレンスが指摘したように袋入りサラダが急成長した一九九二年から二〇〇〇年の間に、食中毒発生の六パーセントが袋入りサラダや下ごしらえ済みの果物、野菜に関連していたことは、注目に値する。

不安材料となるサラダを生産する体制も問題である。ロレンスが述べているように、それは、「恐ろしく不潔な」状態で暮らしている移民労働者の「安価で不定期な労働」に依存している。イラクのクルド人、ブラジル人、リトアニア人、ロシア人、ウクライナ人は、すべて臭い小さなトレーラーハウスに詰め込まれて暮らしており、その元締めは売春や麻薬組織に関わっていることを考えてみてほしい。

そしてサラダ用の野菜が育つ土壌はどうだろう？ イギリスのサラダ野菜の季節が終わるとこの産業が移動するスペイン南部――広大な温室がある――では、土壌が農薬でひどく劣化しているので、新しい土地に移動しなければならない。

ロレンスは二〇〇四年に出版された重要な著書『危ない食卓』（矢野真千子訳：河出書房新社）で、袋入りサラダが表わすもの――食文化の破壊と、料理やいっしょに食べることに費やされる時間が皆無になってしまうこと――に絶望している。「わずかな葉っぱで九九ペンスは高いです」と続ける。「しかし昔のように地下室ではなく、遠いところにあるトレーラーハウスや隠れたビニールハウスで、それらの野菜すべてを洗って用意する無数の人々にとって、九九ペンスは安いのです」。

他方ジェニファー・チャンドラー他多数の人々は、ただ肩をすくめて、ともかくサラダ・スピナーはいずれにしてもつまらない結婚祝いだと考えているのだろう。

97

バラ風味のモッツァレッツラを添えた蒸しブリオッシュ

著者…フェラン・アドリア

出典…『エル・ブリの一日』（清宮真理他訳）(*A Day at elBulli*)

ブリオッシュ生地

小麦粉（万能タイプ）375g（カップ3杯）、サワードゥ〔後述〕100g（カップ1／3）、ミルク67.5g（カップ1／3）、砂糖32.5g（大さじ2と1／4）、圧搾した生イースト6.5g（1／4オンス）、溶き卵140g（カップ3／4）、やわらかい状態のバター115g（4オンス1本）、塩

1. ミキサーのボウルに小麦粉とサワードゥを入れる。
2. ミキサーにパン生地用のフック型アタッチメントをつけ、最高速度の3／4のスピードで混ぜる。
3. ミルクに砂糖とイーストを入れて溶かし、ミキサーに加える。
4. 1分おいてから溶き卵を加える。
5. パン生地がなめらかになるまでこねる。
6. 塩を加えてさらに1分間こねる。

7. 大きく切り分けたバターを加え、ブリオッシュ生地がボウルの側面につかなくなり、バターが完全に混ざるまでこねる。
8. ふきんに包んでからボウルに入れて、12時間寝かせる。

サワードゥは小麦粉と水を混ぜて発酵させ、自然のイーストを培養したものである。サワーブレッドを作るときの膨張剤として使われる。

発酵させたブリオッシュ

ブリオッシュ生地200g（カップ2／3）を前もって用意しておく。

1. ブリオッシュ生地をこねて長く伸ばす。
2. 1つ12gのものを10個切り分ける。
3. 丸い形に整える。
4. クッキングシートに丸めた生地10個を並べる。
5. 常温で30分寝かせ、32℃で3時間発酵させる。
6. 乾燥しないようにふきんに包み、常温で保存する。

バラのエアーのベース

ミルク500g（カップ2杯）、ローズ・エッセンス4滴、レシテ（乳化剤）2.5g

3種の材料をすべて深さ25㎝の容器に入れて混ぜる。

くずしたモッツァレッラ

フレッシュタイプの水牛のモッツァレッラ150gを2つ

1. モッツァレッラの外側の層を取り除く（これは別の皿に取り分けておく）。
2. 内側のやわらかい部分を手でくずす。
3. 冷蔵庫で冷やす。

仕上げと盛り付け

1. バラのエアーのベース表面が乳化して泡状になるまでハンドミキサーにかける。
2. ブリオッシュ生地を丸めたものを16分間蒸す。
3. ブリオッシュができたら、頂部にはさみで切れ目を入れ、それぞれにくずしたモッツァレッラを7.5gずつ盛る。
4. モッツァレッラを載せたブリオッシュをサラマンダー・グリルで30秒あぶる。取り出したらそれぞれのブリオッシュの上にバラのエアーをスプーン1杯ずつ載せる。
5. 黒いスレートの上にサテン紙を敷いてその上に載せて供する。

食べ方

ブリオッシュの下の方を持って、二口で食べる。

太古の昔から、人は生き延びるために食べ物を探してきた。食物を炙《あぶ》ることによって（一二ページ参照）、他の動物より一歩先んずる。さらに食物を煮ることで文明化した。鍋は文化の産物である。時が経つにつれ、独創的な料理で感心させるにしろ、分け与えて単に親切心を見せるにしろ、食物は歓待を示すためにももちいられるようになった。

しかし貴族が自分の城を模したケーキを出して、敵をびびらせたにせよ、農民が見知らぬ者にパンの最後に残った皮を分け与えたにせよ、食物にはひとつの重要な役割があった。腹を満たし、栄養となることである。

あるいは少なくとも一九八四年までは。同年フェラン・アドリアというスペイン人のシェフが、バルセロナから北へ車で二時間のスペインの海岸にありかつてはビーチ・バーだったエル・ブリの実権を握ると、食べ物は新しい役割を得た。「人々は私のレストランに滋養を求めて来るのではなく、経験を求めて来るのです」とアドリアは述べている。

トンマーゾ・マリネッティ（三三七ページ参照）は一九三二年に出版した『未来派の料理書』で、前衛的な料理について書き、メニューを提案したものの、その料理を作ってはいない。その「ティレニア海の海藻の泡立つ海」あるいは「不死のマス」——魚を仔牛のレバーで包みナッツと油で調理したもの——を実際に食べた者もいない。奇抜な料理を実際に作ったのはアドリアだった。「ポン酢だれとアン肝のフォンデュ、白ゴマ風味のキンカン」あるいは「木炭油風味の仔羊の脳」のようなレシピを作っただけでなく、調理もしていた。

マリネッティの「エアロフード（空気料理）」——紙やすりをさすりながら、フェンネルのスライス、オリーヴ一個、キンカン一個を食べる——はファンタジーだったが、アドリアの「風船付きオレンジ窒素シャーベット」はジョークではなく、オレンジの花のエッセンス入りの風船が徐々にしぼむ間にシャーベットを食べるように指示される。

アドリアは自らを、画家が夢見るしかできないことを達成できる芸術家であると考えていた。人々は彼の「絵」を食べるのだ。そして食べることは絵を眺めるよりもっと強烈な体験である。

「絵画は目で見るもの。音楽は美しいかもしれないが、耳で聞くだけのもの」と断言する。「食べることはもっとも強烈な体験で、感覚のすべてを働かせる。これほど創造的な瞬間は他にない」。

そしてそのような体験をしてもらうために、デザートとチーズのワゴンをやめただけではなかった。前菜、主菜、プディングという考えを捨てる。新しいタイプのカトラリー――たとえば紙のスプーン――を創り出した。ウェイターは料理の食べ方（たとえば口に入れる順序）についてはっきりした指示はせず、客にメニューも見せない。

実際アドリアのやり方は逆だった。ディナーの後でメニューを見せたのである。ダイニング・ルームと食事の体験すべてを全面的に掌握していた。塩やコショウは提供されず――そしてもちろんケチャップあるいはマスタードも――客はテーブルに出されるものが何であろうと食べるのだ。四十品も登場したこともある。

「食べるときには、五感を研ぎ澄まして味わうのです。食べるという行為はきわめて複雑なのです」と述べている。「しかし毎日食べているので、それが複雑だとはわからないのです」。

アドリアのレストランは一日に一度だけ、五十五人の客を入れた。およそ四十人のシェフも含め、ほぼ七十人のスタッフが働いていた。アドリアとその仲間が料理を創造し、企画する時間を作るために、開店するのは一年のうち半年だけ。そして毎年八千人が来店して食事をしたが、おおかたの人はまだ入店できていない――なお約二百万人が予約しているのである。

一九六二年バルセロナ郊外に生まれたアドリアは、子供時代はレストランの世界からははるか遠くにいた。そして料理をする気にさせるようなものもほとんどなかった。父親は左官屋で、母親の料理はひどかった。少年時代に熱中したのはサッカーで料理ではない。十代はずっと地元のチームでプレーしていた。

中学卒業後は技術専門学校に入学したものの中途退学し、イビザ島（訳注：地中海西部のスペイン領バレアレス諸島の島）への旅費を稼ごうと、しゃれたレストランで皿洗いを始めた。しかしそのホテルのシェフは伝統的な料理――

主としてフランス料理——の手ほどきをしてくれたので、アドリアはそのとりこになってしまったのである。りっぱなレストランで仕事に就き、兵役期間は厨房を担当し、最終的にエル・ブリに入る。そのレストランは、一九八〇年代初頭にはまだドイツ人のホメオパシー医ハンス・シリングが所有していた。

総支配人のジュリ・ソレルはアドリアにすっかり感心し、アドリアは翌年部門シェフに迎えられる。相当な才能を発揮したので、たちまち出世の階段を駆け上り、一九八五年にはヘッドシェフになった。

一九九〇年にアドリアはソレルと組んで、シリングからレストランを買い取り、伝統的なフランス料理のメニューをやめる。「ホウレンソウ・スフレの上のヒラメ」は「バラの花びらとハムのワンタンとメロン水」に道を譲った。ふたりはその冬が終わってもレストランの休みを延長する。アドリアはインスピレーションを求めて世界旅行に出かけ、その途上で食材を見つけた。日本の干した海藻、北米のデイジーの蕾のピクルス、中国のゲル化剤である。それからできる限りエル・ブリに近いところで採れた地元の最高の食材をもちい、レストラン近くの仕事場でふえつつある創造的な信奉者の一団を集め、レシピを構想し始めた。

無数の紙片にメモを書き留めてアイデアを記録し、食べ物が皿の上にどのように配置されるべきかあらましを描き、まったく新しい料理法を考案した。

どの料理も完全にオリジナルでなければならないと、アドリアは主張した。「われわれは過去を振り返って、模倣していないことを確認し、絶えず自分たちの料理を分析しています」と述べている。アドリアというスペイン人は、剽窃《ひょうせつ》というあの偉大なる料理の伝統とは、いかなる関わりも持つまいと決意していた。

「伝統的な食事をするときは、以前に食べたことがあるものとくらべます。しかし何か新しいアヴァンギャルドな料理を食べるときには、くらべられるものはありません。別の惑星に行ったようなものです。そこは新世界なのです」。二〇〇九年のアメリカへの旅で、テレビのインタビュアーのチャーリー・ローズに、自分の料理のタイプをなんと呼ぶか尋ねられた。

「ひとつの名前を思いつくまでに二十五年かかりました」と答えて、自分と自分のチームがいわゆる分子ガストロノミー（訳注：物理化学の知見を料理に応用したもの）に何らかの関わりがあるという考えを片づけた。ローズは興味深々だった。フェラン・アドリアは、料理芸術への並はずれた貢献を説明する言葉を、ミシュランの三つ星を、世界最高のレストランで働く世界最高のシェフという肩書をもたらしたその言葉をついに明らかにするだろうか？

「それはエル・ブリ料理です」とずんぐりしたアドリアは、早口のしわがれ声のこの上ないスペイン語で述べた（インタビューに英語で答えることはいつも拒否するが、質問は理解できる以上の様子だった）。

それを何と命名しようと――アドリアはそれを「ディコンストラクション（脱構築）」と呼ぶことがある――アドリアが発見した多くの新しい技術があった。たとえばカイピリーニャ・カクテル（訳注：サトウキビを原料として作られるブラジル原産の蒸留酒カシャッサをベースにライム・ジュースと砕いた氷とともに混ぜ合わせて作る）に液体窒素を注いで、極端な低温にしてソルベにした。風味のよい料理を凍らせた。たとえばチキンカレーにはカレー・アイスクリームがあった。そして温かいゼリーを供する方法を考案した（リンゴとレモンの温かいゼリーを添えたロクフォール・ソルベ）パスタのないラヴィオリや甘いスープを供し、前菜や主菜にもちいられてきた料理をデザートにした。

食べ物は一連の行為として供された。シェフは「発信者」、ウェイターは「伝達者」、客は「受信者」であると述べている。従来のしきたりではシェフはダイニング・ルームに行って客に挨拶したが、エル・ブリでは当然のこととして客が厨房に入ってシェフに会う。

フェラン・アドリアは世界中で敬意を表されている。ミシュランの三つ星に加え、有名なフランスのゴー・ミヨ・ガイドは二十点中の十九点をつけた。そしてイギリスのフード・ライター、ティム・ヘイワードがかつて記したように、「おそらく意図せずに、料理の世界に覇を唱えるフランスに対する世界的な反乱の表看板になった」のである。

しかし成功したにもかかわらずエル・ブリは儲からず、その料理よりも予約がほとんどとれないことで有名になっているのに、アドリアは苛立っていた。

予約が取りにくいのを打開するひとつの方法は、一週間の休暇を取ってバルセロナに宿泊し、毎朝電話をかけてキャンセル待ちのリストに載せてもらい、携帯電話をオンにしておき幸運を祈ること、とティム・ヘイワードは示唆している。もし予約が取れなくても、少なくともバルセロナのほかの「単にすばらしい」レストランで満足できる。

「私の人生は誰かの席の予約を受けるものになってしまった」とアドリアは疲れて二〇一一年に述べている。「エル・ブリはほとんどモンスターになってしまった」。それからレストランを閉めると告げたので、ファンはショックを受けた。二〇一五年にはクリエイティヴ・センターとして再出発することになっている。他方高級チェーン店、ファスト・グッド、そして多数のコンサルタント業務などほかの事業は継続する。

「われわれはもはやミシュラン、あるいは何かの賞や予約について気をもむことはありません」とアドリアは宣言した。そしてその料理を食べ損ねた人々のためには、二〇〇八年に大きな重い著書『エル・ブリの一日』を出版して、長年にわたり定番料理だったもののレシピ、冒頭に掲げたレシピ――バラ風味のモッツァレッラを添えた蒸しブリオッシュ――を目玉として登場させた。同書にはまた「タイのニンフ」――タイ風のフィリングとキュウリ――や、まねのできない「ラズベリーシャーベットのクリスプを添えたチョコレートのエアーのリヨ（LYO〔凍結乾燥の略語〕）とユーカリ水の氷」も含まれていた。

しかしトンマーゾ・マリネッティがきっと誇りにしていただろう料理「モヒート（訳注：ラムをベースとしたカクテルの一種）・アイスとミント・ゼリーを添えたバナナ・サラダ」のような料理を再現したければ、ほかを探さなければならないだろう。二〇一五年まで待って、新しいエル・ブリの「クリエイティヴ・センター」の講座に受講登録し、フェラン・アドリアによく訊いてみたらどうだろう。

98

サケの蒸し物のトマト・バジル・クスクス添え

著者…ジェイミー・オリヴァー
出典…『20分料理』(*20 Minute Meals*) のアプリケーション

材料

サケの切り身200gを2枚（骨を除く方がよい）、熟したチェリー・トマト100g、クスクス150g、生のバジルの小さい束、赤タマネギ中1個、フェンネルの鱗茎小1個、フェンネル・シード小さじ1／2、生の赤トウガラシ中1個、生のベイリーフ1枚、レモン1個、ナチュラル・ヨーグルト大さじ2杯、オリーヴ・オイル、海塩、挽き立ての黒コショウ

道具

やかん、包丁、まな板、蓋つきの中くらいのソースパン（直径約25㎝）、木のさじ、乳鉢と乳棒、ボウル、おろし金

手順

1．やかんで湯を沸かす。オーヴンを最低温に余熱し、取り分け用の皿を入れて温めておく。
2．サケの切り身にオリーヴ・オイルを振りかけ、軽く塩コショウする。

3. バジルの葉を摘んでとりのけておき、茎をみじん切りにする。鍋を中火にかける。
4. タマネギの皮をむき、フェンネルの鱗茎をはがす。どちらも細かく刻む。トウガラシを2等分して、種を取り除き、刻む。
5. 熱した鍋にオリーヴ・オイルを入れ、バジルの茎と野菜を入れる。5分間弱火にかけ、野菜が柔らかくなるまで、時々かき混ぜる。その間に…
6. フェンネル・シードを乳棒と乳鉢で細かく砕き、ベイリーフとともに鍋に入れる。
7. クスクスをボウルに入れ、熱湯150㎖を注ぐ。フォークでかき混ぜて、塊をなくす。
8. チェリー・トマトを半分に切り、野菜が柔らかくなったところに加える。塩コショウで味付けし、よく混ぜ合わせる。少し平らにならす。
9. 野菜の上にクスクスをあけてならす。熱湯をもう150㎖注意深く注ぎ、クスクスの上にサケの切り身を載せる。
10. レモンの皮を細かくすりおろし、サケの上に散らし、レモンを半分に切ってその片方から果汁を絞ってサケにかける。
11. 鍋に蓋をして、クスクスが膨らみ、サケに火が通るまで7〜10分中火で加熱し、火を消す。
12. テーブルをきちんと整える——カトラリー、塩、コショウ、飲み物をきれいに並べ、温めた皿をオーヴンから出す。
13. エキストラ・ヴァージン・オリーヴ・オイル少々と黒コショウひとつまみを振りかける。バジルの葉をちぎって上に散らす。
14. 鍋をテーブルの中央に置き、ヨーグルトのボウルを添える。さあ召し上がれ。

二〇〇九年の秋にはテクノロジーが進歩し、手にした携帯電話からシェフが人々に語りかけ、サケの切り身を新鮮なバジルとトマトの風味のクスクスの上で蒸して供する方法を、教えてくれるようになった。このレシピのシェフはジェイミー・オリヴァー。それはiPhoneにダウンロードできる最初の料理のアプリケーションではなかったが、瞬く間にもっとも人気のアプリのひとつになった。Epicurious.comのウェブサイトは数千のレパートリーを誇り、BigOvenやAllrecipesのようなサイトも同様だった。しかしオリヴァーのアプリはそれらとは異なる。ひとつひとつの手順ごとに写真とビデオ・ガイドがつくレシピが六十種だけで、多くのものとはちがって無料ではない。実は四ポンド九九ペンスあるいは七ドル九九セントで非常に高かった。しかし配信の見込みがあった。「やあ、みなさん！」とテレビ番組や本で多数の人々におなじみの青年が、手にしたiPhoneから呼びかける。「これを見れば、とってもすばらしい食事を二十分そこそこで作れるようになるよ。本当にできるから。だから頑張って、楽しんでね」。

それは開発に六カ月かかり、相当な懐疑的な見方に直面していた。多くの人々は収益の上がりそうもない市場に大金を投じないように警告した。しかし十月に始めて数日のうちに、ジェイミー・オリヴァーの『二十分料理』はアップル社の売り上げ最高のアプリとなる。そしてまもなく市場開拓に熱心な他の有名シェフも、自分たち自身のアプリケーションを作るソフトウェア会社を調達して、次々に参入した。

「僕はちょっとおたくでね」とオリヴァーは『二十分料理』の開始に当たって述べた。「テクノロジーや新しい方法に目がないんです。だから初めてiPhoneを見たとき、『これだ』とひらめいたんです」。シェフはロンドン東部のソフトウェア会社Zolmoに話を持ちかけ、プロジェクトを組んだ。「何もかもが完全に特設だったので、およそ三十人がかりでした」とZolmoの共同創立者のトリスタン・セルダーは振り返る。「iPhoneは持ち歩きできて便利です。レシピのアプリの入ったそれをポケットに入れておけば、いつでも利用できるんですから」。

アップル社が有料あるいは無料でダウンロードできるアプリケーションのストアを開始してから一年半後に、その

ジェイミー・オリヴァー

アプリは現れた。新テクノロジーの雑誌『ワイアード』の論説はそのストアの開始について、次のように宣言している。「それがどんな道に進むとしても、われわれは経済的、行動的転換の始まりに臨んでいるのである」。もちろんこれは、料理番組に出演したのみならず、食物関連の問題に関する運動にも携わってきたオリヴァーの気に入った。情熱的な陳情の全く別の手として、アプリを提供することができた。

オリヴァーはエセックス州にパブ経営者の息子として生まれ、子供時代を厨房で手伝いをして過ごす。こうして料理に興味を持つようになり、十六歳で学校を辞め、ケータリングの専門学校に通う。二十二歳のときには有名なロンドンのレストラン、リヴァー・カフェで働いていた。その店でテレビのプロデューサーがドキュメンタリーを制作しているときに、オリヴァーを見出し、彼のために『裸のシェフ』という番組を制作した。オリヴァーの快活でおおらかな男性的なスタイルは、視聴者に大ヒットする。本の出版が続き、料理番組収録とイタリアン・レストラン・チェーン開店の合間に、失業者をケータリング業に就かせることから、イギリスの養豚業者を救うことにまでおよぶ運動を立案した。

だからそのアプリが社会運動的傾向を帯びていても、オリヴァーにはしごく当然なのだ。人々に健康な食事への関心を持たせることは、自分の使命の一部だと主張する。「もし自分のアプリによって人々がよい料理を作る気になれば、成功です」と述べている。「僕はいつも自分のメッセージを理解してもらう新しい方法を探しています。そして人々が使える気のきいたちょっとしたアイデアをいろいろ持っています。それらのすてきなアイデアはすべてアプリに入っています」。

ユーザーが閉口しないように、そのアプリケーションには注意深く選ばれた少数のレシピが入っている。「さあ、みんな。材料はね」とアプリのビデオで、モールドンの塩の箱、コールマンのマスタード、ハインツのトマト・ケチャップの瓶の間から顔を出して、オリヴァーは楽しそうに語りかける。「もし二十分料理を作りたいなら、ちゃんと道具をそろえておかないとね」。

シェフはいつも自分のアイデアを世間にぜひ伝えたいと思っている。しかし二十世紀の初めには、それがどのような形になるか誰もまったく想像もつかなかった。単に日記となるだけでなく、ニュースを教えてくれて、電話もかけられる。またあこがれのシェフのレシピがたくさん入っていて、料理を選ぶには、それを呼び出しさえすれば、どんな料理で、どのように作るのか正確に教えてくれる。こんな小さな装置が発明されたことに、まだまごついている人もいる。

99

ウマミ・チーズ・ストロー

著者…ラウラ・サンティーニ
出典…ラウラ・サンティーニのレシピ

Jus-Rol（訳注：冷凍ペストリーの製造会社）のパイ生地シート1枚
テイスト・ナンバー5・ウマミ・ペースト大さじたっぷり1杯
オリーヴ・オイル少々
水気を切ったケイパーひとつかみ
ハード・チーズ（訳注：長期間熟成して風味を増したチーズ）50gをすりおろしたもの、パルメザンかペコリーノがよいが、冷蔵庫にある古くなったハード・チーズなら何でもよい。

オーヴンを180℃に余熱する。

ベーキング・シートに軽く小麦粉を振ってパイ生地を載せる。端から約2㎝のところに、よく切れるナイフで、切り目を入れるが、完全に切り離さないように注意する。フォークで切り目の内側の部分を突いて穴をあける。

ボウルにテイスト・ナンバー5・ウマミ・ペーストを入れ、オリーヴ・オイルでゆるめて、料理用のはけかナイフで切り目の内側に広げる。ケイパーとおろしチーズを振りかける。完璧を期するなら、端に溶き卵を塗って艶を出す。どうでもいいけどね！

チーズが溶けてパイがキツネ色になるまで、オーヴンで15～20分焼く。

四角く切って、飲み物と供する。

二〇〇九年の夏の朝ロンドンのバタシーで、フード・ライターで料理人にして母親で主婦、元気なブロンドのラウラ・サンティーニは、家を出て車を探すところだった。通常通りの朝。夫は仕事、子供たちは学校、そしてローラは厨房での仕事に本腰を入れて取りかかる前に、二、三することがあった。いつものように少し急いでいた――何もかも終えるには時間は決して十分ではないようだ。通りを急ぐサンティーニの一方の腕にはクリーニング店に持ち込む山のような洗濯物、他方の腕には大きなハンドバッグ。

どこに車を止めたかよく思い出せなくて、少々困っているようだったが、車のキーは口にくわえていた。キーのスイッチを噛むと、数メートル先でライトが点滅する。

あれだわ、と突然思った。シャツ、それからクッション・カヴァーが地面に落ちた。しかしラウラが急に立ち止まり、洗濯物を落としたのは、自分の黒いミニ・クーパーが前の晩に止めたところにまだそのままあったからではない。

「まさにその瞬間に私はウマミ・ペーストを作らなければと思ったのです。そしてそれを何と呼ぶかまさしくわかっていたのです」と後に回想している。洗濯ものを拾い集めて車に投げ込むと発車したが、そのとき別のことがひらめいた。「そのためにはフラットを売らなければならなくなると思いました」。

ラウラはレストラン経営者一族の出身で、その伝統的なイタリアン・レストラン、サンティーニは、ロンドンの高級住宅地区ベルグレーヴィアにあり、ほとんど三十年間、ロンドン子や外国からの客をうならせてきた。ラウラは八年間接客し、その間さらにフード・ライターやフード・コンサルタントとしても働いた。「人々のために何年間もソースを作ってきましたが、製品には決して自分の名前を載せませんでした」。

世界中で日本料理の人気が高まっていることをじっくり考えるうちに、ラウラは旨味《ウマミ》という概念に行き当たっていた。それは日本語で文字通り「おいしい味」を意味する。これは神秘的な第五の味覚のようで、一九〇八年に日本人の化学者、東京帝国大学の池田菊苗によって発見されていた。食物を味わって楽しむときには、あらゆる感覚が働くことを池田は理解していた。視覚、聴覚、嗅覚、触覚、そして味覚のすべてが役割を果たすのである。しかしもちろん味覚が一番重要で、もっとも複雑である。多くの場合甘味、酸味、塩味、苦味がさまざまな割合で感じられる。

しかし池田は、昆布から作られるふつうの日本のだしのこれほどおいしい味が正確には何なのか突き止めようと分析し、その結果さらに別の味を見つけた。それは甘味でも酸味でも塩味あるいは苦味でもなく、何かほかのもの、おいしい風味とでもいうようなものだった。それが旨味である。

池田は昆布からグルタミン酸塩の分子を抽出することに成功し、自分の直感が正しいことを何とか証明する。それから二、三の実験をして、ワシントンDCの応用化学学会に参加し、講演した。

「味に注意してみると、アスパラガス、トマト、チーズ、肉にはどれも、甘味、酸味、塩味あるいは苦味とは呼べないまったく特異な味があることがわかるでしょう」。

その後ひとりの日本人科学者が、カツオ節に含まれるイノシン酸の旨味を発見した。そしてそれから五十五年後別の科学者が、干しシイタケのグアニル酸の旨味を発見した。

しかし国際的なシンポジウムでこの問題がいっそう深く探求され、旨味という概念が普遍的に受け入れられるようになるには、もう二十年かかった。

旨味のさまざまな形はチーズ、トマト、アンチョビ、エビ、キャベツ、豚肉、その他多くの食物に見出される。オーストラリアのヴェジマイトからタイの魚醤ナンプラーまで、世界中の加工食品に見られる。

そして料理人は何世紀もの間、無意識に旨味をもちいてきた。マルクス・アピキウス（二五ページ参照）の場合はガルム・ソース（一種の魚醤）で、小魚の腸《はらわた》にスパイスを加え、突いて発酵させて作る。アピキウスはそれを、蒸し煮した仔羊のカツからサーディンのオムレツまであらゆるものに使った。

旨味が実際に大当たりするのは、イノシン酸を含む食材がグルタミン酸を含む食材と混ざったときである。たとえば中国では白菜と鶏ガラ、ヨーロッパではタマネギと仔牛の脚の組み合わせである。

ラウラ・サンティーニがこの旨味の物語に登場するのは、自身によれば単に「食通というよりはむしろマニアだったからです。私は旨味は風味の究極の発現だと思いました。旨味のある食材を組み合わせることにより、味の爆弾とも言えるものができるのです」。

スパゲッティ・ボロネーゼがなぜそんなにおいしいのかが、わかった。トマトのグルタミン酸が牛肉のイノシン酸に混ざったからである。そして牛肉がカラメル化すると、いっそ

う旨味が出るが、それはパルメザン・チーズに含まれる高水準の旨味に並ぶ。

「旨味の計算では一たす一は六です」とラウラは説明する。あの夏の朝自分の車を見つけた瞬間に、ラウラは何をすべきかがわかった。「旨味をつかまえてチューブに詰めなければと思いました」。ラウラは夫に計画を打ち明けた。その製品を作り、市場に出して売るには相当な資金が必要になる。ありがたいことに夫は、妻の夢に賛同し、フラットを売ってくれたので、日本に出かける合間を縫って台所のテーブルの上で食材を使って実験を始めた。日本ではありとあらゆる旨味に関する協議会、セミナー、会議あるいはサミットに出席した。

二〇一〇年ラウラはテイスト・ナンバー5・ウマミ・ペーストを市場に出す。独自の地中海風混合調味料で、トマト、パルメザン・チーズ、アンチョビ、バルサミコ酢、オリーヴ、ニンニクを組み合わせたレシピの秘密は厳密に守られていた。その製品は世界中で話題になり、一年後ラウラは売り出しを記念して名前にtを付け加え（こうして自分の仕事と家族の仕事との間に一線を引き）、こう宣言した。「私のペーストは今や世界中で売れています。百万本以上売れました」。

「私の夢は実現しました。私は店の棚にあるべき食材を作り出したと思っています」。ラウラの子供たちはトーストのチーズにそれを加え、男性たちはグレイビーにこっそり加えたことを認めたが、ラウラ自身も独自のレシピを多数開発した。冒頭のチーズ・ストローもそのひとつである。

「アイデアはあなたの人生を本当に変えることがあるのです」と振り返る。「私がしたのは、必要なおいしさを加える方法を考え出したことです」。

100

ミート・フルーツ（あるいはフォアグラと鶏レバーのパルフェ）

著者…ヘストン・ブルメンタールおよびアシュリー・パーマー＝ワッツ

出典…ロンドン、ナイツブリッジのレストラン「ディナー・バイ・ヘストン・ブルメンタール」のメニュー

ミート・フルーツ用テリーヌ（10×4×3.5インチ）

ワケギの薄切り100g、ニンニクのみじん切り3g、タイムの小枝15gを糸で縛ったもの、辛口マデイラ・ワイン150g、ルビー・ポート・ワイン150g、ホワイト・ポート・ワイン75g、ブランデー50g、フォアグラ250g（正味）、鶏のレバー150g（正味）、食塩18g、卵240g、溶かした無塩バター300g

1. ワケギ、ニンニク、タイムをマデイラ、ルビー・ポート、ホワイト・ポート、ブランデーとともにソースパンに入れ、24時間漬けておく。
2. ソースパンを火にかけて、ワケギとニンニクが焦げないようにかき混ぜながら、液体がすべて蒸発するまで加熱する。火から下し、タイムを捨てる。
3. オーヴンを100℃に余熱する。二重鍋に深さ5㎝ほど水を張りオーヴンに入れる。
4. 二重鍋を50℃に余熱する。

5. フォアグラを鶏のレバーと同じ大きさに粗く刻む。レバーに食塩を振りかけてよく混ぜる。
6. レバーとフォアグラを真空パックの袋に入れる。卵と、アルコールを抜いたワケギとニンニクを第2の真空パックの袋に、バターを第3の真空パックの袋に入れる。袋すべてを十分な圧力をかけて密封し、20分間二重鍋に入れて取り出す。
7. 卵、ワケギとニンニク、フォアグラとレバーをサーモミックスに入れてなめらかになるまで50℃でかき混ぜる。バターをゆっくり加え、なめらかになるまでかき混ぜる。混ぜたものを小さなお玉の背を使って目の細かい漉し器で漉す。
8. テリーヌ用の皿に入れて、二重鍋に入れ、アルミフォイルで蓋をする。中心部が64℃になるまで加熱する。
9. オーヴンから出して冷やす。供する前に24時間冷蔵する。

ロンドンで新しいレストランを開店する一年半前、シェフのヘストン・ブルメンタールは、バークシアのブレイから数キロ離れたところに厨房付きの事務所を借りた。そこに自分の有名なレストラン、ファット・ダックの料理長アシュリー・パーマー＝ワッツを連れて来る。料理長の仕事は、その後何週間も何カ月も、ヘストン・ブルメンタールのレストラン「ディナー」のためのレシピを磨き上げることだった。そのレストランは、ロンドンの派手なナイツブリッジの中心にある洗練されたマンダリン・オリエンタル・ホテルに開店することになっていた。

それは何千ポンドもかかる並はずれたプロジェクトで、レストラン事業では前代未聞だった。ふつうはもし新しいレシピを考案したければ、商売の合間にする。しかしブルメンタールとパーマー＝ワッツは、以前あるいは数百年間メニューにはなかった料理を開発していた。

たとえば「米と肉」がイギリスで最後に食べられたのは、十四世紀のことだった。実際そのレシピは、一三九〇年にリチャード二世の料理長によって書かれた『料理の種類』（六〇ページ参照）に登場する。そのようなレシピを現代人の味覚に合わせるには、少し変えなければならない。そしてブルメンタールは、控えめに言っても完璧主義であり、その本のメニューには数十もの昔の料理が出ているので、いささか時間がかかるのだった。「たくさんの資金と努力が必要でした」とパーマー＝ワッツは認めている。「料理長として資金も努力も生み出すのは非常にむずかしく、こんなに努力をした人間は前代未聞でしょう」。

探求すべき何世紀も前のレシピがあり、それらはすべてイギリスの食物の豊かな伝統の記念となるものだったが、新しいレストランの精神を封じ込めたような料理がひとつあった。それはブルメンタールをファット・ダックでの実験的で風変りな料理から引き離して、歴史の深みへと引き入れるものだった。「初めて歴史的なレシピ、とりわけ中世のレシピを見たとき、実に興味深い一品がありました。まったくとんでもない代物だったからです。ミート・フルーツです」。

ブルメンタールは、中世のシェフの遊び心に捕えられた。タイユヴァン（五五ページ参照）が作ったような十四世紀のレシピにはとくに魅了された。ハンプトン・コート宮殿で食物史家や研究者とともにこの興味の対象を追ううちに、「目の前にまったく新しい世界が開けました」と回想している。それはまだ手つかずの封印されたままのレシピだった。

ブルメンタールはそれから、昔の料理の研究に打ち込んでいた食物史家のアイヴァン・デイを見つけ出した。「デイは書棚から何千ポンドにも値する一冊の本を抜き出すと、その中の料理を作り始めました。そのような瞬間にこそ私のしている苦労のすべて、何もかもが報われるのです」。

ブルメンタールはその後多くのレシピ――ビーフ・ロイヤルやチョコレート・ワインからレモン・サラダやキュウ

リの仔羊詰めまで——を、ファット・ダックと自分のパブ、ハインズ・ヘッドのために開発し、実際に完全なレストランという構想を持っていることを如実に示した。レストランやケータリング業界の人々の勧めもかかわらず、第二のファット・ダックを開くことには気が進まず、ナイツブリッジにディナーを開くことに決める。その間パーマー＝ワッツは、レシピ、とりわけあのミート・フルーツの一品を完成しなければならなかった。

テューダー朝の人々は病気になると考えて、生の果物や野菜を食べるのをいやがった。だから肉を果物に見せかければおもしろいとシェフたちは考えた。そこで豚肉を丸めてパセリとサフランで色をつけ、リンゴのように見せた。そしてまた銀色に染めたアーモンドを針として使い、パテからハリネズミをこしらえる。しかし食物史家のピーター・ブレアズが指摘したように、彼らの料理の奇術にくらべれば、こんなものは何ほどでもなかった。たとえば、もっとも常軌を逸した王でさえ眉をひそめたように、豚の頭から腹までの半身を鶏の腹から尾にかけての半身に縫い付けて化け物を生み出しさえしたのである。

これらのシェフには独創的なアイデアがあったが、ブルメンタールには現代のテクノロジーを利用できる強みがあった。ミート・フルーツは可塑性のあるゴム型、デジタル・プローブ（探針）、液体窒素をもちいて完成されたが、その結果はまさに魔法のようだった。二〇一一年一月の開店を記念して、ディナーのメニューについに現れたとき、現代の客は中世の宴会で愉しんだ先人同様に喜んだ。

パーマー＝ワッツによって完成されたミート・フルーツの現代版は、鶏のレバーとフォアグラを凍らせてミカンのゼリーに浸したパルフェで、パルフェの絶妙な温度（2回目に浸す前に液体窒素により素早く再凍結させる）によってゼリーが乾くので、小さなくぼみをつけ、ミカンの葉を加えれば、ミカンそっくりになる。この料理は大成功で、すぐに客はみな前菜として欲しがった。そしてレストランも大成功だった。「レストランを開店する人はたいてい、店が客で埋まるように願います」とパーマー＝ワッツは開店の六カ月後に振り返っている。「私たちは、店に入れられる人の数を制限しようとしただけでした」。

ブルメンタールが技術的に大変上質の料理――見かけはシンプルだがおいしい――を出す、小さなくだけたレストランとして計画していたものは、高級料理の新しいシンボルになった。二〇一一年ロンドン中の人がみな行きたがったレストランには、泡も細く垂らされた線も渦巻もない。代わりにリゾット、ポーク・チョップ、あばら骨付きの牛肉が出された。そしてすべてが、ブルメンタールが名を成したファット・ダックのものとはまるで異なっている。ファット・ダックはカタツムリのポリッジ、ベーコン・エッグのアイスクリーム、サーディンのソルベを出すので有名だった。ブルメンタールは独創的なおいしい料理で人々の味や香りに対する期待を快く裏切り、開店後五年でミシュランの三つ星を獲得した。

過去の料理に夢中になり、ミート・フルーツのような古い中世のレシピを、現代のテクノロジーを使って最新の料理に仕上げたヘストン・ブルメンタール。

しかしディナーはいっそうシンプルなフランス式のビストロとして出発した。ブルメンタールの料理への関心は、プロヴァンスのミシュランの星付きレストラン、ウストー・ド・ボーマニエールに家族で旅行した間に、にわかに高まったものである。「グラスの触れ合う音、陶器にカトラリーの当たる音、ウェイターが砂利を踏む音を私はまだ覚えています。テーブルには仔羊の切り分けられた脚があり、スフレにはソースがかけられていました」と回想しているが、レイモン・ブランのル・マノワール・オ・キャトル・セゾンの厨房に短期間勤めた以外は独学だった。

ブルメンタールは建築家の見習いからコピー機のセールスマンまでさまざまな仕事をしながら、夜には多くのフランスの料理書を苦労しながら読み、台所で試作して過ごした。ファット・ダックの資金を作るために、妻スザンナと共有していたコテージを売り、レストランの裏のきたない布巾の上で幾晩か過ごした後、実家に舞い戻った。「どんなに大変かわかっていたら、決して始めなかったでしょう」と述べたことがある。しかしお気に入りのフランス料理を再現したメニューを出して成功してから、試作を始めた。「私は生まれついての知りたがりです」。そしてその好奇心に駆られて、本人の言う「マルチ感覚の効果、驚くような味、テーブルの上のちょっとした劇場」を作り出したのである。

ファット・ダックの影響を受けて、新世代のシェフは自分たちの作っている料理についてもっと深く考えるようになった。とはいえ試してみるとしばしば悲惨な結果になりはしたが。それからディナーが続いた。ロンドンには世界最高のレストランがあると見られていたときに開店したディナーは、もう一度高級料理の概念を変えた。「これほど完璧に現代的なシェフにしては、ヘストン・ブルメンタールは驚くほど過去に取りつかれている」と食品業界のバイブル『ケータラー』誌は二〇一一年一月号で断じている。しかしおいしそうな輝かしい数々の料理の背後には、イギリス料理の過去に対するブルメンタールの温かいオマージュがあり、過去のイギリス料理を未来へと続く確固たる道の始まりに据えている。

訳者あとがき

有名シェフや新聞各紙絶賛の本書の著者は、ウィリアム・シットウェル。新聞記者を経てフード・ライターとなり、一連の賞を獲得。雑誌編集のかたわらさまざまな新聞雑誌に寄稿し、テレビにもレギュラー出演するという活躍ぶりである。

そんな著者の語り口は軽妙でウィットに富み、ときにまたイギリス人ならではの風刺や毒舌も効いて、読者を飽きさせない。そのうえ百点のレシピはおよそ四千年も昔のエジプトのパンから、中世、近世、近代のものを経て、テレビの料理番組や iphone のレシピに至るまでまことに広範囲に及ぶ。初めて目にした中英語や近代初期の英語のレシピを読み解くのは、楽しかった。当時はまだ標準的な綴字法が定められていなかったそうだ。そして各時代の食物をめぐる興味深いエピソードは、それこそ硬軟取り混ぜ多岐にわたる。その生き生きした筆致からは、それぞれの時代に確かに生きて、食べて、暮らしていた人々の息遣いが鮮やかに伝わってくる。

完全な形で現存するヨーロッパ最古の料理書を書いたアピキウスは、莫大な財産を料理に注ぎ込み、豪華な晩餐のすばらしいレシピを残しているが、今日同様、厨房の抜き打ち検査にも対処しなければならなかった。古代ローマと言えばその退廃ぶりがまず思い浮かぶが、意外なことに当時多くの人々は贅沢な生活をする輩を軽蔑していたのだ。プリニウスやプルタルコスも然り。のみならず特定の食物に費やせる一所帯当たりの額を定めたきびしい法律まで存在したという。しかしアピキウスは金にものを言わせて難を逃れた。ただし料理への愛が大きすぎたことがあだとなり、金塊が尽きる頃、最後の饗宴の場で自らに毒を盛って命を絶つ。美食も突き詰めれば命取りにもなるという怖い話。

おもしろいのは、スープ（soup）やカスタード（custard）の意味の変遷である。スープはソップ（sop）に由来するが、sop とはスープの先祖のポタージュを注ぐ一切れのパンのことで、中世には貧しい人々の皿代わりだった（当時のパンは大方堅かったので一石二鳥）。一四四〇年のカスタードは現在のそれとはまったくの別物。ソースどころか肉や果物を刻んで上に詰めたパイで、その上には甘いソースらしきものがかかっていた。つまりなぜかどちらも固体の部分の名称が液体の部分を指すようになったのだ。

パイと言えばもうひとつ、初めて知った話がある。パイは今でこそサクサクおいしい焼き菓子だが、もともとは料理を窯で焼くときに器としてもちいられたもので、食べ物ではなかった。つまりオーブン用の鍋というわけ。おまけに当時は coffin（現在の意味は棺）と呼ばれていたそうでぎょっとしたが、語源はギリシア語で籠という意味らしい。coffin が棺になったのは、後のことだろう。十六世紀のイタリアでは、宴会用の「切ると鳥が飛び出すパイの作り方」などというレシピも記されている。

客を感嘆させようとする試みは、いつの時代にも見られる。現代では世界一予約の取れないレストランと言われたエル・ブリで、カレー・アイスクリームや温かいゼリーなどまったく新しい技術による料理が作られていたが、シェフのフェラン・アドリアは自分の料理を disconstruction（脱構築）と述べ、さらに「食べることはもっとも強烈な体験で、感覚のすべてを働かせる。これほど創造的な瞬間は他にない」と言う。食いしん坊の訳者もおおいに共感する。ヘストン・ブルメンタールの有名なミート・フルーツは、フォアグラと鶏レバーをミカンそっくりに仕立てたものだが、実は中世のレシピをもとにしている。中世には肉を果物に見せかけただけではない。なんと豚の前半身を鶏の後ろ半身に縫い付けるなどという、およそ前代未聞のトンデモ料理まで作られていたのだ。

ほかにもイチジク豚や、ガチョウを生きたままローストして食べる方法などショッキングで残酷な料理法が出てくるが、著者は単に好奇心をそそる、あるいはおもしろいものだけにとどまらず、もちろん深刻な問題も取り上げている。

早くも十七世紀末に大気汚染を憂い、工場建設に反対して植樹を呼びかけたジョン・イーヴリン、魚の乱獲に抗議し、持続可能な漁業を訴えたチャールズ・クローバー、肉の生産こそが環境破壊の大きな理由だとして、世界の食糧問題と環境問題解決のためにヴェジタリアニズムを提唱したムア・ラッペなども登場する。さらにはフォアグラの是非、ダイエット食品、包装済みサラダの危険性等々。キャンベル・スープが巧みな広告によって人々の意識を変えてしまったとは、恐ろしい話ではないか。実際にはそれほど必要とされていなかったスープの缶詰を、まんまと家庭の必需品にしてしまったのだ。

ほかにも紹介したい話題は枚挙にいとまがない。ご一読いただければ幸いである。

最後にこの場をお借りして、甘酸辛苦鹹の五つの味に旨味をたっぷり加えたこのおいしい本の翻訳の機会を与えて下さり、大変お世話になりました柊風舎の麻生緑さんに、心より御礼申し上げます。

二〇一五年十一月

栗山節子

索　引

【あ行】

【か行】

【さ行】

【た行】

【な行】

【は行】

謝　辞

So many have given encouragement and helped during the course of researching and writing this book that I should really thank everyone that I have come in contact with since Thursday 1 April 2010. For that was the day Iain MacGregor, publishing director at HarperCollins, met with me at a café on Holland Park Avenue in London and very sensibly, and with great wisdom and foresight, kindly – and not as an April Fool – commissioned the book. So thank you all and apologies for boring you to tears about it.

Huge thanks to my researcher Georgia Machell, without whom I would have fl oundered around in a muddy pool of food facts. Thanks for your amazing intelligence and knowledge, being a constant and sensible sounding board and for effi ciently guiding me through the structure of the book. Georgia introduced me to the wonders of the unique and free resource that is the British Library, whose staff never fail to courteously dig out whatever ancient tome is requested. And apologies to all those who had to suffer my ridiculously loud typing style in the quiet surroundings of the Rare Books and Music Reading Room.

My colleagues at John Brown have supported and encouraged me throughout, so big thanks to everyone, particularly Tabitha, Kerry, Ben, Ollie, James, Dinny, Sam, Daniel (and his wonderful other half, Thea Lenarduzzi, who helped with some translating of ancient Italian texts, as did Anne Jones's buddy James Gherardi and Ciro Gargiulo), Gillian, Jessica, Marina, Eleanor, Emma, Kim, Libby, Dean and Venu (of course!), and especially the saintly Venetia. Thanks also to all those work experience interns – or slaves, as we call them – who thought they were coming in to work on *Waitrose Kitchen* magazine and discovered they were actually researching *A History of Food in 100 Recipes*. Particular thanks to Jason, Hannah, Katherine and Millie. My thanks also to Alison Oakervee and Ollie Rice, compatriots in retail customer publishing. But, above all, heartfelt thanks to the inspirational and wise Andrew Hirsch who has ceaselessly given me support to pursue various foodie projects, but more importantly time to write this book.

There are many I should thank who work for chefs and cooks or who are PRs who give me assistance in my food writing. So thanks to Maureen, Jo, Anouschka, Katrina and Andrea, and particularly to Monica Brown and Melanie Grocott. Thanks also for the journalistic advice of James Steen, and to Dominic and Rose Prince, who introduced me to Professor Tim Lang, who found my researcher, and to my old, wonderful friend Simon Brown who took my portrait for this book.

At HarperCollins, as well as Iain, I wish to thank Helen Wedgewood for her constant and calming help and guidance. Also to Caroline Hotblack and Anna Gibson and Caroline March in publicity. I also have special gratitude for Kate Parker who expertly and subtly – and with a keen eye for my many typos and howlers – edited the manuscript. Any remaining errors are all mine. Many thanks also to my brilliant agent Caroline Michel and also to Nelle Andrew at PFD.

Finally, thanks to my family and friends but especially to my darling wife Laura who coped with me for so many months – with every weekend destroyed – as I sat in my study thumping out words only to come up for air in a stressed and hungry grump now and again. I promise I might start cooking – oh, and shopping for food, even – in 2012. Then much love to my children, Alice and Albert. In answer to Albert's question, 'Daddy, are you going to use my fact that pigs kill more people each year than sharks?' well, little man, I have now. Then, to my friends Jasper and Vanessa, you always kept my spirits up, but nothing stopped me complaining about the volume of work and seeing that it was just a walk in the park so much as Toby and Gaby. Thanks for showing us all the real meaning of hope and fighting spirit.

引用出典

'Quick oatmeal cookies' by Irma Rombauer reprinted with the permission of Scribner, a Division of Simon & Schuster, Inc., from *The Joy of Cooking* by Irma S. Rombauer and Marion Rombauer Becker. Copyright © 1931, 1936, 1941, 1942, 1943, 1946, 1951, 1952, 1953, 1962, 1963, 1964, 1975 by Simon & Schuster, Inc. copyright 1997 by Simon & Schuster, Inc., The Joy of Cooking Trust and The MRB Revocable Trust. All rights reserved; 'Omelette' from *Recipes of Boulestin* reprinted by permission of Peters Fraser and Dunlop (www.petersfraserdunlop.com) on behalf of the Estate of Xavier Marcel Boulestin; Kellogg's® for 'Rice Krispies treats'; Kenwood for 'Victoria sandwich cake' from *All About Your New Kenwood Chef*; 'Cassoulet Toulousain' from *A Book of Mediterranean Food* by Elizabeth David. John Lehmann Ltd London, 1950; the triple tested recipe 'Syrup Tart', courtesy of *Good Housekeeping*; 'Cheese fondue', recipe courtesy of Betty Crocker; 'Mediterranean lemon soup with Middle Eastern tacos' from *Diet for a Small Planet*, by Frances Moore Lappé; 'Salmon fi sh cakes' from *How to Cheat at Cooking* by Delia Smith, 1976, reproduced by permission of Hodder and Stoughton Limited; 'Lamb korma' from *An Invitation to Indian Cooking*, by Madhur Jaffrey, 1973, used by permission of Alfred A. Knopf, a division of Random House Inc.; Absolute Press for 'Classic bouillabaisse' from *Floyd on Fish*, by Keith Floyd; 'Sweet and sour pork' from Ken Hom's *Chinese Cookery* and *Complete Chinese Cookbook*, by Ken Hom, published by BBC Books; Liliana and Lisetta Burlotto for 'Giura (Slow-braised beef)'; Rowley Leigh for 'Chicken & goat's cheese mousse with olives'; Marco Pierre White for 'Tagliatelle of oyster with caviar'; Gourmet for 'Individual sausage, tomato & artichoke heart pizzas'; 'Fairy Cakes' from *How to be a Domestic Goddess*, by Nigella Lawson, 2000; Jane Baxter/Riverford Organic for 'Bacon, leek and potato gratin'; 'Spiced prawns' from *The Noon Book of Authentic Indian Cookery* by Gulam Noon, reprinted by permission of HarperCollins Publishers Ltd 1989 Gulam Noon; Charles Clover for 'Smoked mackerel pâté'; 'Asian salad with ponzu ginger dressing & wasabi peas' from *Simply Salads* by Jennifer Chandler; Jamie Oliver for 'Steamed salmon with tomato basil couscous'; Judith-Anne West-wood for 'Stewed rhubarb' (Yorkshire Triangle Rhubarb has achieved protected status); Heston Blumenthal and Ashley Palmer Watts for 'Meat fruit (or foie gras & chicken liver parfait)'.

Note: While every effort has been made to trace the owners of copyright material reproduced herein and secure permissions, the publishers would like to apologise for any omissions and will be pleased to incorporate missing acknowledgements in any future edition of this book.

図版出典

Werner Forman Archive: 4; Yale Babylonian Collection: 7; Bridgeman Art Library: Biblioteca Estense Universitaria, Modena, Italy 11; Musée de la Tapisserie, Bayeux, France / With special authorisation of the city of Bayeux / Giraudon 43; The McEwan Collection, National Trust

Photographic Library / Derrick E. Witty 112; National Portrait Gallery, London, UK 152; CNAM, Conservatoire National des Arts et Métiers, Paris / Giraudon 162; Private Collection / © Charles Plante Fine Arts 187; Château Blérancourt, Picardie, France / Giraudon 211; Musée de la Ville de Paris, Musée Carnavalet, Paris, France / Giraudon 232; Bibliothèque des Arts Décoratifs, Paris, France / Archives Charmet 242; Alamy: Mary Evans Picture Library 28; Dinodia Photos 268; Lebrecht Music and Arts Photo Library 277（左）; Mary Evans Picture Library 296; Ancient Art & Architecture Collection Ltd: Uniphoto Japan 37; Topfoto: The Granger Collection, New York 40, 237; The Art Archive: Marc Charmet 49; Bibliothèque de l'Arsenal Paris / Kharbine-Tapabor / Coll. Jean Vigne 73; Templo Mayor Library Mexico / Gianni Dagli Orti 101; Biblioteca Nacional Madrid / Gianni Dagli Orti 105; Private collection 57, 262, 286; The British Library: © The British Library Board (Add. 5016, back of roll, 3rd membrane) 63; (IB.41688, Riii verso) 67; (MS 4016 f.5 verso) 78; (Shelfmark 1037.e.22) 147; (Shelfmark 1037.e.13) 157; (Shelf mark 1570/435) 167; Octavo Corp and The Library of Congress: 87; British Museum: © The Trustees of the British Museum: 94; The Provost and Fellows of Worcester College, Oxford 121; William Bird: © The Estate of William Bird, 2012 131; RMN: © RMN (Château de Versailles) / Gérard Blot 171; Mary Evans Picture Library: 224; Rue des Archives / PVDE 277（右）; © Illustrated London News Ltd 306; Mary Evans Picture Library 319; Scala: Photo Ann Ronan / Heritage Images 251; Getty Images: Museum of the City of New York / Byron Collection 280; Kurt Hutton / Picture Post / Hulton Archive 353; New York Times Co /Archive Photos 383; Popperfoto 395; Christopher Pillitz 453; Dave Benett 506; Corbis: Bettmann 290; Underwood & Underwood 315; BBC 347; The Salvation Army International Heritage Centre 300; akg-images: 308; The Advertising Archives (Images courtesy of): 330, 362, 388, 423; Royal College of Art / Peter Harrington Books (photograph of book): 374; Superstock: Prisma 406; Scope Features: 419; Rex Features: Denis Jones / Evening Standard 429; Ted Blackbrow / Associated Newspapers 437; Chris Ratcliffe 492; Camera Press: Jason Bell 460; The Guardian: Sarah Lee 517

参考文献

書籍

Accum, F., *Culinary Chemistry* (London: R. Ackermann, 1821).

Austin, T. (ed.), *Two Fifteenth-Century Cookery-Books* (Oxford: Oxford University Press, 1888).

Beeton, I. (ed.), *Beeton's Book of Household Management* (London: S. O. Beeton Publishing, 1861).

Berno, F. R., 'Cheese's Revenge: Pantaleone da Confienza and the *Summa Lacticiniorum*' in *Petits Propos Culinaires*, vol. 69 (2002), pp. 21–44.

Black, M. *The Medieval Cook* (London: British Museum Press, 1992).

Blythman, J., *The Food We Eat* (London: Penguin Books, 1996).

——, *Shopped: The Shocking Power of British Supermarkets* (London: Harper, Perennial, 2005).

Bober, P. P., *Art, Culture, and Cuisine: Ancient and Medieval Gastronomy* (Chicago: University of Chicago Press, 1999).

Bottéro, J., *The Oldest Cuisine in the World: Cooking in Mesopotamia*, trans. T. L.

Fagan (Chicago: University of Chicago Press, 2004).
Boulestin, M., *Savouries and Hors-d'Oeuvre* (London: William Heinemann, 1932).
Brears, P., *Cooking and Dining in Medieval England* (Totnes: Prospect Books, 2008).
Carrier, R., *The Robert Carrier Cookbook* (London: Thomas Nelson and Sons, 1965).
Cassell's Dictionary of Cookery(London, Paris and New York: Cassell, Petter and Galpin, 1896).
Chaney, L., *Elizabeth David* (London: Macmillan, 1998).
Chao, B., *How to Cook and Eat in Chinese* (London: Penguin Books, 1956).
Clarkson, J., *Pie: A Global History* (London: Reaktion Books, 2009).
——, *Soup* (London: Reaktion Books, 2010).
Clover, C., *The End of the Line* (London: Ebury Press, 2004).
Crocker, B., *Betty Crocker'sDinner Parties* (New York: Golden Press, 1970).
Le Cuisinier gascon (Paris: L'Arche du livre, 1970).
Dalby, A., *Cheese: A Global History* (London: Reaktion Books, 2009).
——, *Siren Feasts: A History of Food and Gastronomy in Greece* (London: Routledge, 1996).
Daves, J., *The Vogue Book of Menus and Recipes for Entertaining at Home* (New York: Harper & Row, 1964).
David, E., *A Book of Mediterranean Food and Other Writings,* 3rd edn (London: Folio Society, 2005).
——, *French Provincial Cooking* (London: Penguin Books, 1960).
Davidson, A. (ed.), *The Oxford Companion to Food,* 2nd edn (Oxford: Oxford University Press, 2006).
Deutsch, T., 2010, *Building a Housewife's Paradise: Gender, Politics, and American Grocery Stores in the Twentieth Century* (Chapel Hill, N.C.: University of North Carolina Press, 2010).
Farmer, F., *The Boston Cooking-School Cook Book* (Boston: Little, Brown & Company, 1929).
Floyd, K., *Floyd on Fish* (London: BBC in association with Absolute Press, 1985).
——, *Stirred But Not Shaken*(London: Sidgwick & Jackson, 2009).
Frieda, L., 2003, *Catherine de Medici* (London: Phoenix, 2003).
Gains, T., *A Complete System of Cookery* (London: J. Weston, 1838).
Garrett, T. F. (ed.), *The Encyclopedia of Practical Cookery* (London: L. Upcott Gill, 1892).
Glasse, H., *First Catch Your Hare: The Art of Cookery Made Plain and Easy* (Totnes: Prospect Books, 2004).
Good Housekeeping Institute, *Good Housekeeping's Picture Cookery*, revised edn(London: National Magazine Company, 1951).
Gouffé, J., *The Royal Cookery Book*, trans. A. Gouffé (London: Sampson Low, Son and Marston, 1868).
Greco, G. L., and Rose, C. M. (eds. and trans.), *The Good Wife's Guide (Le Ménagier de Paris)* (Ithaca and London: Cornell University Press, 2009).
Grossman, L., *Masterchef* (London: BBC Books, 1990).
Hartley, D., *Food in England* (London: Macdonald, 1954).
Haywood, J., *Encyclopaedia of the Viking Age* (London:Thames & Hudson, 2000).
Henisch, B. A., *The Medieval Cook,* (Woodbridge:Boydell Press, 2009).
Hieatt, C. B., Hosington, B., and Butler, S., *Pleyn Delit: Medieval Cookery for Modern Cooks* (Toronto: University of Toronto Press, 1976).
Howells, M., *Fondue and Table Top Cookery* (London: Octopus Books, 1977).
Ignotus, *Culina Famulatrix Medicinae: or, Receipts in Modern Cookery* (York: J. Mawman, 1906).

Jaffrey, M., *Climbing the Mango Trees* (London: Ebury Press, 2005).
——, *An Invitation to Indian Cooking* (London: Jonathan Cape, 1976).
Jochens, J., *Women in Old Norse Society* (Ithaca, NY: Cornell University Press, 1995).
Kelly, I., *Cooking for Kings: The Life of Antonin Carême, the First Celebrity Chef* (London: Short Books, 2003).
Kiple, K. F., and Kriemhild, C. O. (eds.), *The Cambridge World History of Food* (Cambridge: Cambridge University Press, 2000).
Kitchener, W., *The Cook's Oracle* (London: Cadell and Co., 1829).
Knight, K., *Spuds, Spam and Eating for Victory: Rationing in the Second World War* (Stroud: Tempus Publishing, 2004).
Kurlansky, M., *Salt: A World History* (New York: Walker, 2002).
Lappé, F. M., *Diet for a Small Planet* (New York: Random House, 1971).
Larousse Gastronomique: The World's Greatest Cookery Encyclopedia (London: Hamlyn, 2001).
Lawrence, F., *Not on the Label* (London: Penguin Books, 2004).
Lin, F., *Florence Lin's Chinese Vegetarian Cookbook* (Boulder, CO: Shambhala, 1983).
Luck, Mrs B., (ed.), *The Belgian Cook Book* (London: William Heinemann, 1915).
Mason, C., *The Ladies' Assistant for Regulating and Supplying the Table*, 6th edn (London: J. Walter, 1787).
Mason, L., *Sugar-plums and Sherbet: The Prehistory of Sweets* (Totnes: Prospect Books, 2004).
——, and Brown, C., *The Taste of Britain* (London: Harper Press, 2006).
Moss, S., and Badenoch, A., *Chocolate* (London: Reaktion Books, 2009).
Noon, G. K., *The Noon Book of Authentic Indian Cookery* (London: Harper Collins, 2001).
Norman, C., *Microwave Cookery for the Housewife* (London: Pitman, 1974).
Ó Gráda, C., *Famine: A Short History* (Princeton, NJ: Princeton University Press, 2009).
Patten, M., *Feeding the Nation: Nostalgic Recipes and Facts from 1940–1954* (London: Hamlyn, 2005).
——, *The Victory Cookbook* (London: Hamlyn, 1995).
Peterson, T. S., *The Cookbook that Changed the World:The Origins of Modern Cuisine* (Stroud: Tempus, 2006).
Petrini, C., *The Slow Food Revolution* (New York: Rizzoli, 2005).
Power, E. (trans.), *The Goodman of Paris (Le Ménagier de Paris): A Treatise on Moral and Domestic Economy by a Citizen of Paris* (London:G. Routledge & Sons, 1928).
Quinzio, J., *Of Sugar and Snow: A History of Ice Cream Making* (Berkeley, CA: University of California Press, 2009).
Riddervold, A., and Ropeid, A., *Food Conservation* (London: Prospect Books, 1988)
Ridgway, J., *The Cheese Companion* (London: Apple, 1999).
Rombauer, I., and Becker, M. R., 1999, *Joy of Cooking* (New York: Simon & Schuster, 1999).
Rundell, M., *A New System of Domestic Cookery*, ed. E. Roberts (London: John Murray, 1840).
Saberi, H., *Trifl e* (Totnes: Prospect Books, 2001).
Sass, L., *To The King's Taste: Richard II's Book of Feasts and Recipes* (London: John Murray, 1976).
Scully, D. E., and Scully, T., *Early French Cookery: Sources, History, Original Recipes and Modern Adaptations* (Ann Arbor, MI: University of Michigan Press, 1995).
Scully, T. (ed. and trans.), *La Varenne's Cookery: The French Cook; the French Pastry Chef; the French*

Confectioner (Totnes: Prospect Books, 2006).
——, *The Opera of Bartolomeo Scappi (1570): L'arte et prudenza d'un maestro cuoco (The Art and Craft of a Master Cook)* (Toronto: University of Toronto Press, 2008)
Serventi, S., and Sabban, F., *Pasta: The Story of a Universal Food* (New York: Columbia University Press, 2002).
Sidorick, D., *Condensed Capitalism: Campbell Soup and the Pursuit of Cheap Production in the Twentieth Century* (Ithaca, NY: Cornell University Press, 2009).
Smith, A. F., *Eating History: 30 Turning Points in the Making of American Cuisine* (New York: Columbia University Press, 2009).
Snodgrass, M. E., *Encyclopedia of Kitchen History* (New York: Fitzroy Dearborn, 2004).
Spencer, C., *British Food: An Extraordinary Thousand Years of History* (London: Grub Street, 2002).
——, *From Microliths to Microwaves* (London: Grub Street, 2011).
——, *Vegetarianism: A History* (London: Grub Street, 2000).
Spurling, H. (ed.), *Elinor Fettiplace's Receipt Book: Elizabethan Country House Cooking* (London: Penguin Books, 1987).
Stapley, C. (ed.), *The Receipt Book of Lady Anne Blencowe* (Basingstoke: Heartsease, 2004).
Stobart, T., *The Cook's Encyclopaedia* (London: B. T. Batsford, 1980).
Tames, R., 2003, *Feeding London: A Taste of History* (London: Historical Publication, 2003).
Toussaint-Samat, Maguelonne, *A History of Food*, trans. A. Bell (Oxford: Wiley-Blackwell, 2009).
Trager, J., *The Food Chronology: A Food Lover's Compendium of Events and Anecdotes from Prehistory to the Present* (London:Aurum Press, 1996).
Vehling, J. D. (ed. and trans.), *Apicius: Cookery and Dining in Imperial Rome* (New York: Dover Publications, 1977).
Vincenzi, P., *Taking Stock: Over 75 Years of the Oxo Cube* (London: Collins, 1985).
White, M. P., *White Slave* (London: Orion, 2006).
Whitley, A., 2006, *Bread Matters* (London: Fourth Estate, 2006).
Willan, A., *Great Cooks and their Recipes: From Taillevent to Escoffi er* (London: Pavilion, 2000).
Wilkins, J., Harvey, D. and Dobson, M. (eds.), *Food in Antiquity* (Exeter: University of Exeter Press, 1995).
Wilson, B., *Sandwich: A Global History* (London: Reaktion Books, 2010).
Wilson, C. A., *The Book of Marmalade: Its Antecedents, its History and its Role in the World Today* (London: Constable, 1985).
Yeatman, M., *The Last Food of England* (London: Ebury Press, 2007).
Zaouali, L., *Medieval Cuisine of the Islamic World: A Concise History with 174 Recipes*, trans. M. B. DeBevoise (Berkeley, CA: University of California Press, 2007).

ウェブサイト

digital.lib.msu.edu/projects/cookbooks
www.federationoffishfriers.co.uk
www.foodnetwork.com
www.foodreference.com
www.foodtimeline.org
www.gutenberg.org
www.historicfood.com
www.history-magazine.com
www.mrsbeeton.com
www.theoldfoodie.com
www.vegsoc.org

© Simon Brown

【著者】

ウィリアム・シットウェル（William Sitwell）

新聞記者を経て、1999年に *Waitrose Food Illustrated* 誌の編集に携わって以来、食物の世界でその名を知られるようになる。2002年には編集者となり雑誌の執筆、記事、デザイン、写真によって一連の賞を獲得する（2005年には「今年の編集者」賞も）。現在 *Waitrose Kitchen* と改名した雑誌の編集のかたわら、他のさまざまな雑誌や新聞にも食物に関する記事を寄稿し、テレビにも進出している。食物批評家および司会者として種々の番組に出演し、現在はカースティー・ウォークとともにBBC 2チャンネルの新しい夜の番組 *A Question of Taste* に専門家としてレギュラー出演している。余暇には、妻のローラ、子供のアリスとアルバートとともに暮らすノーサンプトンシアの家で、野菜を育て、料理やサイダーを作っている。本書はシットウェルの処女作である。

【訳者】

栗山節子（くりやま せつこ）

翻訳家。東京外国語大学卒業。訳書に『わが名はヴィドック』『星の象徴事典』（以上東洋書林）、『美食のギャラリー』『名画に見るフラワー・アレンジメントの歴史』『図説聖人と花』（以上八坂書房）、『ビジュアル版世界有用植物誌―人類の暮らしを変えた驚異の植物』（柊風舎）、共訳書に『人はなぜ泣き、なぜ泣きやむのか』（八坂書房）など。

Shufusha

食の歴史

100のレシピをめぐる人々の物語

2016年1月8日　第1刷

著　者　ウィリアム・シットウェル
訳　者　栗山節子
装　丁　古村奈々
発行者　伊藤甫律
発行所　株式会社　柊風舎

〒161-0034 東京都新宿区上落合 1-29-7 ムサシヤビル 5F
TEL 03-5337-3299 ／ FAX 03-5337-3290

印刷／株式会社明光社印刷所
製本／小高製本工業株式会社

ISBN978-4-86498-033-3